U0898113

移民岁月

——为了黄河第一坝

灵 宝 市 黄 河 河 务 局
灵宝市移民工作管理办公室 主编

黄河水利出版社
·郑州·

图书在版编目(CIP)数据

移民岁月:为了黄河第一坝/灵宝市黄河河务局,灵宝市移民工作管理办公室主编. — 郑州 :黄河水利出版社, 2021.12

ISBN 978-7-5509-3156-5

Ⅰ. ① 移… Ⅱ. ① 灵… ② 灵… Ⅲ. ① 水库移民-移民安置-三门峡 Ⅳ. ① D632.4

中国版本图书馆 CIP 数据核字(2021)第 239037 号

出 版 社:黄河水利出版社　　网址:www.yrcp.com

地址:河南省郑州市顺河路黄委会综合楼 14 层　　邮政编码:450003

发行单位:黄河水利出版社

发行部电话:0371-66026940、66020550、66028024、66022620(传真)

E-mail:hhslcbs@ 126.com

承印单位:河南省黄河印刷有限公司

开本:787 mm×1092 mm　1/16

印张:37.5

字数:707 千字

版次:2021 年 12 月第 1 版　　印次:2021 年 12 月第 1 次印刷

定价:266.00 元

《移民岁月——为了黄河第一坝》

编纂委员会

顾　　问	孙晓波			
主　　任	王　博	毋军杰		
副 主 任	袁海峰	赵江波		
委　　员	李海思	李晓忞	张明波	王普建
	张　杨	范枫峰	赵少洋	张高佳
	李　欣	郭百合	刘应锋	
主　　编	彭军平			
副 主 编	姜志亮	李春芳		
编　　辑	赵有维	周彦平	常治国	刘春龙
	姜　涛	刘应锋		
工作人员	翟培特	张芝梅	王正刚	

历任编辑部成员

（2016—2017 年）

策　　划	王太营	张安民
主　　编	姜志亮	赵有维

（2017—2019 年）

策　　划	王太营	张安民		
主　　编	王建民			
副 主 编	樊博高	张赞昌	纪永社	
编　　辑	张明波	崔涵军	常治国	刘有力

三门峡水库库区灵宝移民村分布图

九曲黄河灵宝段

三门峡大坝雄姿

灵宝县城东城门（1907 年）

灵宝县城全景图（1959 年）

阌乡县城一角（1959 年）

原大王公社下北村大队第四生产队古宅迁移留影（1959 年）

盘豆镇火车站（1943 年）

中華全國總工會

會員證

貼像片處

字第 67665 號

—2—

姓名	陳桂榮		
性别	女	年齡	32
籍貫	河南灵宝		
住址	六和巷		
職務	揀花工人		
服務部門	灵宝花紗布公司		
服務地址	二馬路二号		
入會年月	1949 年 7 月 30 日		
入會費金額			
發證人簽章			

—3—

移居敦煌的陈桂荣保存的工会会员证

灵宝移民初到敦煌时住的安置房（1956 年）

20 世纪 60 年代阌乡移民的“排排房”

这棵树下是灵宝移民初到敦煌时的聚会点

当今敦煌街头一瞥

敦煌的灵宝移民院落

灵宝移民在敦煌

灵宝市黄河河务局办公大楼

黄河灵宝段控导工程

灵宝移民后期扶持项目（豫灵镇）

灵宝移民避险解困项目（朱阳镇）

灵宝黄河岸边的千亩荷塘

灵宝黄河岸边的明清古枣林

编委会成员研讨《移民岁月》

（左起：王普建　张明波　李海思　袁海峰　王　博　赵江波　李晓忞　张　杨　范枫峰）

编辑部同志讨论书稿

（左起：赵有维　姜志亮　彭军平　李春芳　周彦平　常治国　刘春龙）

序

黄河是中华民族的母亲河，它犹如一条金色巨龙，横卧祖国大地。数千年来，黄河母亲用甘甜的乳汁滋润着富饶辽阔的大地，养育了千秋万代的炎黄子孙，孕育了灿烂辉煌的华夏文明。黄河安澜、海晏河清，是世世代代先民的殷殷祈盼，可千百年来黄河却是一条桀骜难驯的忧患之河，它素以“善淤、善决、善徙”令人胆颤心寒，“三年两决口，百年一改道”曾是它真实的写照。根治黄河始终是困扰中华民族的一道难题，黄河安澜、海晏河清，是世世代代先民的殷殷祈盼。

中华人民共和国成立后，遵照毛泽东主席“要把黄河的事情办好”的号召，1955 年 7 月，第一届全国人民代表大会第二次会议作出了《关于根治黄河水害和开发黄河水利的综合利用规划》的决议，决定修建三门峡水利枢纽工程。灵宝位于豫、陕、晋三省交界处，是黄河入豫第一县，境内黄河主河道长 70 余公里。三门峡大坝的开工建设，开启了声势浩大的三门峡库区大移民，灵宝境内的豫灵、故县、阳平、西阎、函谷关、大王等 6 个乡镇数万灵宝人离开了祖祖辈辈居住的家园热土，迁往异地他乡，中国水利建设史上大型水库移民的光荣称号第一次赋予了灵宝人民。同时，三门峡大坝建成蓄水后，将淹没灵宝沿黄土地 73000 多亩，灵宝、阌乡两座千年古城以及稠桑、盘豆、阌底三处古代名镇都将被淹没。

1955 年 12 月 15 日，河南省人民委员会第十三次会议通过了“黄河、洛河及水利建设地区于 1956 年春耕前向甘肃、青海、黑龙江等外省地区移民垦荒的决定”。1956 年 1 月 11 日，河南省人民委员会决定灵宝县向甘肃敦煌移民 4000 人，办法是“自愿报名，政府批准”。

为了“根治黄河水患”这一千秋伟业，灵宝人民表现出了强烈的社会责任感和深厚的家国情怀，他们识大体、顾大局，明事理、讲奉献，积极响应“移民光荣”“搬一户，救万户”的号召，闻风而动，踊跃报名，报名移居敦煌的人数多达5325人。经各级政府审查批准后，决定移居敦煌4266人。被批准的移民不讲价钱，不打折扣，按时搬离，远赴边关。其余数万群众同时搬到了山西、陕西等地和灵宝其他乡（镇）、村安家落户，为治理黄河大业做出了巨大贡献。

灵宝移民离开了祖祖辈辈居住的老屋，离开了世世代代耕作的土地，他们用智慧和双手在移居地开创了新的事业、新的生活、新的家园。由于水土不服等原因，当年的敦煌移民一部分人陆续返回灵宝。对此，县政府对回迁移民没有排斥，没有歧视，而是关怀备至。在整体移民安置工作中，灵宝县政府采取了内迁后靠、分散插队、建立新村等办法，选择土地多、劳力少、交通条件好的地方对移民进行妥善安置。有移民安置任务的乡镇和村高度重视移民的安家落户、生产生活等问题，特别是非移民群众视移民为亲人，把最好的房子让移民居住，把最肥沃的土地让移民耕种，同样表现出了顾全大局、无私奉献的伟大精神。经过数十年的顽强拼搏与辛勤劳动，各地移民在不同地区、不同行业都做出了新的贡献，敦煌等地的一些移民还走上了领导岗位。

如今，万里黄河第一坝巍然屹立，声势浩大的三门峡水库移民已经成为历史，那段激情燃烧的岁月已载入史册，但移民的故事在灵宝大地依然是常说常新。沧海桑田之中，一个个移民讲述的永远是听党话、跟党走、感党恩的历历往事；斗转星移之间，一个个移民静默如碑，永远坚守着舍小家、为大家的纯朴初心，经过一年又一年的风雨洗礼，已经凝聚成为“爱党爱国、顾全大局、无私奉献、艰苦奋斗”的灵宝移民精神，时至今日仍然历久弥新、可歌可泣、熠熠生辉，已经成为灵宝人民的宝贵文化遗产和精神财富。

长期以来,特别是党的十八大以来,党和政府始终牵挂着移民群众的生产生活,为了让移民群众搬得出、稳得住、有产业、能致富,专门设立了移民管理和服务机构,出台了一系列产业扶持、基础设施建设等政策。仅“十三五”期间,国家每年向每个移民发放直补资金600元,惠及灵宝移民数万人;投入资金1.71亿元,实施了移民后期扶持项目400多个;投入资金1.16亿元,实施了避险解困项目,惠及移民2663人,移民群众的生活发生了翻天覆地的变化。

2019年9月,习近平总书记在郑州主持召开黄河流域生态保护和高质量发展座谈会,强调“要深入挖掘黄河文化蕴含的时代价值,讲好‘黄河故事’,延续历史文脉,坚定文化自信”。作为黄河河务管理和移民服务部门,重任在肩、使命光荣。我们有责任认真追忆当年,用文字把那段岁月留住;我们有责任详细搜集移民群众中闪耀的亮点,用文字让他们永远发光;我们有责任深入挖掘那些感人的移民故事,用文字让他们说话。组织编辑《移民岁月——为了黄河第一坝》一书,将真实再现党中央和各级政府对移民的关怀爱护,再现黄河文化蕴含的时代价值,再现灵宝移民的家国情怀和伟大精神。以此为契机,我们要深刻理解习近平总书记重要讲话的深刻内涵和精神实质,大力弘扬灵宝移民精神,持之以恒做好水、河、人三篇文章,把黄河打造成岸绿景美的生态河、岁岁安澜的平安河、传承历史的文脉河、造福群众的幸福河,奋力实现中华民族的伟大复兴!

谨以此为序,是为弘扬,更为鼓励。

灵宝市黄河河务局党组书记、局长 王博

2021年3月

目录

千秋伟业

搬迁纪事

移民沧桑

寄情敦煌

人物故事

创业历程

新村风貌

难忘乡愁

文史集萃

千秋伟业

黄河之水天上来

彭军平

在中华广袤的大地上，飞舞着一条金色的巨龙。它从青藏高原腾空而起，越过青海、甘肃两省的崇山峻岭，横跨宁夏、内蒙古的河套平原，奔腾于晋、陕之间的高山峡谷，破“龙门”而出，在西岳华山脚下掉头东去，横穿华北平原，携雷裹电，勇往直前，气吞山河，一路高歌，直达渤海之滨，用自己的滔滔河水在华夏大地上结成九曲连环……这就是中华民族的母亲河——黄河！

“君不见，黄河之水天上来，奔流到海不复回。”“黄河西来决昆仑，咆哮万里触龙门。波滔天，尧咨嗟，大禹理百川，儿啼不窥家。”“九曲黄河万里沙，浪淘风簸自天涯。如今直上银河去，同到牵牛织女家。”“倒泻银河事有无，掀天浊浪只须臾。人间更有风涛险，翻说黄河是畏途。”“欲渡黄河冰塞川，将登太行雪满山。”“三春白雪归青冢，万里黄河绕黑山。”“西岳峥嵘何壮哉！黄河如丝天际来……巨灵咆哮擘两山，洪波喷箭射东海。”“黄河怒浪连天来，大响谹谹如殷雷。龙伯驱风不敢上，百川喷雪高崔嵬。”“派出昆仑五色流，一支黄浊贯中州。吹沙走浪几千里，转侧屋闾无处求。”“奔流聒地响，平野到天荒。”“大河上下，顿失滔滔……”无数慷慨激昂、壮怀激烈的千古绝唱，将黄河一往无前、咆哮万里的磅礴气势和横行无忌、倜傥不羁的声威霸气刻画得淋漓尽致。

万里黄河不仅孕育了绵延不绝的华夏儿女，创造了博大精深的中华文明，同时给两岸人民带来无穷无尽的苦难与忧患。当它发怒的时候,曾无数次改道,无数次泛滥,从而导致黄河两岸尸横遍野、寸草不生。数千年来,生活在水深火热中的中国人民多么盼望海晏河清、天下安宁啊!

为了根治黄河水患,让滔滔河水造福人民,中华人民共和国在成立之初,就把治理黄河作为安邦定国的重要措施。在当时财力十分紧张的情况下,下决心勒紧裤带、排除万难,在三门峡谷中筑坝安澜,修筑万里黄河第一坝——三门峡大坝。要完成这一千秋伟业,就必须将库区中的民众迁往别处,从而又引发出三门峡库区的大移民。

20 世纪 50 年代的灵宝移民规模亘古未有,牵扯和波及千家万户。毋庸置疑,黄河库区移民伟大举措是治理黄河这一千秋伟业不可分割的重要组成部分。在当年的移民过程中,灵宝大地涌现出大批先进集体和典型人物,发生过许许多多感天地泣鬼神的动人故事,从而彰显出灵宝人民爱党爱国的炽热情怀、舍小家为大家的崇高品德、公而忘私的博大胸怀和高贵品质。移民运动中形成的“爱党爱国、顾全大局、无私奉献、艰苦奋斗”的移民精神,是灵宝人民精神世界的生动体现,是移民群众留给后人的珍贵文化遗产和精神财富。

再现那段刻骨铭心的移民岁月,挖掘灵宝移民精神的时代内涵、深远影响和伟大意义,是奋进新时代的要求,更是圆梦复兴大业的需要。为了帮助人们更加深刻地领悟移民群众的奉献与牺牲、奋斗与伟大、艰辛与伤痛,有必要对万里黄河的基本状况、古往今来的功过是非以及移民岁月的人文背景作些必要的介绍。

黄河发源于青藏高原的巴颜喀拉山脉北麓的卡日曲,流经青海、四川、甘肃、宁夏、内蒙古、山西、陕西、河南、山东 9 个省(自治区),九曲回荡,汹涌澎湃,滚滚东流,直入渤海。黄河全长 5464 公里,流域面积近 80 万平方公里,是中国境内的第二大河流,也是世界上的第五条长河。

青藏高原素有“中华水塔”之美称。其境内的巴颜喀拉山脉，雪山连绵，冰川广布，雨量充沛，气候湿润。青海省玛多县多石峡以上地区为黄河源区，面积为2.28万平方公里，属湖盆宽谷带，海拔在4200米以上。盆地四周，绝大多数地处高寒地区，山势雄浑，地域辽阔。其西有雅拉达泽山，东有阿尼玛卿山（又称积石山），北有布尔汗布达山脉，南以巴颜喀拉山与长江流域为界。湖盆西端的约古宗列，是万里黄河发源地。青海省境内黄河干流主要控制站——唐乃亥水文站多年平均年径流量204亿立方米，占黄河流域年径流量的34.5%，占青海境内黄河干流年径流量的91%。青海境内的黄河地势平缓，流速缓慢，水清见底，游鱼可数，自然景观甚为奇妙。贵德等河段的黄河水质清冽，清凉甘甜，可以直接饮用。原国务院副总理钱其琛在贵德视察时，曾题词赞誉“天下黄河贵德清”。

自青海省的约古宗列至内蒙古自治区托克托县河口镇河段，是黄河的上游，大多为宽浅舒缓的平原型冲积河流。该河段里的河水先是由南向北，至内蒙古自治区的三盛公逐渐折转东流，至托克托县的河口镇又转向南流，构成为著名的“黄河河套”。下河沿至石嘴山一段，黄河流经富饶的宁夏平原，河道长317公里，宽400~3000米，比降为4.5‱，河床多由砂卵石组成。石嘴山至磴口河段，黄河穿行于乌兰布和沙漠与鄂尔多斯台地之间，河长88公里，比降2.9‱，河床缩窄，局部地段有砾石基岩出露，水面宽300~700米，河道两岸沙丘起伏，一望无际。磴口至河口镇，黄河蜿蜒于内蒙古河套平原之上，河长585公里，河宽500~2500米，比降1.3‱，水流平缓，是弯曲型的平原河道。

自河口镇至河南省郑州市的桃花峪，是黄河的中游。中游河段长1206.4公里，流域面积34.4万平方公里，占全流域面积的43.3%，落差890米，平均比降7.4‱。

黄河进入中游河段，迅疾转而南下，直奔陕西省韩城的龙门镇。据说，龙门镇就是大禹治水的地方，故而又称禹门。河口至龙门区间，黄河飞流直下725公里，水面猛然跌落607米，比降竟然高达8.4‰，使其形成典型的峡谷型河道。该河段的黄河水汹涌澎湃，气势非凡，如同万马奔腾、巨龙撕咬，湍急激疾，破“门”而出，将土质松软的黄土高原切割成两半，从此地带走大量泥沙，使河水变得浊流滚滚、浑浊不堪，成了真正的“黄色河流”。正因为此以河为界，分为晋陕两省，其左岸属山西，右岸归陕西，于是被人们称为“晋陕峡谷”。

黄河跃出龙门，河床陡然变宽，水流平缓散乱，泥沙大量淤积，主流游荡不定。龙门镇至陕西省潼关河段，河道长125公里，落差52米，比降4‰，河谷宽3~15公里，平均宽8.5公里。河道滩槽明显，滩面宽阔，滩地面积达600平方公里。滩面高出水面0.5~2.0米不等。

黄河来到潼关，被秦岭山脉所阻，河道紧急收缩，猛然折转向东，由号称“河南西大门”的灵宝市入豫，直冲中原大地，为此地留下“豫秦晋金三角”地区和“鸡鸣听三省”等无数美景与传说。

陕西潼关至河南桃花峪河段，河道长356公里，落差231米，平均比降只有6‰。其中，三门峡以上113公里的黄土峡谷，较为开阔。三门峡以下至孟津151公里，河道穿行于中条山与崤山之间，是黄河最后的一个峡谷段，界于河南、山西之间，故而又称“晋豫峡谷”。三门峡至桃花峪区间大支流有洛河及沁河，区间流域面积4.2万平方公里，是黄河流域常见的暴雨中心。暴雨强度大，汇流迅速集中，产生的洪水来势凶猛，洪峰高浊，是黄河下游洪水的主要来源之一。孟津以下，是黄河由山区进入平原的过渡河段。

桃花峪至山东省东营市垦利黄河口镇的入海口，是黄河的下游河段。该河段流域面积2.3万平方公里，仅占全流域黄河入海处面积的3%，河道长785.6公里，落差94米，比降上陡下缓，平均1.11‰。下游河道横贯华北平原，绝大部分河段靠堤防约束。河道总面积4240平方公里。由于大量泥沙淤积,河道逐年抬高,河床高出两岸地面3~5米,部分河段竟然高出地面10米,是世界上著名的“地上悬河”。

桃花峪至山东高村河段长206.5公里,两岸一般堤距5~14公里,最宽达20公里,河道宽浅,河心多沙洲,水流散乱,冲淤变化剧烈,主流游荡不定,是典型的游荡性河道。高村至陶城铺河段,长165公里,堤距1.5~8.5公里,主槽摆幅及速率较游荡性河道小,一般在3~4公里,属于游荡性河道与弯曲性河道之间的过渡性河道。

山东利津以下是黄河的河口段。该河段位于渤海湾与莱州湾之间,滨海区海洋动力较弱,潮差一般1米左右,属弱潮多沙、摆动频繁的陆相河口。由于黄河将大量泥沙输送到河口地区,大部分淤在滨海地带,填海造陆,塑造了黄河三角洲。由于大量泥沙的淤积和堆砌,导致此处河道来回摆动,历史上的河流改道极为频繁。

综观黄河全程,其上游的水流如同脉脉含情的窈窕淑女,娴静文雅,款款而行,再配以绿水青山,悠悠蓝天,是那样的赏心悦目,安适惬意!黄河中游则一改常态,变得暴躁如雷。它“破山峦而径出,泻千里而东流”,日夜不停地翻滚着、咆哮着,隆隆轰鸣惊天动地、震耳欲聋,黄涛滚滚排山倒海、气吞山河!黄河下游的河水更加喜怒无常,脾气暴戾,它每年都要将16亿吨泥沙挟至下游,肆意挥洒、随意堆积,从而导致河堤决口,河道迁徙,河水改道,忽东忽西。

然而无论如何变化无常,黄河的丰功伟绩都是无法否认和抹杀的。毛泽东主席曾经说过:这个世界上什么都可以藐视,就是不可以藐视黄河。藐视黄河,就是藐视我们这个民族啊!

中华民族的母亲河

彭军平

万里黄河，历史悠久，源远流长。她养育了生生不息的炎黄子孙，孕育了丰富厚重的黄河文化，创造出灿烂辉煌的中华文明。她是中华民族的摇篮，是中华文明和五千年历史文化的发祥地，是华夏民族精神的象征，龙的图腾。

远古时期，黄河流域气候温润，水源丰富，土地肥沃，森林茂密，动植物资源丰富多样。在这广袤的青山绿野之中，黄河两岸的原始先民采集野果，捕鱼狩猎，繁衍生息，进化演变。他们在恶劣的自然条件下苦苦奋斗，代代相传，不懈进取，百折不挠，终于把茹毛饮血的原始生活状态转变为具有高尚道德准则、完整礼仪规范、优秀传统美德的“衣冠上国，礼仪之邦”。

据史料记载，最早在黄河流域生活的原始人类为西侯度猿人，他们出现在现今山西省黄河岸边的芮城县境内，与我们今天的灵宝市隔河相望。随后，100 万年前的蓝田猿人和 30 万年前的大荔猿人，同样在黄河岸边生活繁衍，奋斗不息。据说，早在 80 万年前的旧石器时代，中华民族的祖先就在黄河流域生活奋斗。从中石器时代起，黄河流域就成了我国远古文化的发展中心，燧人氏、伏羲氏、神农氏在这里发明了人工取火技术，并开创了原始的农业、畜牧业和手工业，从而拉开了黄河文明发展的序幕。

距今 7000 年左右，先民们在黄河中游地域又创造了灿烂辉煌的仰韶文化。仰韶文化是我国新石器时代彩陶最为繁华的时期。它位于黄河中游地区,遍及河南、山西、陕西、甘肃、河北、宁夏等地。

仰韶文化的制陶工艺相当成熟,器物规整精美,多为细泥红陶和夹砂红陶,灰陶与黑陶较为少见。其装饰以彩绘为主,于器物上描绘精美彩色花纹,反映当时人们生活的部分内容及艺术创作的聪明才智。另外还有磨光、拍印等装饰手法。造型的种类有杯、钵、碗、盆、罐、瓮、盂、瓶、甑、釜、灶、鼎、器盖和器座等,最为突出的是双耳尖底瓶,线条流畅、匀称,极具艺术美感。仰韶文化在中国考古史及至世界考古史上有显著的地位。仰韶文化揭开了中国新石器考古事业第一页,揭开了中国考古学研究第一页,揭开了中国原始社会研究第一页,书写了中国田野考古史的新篇章,是划时代的里程碑。

在距今五千年的新石器时代中晚期,黄河流域又诞生了两位伟大的部落联盟首领——黄帝和炎帝。他们各自带领自己部落成员,在黄河岸边傍水而居,渔猎为生,与恶劣的生存条件进行不懈抗争。后来,几经征战,黄帝打败了炎帝,又征服东夷、九黎族,统一了华夏各部落,继而播百谷草木,大力发展生产,创造文字,始制衣冠,建舟车,定算数,制音律,创医学等,因而黄帝被奉为中华民族之始祖和人文初祖,华夏民族被称为炎黄子孙。

在素有"黄河金三角"美称的灵宝大地上,正如民俗学者姜志亮先生所言:你随便抓起一把泥土,就能攥出历史的陈迹,嗅出远古文化的气息。这里不但有夸父追日、女娲补天、黄帝铸鼎、真武大帝修炼等优美的历史传说,而且出现了震惊考古界的"西坡遗址"和"黄帝都城"。在黄河岸边北阳平这片 130 多平方公里的土地上,竟然依山傍水排列着 30 多处从仰韶到龙山时期的古代文化遗址。遗址分布之密集,保藏文物之丰富,延续时间之长久,可谓中外罕见。其中有座占地 516 平方米的带有圆木回廊的宫殿,将在场的考古专家和学者们惊得目瞪口呆。其结构极其复杂,内设四根通天大柱,经烧烤处理过的硬化地面,圆形火塘，斜坡式门道，周围墙壁上环围着 96 根直径 40~60 厘米的圆柱，外侧环围一圈回廊……可以看出，这座略呈长方形的恢宏建筑物，原本应为两层大宫殿，这很可能就是黄帝当年的议事厅，从而印证了这是人类文明产生的重要源头之一。难怪，西坡遗址被认定为 2001 年全国十大考古新发现之一，北阳平遗址和铸鼎原遗址群亦被国务院和省政府公布为重点文物保护单位。

有文字记载以来，黄河流域多为历朝历代的国都所在地。从黄帝时期的有熊（今河南新郑），到夏朝时期的阳城（今河南登封东）、安邑（今山西夏县西北），再到商朝的西亳（今河南偃师西）、殷墟（今河南安阳）、朝歌（今河南淇县），西周的镐京（今西安长安西），东周的雒邑（今河南洛阳），以及秦朝的咸阳（今陕西咸阳东北），西汉的长安（今西安西北），东汉的雒阳（今河南洛阳东）、许昌，西晋的洛阳、长安，隋朝的大兴（今陕西西安）、洛阳，唐代的长安、洛阳，北宋的东京汴梁（今河南开封），众多古代都城都设于黄河流域。粗略计算，从公元前 21 世纪的夏朝开始，迄今 4000 多年的历史长河中，历代王朝在黄河流域建立都城，即黄河流域作为历代政治、经济、文化发展中心地带的时间，长达 3000 多年。在全中国的 7 大古都中，就有西安、洛阳、开封、安阳 4 座都在黄河流域。

古代先民不但将国都设于黄河流域，而且在黄河流域创造了灿烂辉煌的黄河文化，为中华文化增添了不朽的光彩。殷都遗存的大量甲骨文，开创了中国文字记载的先河。公元前 2000 年左右，黄河流域就出现了青铜器，到了商代，青铜冶炼技术已达到相当高的水平，同时又开始出现铁器冶炼，这标志着生产力发展到了一个新的阶段。在洛阳出土的经过系列处理的铁锛、铁斧，表明中国开发铸铁柔化技术的时间要比欧洲各国早 2000 多年。中国古代的“四大发明”——造纸、活字印刷、指南针、火药，都产生在黄河流域。黄河流域还为华夏大地留下了大量灿烂夺目的文化典籍和众多美轮美奂的名胜古迹。祖先留下的文化典籍中,从《诗经》到唐诗、宋词,从《史记》到《资治通鉴》,大量不朽的文学宝典都是在黄河流域诞生的。

特别值得一提的是,我们的先祖们在和自然界的长期斗争中,承继了黄河“海纳百川”“不积小流,无以成江海”的兼容并蓄和融合包容品格,一步步提炼出“尚和合”“求大同”的独特精神标识,这是凝结中华民族共同体的宝贵精神纽带。我们更不能忘记的是,滚滚向前、川流不息的九曲黄河以其百折不挠、锲而不舍的磅礴气势,塑造了中华民族特有的精神气质与奋进精神。华夏儿女正是在与黄河水患的长期搏斗中,铸就了不惧艰险、勇往直前、开拓进取、自强不息的刚强品性与顽强生命力。

所以说,黄河不仅是一条地理之河,更是一条文明之河、精神之河。万里黄河孕育出灿烂辉煌的中华文化,既是我们中华民族的“根”与“魂”,又是我们炎黄子孙引以自豪与骄傲的资本。无数铁的事实早已一次次证明,华夏民族的发展和壮大,与黄河密不可分。正因为如此,所以说黄河是中华民族的母亲河,是中华文明的摇篮。

桀骜难驯的忧患河

彭军平

万里黄河既是我们中华民族的母亲河，也是一条桀骜难驯的忧患河。自古以来，黄河以“善淤、善决、善徙”“三年两决口，百年一改道”而著称于世，黄河水患曾给中国先民带来无穷无尽的祸患与灾难。

据不完全统计，从周定王五年（公元前 602 年）到 1938 年花园口扒堤的 2540 年中，有记载的黄河泛滥年份就有 543 年之多，决堤次数高达 1590 余次，改道 26 次，其中重大改道 5 次，洪水纵横 25 万平方公里。水患所至，一泻千里，所到之处，人鱼皆灭。黄河古道厚厚的淤泥下，掩埋着无数先民的累累白骨和斑斑血泪。

三皇五帝时期，“天地茫茫，宇宙洪荒”，洪水铺天盖地，冲毁田园禾稼，淹没村庄房舍，黎民流离失所，饱受饥寒之苦。《孟子·滕文公上》有这样的描述：“当尧之时，天下犹未平，洪水横流，泛滥于天下。草木畅盛，禽兽繁殖，五谷不登，禽兽逼人。兽蹄鸟迹之道交于中国。”鲧、禹父子二人受命于尧、舜二帝，任崇伯和夏伯，负责治水。“茫茫九州，维禹甸之”。大禹治水，风餐露宿，躬亲劳苦，历时十三载，足迹踏遍九州，“左准绳，右规矩，载四时，以开九州，通九道，陂九泽，度九山”（见《史记·夏本纪》）。他“行山表木”，因地制宜，大刀阔斧，改“堵”为“疏”，与民众一起疏通河道，拓宽峡口，凿山泄洪，终于“导河入海”“地平天成”。后人感念大禹治水安民的无量功德，为他修祠建庙，尊他为“禹神”。大禹“居外治水十三载”“三过家门而不入”等神话故事在中华大地上世代传颂。

汉武帝元光三年(公元前132年)五月,黄河在瓠子河(今河南濮阳西南)决口,梁、楚一带16郡受灾。《史记·河渠书》记载:“河决于瓠子,东南注钜野,通于淮、泗。”《汉书·武帝纪》载:“河水决濮阳,泛郡十六。”汉武帝接报灾情后,即命大臣调拨10万人马堵塞决口。不料决口早已“广百步,深五丈”,水患猖獗,料物不济,堵而复决,以至前功尽弃。汉武帝听信外戚田蚡之言,不再堵口,致使东郡百姓遭灾达23年之久。当时洪水横行,多地尽成泽国,哀鸿遍野,饿殍枕藉,民不聊生。《盐铁论》记录了当时灾区的惨况:“(黄河)泛滥为中国害,菑梁、楚,破曹、卫,城郭坏沮,蓄积漂流,百姓木栖,千里无庐,令孤寡无所依,老弱无所归。”《汉书·食货志》也对当时的情形做了记述:“是时,山东被河灾,乃岁不登数年,人或相食,方二三千里。”

直到元封二年(前109年),汉武帝才下决心堵塞决口,并动用大批民工参与,他还亲自到现场督促治河,“令群臣从官自将军以下皆负薪寘决河。是时东郡烧草,以故薪柴少,而下淇园之竹以为楗”。通过夜以继日的不懈努力,终于堵塞住黄河决口,消除了水患,并在其上修建了宣房宫。这次成功的治河经历,也是汉武帝一生文治武功中辉煌的一笔。汉武帝还特意为此次治河作了两首《瓠子歌》,形象地描摹出水患的猖獗和治水的战斗场面。其中一首写道:“瓠子决兮将奈何,浩浩洋洋兮虑殚为河。殚为河兮地不得宁,功无已时兮吾山平。吾山平兮钜野溢,鱼弗忧兮柏冬日。正道驰兮离常流,蛟龙骋兮放远游。归旧川兮神哉沛,不封禅兮安知外。为我谓河伯兮何不仁,泛滥不止兮愁吾人……”

东汉明帝时期,黄河又一次大决口,在汴渠一带泛滥了60多年,兖(今山东金乡东北)豫(今安徽亳州)多被水淹。永平十二年(69年)春,汉明帝召见庐江太守王景,派他治理黄河、修筑汴渠。临行前,明帝赠他《山海经》《河渠书》《禹贡图》。夏四月,王景与助手王吴率数十万民工开始治河。他相度地势，开凿山阜，"修渠筑堤，自荥阳东至千乘海口千余里"，改善了汴口水门工程，使"河汴分流"。永平十三年(70年)夏四月，工程全部告竣。永平十五年(72年)，王景随明帝东巡，行至无盐(今山东东平东南)，明帝嘉奖他的治河功绩，拜其为河堤谒者。王景治河的历史功绩，曾得到世人很高的评价，史书曾记有"王景治河千年无患"之语。认真查阅历史资料就不难看出，王景筑堤后的黄河经历800多年没有发生大的改道，决溢也为数不多，因而他被世人赞誉为"治河奇人"。

到了唐代，黄土高原上原有的茂密森林开始遭到人为的毁灭性破坏，由于乱砍滥伐，自然植被被毁，使得土地蓄水、保水性能极差，从而导致水土流失严重，黄河泛滥渐趋频繁。据不完全统计，唐代290年间，黄河决溢24次，平均每12年就决溢一次，从而也结束了东汉王景治河以来黄河安流800年的历史。唐代伟大浪漫主义诗人李白曾有一首著名的诗歌《公无渡河》，我们从中似乎可以看到黄河当年横行无忌的惨烈景况："黄河西来决昆仑，咆哮万里触龙门。波滔天，尧咨嗟。大禹理百川，儿啼不窥家。杀湍湮洪水，九州始蚕麻。其害乃去，茫然风沙。被发之叟狂而痴，清晨临流欲奚为。旁人不惜妻止之，公无渡河苦渡之。虎可搏，河难凭，公果溺死流海湄。有长鲸白齿若雪山，公乎公乎挂罥于其间，箜篌所悲竟不还。"

北宋时期，黄河水患的次数更多，涉及的地域更广，灾情也更加严重，几乎涵盖了黄河中下游的河南、山东、河北、江苏、安徽等大片土地。史料记载，在北宋的167年里，就有54个年份遭遇黄河水患，平均每3年就暴发一次。其中黄河决溢改道就有7次。黄河如此频繁地大规模改道，在整个黄河灾害史上都是极为罕见的。其中熙宁十年(1077年)暴发的那次黄河水患，造成38万户黎民流离失所，30万顷良田被淹没，45个州县受灾。一时间，黄河中下游满目疮痍，哀鸿遍野，"濮、齐、郓、徐尤甚”。

到了明、清两朝，黄河水患更为频繁，平均每百年决口泛滥 37.5 次。明初，黄河在河南境内南决北决，导致河水肆虐，泛滥成灾。每次洪水到来，遍地汪洋，房倒屋塌，庄稼被淹没，牲畜被溺死，来不及躲避洪流的百姓则被洪涛所吞没。为解除水患威胁，从明永乐年间（1403~1424 年）就开始从河南黄河北岸的孟县（今孟州）沿黄河向东至开封府大修堤防，此后又在黄河南北两岸修筑大堤。然而，人们修筑的黄河大堤，根本挡不住泥沙的快速淤积。堤内的河床不断淤高，迫使河水在两岸低洼处不断决口改道泛滥，整个黄淮平原都遭遇到黄河水患的威胁。到了明嘉靖年间，黄河改道决溢的次数更多，造成的灾难也更加严重。万历年间，黄河决溢南移，水患波及淮河南北。直到明万历七年（1579 年），朝廷起用潘季驯治理黄河，才暂时扭转了明弘治以来河道“南北滚动、忽东忽西”的混乱局面，但仍未控制住黄河水患肆虐黄淮平原的局面。

明崇祯十五年（1642 年），李自成农民军与明官军激战于开封。当年九月，双方都以水代兵，决开黄河大堤，开封城内遭遇空前的水患，全城 37 万人就死了 34 万人，几乎全城覆没。据幸存者讲：“南门先坏，北门冲开，至夜曹门、东门相继沦没，一夜水声如数万钟齐鸣。”十七日黎明，“满城俱成河洪，止存钟鼓两楼及各王府屋脊、相国寺寺顶、周府紫禁城。”白愚的《汴围湿襟录》中详细记述了开封城当时的情景：“及至夜半，水深数丈，浮尸如鱼。”“举目汪洋，抬头触浪。其仅存者，钟鼓二楼、周府紫禁城、郡王假山、延庆观，大城止存半耳，至宫殿、衙门、民舍、高楼略露屋脊……”这次人为制造的黄河泛滥给开封城内的居民们带来了灭顶之灾……数十年过后，开封城内仍然是黄泥遍地、臭水积潭、破烂不堪。

到了清代，由于黄河上游生态环境的不断恶化，黄河水患的频率更高。清中前期,朝廷每年都要拿出千万两白银来治理黄河。如乾隆四十七年(1782 年),兰阳青龙岗决口就用银 2000 多万两;嘉庆十三年(1808 年)、十四年(1809 年),仅在南河修堤堵口就花费白银 4000 万两;嘉庆二十四年(1819 年),为修补黄河马营决口,朝廷又花费白银 1200 余万两。到了清晚期,朝廷腐败,外敌入侵,中国历经两次鸦片战争和中日甲午战争,各种丧权辱国不平等条约的签订,使沦为半封建半殖民地社会的中国更加积贫积弱,国库空虚,内忧外患,生灵涂炭。在如此恶劣的社会环境中,朝廷每年仍须花费大量白银治理黄河水患。例如光绪十九年(1893 年)至二十四年(1898 年),朝廷每年拨付白银 40 万两。光绪三十一年(1905 年),朝廷为治理黄河水患就拨付白银 170 万两。

1938 年 6 月 9 日,国民党军队为阻止日军西进,悍然掘开郑州花园口大堤,使黄河水一泻千里,夺淮入海,又一次人为制造了一场震惊世界、惨绝人寰的大浩劫、大灾难。花园口决堤时,蒋介石以军事机密为借口严密封锁消息,没有通知老百姓疏散迁移,待黄河水下来之后,没有丝毫准备的老百姓突然陷入汪洋之中。这次洪灾,河南、安徽、江苏共计 44 个县市被淹,受灾面积达 29000 平方公里,受灾人口 1000 万以上,冲毁民房 140 万间,淹没粮田近 2000 万亩。洪水所到之处,房倒屋塌,饥民遍野。这次洪灾,导致 390 万人背井离乡,他们一路乞讨,远的一直逃到陕西、甘肃等地,从中原到西北,一幅长长迤逦的饿殍图。随着花园口越冲越大,下游故道逐渐干涸,黄河水在新河道中滚来滚去,这样在豫、苏、皖三省之间就形成了一个沼泽区,也就是"黄泛区"。这片黄泛区长约 400 多公里,宽约 10 公里到 50 公里不等,最宽处可达 80 多公里。黄泛区内的生存环境十分恶劣,土地沙化和盐碱化相当严重,各种生态灾害频发,农业生产遭到极大破坏,当地民众为此而遭受了难以想象的痛苦。

黄河水患同样给灵宝人民带来了深重灾难。据明、清及当代《灵宝县志》记载:“汉元帝初元元年(前48年)九月,关东郡国大水,饥荒。次年,关东饥荒,人相食。”“汉成帝阳朔二年(前23年),关东大水,流民入函谷,往陕西逃荒。”“汉建武七年(公元31年)六月,大水,弘农都尉治为水所漂,杀民伤稼坏庐舍。”“晋武帝咸宁四年(278年),弘农大水,螟祸稼禾。”“唐太宗贞观七年(633年),虢州大水。”“唐懿宗咸通十四年(873年),灵宝大水。”“元武宗至大元年(1308年),灵宝水、旱、蝗灾。”“宋隆庆四年(1570年),灵宝段黄河水泛滥成灾,冲毁田地、庄稼。”“清康熙二十七年(1688年)六月十三日夜,暴雨壅闭西门,水至丈余,人民号泣。”“清道光二十三年(1843年)七月十四日午,黄河暴涨,城西门外水深丈余,漂流房舍树木无算。”“清咸丰三年(1853年)六月十八日,大雨,河水暴涨,漂没庐舍、人畜甚众。”“民国十二年(1923年)四月,春雨连绵,黄河水暴涨,水势甚凶。”据明、清、民国《阌乡县志》记载:“明隆庆四年(1570年),河水大溢,伤禾稼。”“清顺治三年(1646年),大水涨,冲毁阌乡县城。”“清道光二十三年(1843年)夏,黄河溢,其声如雷,浊浪滔天。”“清同治三年(1864年),河水涨溢,城垣屡有倾圮。”“清光绪七年(1881年)六月,黄河涨溢,冲崩城东北隅及北城垣。”“清光绪十一年(1885年)夏六月,河水涨溢,冲崩县署后房,迤东至北门外民房百余间,尽没于水。”“清光绪十三年(1887年)夏,黄河水涨溢,阌城北面多处被冲蚀。”“民国八年五月初二日(1919年5月31日)夜,河水暴涨,漂没房屋牲畜无数。”据两县县志中的《人物》篇记载,历代有所作为的灵、阌县令,都把“筑堤拦水、护城安民”作为重中之重,每年都要耗废数千两银子修筑河堤,抵御黄河水害。然而杯水车薪,收效甚微。人们只有无奈地望河兴叹:“三十年河东,四十年河西……”

造成黄河水患的原因固然很多,但主要是泥沙与洪水。黄河流经黄土高原，由于黄土高原水土流失严重，大量泥沙进入黄河，黄河含沙量增大，在下游大量淤积，河床越来越高，因而就形成了“悬河”“地上河”。这样一旦洪水破堤决口，往往形成河流改道。黄河每次改道，都要冲毁当地的村庄田野，破坏原有的水系和交通设施等，给人民带来巨大灾难。

位于豫东的八朝古都开封城，千百年来就因为黄河溃决而数次被淹。今日的黄河河床，高出开封地面十余米，是名副其实的“悬河”。在开封古城地下3米至12米处，上下层层叠压着6座城池，包括3座国都、两座省城和1座中原重镇。它们分别是战国时期魏国的大梁城，唐代的汴州城，五代及北宋时期的东京城、金汴京城，明代的开封城和清代的开封城。这6座上下叠压的古代城垣，令人触目惊心。它以直观而惨烈的场面，见证了数千年来黄河水患给人民大众带来的深重灾难。

自古以来，黄河治理就是困扰中华民族的一大难题。黄河安澜、海晏河清，是世世代代中国先民的千年祈盼。从大禹治水到汉武帝的“瓠子堵口”，从潘季驯的“束水攻沙”，到康熙帝把“河务、漕运”刻在宫廷的柱子上，中华民族治理黄河的历史就是中华民族的奋斗史、治国史。为了治理黄河水患，古代还专门设立了河道总督。这既说明人们对治理黄河的重视，同时可以看出黄河水患无穷。

然而，在封建社会和半封建半殖民地社会，治理黄河哪有那么容易？数千年来，尽管历朝历代都有一些“明君”“贤臣”为治理黄河而煞费苦心、废寝忘食，然而黄河仍旧我行我素、横行无忌。实在没有办法了，古人只好求助于神灵的帮忙。汉武帝不但“沉白马玉璧于河”，而且在决口处修建了龙渊宫、宣房宫，以祈求河神庇佑，镇住河患。唐玄宗为了治理黄河，即效仿古人先例，在河北省永吉县和山西省永济市各铸造了4尊“镇河铁牛”，他也想借助神灵的“威力”镇住黄河水患。据

《蒲州府志》记载:“开元十二年(公元724年),唐明皇下诏命兵部局书张说主持改建蒲津浮桥,铸造镇河铁牛。”当时全国年产铁只有53.2万斤,而永济这几只镇河大铁牛竟用去了17万斤,占全国铁年产量近三分之一。试想,这是多么的无奈与不容易啊!更有甚者,有的地方为了祈求“河神”庇护,不但要往黄河里抛撒金银珠宝、绫罗美食,还要每年挑选一名年轻漂亮的处女作为祭品投入黄河,让她们去充当什么“黄河娘娘”,以赢得“河神”的愉悦,不再泛滥成灾,庇佑地方风调雨顺、平平安安……

黄河中下游的人们世代祈盼,何时才能锁住蛟龙,实现“黄河安澜、海晏河清”的千年梦想啊!

“要把黄河的事情办好”

彭军平

中国社会发展的历史证明，只有在中国共产党的领导下，在建立了社会主义制度的新中国，中华民族才能把“根治黄河水患”的千年梦想与企盼变为现实。

1921 年，中国共产党成立，给灾难深重的中国人民带来了光明和希望，它像光芒四射的灯塔，指明了中国人民的前进道路。经过无数的斗争与牺牲，在还没有夺取全国政权的 1946 年 2 月，中国共产党解放区晋冀鲁豫边区政府就成立了“冀鲁豫黄河故道管理委员会”。同年 5 月，冀鲁豫黄河故道管理委员会更名为“冀鲁豫区黄河水利委员会”，领导黄河故道堤防的修复工作，从而拉开了中国共产党领导人民治理黄河事业的序幕。

1949 年 6 月，解放区又成立了黄河水利委员会。同年 10 月 1 日，中华人民共和国成立，开辟了中国历史的新纪元。抗日名将和对中国人民革命胜利做出卓越贡献的著名爱国人士傅作义先生出任新中国第一任水利部部长。黄河水利委员会改属水利部直属，后经过机构调整，下设山东黄河河务局和河南黄河河务局。

1952 年 10 月，日夜操劳的毛泽东主席决定利用休假时间考察黄河，这也是他在中华人民共和国成立后的首次离京考察。毛主席于河南考察途中，在短短的一天之内，竟连续三次发出“要把黄河的事情办好”这一伟大号召。这不仅体现了伟大领袖治理黄河、化害为利的坚定信念和雄伟气魄，而且展现了他关心人民、热爱人民、全心全意为人民服务、让黄河造福人民群众的赤子情怀。

毛主席一声号令,中国人民闻风而动。翻身当了国家主人的中国人民,再也不愿让黄河洪水横行无忌、为所欲为了。他们遵照毛主席“要把黄河的事情办好”的伟大号召,万众一心,众志成城,不畏艰险,百折不挠,翻开了治理黄河事业的新篇章。

1955 年 7 月,第一届全国人民代表大会第二次会议作出了《关于根治黄河水害和开发黄河水利的综合利用规划》的决议。这是中国历史上第一部全面、系统的黄河治理开发宏伟蓝图,也是中华人民共和国审议通过的第一部江河流域规划。根据规划,决定第一期工程率先在大禹治水时凿龙门、开砥柱的“人门”“鬼门”“神门”三道峡谷中修建三门峡水利枢纽工程。

要修筑三门峡大坝,必须让库区内的居民迁往别处。当时根据工程建设需要,将海拔 335 米高程以下划为库区,灵宝沿黄乡镇从而开始了声势浩大的黄河库区大移民。黄河自西而东,流经灵宝境内的阌底(今豫灵镇)、故县、阳平、西阎、坡头(今函谷关镇)、大王 6 个乡镇 43 个行政村,库区需要移民 4 万多人,塌岸需要移民 3 万多人。也就是说,要有数万灵宝人需要离开自己祖辈居住的家园热土,迁往人地生疏的异地他乡。与此同时,三门峡大坝建成蓄水,要淹没灵宝肥田沃土 73000 多亩,塌岸毁掉耕地 31000 多亩,陇海铁路改线、洛潼公路改线损失耕地 11840 亩,淹没拆毁房屋窑洞 59000 余间(孔),毁坏抽水站、机井、水井 300 余座(眼),灵宝、阌乡两座千年古城和稠桑、盘豆、阌底三处古代名镇,以及大量名胜古迹与人文盛景将被拆毁,或者葬身水底。所以说,为修建三门峡水利枢纽工程,灵宝人民付出了巨大的牺牲。

1955 年 12 月 15 日,河南省人民委员会第十三次会议通过了《在黄河、洛河流域及其水利建设地区 1956 年春耕前向甘肃、青海、黑龙江等外省地区移民垦荒的决定》。1956 年 1 月 11 日,河南省人民委员会又作出决定，黄河三门峡库区内的灵宝县（今灵宝市）向甘肃省张掖地区敦煌县移民4000人。

为了尽快落实党和政府的移民决定，灵宝县迅疾成立了移民委员会，负责移民工作的组织领导和统筹安排。时任县长郭中立担任移民委员会主任，副县长崔宽心担任副主任，县直有关部、委、科、局的负责人皆为委员。同时抽调了30多人组成移民委员会办公室（简称移民办），办公地点设在县政府民政科，负责制订移民工作方案，开展思想政治教育和宣传工作，以及有关移民事务的其他工作。沿黄的阌底、故县、阳平、西阎、坡头、大王等6个乡镇也分别成立了专门负责移民安置工作的领导小组。

为了深入了解敦煌地区的县情、民情和农业生产状况，真正做到心中有数，把移民工作落到实处，灵宝县政府还成立了由主管领导、移民办干部和移民地区群众代表参加的移民安置地考察团。考察团成员长途跋涉，不辞劳苦，远赴甘肃省张掖地区敦煌县（今敦煌市）进行实地考察。考察团不但听取了敦煌县委、县人委领导的情况介绍，而且分头到一些乡、村和农户家中了解情况、调查访问。

1956年2月中旬，灵宝县召开了近万人参加的移民动员大会。考察组向大家详细介绍了移民地敦煌县的生产、生活状况，县委书记张文英、县长刘子民、副县长崔宽心都作了动员报告，还宣布了“革命群众自愿报名，最后由政府核定批准”等相关规定和移民工作方案。

会场上气氛热烈，群情振奋，“移民光荣”“听党话，跟党走”“一人搬，万人安”“支援边疆，建设敦煌”的口号声此起彼伏，响彻云霄。

为了“根治黄河水患”这一千秋伟业，灵宝人民表现出强烈的社会责任感和浓厚的家国情怀。他们识大体、顾大局，明事理、讲奉献，时刻听从党召唤。在那热火朝天的移民岁月里，党和政府发出号令，灵宝人民坚决响应。虽说故土难离，亲情难舍，他们却踊跃报名，忍痛割爱，为了国家,舍弃小家,以个人利益服从国家利益,以局部利益让道于全局利益,报名移居敦煌的群众多达1212户5325人,远远超过规定人数。经各级政府层层审查批准,最后决定1093户4266人移居敦煌。被选中的群众不讲价钱,不打折扣,按时搬离,如期腾位。1956年3月12日,灵宝首批移民登车启程,他们千里迢迢,远赴边关,数天后于甘肃省张掖西的柳园车站下车,又改乘汽车走120公里才到达目的地。随后,又有数万多灵宝群众陆续移往山西、陕西等地和本县的其他乡村。必须肯定,灵宝民众为治理黄河这一千秋伟业付出了高昂代价,做出了巨大贡献。

在中国共产党的英明领导下,在广大移民的密切配合下,三门峡水利枢纽工程于1957年4月开工建设,1960年9月基本建成。此后,又经过两次改建、滞洪排沙、蓄清排浑控制运用等环节,目前已形成控制流域面积68.84万平方公里,枢纽总装机容量42万千瓦,成为全国屈指可数的大型水电企业,被人们誉为“万里黄河第一坝”。

灵宝移民虽然离开了祖辈居住的老家,离开了牵肠挂肚的热土,然而他们没有悲观消沉,更没有怨天尤人,而是毅然决然踏上新的征程,凭借自己的聪明才智和勤劳双手去开辟新的事业,创建新的家园。经过半个多世纪的打拼和努力,灵宝移民和他们的子孙们在各个移民地区都做出了突出贡献,取得了非凡成绩。不少移民在敦煌、山西、陕西等地被树为致富路上的领头雁、经济发展的带头人。

由于实在忍受不了两千公里之外的水土不服和风沙之苦,更由于灵宝人固有浓厚的恋家、思乡“情结”,当年移居敦煌等地的不少乡民后来又陆续返回灵宝。各级政府对回迁移民没有排斥打击,更没有强行驱离,而是采取“热情关怀,相互交心,深入实际,解决问题”等办法进行说服教育。经过深入细致的思想工作,部分回乡居民又重返敦煌等地安家落户;对一些实在不想离开灵宝的群众,各级政府则采取多种办法，在本县寻找合适乡村，给予妥善安置。

为了支持治黄伟业，灵宝各地非移民群众对移居本村的移民都给予了热情欢迎与真诚关爱。他们积极为移民腾房送物、让出好地，竭尽全力帮助移民重建家园，提供生产生活上的便利，同样彰显出灵宝人民爱党爱国的博大情怀与顾全大局的奉献精神。

60多年来，党和政府对移民的巨大贡献给予充分肯定，对移民的生活和事业倍加关注。1986年7月，国务院办公厅发出了《关于抓紧处理水库移民问题报告的通知》；1987年4月，水电部发出了《关于加强水库移民工作的通知》；1990年5月，国家批复了河南三门峡库区遗留问题处理规划；2003年10月，水利部批复了《中央直属水库移民遗留问题处理2002~2007年规划及总体规划（三门峡水库河南库区）》报告；2006年，国务院发出了《关于完善大中型水库移民后期扶持政策的意见》，出台了《大中型水利水电工程建设征地补偿和移民安置条例》；2010年，国家发改委发出了《关于促进库区和移民安置区经济社会发展的通知》；2015年，国家发改委、财政部、水利部联合发出《关于进一步加强大中型水库移民后期扶持工作的通知》；2015年，河南省政府移民办发出《关于加强移民后期扶持工作的指导意见》等等。各级政府还出台了多项惠民政策和具体措施，先后投资5亿多元，实施了避险解困项目，彻底改善了灵宝移民的公益事业设施和交通道路状况，新建和维修了中小学校舍，对移民的住房供电、种植业养殖业发展、大规模农田水利基本建设等各个方面，都给予了大力扶持和热情帮助，使广大人民，特别是移民群众的生活水平和生活质量不断提升，获得感、幸福感显著增强。

新旧社会两重天，在不同的社会制度下，移民的命运截然不同。明代初年的大移民，政府采取的是“哄骗、强迫、押送”等非人道手段，把移民双手反绑，拴成长串，用皮鞭、棍棒抽打着押往别处。而我们新中国的移民，则是“自愿报名，政府审查批准”，移民还享受着党与政府的深切关怀和全社会的普遍尊重。

为了有领导、有组织、有计划地开展塌岸治理、移民安置等项工作，1977年9月，灵宝县成立了治黄工程指挥部。1990年，灵宝县治黄工程指挥部更名为灵宝县黄河库区管理局。2002年3月，更名为灵宝市黄河河务移民管理局，后又更名为灵宝市黄河河务局。数十年来，在全市黄河河务系统干部职工和沿黄人民的共同努力和不懈奋斗下，灵宝黄河治理和移民安置工作井然有序，成绩斐然。

70多年来，三门峡水利枢纽工程在滞洪安澜、灌溉发电、养殖旅游等诸多方面都发挥了巨大作用。它和黄河其他干支流工程相配合，实现了从被动治理到主动调控并很好利用的重大突破。再加上沿河军民的努力防守，创造了“伏秋大汛70年不决口”的历史奇迹，彻底扭转了历史上黄河“三年两决口，百年一改道”的险恶局面，实现了“黄河岁岁安澜”这一中华民族的千年梦想。从1999年8月至今，黄河已连续20年不断流，正以全新的生命形态展现在世人面前，为世界江河治理与保护、人与自然和谐共生提供了令国人自豪的“中国范例”，为复兴路上的中华民族奉献了一份珍贵礼物。正如习近平总书记深刻指出的：“实践证明，只有在中国共产党领导下，发挥社会主义制度优势，才能真正实现黄河治理从被动到主动的历史性转变，从根本上改变黄河三年两决口的惨痛状况。”

回顾黄河治理漫长而厚重的历史，我们深感中国共产党的英明伟大和社会主义制度的无比优越，也深深被灵宝人民的牺牲精神、奉献精神、担当精神、奋斗精神所感动。遵照习近平总书记“保护黄河是事关中华民族伟大复兴的千秋大计”“我们要认真回顾走过的路，不能忘记来时的路，继续走好前行的路”“黄河文化是中华文明的重要组成部分，是中华民族的根和魂。要深入挖掘黄河文化蕴含的时代价值，讲好黄河故事,延续历史文脉,坚定文化自信,为实现中华民族伟大复兴的中国梦凝聚精神力量”等一系列指示精神,我们应当回顾黄河治理的曲折历程、灵宝的移民岁月和移民的奋斗历史,深入挖掘黄河文化蕴含的时代价值,热情讴歌灵宝移民的家国情怀和伟大精神,从而激励人们更加紧密地团结在以习近平同志为核心的党中央周围,永葆初心、牢记使命,乘风破浪、扬帆远航,为实现中华民族伟大复兴而奋斗!

万里黄河第一坝

彭军平

三门峡水库是中华人民共和国成立后在黄河干流上兴建的第一座以防洪为主综合利用的大型水利枢纽工程，水库总库容162亿立方米，控制流域面积68.84万平方公里，占流域总面积的91.5%，控制黄河来水量的89%和来沙量的98%，被誉为“万里黄河第一坝”。

黄河自古以来都被人们誉为“中华民族的摇篮”和“母亲河”，然而黄河又是一条水旱灾害严重的河流，水情复杂而又难以治理。黄河源头原本是清澈见底的溪流，从源头到宁夏回族自治区，黄河都是一条百利而无一害的好河。到了中游黄土高原地带，黄河挟卷着大量泥沙，奔腾而来，咆哮而去，才形成了世界上有名的“黄色河流”。而到了下游，由于流速减缓，泥沙沉淀，导致河床逐年抬高，形成“悬河”奇观，直接威胁黄河下游人民的生命和财产安全。因此，黄河的危害一直是历代统治者的心腹之患。

中华人民共和国成立后，党和国家领导人立即着手治理黄河。1955年7月，为了根治黄河水患、把黄河的事情办好，在国民经济相当困难的情况下，国家决定修建三门峡大坝，这是当年苏联援建的156个重点项目中唯一一个水利工程。

三门峡水利枢纽工程位于黄河中游下段著名峡谷之中，连接豫、晋两省，夹处于中条山和崤山之间，距三门峡市区不足20公里。黄河第一坝之所以选择建在具有“人门”“神门”“鬼门”之称的三门峡河谷之中，是因为这里当时具备建坝的多种有利条件：一是三门峡谷是黄河中游河道最狭窄的河段,便于截流;二是黄河三门峡谷水流湍急,建坝后容易发电;三是三门峡谷属石质峡谷,地质条件优越;四是人门、鬼门、神门三岛属岩石岛结构,可作为坝基,有利于施工导流;五是三门峡位于黄河中游的下段,是黄河上的最后一道峡谷,拦洪效果最佳;六是控制流域面积大,能最大限度减轻下游水害。

1957 年年初,全国各地的水利精英齐聚三门峡;同年 4 月 13 日,三门峡水利枢纽工程开工建设;1958 年 12 月截流成功,1961 年 4 月基本建成;1973 年 12 月 26 日,第一台国产水轮发电机组投产发电。

三门峡水利枢纽工程由主坝、副坝、隧道和坝后发电站组成,主坝为混凝土重力坝,坝长 713.2 米,最大坝高 106 米,坝顶高程 353 米;副坝为钢筋混凝土心墙土坝,长 144 米,最大坝高 24 米。主、副坝总长为 857.2 米。

三门峡水电站是国家大型水电企业,电站厂房为坝后式,全长 223. 88 米,宽 26.2 米,可安装 8 台发电机组,现有 7 台机组,装机总容量 45 万千瓦,年均发电能力可达 14 亿千瓦 · 时。

三门峡大坝的建设,始终受到党和国家领导人的关注。周恩来总理曾三次来到工地现场,主持召开会议,研究工程建设问题。刘少奇、董必武、邓小平、李先念、彭真、陈云、陈毅、李富春、聂荣臻、彭德怀、邓颖超、罗荣桓、陶铸、郭沫若、习仲勋、万里、李鹏、胡启立等领导同志也都曾先后到此进行视察、指导工作。董必武同志视察了三门峡大坝以后,曾欣然命笔《观三门峡枢纽工程》四章,并为建设者写下“功迈大禹”的题词。郭沫若视察后曾挥笔写下“鬼斧神工天作险,人工民斧险为夷;三门峡上英雄汉,动地惊天大史诗”的诗句。1999 年 6 月 19 日,江泽民总书记亲临三门峡大坝视察,对工程的建设和发展给予了极大的关怀。

由于三门峡大坝原由苏联专家设计,他们对黄河的泥沙问题又了解不多,所以在设计时只求坝高库容大,忽视了泥沙淤积问题,致使蓄水后5年间泥沙淤积量高达5041万立方米。从1964年开始,建设者又对大坝工程进行多次改建,最终使库区淤积大为减轻,进出库泥沙基本平衡,综合效益正常发挥。

三门峡水利枢纽工程建成后,在防洪、防凌、灌溉、供水、发电、减淤、旅游等方面均发挥了极其重要的作用。仅发电一项,截至1986年已收回国家对这项工程的全部投资。三门峡水利枢纽工程为世界各国治理多泥沙河流和浑水发电,不仅进行了有益尝试,而且提供了成功经验。

就拿防洪来说吧,三门峡水利枢纽投入使用后,对于防御黄河下游特大洪水发挥了极其重要的作用。当预报黄河下游的花园口将出现以三门峡上游为主要来源的大洪水时,通过三门峡水库的拦洪调控,可将百年一遇的洪水削减到花园口的安全泄量。当出现以三门峡至花园口区间的来水为主要组成的大洪水时,三门峡水库即关闭部分或全部闸门,削减洪峰流量,减轻或消除下游的洪水威胁。1982年7月,三门峡至花园口区间的干支流40000平方公里的流域面积,普降暴雨和大暴雨,花园口洪峰流量15300立方米每秒,7天洪水量为50亿立方米。面对这场洪水,由于三门峡水利枢纽和其他滞洪工程同时发挥作用,使这次大洪水安全过境,顺利入海。自1964年以来,三门峡以上地区曾出现6次流量大于10000立方米每秒的洪水,由于三门峡水利枢纽的控制运用,大大削减了洪峰流量,减轻了下游堤防负担和漫滩淹没损失。三门峡水利枢纽建成运用50年来,黄河下游岁岁安澜,千里大堤安然无恙,两岸人民安居乐业。

再拿供水来说吧。三门峡水库拦洪蓄水后,为下游城市建设和工农业生产提供了可靠的水源。数十年来,三门峡水库不断向郑州、开封、济南、东营等沿河城市以及胜利油田、中原油田等大型企业进行供水，并于1972年、1973年、1975年、1981年、1982年5次为天津市供水17.5亿立方米。1989年11月25日“引黄济青”工程竣工后，又开始向青岛市供水。这源源不断的黄河水不但解决了不少大中城市的建设用水和居民生活用水，而且每年为供水地区增加200多亿元的工业产值。在水源日渐枯竭的情况下，由于三门峡等水利枢纽工程的调控和补给，黄河下游从1999年8月至今连续20年不断流，彻底扭转了过去频繁断流的趋势，强有力地支撑着黄河流域经济和社会的发展，为世界江河治理与保护、人与自然和谐共生提供了“中国范例”。

三门峡大坝建成后，极大丰富了当地的旅游资源，开创了旅游事业的新局面。每年10月至次年的6月间，黄河水在三门峡谷中形成了一个狭长而美丽的湖泊，面积约有200多平方公里。从三门峡大坝至山西芮城大禹渡120公里间，碧波浩渺，湖水荡漾，云蒸霞蔚，一望无际；两岸繁花似锦，绿树成荫，山光水色，相映成趣。每年秋冬春三季，野鸭成群，大雁结队，更有成千上万只白天鹅从遥远的西伯利亚来此过冬，它们悠然自得，翩翩起舞，或翱翔长空，或嬉戏水面，构成一幅十分罕见的立体画卷，三门峡因此也成了闻名全国的“天鹅之城”。而每年的6月至10月，大坝泄洪放水，怒涛翻卷，峡谷轰鸣，水花飞溅，彩虹凌空。站在三门峡大坝上，可饱览祖国山河的神奇壮美和“不尽黄河滚滚来”的雄伟气势。

灵宝移民不惜牺牲个人利益而建成的万里黄河第一坝，横空出世，力锁蛟龙，根除水患，造福人民。正如近代杰出无产阶级革命家谢觉哉先生的《西江月·参观三门峡》一词所言：“斩断神牙鬼爪，镶上一串明珠。出山蛟与跃门鱼，至此完全约住。陆上水愁不足，河中水患有余。而今装入净瓶储，听我杨枝挹注。”

吹尽黄沙始到金

毋军杰

我曾是一名黄河河务移民工作者，当时所从事的工作大部分都与三门峡水库灵宝移民有着密切联系。经过60多年的时空变换，人们对当年灵宝移民为三门峡水库建设做出的牺牲和奉献越来越生疏，有的人甚至闻所未闻。所以，对当年灵宝移民历史进行挖掘与整理，的确是一件颇具历史责任和意义的工作。

一

黄河是中华民族的母亲河。她途经三门峡市的豫灵、故县、阳平、西阎、函谷关、大王等6个乡镇43个行政村，境内河流长约70多千米，海拔360米及以上河岸长约104公里。灵宝人民自古以来就生活在黄河南岸，黄河的乳汁哺育繁衍着一代又一代。

1955年7月，在第一届全国人民代表大会第二次会议上，通过了《关于根治黄河水害和开发黄河水利的综合规划的决议》，拉开了全面根治水害和开发黄河水利的序幕。三门峡水库大坝是“万里黄河第一坝”，是中华人民共和国成立后第一个大型水利工程，1957年4月13日正式开工。从大坝筹建起，在此后的十多年间，灵宝市沿黄乡村的群众开始了史无前例的大迁移，在甘肃省敦煌县，在灵宝县各乡村，出现了一个特殊的群体——黄河移民。

黄河移民大致分为两个阶段，即建设前期库区的移民和后期塌岸区的移民。

前期移民工作是从1956年初开始的。当三门峡大坝设计蓄水高程确定之后，库区移民的范围随即确定，需要移民的是大坝以上的陕县县城、灵宝县城和已经撤销合并的阌乡县城，以及灵宝县的盘豆镇、阌底镇、稠桑镇和沿黄的40多个村庄。对移民的安置，一是迁移到甘肃省敦煌县；二是在灵宝县内整村后靠，建设新村；三是部分移民投亲靠友，自行安置。

1956年3月12日和3月18日，全县4100名移民分两批搭乘专列迁徙敦煌，1957年又向敦煌移民166人，共计移民4266人。此后，投亲靠友的移民自行联系协商，相继得到安置。后靠迁建的移民新村开始了选址筹建，当时共涉及9个乡镇、建设71个新安置点。经过两年多紧张艰苦的建设，到1959年底三门峡大坝建成蓄水前，迁建新村全部建成，移民全部移出，共安置移民6400余户28100余人。

三门峡大坝建成蓄水后，由于水体对库区南岸黄土塬坡的浸泡、冲刷，造成严重的塌岸，一些位于水库水位高程线以上，未列入移民的村庄面临陷入水库的严重威胁，成为塌岸区的移民，且因库区泥沙淤积，河床抬高，塌岸不断侵蚀，有的村连迁数次。据1965年统计，因水库塌岸共移民2600余户12500余人。此前此后的数年间，又有数万灵宝群众陆续移居他处。

据不完全统计，截至1965年，三门峡水库蓄水后，共淹没灵宝县耕地73000余亩，陇海铁路改线占地11000余亩，洛潼公路改线占地840余亩，塌岸区损毁耕地31000余亩，共计损失耕地123000余亩。其中，淹没枣园11000余亩。拆毁房屋、窑洞59000余间（孔），一些名胜古迹或被拆除，或淹没水中。

二

灵宝移民为三门峡水库的付出、奉献和牺牲可以说是惊天地、泣鬼神的!

当时,中华人民共和国刚刚成立,满目疮痍,百废待兴,经济落后,资金困难,在对移民的安置和补偿上标准有限。河南省移民委员会对移民的财产补偿总的精神是“国家不浪费,移民不吃亏”。

移民们在迁移过程中,更是付出了难以想象的艰辛和牺牲。迁往敦煌的移民,在与家乡的生产条件和生产方式存在巨大反差下,经历了艰难的适应过程。敦煌降雨稀少,蒸发量大,依靠山上融化的雪水,土地便于浇灌,但是板结严重,每年都要向地里掺沙子。这对灵宝移民来说,不论是劳动强度,还是生产方式和生活习惯都是十分严峻的挑战。在灵宝当地,两座县城、3座古镇和40多个村庄,在1958年到1960年两年多的时间里,需要全部搬迁结束。当时因缺乏运输工具,绝大多数的建筑材料和物资是靠人抬肩扛的,上至古稀老人,下到七八岁的小学生,全部投入到搬迁和建设的洪流之中。从散落在黄河岸边的村迁移到新的丘陵、山区、川塬,大半个县境内的迁建点之间的大路小道上,整天人喊马嘶,尘土弥天,展示了一场撼天动地的“蚂蚁大搬家”。

黄河沿岸是适于人类生存的风水宝地,地势平坦,水源充足,物产丰富,耕作便利,农民的生活水平远远高于全县平均水平。后靠迁移之后,首先是住房紧张。当时,为了尽快安置,新建村盖的都是“排排房”。由于物资紧缺,时间紧迫,施工力量不足,建房速度远远不能满足移民居住的需要。只得一家人甚至几家人挤住在狭窄的“排排房”内暂时栖身。“排排房”不够用,不少移民只得搭建油毛毡简易房或挖窑洞居住。其次是生产困难。新的居住地位置偏僻,塬高坡陡,水源奇缺,自然条件恶劣。有些移民为了耕种原来的土地,翻沟越涧,远途奔波,劳动强度增大,生产收益锐减。其三是吃水困难。移民安置地大部分是在南部丘陵塬区,土层深厚,水源紧缺。打井或引水受到资金、技术的限制,吃水只得靠积蓄的雨水维持。其四是入学就医困难。由于没有配套的学校、卫生所，加之交通不便，移民就医和子女上学一时难以满足需要。据统计，60 年代中后期，移民安置地的适龄儿童入学率普遍偏低，文化水平低于其他地区。

1958 年后，迁移敦煌的移民因受“大跃进”“三年自然灾害”等因素的影响，食物稀缺，生活困难，教育引导不善，移民出现了普遍恐慌心理，纷纷返迁灵宝，身心健康和家庭生活受到极大的影响，有些移民几乎倾家荡产。

但是，不论在迁徙过程中损失了多少财产，付出了多么艰巨的劳动，生活多么艰难，甚至不论国家对移民的补偿是否到位，灵宝移民在三门峡水库建设过程中，始终对党和政府充满信任，满怀社会主义建设的高昂激情，积极响应、服从、拥护县、乡、村党组织和行政部门的号召和决定，甘愿牺牲自己的利益都要顾全大局，维护国家和集体的利益。自始至终，没有因为移民的问题给三门峡大坝的建设造成任何影响。充分体现了社会主义制度的优越性，显示了灵宝人民支援新中国社会主义建设事业，甘于奉献，勇于牺牲的精神和觉悟。

三

不论是前期的淹没区移民，还是后来的塌岸区移民，在 60 多年迁徙和安置的过程中，始终伴随着各级党委和政府的辛勤努力和人民群众的理解支持。

1956 年 1 月，河南省人民委员会作出三门峡水库移民决定后，灵宝县于 2 月就成立了移民委员会，县长刘子民兼移民委员会主任，副县长崔宽心任副主任。1959 年，灵宝县移民委员会合并到三门峡库区迁建委员会，内设机构为办公室、安置科、财务科、材料科，工作人员 30 余人。这些机构在移民的过程中，始终代表县委和县政府承担着移民情况的调查、规划和领导、组织等工作。在当时国家经济十分困难的情况下,至1965年底,国家共为移民拨付建房款1775万元,同时从东北等地调运了大批建房木材。移民敦煌时,先后安排两列火车专列,副县长崔宽心、县民政科长马嗣忠亲自护送。移民在敦煌安置期间和稳定后,县政府多次派人前去慰问,及时与敦煌县、公社、大队协调,帮助移民解决生产、生活中的各种困难。

灵宝非移民区的干部群众为移民的安置做出了一定牺牲和突出贡献。大多数淹没区的移民是在灵宝当地安置的,占用最多的是灵宝当地的资源。每一个移民安置的建设,都要从周边几个村子划出土地,用于新村建设和移民耕种。全县共有71个安置点,牵动了9个公社二百多个大队。而投亲靠友的移民,全都安置在非移民区,大部分问题和困难都是由安置地群众解决了,这些零散的安置,几乎涉及全县所有乡镇,约百分之九十以上的大队。敦煌移民返迁后,当时政策规定不予安置,除一少部分回到原籍外,其余人便"八仙过海,各显神通",分散寄居在各个公社、各个大小队。后来省、县从实际出发,调整了移民政策,由政府统一拨付资金,统一规划,对敦煌返迁的移民重新安置。在故县、阳平、大王等公社新建移民村或依靠原村建设移民自然村。总体上看,三门峡水库的灵宝移民,除了敦煌留下很小一部分和到外省投亲靠友的68户349人外,绝大多数都在灵宝县内"就地消化"。

党和国家从来都没有忘记灵宝移民为三门峡水库建设所做出的牺牲和奉献。

1977年,灵宝县成立治黄指挥部,负责对全县移民的生产生活困难和塌岸情况进行全面调查,并积极申报县财政局,拨出专款,解决移民生产、生活中的困难。截至1986年,共投入64.654万元,初步解决了56个村8501户40421人的吃水困难。投入12.6万元,修建了老城吊桥、枣香河桥、北村桥、青龙涧桥、张村桥,为群众生产生活提供了方便。这一时期,对移民的帮助和扶持主要是以灵宝县的财力为主。

1986年7月,国务院办公厅作出《关于抓紧处理水库移民问题报告的通知》,次年4月,水利部发出《关于加强水库移民工作的通知》,从此,解决水库移民遗留问题提到国家的议事日程上来。1986年,灵宝县编报了《灵宝县三门峡库区移民遗留问题处理规划》,实施年限从1987年到1996年,共10年,其指导思想是本着实事求是的精神,坚持自力更生为主,国家扶持为辅的方针,变消极补偿为积极创业,变生活救济为生产扶持,走开发型移民之路。移民遗留问题处理的基本原则是:扶持移民改善生产、生活条件;只对集体,不对个人;项目安排以公用公益设施为主,以集中移民村为主;对半移民村按有关文件精神酌情予以补助。解决的重点放在最紧迫的问题上,首先是人畜吃水和道路交通,其次是扶持生产。在十年间,国家对灵宝解决移民遗留问题总投资3895.95万元,其中公益项目1656.08万元,扶持项目2239.87万元。在公益设施建设方面,全县总投资4128.31万元,群众自筹2472.23万元。库区移民的人畜用水、农田水利、交通道路、文教卫生、供电、危房维修六大基础设施建设基本形成了配套体系。移民一些紧迫的困难从根本上得到了解决。

1997年后,国家开始了移民扶持二期工程规划,每年安排一定数量的资金解决移民遗留问题。截至2003年,共完成投资4038.41万元。其中国家投资1268.90万元,群众自筹2769.51万元。项目分为两大类,一是基础设施建设项目,重点是人畜用水、农田水利、交通道路、文教卫生、供电和危房维修六个方面。二是产业扶持项目,主要是种植业、养殖业和二、三产业,共完成投资811.10万元,其中国家投资329.70万元,群众自筹481.40万元。

2006年,国务院下发了《国务院关于完善大中型水库移民后期扶持政策的意见》(国发〔2006〕17号),河南省政府下发了《河南省完善大中型水库移民后期扶持政策的实施方案》。2006年9月,灵宝市政府开始对移民进行全市性的普查登记，截至2007年1月，经过认真普查、登记，张榜公布，全市共有三门峡水库移民24008户74697人，其中百分之三十是一代移民，百分之七十是二代移民和三代移民。按照国务院和河南省政府的规定，给这些移民及直系后代发放扶持补助资金，每人每年600元，连续发放20年。当年迁徙敦煌和迁徙外省投亲靠友的灵宝移民经普查登记后，在当地享受同等待遇。

2013年9月，国家发改委、财政部、水利部联合下发《关于帮助各地开展大中型水库移民避险解困试点工作的通知》，指导全国各地开展大中型水库移民避险解困试点工作，灵宝市豫灵镇杨家村、李家村和朱阳镇贾村、匣里村（黄河支流窄口水库移民）等4个村被列为试点，建设移民集中安置点。从2014年10月实施，到2017年12月全面完工，在朱阳镇新建16栋353套单元房，在杨家村、李家村建设新型农家小院302套，共安排移民597户2605人。同时，为使集中安置的移民搬得走，扎住根，有收入，有保障，还建设了一批安置就业的配套项目。避险解困工程总投资11615.2万元，其中国家投资9930.57万元，移民自筹1684.63万元。这些移民从此告别了穷乡僻壤的贫困日子，过上了“楼上楼下”的现代化新生活。避险解困试点的成功，预示着灵宝市一些生产生活条件较差的移民村也将乘上国家开出的这一班避险解困的列车。

当年的第一代移民大部分都已作古，健在的已经是耄耋之年，移民二代已年近古稀。但是，移民的话题、移民的故事、移民的期盼在灵宝市则是常说常新。

“千淘万漉虽辛苦，吹尽狂沙始到金。”那段难忘的移民岁月已经成为历史，当年饱受颠沛流离之苦的移民和他们的子孙们早已过上幸福安定的生活。然而灵宝移民在那段非凡岁月里凝结而成的移民精神，一定能够激励后人不忘历史，珍惜生活，开创未来。

移民精神放光芒

彭军平

60多年来，万里黄河第一坝巍然屹立于晋豫峡谷之中，力挽狂澜，降服黄龙，从而彻底改变了黄河“善淤、善决、善徙”“三年两决口，百年一改道”的苦难历史，造福于中华大地，让华夏民族的千年梦想与企盼变为现实。

当我们享受着“黄河清，天下宁”太平盛世福祉的时候，当我们漫步于花团锦簇的黄河廊道的时候，千万不能忘记那些凿山辟崖、筑坝截流的英雄们，更不能忘记那些舍小家、为大家，搬一户、救万户的先辈移民。正是他们的无私付出与勇于牺牲，才使黄河干道、支流上的各种水利设施顺利施工、如期建成；正是他们的离乡背井、抛家舍业，才使新中国的水利事业蓬勃发展，才使中华民族的千年梦想得以实现。

认真回顾先辈们走过的路，才能继续走好前行的路。中华人民共和国成立以后，翻身当了国家主人的灵宝人民，爆发出异常炽热的爱党爱国之情。他们“听党话，跟党走，千难万险不回头”。在清匪反霸、土地改革、发展生产、“三反”“五反”、抗美援朝、镇压反革命等一系列斗争中，灵宝人民样样走在前头……

为了抗美援朝、保家卫国，党中央一声令下，灵宝青年蜂拥而上，2900多名灵宝青年抛家别舍，丢下家庭、亲人和刚刚分到手的土地，毅然决然奔往前线，赴朝参战，其中有196名优秀灵宝青年血洒朝鲜战场，为保家卫国大业献出了年轻生命……

为了根治黄河水患、修建三门峡大坝，国家需要4000名灵宝人移居千里之外的甘肃省敦煌县。灵宝民众二话不说,争相报名,其报名人数远远超过国家需要移民的人数。灵宝移民为了国家,舍弃小家,背井离乡,远赴边关,这是何等的无私与伟大……

为了治理水患、变害为利,在20世纪六七十年代那极其艰难困苦的条件下,数万名灵宝儿女勒紧裤带、挖尽家底,自带工具、自带被褥,从十几里、几十里,甚至上百里外的家乡徒步来到窄口水库工地,没有住处,他们劈崖打窑,傍山搭棚;没有粮菜,公社、大队、生产队自筹。他们干活不要工钱,吃着红薯面馍、玉米面汤、咸菜拌辣子,使用原始落后的劳动工具,劈山用锤敲钎打,运料用肩扛车拉,钢钎钝了自己捻,工具坏了自己修,在黄河支流弘农涧河两岸的烂石滩上战严寒、斗酷暑、攻难关、搞会战,用血汗筑起全省最高的土石大坝,创造出"高峡出平湖"的人间奇迹!

在长达半个多世纪的艰难岁月里,灵宝移民在风沙遍地的边疆,在异地他乡的山区,克服重重困难,战胜思乡痛苦,咬紧牙关,埋头苦干,艰苦创业,勇往直前,创造出无数的业绩与辉煌……

回顾以往,感慨万分!

当年那些声势浩大的运动已成过往,那些非凡的岁月已被载入祖国建设的辉煌史册,然而灵宝先民的无数动人故事仍在弘农大地上代代传颂、历久弥新。

回顾刻骨铭心的移民历史,诉说令人潸然泪下的移民故事,传承移民在艰难困苦中创造的宝贵财富,弘扬伟大的灵宝移民精神,应当是新时代的要求和需要,更是我们的责任与担当。

移民群众在风雨洗礼中凝结而成的"爱党爱国、顾全大局、无私奉献、艰苦奋斗"的灵宝移民精神,灼灼其华,熠熠生辉,而且愈来愈觉得难能可贵,震古铄今。在特殊历史时期锻造而成的这一伟大精神,是我们的前辈留给后人的宝贵财富,是灵宝人民自强不息、砥砺前行的强大动力。沧海桑田,山河巨变,精神不死,风范长存。每一位了解移民历史、拥有感恩之心的人都会情不自禁地发出感慨:“移民精神,永放光芒!”

当今,我们国家正处在“两个一百年的历史交汇点”上,我们的祖国需要奉献精神,我们的事业需要奋斗精神,我们的前行更需要当年的“移民精神”。让我们继承和发扬伟大的灵宝移民精神,永葆初心,牢记使命,乘风破浪,扬帆远航,创造更加耀眼的辉煌!

搬迁纪事

灵宝县城搬迁概略

袁育泽　杨德明　李旺渠　卫转丽

人杰地灵，物华天宝

灵宝老县城城池，明代以前不能详考。明代景泰元年(1450)重建城墙，高25尺，厚17尺，垛口1000个。城墙设3门，东门曰来紫，西门曰拱华，南门曰歌薰。嘉靖八年(1529)重修，崇祯年间修城时，并用青砖。清代顺治、康熙、雍正、嘉庆时期均有复修并开凿池壕。中华人民共和国成立后，党和政府十分重视治理黄河，1952年毛泽东主席亲临黄河视察，1955年作出了根治黄河的决定。第一期工程先修三门峡水利枢纽，于1957年4月正式开工。因此，中华人民共和国成立后老县城只在县政府东侧新建人民会场，广场之外，基本维持原来建筑。剧院、粮库也都是用芦席搭起的临时建筑物。中华人民共和国成立初期，城区以南关街、西关街、东关街、新胜街划分为4个行政区域。农业合作化后，除商户按街道编制外，农户分为建国、新胜、弘农、建华四大高级农业合作社。后划归大王人民公社老城大队。

老县城自古有“北有摇钱树，南有黄金板”之美称。“摇钱树”指的是城北有盛产灵宝大枣的明清古枣林13000余亩，年产可达187.5万公斤。灵宝大枣色艳果大，肉厚核小，味道香甜，营养价值很高。1959年三门峡水库开始滞洪蓄水，大部分枣林被淹没，到1962年仅存3870亩。“黄金板”指的是城南万亩良田，盛产棉花。城南沿弘农涧河河谷，泉多水旺，盛产各种泉水浇灌出的品质优良的蔬菜。更为稀奇的是:南门外城墙东侧有一旺盛的泉水,人们称之谓“小井”。小井水洁清无瑕,水甜味正,人们随到随取,弯腰即可用桶从井中提水。此井供全城市面街坊用水,烧茶卖水,饭店食堂,不论城内何处,都从此用井水营业,才能达到“茶水、饭菜,味道纯正,生意兴隆”。小井旁,每天人挑车拉,人来人往,取水不停,水位保持一定,不见下降,这真是“小井水越挑越旺,越吃水越甜。”

老县城内有完中1所、师范1所、完小2所、初小4所。中华人民共和国成立前后,这里人才辈出,贡献卓著。灵宝老县城真可谓物华天宝,人杰地灵。

建设三门峡水库,顾大局老县城搬迁

根据1955年7月全国人大一届二次会议作出的根治黄河的决定,同年12月河南省人民委员会作出了水利建设地区移民的决定。于1956年1月开始移民组织动员工作,提出“移民光荣”“搬一户,救万户”“开发西北,建设边疆”的口号,1956年3月12日首批4100名灵宝移民到甘肃敦煌落户,1957年2月经河南省人委会审议批准,开始在虢略镇筹建新县城,并着手老县城的搬迁工作。本着先工业后民用,先生产后福利的原则,贯彻多、快、好、省和全国一盘棋的方针,实行领导统一、规划统一、材料统一、劳动调配统一、资金统一的建设方针,坚持勤俭迁建、全民办迁建的精神。1957年10月,县新华书店第一家开始破土动工,从此揭开了新县城建设的序幕。1958年4月至10月,新县城建设形成高潮,外地支援建设的工人有洛阳市361人,嵩县140人,济源县(今济源市)190人,西安市新城原建筑队122人,又从各公社组织强壮劳力324人,马车50辆,先后建成各种用房218幢,总面积57666.2平方米,共占地737亩,其中党政系统建筑面积1022.93平方米,商业系统建筑面积8167平方米,工业系统建筑面积2892平方米。

文教卫生系统建筑面积8255平方米,企事业单位建筑面积288.67平方米,粮食系统建筑面积1006平方米,公共建筑面积4613.77平方米,全部投资250万元,其中省拨款35万元,移民补偿费15万元,企事业自筹17万元。老县城内居住人口约25000人,其中机关、学校、商业、工厂及市民约17000人,农民约8000人。市民除少数公私合营人员迁往大王镇干店外,绝大多数迁往新县城。农民向敦煌移民1400人,集体迁往县园艺场大王镇董家村、北营村、贺村等地以及投亲靠友遍布灵宝各地区1600人,其余5000人迁往距老县城东约2公里的新村。所建新村,因是灵宝大枣产地,村庄人口又居全县之冠,命名为枣灵镇,1963年为纪念原灵宝县城,改名为老城村。

老县城的搬迁是在县委、县人委统一领导下,分系统进行的,行政机关由县移民委员会负责;商业系统的百货、纺织品、糖烟酒、食品、盐业、石油、煤建、木材等8大公司由商业局负责;供销社所属生产资料、棉、麻、果品、食品、废品等公司由供销总社负责;工业系统所属的打包厂、电厂、木工厂、农业机械厂等由工业局负责;教育系统所属灵宝一中、灵宝师范、城关完小、灵师附小由教育局负责;其他银行、新华书店、铁路等由本系统负责已提前搬迁。所有农户由大王公社库区移民办公室负责搬迁。

老县城搬迁正值1959年、1960年国家暂时困难时期,运输工具和各种物资紧缺,除动用县内所有运输工具外,各单位想尽办法,依靠外援,进行搬迁。当时县直机关和灵宝一中就是与商丘汽车队联系,汽车站由卢氏县运坑木到老县城火车站,返回时帮助运输砖瓦木料;供销社系统与黄河三门峡工程局协作,由工程局汽车队运输、搬迁。向老城新村搬迁的农户,依靠生产队30多辆骡马车及人拉架子车搬运家具、木料。

搬迁是一场舍小家、顾大家的群众运动

灵宝老县城搬迁时间紧，任务大，依靠汽车、骡马车运输是远远不能满足需求的。搬迁是一场男女老少齐上阵的群众运动，他们发扬蚂蚁啃骨头的拼劲和忘我的共产主义精神，为保证三门峡水利枢纽工程顺利进行，无私地奉献着。灵宝一中学生在新校址打土坯、背砂石、搞基建，初中学生两个人一伙抬砖背瓦、结伙成队，步行40余里到虢略镇新校址；枣灵镇小学师生半天上课、半天劳动到老县城区拾砖背瓦；在移民工作告急，需要劳力之际，大王公社沟水坡水库工程下派任务，老城大队抽出强壮劳力到水库支援，其余劳力包括妇女、老弱病残，白天干农活，晚上到城区肩背担挑运送砖瓦，回到工地验收记工，天天如此，连续两月有余。

故土难舍，老县城城区已滞洪蓄水，但人们总幻想县城不会淹没。尤其是居住城区东南角高地的移民，随着库区水位上涨，他们从低处迁到崖上，又从崖上迁到寨子高处；眼看洪水逼近，城池近沟已进水，人们从寨子经过3次搬迁才到新村。由于移民任务大，迁到新村不少户只得搬入手摸屋檐的简易房。简易房就是把木料用铁扒钉在一起，上面干刹瓦，前后墙自己堵，两家相邻用芦席隔挡，真是1家说话3家听，1家烧火10家烟。

历经3年零8个月，完成了县城搬迁安置工作。在那样艰苦的环境下，老县城移民发扬不怕苦、不怕累的精神，日夜奋战，他们思想境界是那样高，毫无怨言。他们只有一个信念，为建设三门峡水库做贡献。

阌乡县城的变迁

周彦平

阌乡县原是河南省最西边的一个县城。它始建于西汉初年,在胡关地置胡县,治所在今灵宝市故县镇。此为阌乡有县之始。汉武帝建元元年(前140年)更胡为湖(以水得名,今阌乡也),治所设在今豫灵阌底。南北朝时,北魏改湖县为湖城县。元世祖至元二年(1266年)省湖城县入阌乡县,县治仍设在今阌底镇。明洪武元年(1368年)阌乡县移治于唐湖城县旧址(今阳平镇境内)。后经明、清、民国至中华人民共和国成立后的1954年6月省阌乡县入灵宝县,阌乡县在其原址上又渡过了586年。之后,在没有县行政机构存在的五年间,阌乡城关镇更改为灵宝县第五区,区政府设在原县公安局旧址。阌乡城依然繁华如初。1959年秋因黄河三门峡水库拦洪,阌乡城区及周围的郊区村庄分别搬迁到阌乡村和阌东村。阌乡老城址被拦洪后的波涛吞噬淹没,瞬间变成了龙宫水殿。

从西汉初年在胡关地置胡县,到1954年合县,阌乡县(曾名胡县、湖城县、华封县、鼎湖县、天平县)。经历了2100多年。现在它的县名、旧址虽已不存,但在历史的长河中依然留下了辉煌的一页。

1954年6月,阌乡县的行政机关并迁到老灵宝县城,阌灵合县后划为1镇12区。阌乡城就谪为灵宝县第五区,区政府设在原公安局。但它的商业区、供销社、杂货店、饭馆、银行、文化馆、新华书店、中小学校、医院、邮电(电报局)、轧花厂、花纱布公司、剧院、粮店、骡马、旅店,还都正常营业,还依然担负着阌乡地区的各种经济文化活动。

阌乡县城旧址在阌底镇，它地处阌山山阴、黄河北岸广袤的小平塬上。阌山是华山东部的一座名山，其险峻陡峭仅次于华山。据《阌乡县志》载：阌山，在县西南七十里。《一统志》载：山高俯视曰阌，县以此得名。

位于今阳平镇境内的阌乡县城池始建不详，最后遗留城墙为土筑，高约6.5米，墙底部厚约4.5米，墙上部厚约2.3米（函垛口），呈梯形。周围四里。有东、西、南、北四大城门，经纬相互对应。东、西、南、北城门上建有重楼。东曰“瞻洛”（清初县志图记东城门上嵌“来函”）西曰“瞻华”、南曰“望鼎”。北门城门面向黄河，城上没建重楼，门额嵌字不详（传说是“听涛”，但没有文字记载）。南城门东和东城门西南中间有烽火台突出，城墙上建有三层小阁楼曰“奎楼”。南城门西和西城门东南有一突出城墙的烽火台。沿城墙下都挖有宽约7米、深约4米的壕沟，以备战事守城。南城门洞东侧镶嵌一块青石碑上书：“晋龙骧将军王濬故里”九字。

城内街巷分布：东大街、西大街、南大街、北大街、常家街、西后街、新城街、东关街、老城街、前街、顺城东街、顺城西街。城外有：南关村、西关村、南寨村、北寨村、章家油磨坊。城内东关街西立一石碑上刻“王濬故里”。南城门外西侧立一“孙将军破贼处”青石碑。西关村有一李氏石碑坊。

阌乡古城濒黄河北岸而建，充分利用了黄河水运的天然资源泊船渡舟载客运货，造福了世代人民。城中心的南北，东西石铺大道有函潼古道的驿站，是东来西往，南去北达的必经之城，它古而不衰、街市繁华、活力四射。所以，来此做生意和学徒打工者择此营生，来自山东、安徽、山西、河北、湖北、陕西、北京、四川以及豫东地区的八省三十多个县的商户、民工、逃荒者都在此落脚。1949年中华人民共和国成立后，土改时都给这些生意人、打工的、逃荒的分得了房产、土地，从此他们就在阌乡城中安居下来了。就阌乡城的南大街、西大街的人们而言,90%都是商户、打工者、逃荒来的,定居后给阌乡古城增添了新鲜的活力。

1955年国务院制定第一个五年计划,决定修建黄河三门峡水库,沿河两岸的县城、村镇地处海拔335米以下的属淹没区,阌乡县城也在其内。

1959年秋,阌乡城区的居民为支援黄河三门峡水利工程的建设,舍小家为国家,无私地搬出了自己祖祖辈辈相依的家园,含泪永别了自家美好的庭院,伤心地望着那涨溢的河水浸淹了这座古老的历史名城。沧海桑田,昔日繁华的古城街市,此时变成了龙宫水殿。

搬迁之前,大队成立了搬迁工作小组,将全城区的房屋的间数、质量、附属物,逐家逐户评价后造册登记,并负责新建村的设计和基建。

居民新村经上级同意后决定设在离原阌乡老城3公里的西、东坡垴上,为了土地耕种的方便才一分为二。阌乡大队部设在阌乡村(阌西),名曰"阌乡大队",搬迁的是原城内的常家街、顺城东街、顺城西街、西大街、南大街、西后街、南关村、西关村、北寨村、南寨村(部分居民)搬迁因该村地势高。水位只上升到海拔330米,未达到原计划的335米,所以该村未全搬。后因阌乡村吃水困难,种地不便住在上面的几家又搬回南寨村。南寨村在原老城的西和北寨村相对应,所以就叫南寨子,直到现在它在新阌乡村的村北还一直延用其名。

搬到阌乡村(阌西村)的各队各户是:

常家街的搬迁户:陆游子、柴本金、柴之升、王孝贤、陆少光、陆甲、陆应辰、陆惠生、陆连生、赵黑脸、杨书明、李林青、李林旺、王建玉(搬入阌东)、姚祥生、吴邦贞、王向玉、王笔林、张金田、周应文、周安、张有祥、续树谋、王天林、刘少汉(56年迁敦煌后又回队)、周金田(56年迁敦煌后62年回住西邱村)、王元、孙成章、孙文章、孙随田、孙连章、孙小秃(后住阳平沟那村)、习国光(医生,后迁阳平在医院工作)、孙旺、孙进元、孙广元、杜建基、杜昌基、杜恒基、杜发源、杜蛋蛋(56年迁敦煌)、吴新成、吴玉春、李妙、唐彩云、吴邦彦、吴便荣、朱润清、朱润明(后迁至王家河)、王财法、赵长海、杨名显、杨黑脸、李进修、常太清、杨天德(迁阌东村)、李天祥、李林祥、李安祥(医生,后迁到阳平九营村)、李明祥(迁阳平东坡村)、李书祥、孙孟全(迁阌东村)、庞登荣、寨牛、李项锁、高永祥、张天升、冯纪刚、贾跃林共69户。

顺城东街的搬迁户:张云汉、王于太、王天喜、陈玉明、张景、王安虎、张瑞、谷云山、牛长有、王五常、王建基、杨会时、张俊生、王五立、鱼子年(搬阌东村)、刘四正、贾治民、李锦生、周泽民(回山西省)、马新声、韩秀强、王老虎(迁阳平南庵上)、孙文郁、席有文、张金保、席健康等94户。

南大街和南关村搬迁户:杜应贤、陈应喜、王必明、许翠、陈保财、程大合、贾项牢、梁五堆、李五盈、白文邦、葛文升、仝路玲、危保在、李随盈、王虎存、李春祥、赵芳、危同在、王福魁、李天祥、王忠厚、金勋贵、王同云、刘海祥、章丙池、牛金海、赵广运、李项盈、屈金花、郭启仁、牛改山、赵小学、赵北海、章仁武、马应喜、娄文海、高明山、李成、席必正、王百名、王诂国、黄林生、路全成、路凤、魏海彦、梁文义、赵居旺、陈大河、李文存、王文齐、孔青宾、丁福顺、贾成魁、白撮牢、李芳盈、李益芳、李福勋、章治中、张保兴、轩秀强、王子亭、陈荣喜、张振喜、冯振营、李玉春、席汉林、牛五成共67户。

西大街搬迁户:冯彦召、赵廷武、冯彦周、付转运、冯恩银、王云才、马三星、张发英、张精才、巩大林、李明堂、孔祥生、李长喜、李福生、李贵宾、李桂兰、高德心、王文堂、赵智荣、李文福、袁建民、叶国祥、彭本范、赵德法、付占清、康鸿庆、李建文共27户。

西后街、顺城西街(金家巷、郝家巷)搬迁户:李根栓、刘根学、申志德、何志刚、赵秀林、薛国良、李根才、杜凤英、刘雪琴、冯黑山、邱文礼、贾振兴、李润生、李鸿喜、候长法、张有才、邱新春、杜桂玉、薛保安、郝福田、王德功、杜祥、张天佑、陈焕章、陈焕彩、申喜明、魏西征、李孝先、杜双玉、贾根喜、史松山、王根林、杜双坤、杜润荣、马银喜、郝甲喜、刘仁计、李项、王文彬、杨会斌、韩秀会、马喜同、雷三星、马义德、李小祥、王坤山共46户。

北寨搬迁户：严丰林、夏梅爱、李志芳、许有祥、李长旺、李长喜、刘志云、闫明刚、闫合、吕德正、李正来、李忠合、李存喜、李志英、李春喜、闫五行、刘仁戌、严志成、李福喜、关云照、刘保成、刘治恩、刘根功、刘海参、张福德、吕顺风、李鸿军、刘发喜、许来贵、王福申共30户。

西关村的搬迁户：张天书、李银福、王仕值、张午、张小秃、畅福堂、畅吉利、冯福林、冯国福、张佩西、李世五、畅发祥、冯福保、冯玉更、张祥、张克秀、张佩星、王振华、张克俊、李光耀、闫天保、孙道义、白锁子、王志厚、张甲辰、畅自新、冯忠学、白相文、张邦信、李才旺、冯志义、吴茂来、畅随虎、张廷贤、畅天星共35户。

原搬迁时七个生产队，共269户1377人。（以上各队户主姓名均是原搬迁时的原始底稿，档案现存阌乡村村部）

阌东村搬到距原老城3公里的东坡原上，搬迁户是：

第1队：

张万田、郝德才、耿世伯、耿金牛、李羲、管建宾、管黑脸、王安良、郝治才、马随珠、孙金山、孙天顺、席文可、吴排、席文斌、席宾、席尚宾、席进録、张万支、张有安、李恒元、王安甲、巩新花、王宗彦、李恒昌、李恒丰、姚天成、姚记长、张安书、刘虎盆、李恒仟、李平航、王才、郭凤齐、王天申、贾孝来、耿建由、耿建忠、耿书后、王保生、管希哲、管希贤、叶敬堂、丁小曾、王振忠、王成山、刘兰、张万荣、张宗良、张宗义、王振邦、谷兴山、王玉桂、田长恩、王清相、王安民、王书杰、马长忠、王志英、张保才、刘有亮、侯尚午、刘学全、王保安、王全杰、王水林、王建民、席敬宾、于清祥共69户。

第2队

张文名、耿有堆、张文安、张明远、张彐琴、贾耀贤、李丹平、耿吉祥、张思仲、赵名敬、王文、张成进、王全水、王培吉、王子平、王立强、王立明、冯光田、席来、冯正法、闫全水、杨谋子、张记友、水仙、鱼会海、李珍、张忠祥、孙宗祥、席待明、席国东、席兴全、席待义、李桂芳 席兴运、席先印、王玉、席丁合、席待明、席昇楷、席守业、王甲子、陈克勤、席仁玉共43户。

第3队

张忠合、贾长有、杨党民、杜满年、王纪后、张英才、张成才、张希祥、张拉锁、张希贤、张希圣、杨朱存、李正林、贾相林、贾英、贾随牢、贾义侠、贾熊、王相田、王建勋、张海棠、漫五胜、杜志城、姚迁桂、王敬王、王兰菜、樊天喜、和尚、张丙子、张成对、张召文、王家 、李茂堆、李刘五、李遇芳、杨天时、奕福甲、孙吉云、秦志超、王子石、王行素、小保、朋甲鱼、周玉清、薛玉才、刘法胜、薛守仁、张应春、杜大保、杨来顺、冯合牛、许志花、嵇书文共53户。

第4队

孙改祥、王建玉、夏百叶共3户。

第5队

胡艮春、刘一牛、白又云、裴又云、朱正心、李子文、高梅桂、嵇田、吕明、嵇子立、王成桂、于子年、王全礼、丁书田、张宽容、李丑、陈纪付、嵇效康、王黑牛、嵇子齐共20户。

第6队

杨进时、杨雨田、贾俊、贾仕俊、管香劝、吴建祥、闫庞、吴占祥、奕栓、奕福林、杨彩琴、奕天佑、王清建、杨安可、□存、杜君、宋振忠、张鸿清、奕柳生、杜勉、杨正美、杨铁勤、吴栓劳、韩随田、杜吉祥、王振刚、畅春花、王文、王平子、贾同然、贾同喜、贾桂英、陶克吉、张子龙、孔保田、贾喜、贾玉山、张便、王相福、马福顺共40户。

商业:高松臣、赵长三、杨庞水共3户。

迁往阌东村共231户,967人。阌乡(阌西)阌东共搬迁531户,2344人。

阌乡县城古老而文明,为阌乡地区的民风淳朴,勤劳善良,文化厚重,奠定了坚实的良好基础。

阌乡村在迁建时,村部和小学也随着拔地而起。新盖的居民房都是土木结构,石根瓦顶,居民住的都是排排房,还有三厝三合院式的房屋。所盖的房子都没有独家院落,出了房门就是路。住房也很紧张,一家老少三辈六七口人分得2间,有的分得1间,给刚迁的居民生活带来了很大的不便。

阌乡大队的队部位于村中心。它坐北向南,是一座四合院式的建筑:上房五间、新式玻璃门窗、三间缩进、东西边间伸出门口相对、台阶上近两米宽的廊檐显得主房宽敞明亮;中间院落六米之宽,东西对称厢房各五间;门房是三大间、中间是约五米宽的门洞,两边对称是二大间屋室;门口是七级石铺台阶,含七上之意;台阶东西有四米多宽的场地,两边是八字墙相对,墙上设有宣传栏供村人阅览。当时(20世纪六七十年代)我们村部在阳平公社是最高级的村部,就是在灵宝县的村部来说也是一流的,难怪县委副书记、县长曹洪波先生说:阌乡村部比其他山区的公社都好得多了。

1962年夏在村部西又盖起了阌乡舞台,各地的戏剧、电影、文艺演出、春节的社火以及村民的集会都在此举办。尤其是舞台场后面又竖起了篮球架,闲暇时一些体育爱好者在此玩耍锻炼。每年春节或重要集会时都邀请邻村球队在此友谊比赛。球场内外人群欢呼、哨声起伏,给沉寂的村庄带来了无比的欢乐。

阌东村也在20世纪90年代盖起了新村部、新舞台。村部和舞台在同一个大院中。村部大门朝东，进门向右是村部，是一座坐北向南二层上下12间的小楼。进门向左是坐南向北的舞台。舞台下面的广场设有篮球架。每逢春节或集会之日都有剧团演出，篮球比赛。两个村的民众交流频繁，共享着文化生活带来的欢乐。虽然东西两个村相隔8公里，但彼此的风俗习惯都是一样的，延续着阌乡城中先辈们遗传的古朴淳厚的民风习俗。

阌乡村（阌西）和阌东村是永远的兄弟姐妹。

盘豆镇古今

郭志章

一

古镇盘豆，随着岁月的流逝，时代的变迁，早已从人们的记忆里逐渐淡出。有时偶尔听到老人们谈起“盘豆镇”“盘豆街”的名字，人们还会感到十分陌生和新奇。其实，在很久以前，盘豆镇是坐落在黄河边上一座有名的古镇。

传说远古时，这里一片汪洋。后夏禹治水，疏浚河道，大水东流，逐渐裸露出大片的土地，人们开始在这里定居，繁衍生息，渐渐形成了村落。因其依山傍水，位于秦岭北麓，黄河南岸，东西两塬相围，形似簸箕，如盘中之豆，故称“盘豆”。由于土地肥沃，水源充足，农业发达，适于人居，规模不断扩大，逐步形成集镇。据《辞源》记载，公元前120年汉武帝御驾东游时，在潼关东四十里，湖城（阌乡）西二十里处有一驿站，当地父老以牙盘献豆，赐其名为“盘豆”。在民间还流传一个美丽的故事。据说，陕西华县有一个叫李凤仙的财主，家有银钱万贯，良田千顷，却为富不仁，十恶不赦。一日，一位神仙化妆成白胡子老头去他家讨饭，他不但不给，反而放出恶犬追咬老人。幸亏他家的丫鬟及时拦住了恶犬，才使老人幸免咬伤，丫鬟偷偷塞给老人半个馒头。老人不禁感慨地说，李家大院还有好人呀。就对丫鬟说，姑娘，你是个好人，请你记住，每天早上起床，先看看门前的石狮子眼睛是否发红。只要发红，你就赶快向东跑，切记！切记！说完老人悄然不见了。丫鬟遵照老人的嘱咐,每天一早手脸未洗,先看石狮子眼睛是否发红。有一天早晨,突然发现石狮子眼睛被红纸贴住了,原来是邻居家娶亲的对联被淘气的小孩撕下贴在石狮子眼睛上的。丫鬟看到后,就不顾一切地向东狂奔,终于在一道土塬上停下来,回头西望,已是一片泽国。丫鬟慢慢走下土塬,在河边洗了洗脸,把被风吹乱的头发盘了盘。由此,后人把丫鬟洗脸盘头之处,名曰:“盘头”。那条小河就是现在的郎水河(据查,1555 年 2 月华县的确发生了 8 级大地震,使渭河向北推移了两公里,黄河也发洪水,死伤逾 83 万人)。这个故事虽然听起来有点扑朔迷离,但也反映出人们积极向善的心理。

历史上有很多文人骚客曾客宿盘豆驿站,在此吟诗作赋,留下许多脍炙人口的诗篇。唐代著名诗人李商隐在赴任弘农县尉时,曾留宿盘豆驿,写下七律《出关宿盘豆馆对丛苇有感》:“芦叶梢梢夏景深,邮亭暂欲洒尘襟。昔年曾是江南客,此日初为关外心。思子台边风自急,玉娘湖上月应沉。清声不远行人去,一世荒城伴夜砧。”唐代诗人韦庄曾站在盘豆驿水馆后轩眺望时,对大好河山表示了由衷的赞叹,赋诗曰:“极目晴川展画屏,地从桃塞接蒲云……”。据 2006 年《灵宝黄河志》记载:盘豆古镇,水陆交通方便,土地肥沃,物产丰富,坐落在黄河河口冲积扇,原陇海铁路横穿东西。这些无不证明昔日的盘豆镇地理位置的优越和重要,为这座古镇平添了丰富深厚的文化色彩和底蕴。

盘豆古镇,南依秦岭,北临黄河,西接阌底古镇,东连阌乡县城。发源自秦岭山的枣香河、车峪河一路蜿蜒向北,在芦台村交汇后合称为郎水,绕过盘豆镇的西面注入黄河。古官道和陇海铁路东通洛阳,西达长安,穿镇而过,在这里设有盘豆火车站,加上在黄河上的渡口,使这里成为水陆交通的枢纽,人来货往的重要驿站。盘豆镇历史悠久,在两千多年的变迁中曾几易其名,清代以前曾有过盘豆、盘豆馆、盘豆驿、盘豆里等称谓。从 1941 年至中华人民共和国成立前,一直称为盘豆镇。中华人民共和国成立后，阌乡县辖城关、阳平、盘豆和阌底4个区，盘豆镇更名为盘豆区，1950年改为阌乡县第三区。1954年9月，灵宝、阌乡两县合并为灵宝县，盘豆改为灵宝县第七区。1957年3月，因修建三门峡水库大坝需要搬迁，原区公所从盘豆镇迁至故县村。1959年搬迁前，镇区居民约有4300多人，其中本地人2800多人，外来做生意的1500多人。

盘豆镇区呈长方形，南北宽，东西窄，面积约4平方公里。有东西街（古官道）和南北街两条主要街道，两条街道呈"丁"字形交汇。居民主要居住在南北街道两边，东边有南城子、南巷、中巷、北巷，东城子、东小城子，西边是西城子。东西大街也称为北大街，在其附近有河西、河西寨子等10个居民集区和自然村。盘豆镇及周围自然村在当时共有耕地面积2900多亩，其中水浇地900余亩。

北大街是盘豆镇最为繁华的街道，也是区政治、经济、文化活动的中心。区政府、学校、戏园子、粮店和大多商铺、客栈都集中在这条街上。

盘豆区政府坐落在北大街偏东方向，占地面积4000多平方米，建筑面积500多平方米。政府大门朝南，院内建筑是典型的四合院布局。东西有两个偏院。据说西偏院里有一座小房子，门槛很低，只能塞过去一只碗，是专门关押囚犯的处所。

在区政府门前，曾高架着一口生铁大钟，大约一米六七高，两千多斤重，钟声洪亮，敲钟时在离镇二三里的河西寨子都能听到。过去通知镇上的乡绅们开会，商议全镇大事时就用敲钟来通知。据老人们说，1942年，日寇在山西对面炮轰陇海铁路大桥和盘豆镇时，这口大钟发挥了作用。钟声一响，镇上的居民很快就躲进了镇政府的防空洞或野外。

紧挨镇政府西边是盘豆镇完小，也是全镇唯一的小学。学校有两排房子,共22间。校园较大,占地十多亩。在校生300余人,八个教学班,十多名教师。学生除来自镇上外,还有赵村、故县、安家底、河西、郭村、薛家营等村的学生。当时学费虽然只有一二元钱,但贫苦家庭还是无力让孩子上学。有的上二三年就中途辍学了。能上学毕业的都是经济条件好的地主、商人等家庭的子女。小学东边还有一所幼稚园,让5岁以上的孩子入园学习,能上幼雅园的都是镇政府官员和商户家的孩子。

小学西边是戏园子,有两层,楼下是戏台,楼上是演员宿舍。戏园子是盘豆镇最热闹的地方,月月有戏,有时遇到节气,甚至一月演2~3次,每次都不下7场。在这里演戏的有山西蒲剧、河南梆子、陕西秦腔等剧种,山西蒲剧著名演员阎逢春曾在此登台演出。因镇上人口较多,加上十里八乡的都来看戏,戏园子总是人头攒动,场场爆满,每次散场都挤得人仰马翻。

在镇西有一座华佗庙,庙高6米多,宽4米多,分上下两部分,下部供人和车辆通行,上部供奉着华佗神像。在北巷口,矗立着一座高大的石牌楼,6米高,8米宽,全是青石砌成。在石柱和横梁石匾上雕刻着龙凤祥云图案,栩栩如生,十分壮观。中巷,又称作“腰巷”,巷中有钉马掌的铁匠炉子,西城的南门有屠宰场和杂货店等,还有十几家的骡马店,便于东来西往的商贾食宿,比较有名的有彭家店、孔家店、孙家店。

盘豆镇各个城子都有厚厚的城墙,以抵御土匪的骚扰。西城子的城墙呈四方形,约有十几米高,厚度达5米左右。城墙上有女儿墙,城墙四角有四口水井。城内是井字形街道,西城墙的大门上刻着“攸宁”两个字,传说出自朱元璋手笔。

盘豆镇是水陆交通要道,在古时候就有水旱码头。从北大街出发向北大约1公里左右就到了码头。听老人说。自清代到民国初,农民纳粮,潼关以西的都要经过水路路过盘豆镇,交到陕州。因此,每天停泊在盘豆码头的船只不下三四十艘,加之黄河两岸通商交易,每天客流量不下千人,码头呈现出一片紧张繁忙的景象。由此,码头也养活了好多船工和装卸、转运货物的人。

盘豆镇人众地庶,物华天宝,商贸活动频繁,生意兴隆。当时盘豆镇流传有四贵:一是保安堂的药贵;二是吉庆隆的布贵,吉庆隆是绸缎店,绸缎的质量上乘,价格昂贵;三是朱跃武的饭贵,由于味道好,客人多,价格贵;四是万益魁的货贵,万益魁是一个杂货店,大部分货是从潼关、西安、上海、太原进的,货物全、质量好。

盘豆镇的特色小吃有"狗娃的馑糕""胡德的肉合子""赵信的锅贴""老孙家的墩子牛肉""老魏家的油疙瘩""毛驰的油茶"等。狗娃的馑糕,是一个名字叫狗娃的人,馑糕做得特别好。雪白的江米和深红的大枣,放在一起蒸熟。江米的黏稠、浓香,大枣的色泽、甘甜,二者完美结合,一毛钱一盘,趁热吃上一盘,热乎乎,甜滋滋,又解饥,又饱口福。胡德做的肉合子,馅料是纯肉的,拌料丰富,有大葱、生姜、蒜等。薄薄的面皮包住,在铁鏊上烙熟,面皮金黄,肉味飘香,让人口水直流。赵信的锅贴,在一个大铁鏊里,锅贴的面皮极薄,可以透过面皮,看见馅料的颜色,韭菜的鲜绿,胡萝卜的鲜红,白萝卜的绿白相间,芹菜的浅绿,经过文火烙烤,金黄的面皮,色香味俱全。老孙是回民,对牛肉的做法很讲究,把牛肉压成堆状,做熟后,用锐利的刀子片下,牛肉质量好,牛肉片切得薄薄的,透亮而均匀,好看又好吃。家住在腰巷的老魏,油疙瘩做得粗细长短一模一样,薄薄的,黄黄的,又好看又好吃,用柳条一穿一长串。毛驰的油茶很特别,加有杏仁、芝麻等,白白的小杏仁,均匀地撒在油茶的表面,惹的人眼馋,吃一口,咸淡适中,嚼一嚼,满口生香。还有登殿的烧饼夹肉,烧饼的皮儿很黄,脆脆的,嚼一口,嘎巴嘎巴响。酱肉经过卤制,一股酱香味在全街上飘着,五分钱一个烧饼,再加上五分钱的肉,一毛钱的烧饼夹肉,吃一个很过瘾。今年 68 岁的周克信老师说，他八岁那年，母亲领着他到盘豆街，他被烧饼和酱肉的香味吸引住了，路过烧饼摊，母亲给他买一个，至今他还记得那个味道，后来再也没有吃过那么香的烧饼。羊肉馆里的羊肉汤一毛五一碗，加汤不掏钱，泡上馍馍既顶饥又解渴，上地干活的时候，拿上馍馍，干完活喝碗羊肉汤，心里甭提多滋润了。还有盘豆街用豌豆面和绿豆面做的凉粉，凉拌、热炒都很好吃。

在盘豆镇还流传着一个“六不认亲”的说法。如：一是浇地不认亲。盘豆镇土地面积广阔，一部分平坦，是水浇田，可以旱涝保收。但浇地是用枣香河里的水，河水流经近 10 个村庄，最后才能流到盘豆镇。为避免不必要的摩擦，几个村共同商议，制定公约。规定“上七下八”，即上游的赵村、上坡头、芦台浇 7 天，下游的盘豆浇 8 天。每年春天二月二开始起水，半月一轮，不得违约。下雨天或有事错过，不能顺延推后，也不能换浇，补浇，即使亲戚熟人也不能违犯。由于大家共同遵守制度，互相监督，几十年没有因浇地争水发生口角，形成了良好的风气。二是送脚不认亲。盘豆镇古官道是通往西安与洛阳的主要交通要道，也是盘豆与阌乡县的必经之路，每天来往客人络绎不绝，需要转运货物的生意很多，用驴马送脚的人也很多。所以，盘豆人总是争着、抢着送脚，不认亲戚好友，而是按先来后到的顺序进行。每天送脚挣个二角、三角，就能买菜买面，有的还能割上一点肉，再打二两酒，让一家人改善一下，岂不快哉。三是耍社火不认亲。每年的正月十五，或重要庙会，盘豆镇都要邀请剧团演戏，组织村里人耍社火、踩高跷、扭秧歌，非常热闹。特别是东西城子耍社火更会相互斗智斗嘴，俗称“骂社火”。东西城子分单双日子，东城子一天，西城子一天。每次出场声势浩大，锣鼓喧天，鞭炮齐鸣，队列整齐，人人粉墨登场，各种道具种类繁多。出场人数一般不少于 300 人。村里人不够，就外出请亲朋好友前来助阵。谁家请的人，谁家管吃管住。社火节目自编自演各自保密，挖空心思，别出心裁,互相压点,嬉笑怒骂皆文章,东城子今天出的是“秦英征西”,西城子明天会来一出“薛平贵征东”;东城子组织人骑马,西城子来一帮人敲锅。因为西城子姓马的多,东城子姓郭的多。两家费尽心机,各显神通,互不相让,即使是亲戚也不忍让,笑骂如常。据说,有一年两家耍的放不下点,扬言要分出胜负,哪怕耍到年底。后来,还是镇政府派人调解,东西城子才相互妥协,握手言和。当时流传的“西城子银钱广大,东城子提起不怕,南城子提酒说话,南巷子陪着跪了半夜(ya),腰巷里跟着光看笑话”的顺口溜是对当时耍社火情景的真实写照。

二

1955年春天,国家决定在三门峡修建黄河大坝。盘豆镇位于蓄水水位高程线以下,属于水库淹没区,居民需要搬迁。在灵宝县统一领导和部署下,盘豆镇政府十分重视,立即成立了移民搬迁委员会,研究制订搬迁方案,确定搬迁步骤和措施。搬迁工作分三步走。第一,确定移民敦煌人员。要求做好宣传动员工作,让迁移敦煌人员愉快而去,无后顾之忧。第二,做好古镇拆迁工作,能搬则搬,把损失降到最低点。第三,妥善安置就地后靠搬迁人员,做好重建家园和恢复生活、生产等工作。之后,搬迁工作紧锣密鼓地展开了。在镇上戏园子召开了“敦煌迁移动员大会”。镇长张连荣介绍了建设三门峡大坝的重大意义,宣传了国家有关移民补偿政策。接着,村支部书记薛根牢和代表们纷纷登台发言,表示积极响应党和政府的号召,踊跃移民敦煌的愿望。随着移民搬迁政策宣传动员的不断深入,党员、干部积极带头,分组到亲朋好友家三番五次地做思想工作,使大部分居民理解了“一家迁,万家安”的意义,觉得大坝拦洪就在眼前,搬迁工作紧迫而急促。最后在郭上宾、许萤、周正元、王炳洲、郭福群、牛天喜等的带头下,一些人纷纷报名加入移民敦煌的行列。东西城子一多半都报了名,就连在北大街做生意的外地人也有40多户报了名。后来,北大街一家做面食生意的,报名去了敦煌,在那里办了一家饭店,一直没有回来。2012年灵宝有人到敦煌旅游,在饭店吃饭时,打听有关移民的事,饭店老板说他就是从原盘豆镇北大街移民去的,现在父母都已过世,但一家人在这里的生活还是蛮不错的。通过几天的工作,到镇区报名的人络绎不绝,大约500多人,远远超出了预想的结果。移民搬迁委员会通过对移民家庭按条件进行了筛选、审查,最终确定镇区移民敦煌100多户400多人。移民分二批迁移,大部分都是第一批,剩余家里有事没处理完的,在外不能及时回来的安排第二批走。当时灵宝县直接付给移民敦煌县每人安置费200元,其他按家庭财产情况补偿,每户多少不等。一些大家具则由自己送给亲友或在街上摆摊出售,移民随身携带的只是被褥锅碗瓢盆和一些换洗的衣服。

1956年3月12日,是盘豆镇第一批移民迁赴敦煌的日子,也是移民们一生最难忘的日子。据86岁的吴密线老人回忆说,那天晚上,镇里的领导和亲戚朋友及组织的群众、学生,都来送行,一直送到2里外的盘豆火车站。火车站上人挤得满满的,大家都有说不完的安慰和嘱咐。想到马上要离开生养自己的家乡,告别在一起生活多年的亲朋故友,眼泪不禁夺眶而出。火车就要启动了,他们打开车窗,拉住亲人的手,久久不愿松开。坐在咣咣当当的闷罐车上,移民们强忍着与亲人分离的心酸和痛苦,抹去对故土眷恋的热泪,抱着对新生活的憧憬和新迁移地敦煌的渴望离开了故乡。吴密线老人说,她一家三口,丈夫及她和不满3岁的女儿。坐了几天火车后,终于到达张掖火车站。下车后又坐汽车走了几天,才到敦煌。晚上在敦煌住了一夜,第二天,天刚亮,就坐着牛拉的木轱辘车将他们送到一个叫巴子场的社里。巴子场大概有十几户人家,来到房东家,房东早就腾出了2间小房,让他们居住。房东很好客,问这问那,让人感到十分亲切和温暖,好像又回到了家乡一样。后来,巴子场社盖了新的居民点,他们一家就搬进了新房。土坯墙,泥糊的房顶,不管咋样,总算有了自己的家。1958 年开始吃大食堂饭,虽然吃不饱,生活很艰难,但是房东和村里一些好心人还时不时地看望他们,有时偷偷送来一些吃的。来到村里不长时间,村里人见了面,老亲切叫她“丑妈、丑妈”(丑是她女儿的乳名)。老人深情地说,巴子场的人对我们的关心、帮助,让我一辈子都忘不了人家的好处。

三

敦煌移民送走后,盘豆镇上还有 2000 多人需要搬迁,镇区所有房屋需要拆迁,安置拆迁工作时间紧,任务重。盘豆移民委员会结合实际情况,积极着手研究解决迁移重建工作。盘豆镇周围有 10 个自然村,1953 年合作化运动后,成立了初级社,后来成立了高级社。1959 年初,移民委员会开始筹建新的居民点,动员居民拆迁。在居民点筹建中,首先确定建设位置,经过多次研讨,最后决定在西塬的北桃村附近建立一个居民点,占用北桃村土地 20 多亩,地址选好后,立即组织各村的能工巧匠 10 余人,开赴工地开始施工。每天,盘豆街的马车队源源不断地从盘豆街把拆下来的木料、砖瓦运往工地。与此同时,移民委员会还在积极耐心地做移民拆迁的工作。当时,有很多人特别是产业大、房子好的老年人想不通,不想离开几辈人奋斗建起来的家。还抱着一些侥幸心理,认为三门峡远着呐,水咋会淹到咱这儿呢?南城子的程绳,家里是富裕中农成分,祖业留得房子好,说啥也不愿搬。工作队多次做工作都无济于事,每次他总是很固执地说,水淹到脖子上我也不挪。后来,水越来越大,不搬不行了,才在亲戚和干部的劝说下,勉强同意搬走。据 80 岁的王富荣说,1959 年第一次拦洪时,水位达到 325 米高程。他中午去地里时,水能盖住脚脖子,下午回来只三四个小时,水都快淹住小腿了。到秋收时,都是坐着小渔船掰玉谷的。1960 年春,新的居民点基本建成,被命名为“新迁建村”,又称“万人居民点”。新迁建村除安置盘豆镇居民外,还计划安置北湾、杨家等地的移民。王富荣老人说,新迁建村是由集体统一筹建的,第一次建成220间。房舍是三合院布局的土木结构,东西四排,南北五列,共20个单元。每个单元三面建房,共11间,每个单元之间留有巷道。1959年底盘豆镇已有移民陆续搬进新居。原陇海铁路盘豆火车站拆迁后的空房子也被利用起来了,主要安置老弱病残的人。1960年初,按照上级政策,除鼓励一部分移民投亲靠友外,大部分移民按自然村、家庭人口分得了住房,得到了安置。但由于移民较多,每个单元住几家人,有的一家三代同住一室,生活极其不便。再加上盘豆镇有几个村子的土地大都在东塬,离居民点好几里路,每天干活的时间都浪费在路上。正如当时有人说的“吃饭大食堂,干活跑断肠”。1960年下半年,河水已漫过火车桥,收庄稼过河很不方便。移民委员会根据实际情况,向县政府汇报,得到批复后,开始将东塬与西塬分开,在东塬上重新选址,再建一个居民点,将东塬土地较多的南巷、东城子、南城子3个村安置在东塬上。于是,南巷村的居民暂时挖个窑洞,住在东面的大坡沟里,东城子家家搭个木棚子,暂住在北边的宋家地。南城子到邻村上坡头村住户家借住。1961年,西边的西城子、北大街、中巷、北巷、河西、河西寨子集中搬迁到老居民点,后名为盘西大队。东边的东城子、南巷、南城子集中搬迁到东塬上,名为盘东大队。盘西大队分为6个生产队,西城子为第一、二生产队,北巷为第三、六生产队,河西、河西寨子为第四生产队,北大街、中巷为第五生产队。盘东大队分为4个生产队,东城子为第一、二生产队,南巷为第三生产队,南城子为第四生产队。据76岁的尹丙智说,那几年正是国家经济困难时期,移民的日子都很艰难。有一年下大暴雨,大坡沟被淹没了,住的窑洞灌满了水,移民的被子、褥子都泡在水里,晚上连睡觉的地方都没有。当时,吃水也很困难,人们要到几里外的黄河边打水,用盆盆罐罐将浑浊的黄河水慢慢澄清。后来盘东大队居民点建成了,与西塬的居民点相似,3 排,每排 12 座、9 座不等,每座 3 间房子共一百多间,使大部分居民都得到了安置。同时,南城子居民点,也在紧张的筹划中。在村南选址需要占用芦台大队的土地。于是,经协商后,芦台大队无偿划拨了 20 多亩地,作为南城子新居建设用地。不久,新居民点建成,南城子人告别了寄居多年的上坡头村,作为第四生产小队,终于回到了盘东大队的怀抱。

移民居住虽然安排下来了,再也不用担心苦不堪言的沟里窑洞和寄人篱下的生活,但是新居数量有限,一家人只分 1 间,多的 2 间,给生产、生活带来诸多不便,但有房住总比没有房住好些,经历了长时间无房住的移民们心里总感觉好多了。从 1963 年开始,国家和移民的经济条件都慢慢好了起来,经上级批准,根据家庭实际情况,由生产队划拨宅基地,由移民自建房屋,政府给予 500 元左右的补助,由集体出木材、砖瓦、麦秸等,自己出工,生产队记工分,大大调动了移民盖房的积极性,村里的新房数量猛增,缓解了居民住房紧张的窘境,也腾出了不少“排排房”,为安排从敦煌返乡的移民创造了有利条件。到 1963 年底,盘西大队共安置移民 1300 多人,盘东大队共安置移民 600 余人,使移民逐步过上了正常的生活。搬迁安置工作基本结束。

四

在敦煌生活的盘豆镇的移民们,大多数人对当地的生活环境难以适应。敦煌很少下雨,居住的都是土坯房,屋顶是在草上糊两三寸厚的泥巴,不怕雨淋。同时,感到敦煌有两个“受”不了,一是冬天温度低,冷得人受不了。二是夏天天气炎热,蚊子又大又多,咬得人受不了。但是,既来之,则安之,为了生计,他们还是辛勤的劳作着。敦煌的农田因阳光充足经常浇水,土壤盐碱板结严重。为了疏松土壤,每年冬天的一项主要农活就是往地里拉沙子。人们每天天不明就赶车上工往地里拉沙子，一直干到星星满天才能收工。干活冒着热汗，衣衫都湿透了，但寒冷的天气，却冻得人伸不开手脚，耳朵都要冻掉似的。虽然繁重的劳动难以忍受，但当看到收获的金灿灿的小麦时，脸上还是流露出一丝欣慰。在漫长的日子里，人们往往产生思乡的情绪，由于居住分散，人生地不熟，和当地人来往少，没有亲人、朋友，串门都要骑驴跑到十几里外的老乡家，很不方便，不由得生出孤独感。加之，不久遇到“三年自然灾害”，食不果腹，生活难以为继，移民们想到老家的日子不会这么艰苦，于是回家的念头与日俱增。吴密线老人回忆说，当时想回来真的不容易，也很盲目。她在长风社给女儿看病时，正好遇到老乡，老乡说，你好容易出来了，不如带孩子回去吧，要不然在这也难活下去。于是，她给孩子看完病后，抱着不满 3 岁的儿子，在好心人的帮助下，坐木轱轮车到了火车站，瞒过火车站工作人员的盘查，才登上了回家的火车。当坐在火车上，一颗悬着的心才慢慢地放下了。回来后，不想让人知道，便回到娘家张姚村。一开始，白天不敢在村里露面，只好带着孩子在庄稼地里东躲西藏，等到天黑才偷偷地回来。丈夫听说她已回老家，也从敦煌回来了。他历经磨难，挑着担子，担着水罐和干粮，不知走了几天，徒步 200 多里，走到火车站，后经盘查，说漏了嘴，被挡了回去。后来，移民返乡人多了，盘查没以前那么严了，丈夫才回来，一家人终于团圆了。在张姚村生活了 2 年，后来，公社登记移民情况，在冯家塬村建立移民新村，他们家被安排到冯家塬村迁建村。在那里生活了一年多。后来，居住在盘东大队的兄弟因病去世，孩子当兵去了，家里没人。经向大队申请批准后，一家人才回到了都是乡亲熟人的盘东大队。

在敦煌除了一少部分人因各种原因没有返乡外，大多数移民都与吴密线老人一家有相似的经历，几经周折与磨难，返回了家乡。当时盘豆的移民返乡后，通过各种渠道回到移民点。听盘西村民张连州说，他村有一户人家从敦煌回来后,生产队不敢接收,只好找个地方住下来。队里干活,他跟着;队里开会,他参加,干活也不要工分。时间一长,队里也没办法就默认了。但有一部分人在大队难以接收的情况下只得投亲靠友,另想办法。从1959年开始就有移民陆续从敦煌返乡,到1961年初形成了返乡大潮。期间,也有的回来后,又被劝返敦煌。鉴于当时返回移民众多的实际情况,1961年冬天,故县公社着手移民的安置工作。根据全公社人口、土地分布状况,计划筹建移民点。冯家塬山畛自然村土地广,人口少,于是划拨300多亩地,又从临近的冯家塬、薛家营、孔家营、郭村划拨了200多亩土地,用于建设迁建村用地和移民耕种。随后,公社抽调了人力、物力、财力进行建设,到1963年底,山畛迁建村基本建成。1964年,河南、甘肃两省政府和灵宝、敦煌两县政府对移民返迁问题达成一致意见,允许灵宝移民自愿决定去留,不再强行劝返,不论什么情况已经在灵宝居住下来的予以承认,其户口和身份由灵宝县统一登记、统一安排。据故县公社当时不完全统计,盘豆移民分散居住在公社内各村的有100多户300多人。山畛迁建村共建"排排房"4排,每排10座,每座3间,共120间。公社按照入住人数和辈分情况,第一次安置移民70多户280多口人。截至1964年底,分布在故县公社境内的零散户已基本得到了安置。据山畛迁建村70多岁的尹双福老人介绍,移民新村安置的除阌乡县、阌底镇有四五户外,其余都是盘豆镇的移民。尹双福原来住在盘豆镇东城子,他是父母从帝王村抱养的,1956年随父母迁移敦煌后,曾在敦煌读书。1962年随父母一起返乡,回到盘西大队。后因父母被劝返后,第二次赴敦煌,只好把他又送回帝王村父母家。大约半年多,父母回来后,先是住在里村舅父家,1964年被最后一批安置到山畛迁建村。他们一家6口人分了2间房,房子虽然是少了点,但是终于有了属于自己的家了,心里还是很踏实、很高兴的。当时故县公社书记刘金宝,多次到山畛迁建村看望移民，嘘寒问暖，关怀备至，还给各家送米送面，送来了种子、农具、架子车等生产生活用品。这对于多年颠沛流离、居无定所的移民来说，对党和政府的关爱和扶持，心里充满了无比的感激之情，更激发了他们重建家园的信心和力量。

五

1964年之后，盘豆镇返乡移民已基本得到妥善安置。盘东、盘西大队及其他集中安置移民的大队和小队，把主要精力放在农业生产条件和居住环境的改善上。原来的盘豆镇，吃水打的井，浅的只有几尺，深的不过丈余，井水甘甜可口，用水十分方便。迁到东西两塬之后，特别是盘东大队所在的东塬，海拔较高，水位低，在当时的技术条件下，难以打成井，吃水需要到两公里之外的芦台水渠里担水。后来，用牲口驮水，在牲口背上绑两只大木桶。再后来，用架子车拉水，将一个汽油桶捆在架子车上，一次拉上一大桶，一家人能吃上好几天。盘西大队虽处在较低的平川上，水位相对较高，挖了一眼20多米的水井。但对于要供1000多人的生活用水，还是捉襟见肘。天不亮，用辘轳绞水的人早就排成了长龙。面对吃水困难，盘东大队开始从塬下的上坡头河里引水。当时，大队购买了柴油机、水泵和水管，组织人架设管道，用了半年时间，清澈的河水引到了村头，解决了全村人的吃水问题。后来，由于成本高、管护复杂、水位变化等原因，被废弃了。后来开始从黄河滩打井引水，铺设管道1200多米，通过二级提水到村北水池，又修筑2000多米水渠引水至村口，有效地解决了人们的吃水问题和部分土地的灌溉。盘西大队在人畜用水和农田灌溉方面，也投入了大量的人力、物力，号召各生产队打井，当时每个生产队至少打2眼机井，先后共打机井13眼，不但基本上解决了居民的生活用水，也使部分土地得到灌溉。

改革开放后，盘东大队，盘西大队人凭着自己的勤劳、智慧，自力更生,艰苦奋斗,积极发展农业生产,努力改变居住环境,逐步提高生活水平,描绘了一幅幅壮丽的画卷,奏响了一曲曲动人的凯歌。盘东村村民蒋省三,今年76岁,是个闲不住的人。早在1983年,他就到邻村承包六七亩水地,培育了2亩苹果树苗,在县农技人员指导和他的精心管理下,树苗长势喜人。第二年1万多的树苗一出圃,就被县政府以0.6元的价格订购一空。那年,加上其他收入,他家总收入已逾万元,成为当时全公社屈指可数的“万元户”。为此,他成了全县劳动致富的模范,受到了县政府的表彰,轰动了大街小巷、东西两塬。盘西村的巴稳成,回族,是原盘豆镇北大街人。移民之前,他的父亲在盘豆街上做生意,宰牛、熟皮子、蒙鼓,生意很红火。改革开放后,他在盘西村办起了回民饭店,色香味俱全的牛肉面片很有名气,每天吃饭的客人络绎不绝,生意红火。巴稳成的父亲去世后,他继承了父亲的饭店,规模不断扩大,项目不断增多,效益越来越好。像马昌、随刚、丫子、路省三等盘豆镇从事餐饮业的厨师在20世纪七八十年代都被聘请到县里、公社的机关事业、企业单位做大厨。此后又自己办起了饭店、宾馆、餐馆等,生意做得风生水起。从1985年起,盘西村恢复了集市,做生意的人更多了,重显了当年盘豆镇的繁荣热闹。

经过几十年的打拼,盘东、盘西村已今非昔比。吴密线老人高兴地说,现在有吃有穿,想要啥,就有啥,比在老盘豆街也是一个天上,一个地下。每年自己过生日时,看到儿孙绕膝,四世同堂和那丰盛的酒席,心里有说不出的欣喜,嘴里还是不停的念叨着,真好,真好,浪费了,浪费了。的确,对于一个饱经沧桑的耄耋老人而言,今天的幸福生活让她感到真是神仙过的日子,过去做梦都梦不到这样的生活。老人5个孩子,一女四男,大女儿生在盘豆镇,老二生在敦煌,老三生在张姚。老四生在迁建村山畛,老五生在盘东村。想到5个孩子的出生地,不由地会勾起老人对往事的回忆。好在一切都已经过去,5个孩子已长大成人,安家立业,生活过得都很好。老二郭万年,今年都60岁了,教过书,当过兵,曾任盘东村支书十余年,为村里办了不少好事、实事。老四是村里的电工,为村里的事,跑前跑后,热心服务,受到大家一致好评。说起村里的变化,还是蒋尚珍老人说的好,原来是土门,在土墙上掏个洞,只能过个人。后来换成木门,几块木板钉钉,可以过个架子车,后来换了小铁门,家里就买了拖拉机,现在是红艳艳的大铁门,水泡钉子黄灿灿的,小汽车过着都很朗然的。事实确如老人所说,现在无论走到盘东、盘西村,人们看到的都是漂亮的平房、楼房,整洁的水泥巷道和房前屋后繁茂的花草树木,呈现出生机勃勃、蒸蒸日上的景象。

六

改革开放以来,国家经济飞速发展,先后制定了多项惠民政策,特别是对当年为建设三门峡水库做出奉献,付出代价的移民村和移民们给予大力的扶持和回报。灵宝市黄河移民管理局先后对盘西村、盘东村拨出一定资金,打井、引水、修路、架电,解决移民村的人畜饮水和土地灌溉问题。盘东村对原来的引水管道、水管等进行了更新,拆除了露天水渠,铺设了地埋水管。机井数量从原来的1眼增加到现在的4眼。其中,2眼供全村人畜用水,2眼灌溉100多亩土地。村里人畜用水,从开始全村一个水龙头,发展到一个巷子一个水龙头,现在是家家都用上了自来水。后来村里又投资100多万,安装了水净化设备,保障了饮水的质量,使村民用上了纯净水。1982年,县治黄部门,给盘西村安装了容积为60立方米的大水罐,从此盘西村家家都有了自来水。后来,治黄部门拨款又为村里打了20多眼100米的深水井,彻底解决了全村2000多亩土地灌溉问题,确保了土地的旱涝保收。

2000年之后,两个村先后对村里的巷道进行了硬化、绿化和美化。盘西村投资500多万元,其中治黄部门拨款400万元,村里筹资100多万元,硬化巷道8000余米。盘东村先后投资300多万元,其中各组投资200多万元,村投资100多万元,硬化巷道5000余米。接着,盘东村又投资60万元,在村里的大道两旁,栽种了女贞、冬青、红叶柳等花草树木,家家门前都修建了花坛,栽植了各种各样的花草。一到春天,家家争艳,户户飘香。

2006年,盘西村投资70多万元,整修土地800余亩,打造红星梨基地,安排了农村剩余劳动力,增加了农民的收入,随后又投资500余万元,其中治黄移民项目拨款100万元,农业局项目拨款40万元,筹措资金400多万元,修建了2000吨大型冷库一座,保障了红星梨的储藏,避免了市场风险。盘东村投资60余万元,建成油桃大棚30多个,为农民致富开辟了广阔的前景。从2006年开始,国家出台新的政策,对当年的移民及其后代每人每年发放600元的补贴款,连发20年,更使移民们深深感到了党和政府的关怀和温暖。

近十年来,国家和有关部门对移民村大力扶持,兴修各种基础设施,推动了移民村的进一步发展。盘东、盘西村安装了巷道路灯,监控,修建了村部、文化大院,舞台,安装了健身器材,丰富了村民的业余文化生活。盘西的社火队,传承了盘豆镇耍社火的老传统,除了一年在村里元宵节表演外,还多次到乡里、市里来表演。村里保存的一套据说是为迎接慈禧太后返京制作的銮驾已有100多年的历史,虽然部分损坏、散佚,但保存下来的做工精细,木质上乘,有动物、兵器等。在耍社火时,展示一番,很有特色,引人叹为观止。盘东村十分注重村风和精神文明建设,年年开展"好媳妇、好婆婆、五好家庭"评选活动,树立了良好的乡俗民风,进一步促进了农村精神文明建设。盘东、盘西村多次受到上级的好评和嘉奖。盘西村多次被评为故县镇全面工作先进单位,红星梨基地被授予灵宝市青年示范园。盘东村先后被命名为灵宝市级、三门峡市级、河南省文明村、卫生村、生态文明村,被评为灵宝市先进五好党支部，三门峡市农村基层党风廉政建设示范村，河南省先进基层党校，获得了灵宝市“平安建设先进村”，灵宝市“美丽庭院”示范村。

黄河东去，涛声依旧。如今虽然再也领略不到盘豆古镇的古朴风貌，无法体验移民们流离搬迁、重建家园的艰辛，但是当人们走进盘东、盘西两个村时，充满生机，欣欣向荣的景象，一种自豪、骄傲的心情油然而生。不由地对他们舍小家顾大局的高尚品质表示钦佩，对他们不畏艰难，不屈不挠的精神表示赞叹，对国家、政府、社会、治黄有关部门的关切和大力扶持表示感谢。

阌底镇沧桑

苗东林

一

阌底镇从清末、民国到解放初期,民间商贸集市交易非常活跃繁荣。古老的集镇位于河南、陕西、山西三省交界,地理位置优越,曾有“鸡叫一声醒三省”之称,它西距陕西省潼关县老城不到二十华里,北临黄河,与对岸山西省芮城县风陵渡隔河相望,呼喊可闻,码头上有摆渡木船连接。据《阌乡县志》记载:“阌地有阌山,高俯视曰阌地”。说明阌底镇的位置在阌山之下,同时与阌乡县有着密切的关系。

据史志记载,西汉设胡县,武帝建元六年(公元前 140 年),更名湖县。北周孝文帝元年(公元 557 年)改县为郡。后又改为县。元世祖至元二年(1265 年)省湖城入阌乡(县治在阌底镇)。从此以后,这里一直为镇、区、乡的所在地,是附近一带政治、经济、商贸、文化的中心。

“秦岚引秀,阌溪钟灵”,这是对阌底镇地理位置的描写和赞誉。是指秦岭山脉的峻峭险绝、雄伟的秀丽风光与阌底镇旁的鸡子岭、阌溪及老爷庙(关帝庙)的香火钟声遥相呼应。阌峪山涧溪水和西峪河水交汇后流入镇南清河口,由镇旁汇入黄河。

阌底镇是河南省最西边,相邻陕西省的一个重镇和交通枢纽。陕西省潼关县境内的著名关隘“潼关”,自古有“西北咽喉寨,秦地东大门”之称。陇海铁路经过阌底火车站进入陕西省的第一个车站就是潼关火车站(1931 年陇海铁路通到潼关)。阌底火车站紧临阌底镇,办理客货业务，方便人们的来往流动和货物的运输。镇北濒临黄河，设立的渡口码头，使陕西洛南山区的木头、核桃等山货特产经过这里运往山西及黄河下游的河南省陕州一带，山西的粮食、食盐等农特产品则运过黄河南岸，通过火车运往陕西省和河南省各地。因此，阌底镇是一个商贾云集、货物集散、繁华热闹的集镇，集市上设有牲口市场、生猪市场、木材市场、粮食市场等，使河南、山西、陕西三省交界处一个货物互通有无，相互补充的集散地。据说，当年山西人在阌底镇做生意的占到该镇人口的四分之一。中华人民共和国成立后，在阌底镇公私合营组成供销合作社时，工作人员中山西人达到三分之一。黄河渡口每逢阌底镇集日、庙会，是最繁忙的时候，靠岸的大木船船大帆高，气势壮观，络绎不绝，在黄河河道里南来北往，西上东下，川流不息，艄公的号子声、呼喊声此起彼伏，热火朝天，还有不少小木筏子运送零星货物和人员，在河里川流不息，繁忙异常。

阌底镇的街道有三条主街，呈丁字形，东西大街短于南大街。东稍门外鸡子岭，崖高坡陡，宛如金鸡展翅，嘴啄黄河。东稍门外有 1901 年慈禧太后西躲八国联军返回时，路经阌底镇下榻的行宫。当时，为了迎接慈禧，阌乡县令邓华林在阌底镇购置一上好庭院，改建为行宫，修缮一年时间，花费万两白银，令工匠雕刻门屏、隔扇，极为精致。三连院落，红墙绿瓦，雕梁画栋，十分豪华。每座院落都有上房，腰房，门房，由廊房联通。门前有两尊大石狮子和青石上马石、拴马桩等一应俱全。两侧偏房为护卫、杂役居住，西侧偏院是马厩、粮草库房等。民国初年，慈禧行宫被改为阌底小学，一直沿用到中华人民共和国成立初期。西稍门外有座“关帝庙”，当地人称为“老爷庙”，飞檐斗拱，琉璃瓦顶，金碧辉煌，遗憾的是在抗日战争时期被盘踞在山西省风陵渡的日军炮击炸毁。

阌底镇既是三省交界的农副商品集散地，也是繁华的集市，每逢农历二、五、八是集日,陕西潼关、华阴,山西芮城、运城,河南阌乡、盘豆等县镇的商户和农民都前来赶集,购买农副产品、农具和生活日用品,交易牛、驴、骡、马牲口和生猪、猪仔、家禽、羊等。据如今健在的老年人说,当年,每逢集日,各种货物基本都能交易,农副产品贵贱皆能卖出,想买的东西都能如愿买到。特别是每年的农历三月二十八,是麦收前的重要集日。农民们都会趁麦收前的这个集日购买收麦用的杈、扫帚、木锨、镰刀、簸箕等农具。因此,集日物品丰富,人山人海,热闹非凡,生意火爆。当时,老百姓编顺口溜形容说"冬寺庄、夏麻庄,顶不住阌底一后晌"。意思是寺庄村一个冬天的集日,麻庄村一个夏天的集日,都抵不住阌底镇集日一个下午的交易量,其热闹和繁荣略见一斑。

阌底镇街上有很多家中药房,其中最大的一家,店主为康老四、康老五弟兄,是河南怀庆府(沁阳、博爱一带)人,店面有三大间,雇有店员、徒弟、车夫、坐堂医生、收账、厨师等多人,生意兴隆,财源滚滚。在南大街有一家西医院,医生姓车,曾是国民党军队的少校军医。镇上还有五六家中西医药店、百货店、杂货店、理发店。有三家裁缝铺,曾为军队赶制过军服,并聘请陕西省汉中的裁缝名匠孔祥德做技术顾问,给部队制作军大衣、军帽多半年。

在镇丁字路街口南有家"小有天饭庄",名气很大,规模也大,可供数十桌人用餐,是附近巨商富户设宴、请客的主要场所,连远在潼关县城的大户也会来这里宴请宾客。南大街还是地方小吃一条街,油条、包子、麻花、油糕等特色小吃成为来往客商品尝地方小吃的集中地。当时名气最大的是阎氏道口烧鸡,只有一间门面房,但生意红火。其他大的店铺还有万义丰杂货店,庆余生中药铺,赵子宗粮店,万福通大药店,潘家染房,来景春大饭店等,都是生意很好的店铺。其余还有一些铁匠铺、木匠铺、竹器铺、麻绳店、皮坊、染坊、糖坊等供应特色货品,服务周围农民。

阌底镇街上居住的人员除做生意的外,主要是镇公所和其他部门的公差人员,而经商的商户、伙计、铁匠、竹匠、木匠、船工,各行业下苦力的人很多都分散居住在周边的南城子、北城子、香山寨、川城子、白家寨、北源村、南街上村、新城子等自然村里。

在各个自然村里居住的主要是世世代代耕种着土地的农民,他们在塬坡地、黄河滩地及少部分水地里年复一年的春种、夏管、秋收、冬藏。这里的绝大多数土地是塬坡丘陵旱地,只是在临黄河的滩地利用水位高,掘井汲水,在水浇地上种植蔬菜、瓜果,变卖挣钱,或者在阌底火车站、渡口码头上装货卸货,凭苦力养家糊口,使这里人们的生活水平比周围纯粹种地人要高一些。但是,阌底镇上本地人做大生意的并不多,约上千人的店主、伙计、账房、厨师、手艺工匠等都是外地人,特别是山西人因为有晋商的传统和习惯,在这里做生意的人最多。其次是豫东人,既有怀庆府一带传统的中药商人,也有逃荒避难来到这里落脚凭做生意糊口的人,还有陕西汉中、华阴等地的商人。因此,在阌底镇经商做生意的、背脚出苦力的,耕种土地生产粮食、蔬菜的,来自四面八方,各执其业,各得其所,随遇而安,过着相互依赖、相互融合的生活。

二

1955 年,国家决定在三门峡修建水库,拦洪防汛,使黄河下游长久安澜,免受黄河的洪灾水害。阌底镇和其他水库淹没区一样,需要搬迁到水库蓄水高程线以上的地方。当年下半年,阌乡县、阌底镇两级政府部门开始宣传、发动淹没区的村子和人们准备迁移。当时,要求迁往敦煌的移民采取自愿报名,上级审查批准的程序。为了发动和带领移民迁移,镇上的党员、干部、土改积极分子、贫下中农带头报名,一些群众看到干部们都愿意移民敦煌,于是也随即积极报名,使镇上按时完成了移民敦煌的任务。

作为一个有着两千多年历史的古镇,生活在这里的居民,经过数代、数十代人的创业、奋斗,有的积攒下了万贯家业,过着富裕殷实的生活,有的虽然贫穷,但中华人民共和国成立后,打土豪,分田地,分得了土地、房屋,在党和政府的关心帮助下,走合作化之路,逐渐过上了吃喝不愁的日子。突然的抛家舍业,远离故土,打破安定的日子,重新面对新的环境,开辟新的生活,今后将会过上什么样的生活还是个未知数。因此,人们一时会有彷徨、怀疑、不知所措,甚至抵触的情绪。特别是一些经商半辈子的人,对种地干农活十分生疏,因此对迁往地广人稀的敦煌,过着"耕者有其田"的农耕生活有些迷茫和恐惧。但是,经历过中华人民共和国成立前连年兵荒马乱的人,对时势的突然变迁,自己命运的变故已能看惯,因此既是经商的人也是经过一番苦干、奋斗干出来的,这些人善于吃苦,思维活跃,适应性强,大部分都是曾历经迁徙,四海为家,过惯了颠沛流离的生活,也敢于从头再来,白手起家,于是,大部分人对于国家决定了的移民事情还是理解和服从的。对于种了一辈子地的农民来说,则对移民敦煌充满了期待,毕竟有地可耕,还是水浇地,旱涝保收,能过上"三十亩地一头牛,老婆孩子热炕头"的日子曾是自己一辈子的梦想,在哪里生活不是生活,只要有地种,有饭吃,何乐而不为?当时,在镇干部的动员下,在一些党员、干部、贫下中农积极分子的带头下,报名迁移敦煌的人也不少,经过镇上审查,批准阌底镇区迁往敦煌的有100多户500多人。他们除了留下一些被褥衣物,锅碗瓢盆等日常生活用品外,房产被政府作价收购,大件家具全部变卖。当时变卖物品的人家很多,一些上好的家具、用具只能低价出售,但是能卖两个钱,作为自己的积蓄毕竟还是实惠的。因此,只要能卖钱,不管价钱多便宜,都想着"三个核桃两个枣"的卖了后变成现钱自己用着方便。

1956年农历正月十五过了后,3月12日正是农历二月初二,按照农村的说法是"龙抬头"的日子,第一批迁移敦煌的人,坐上载有灵宝县城、阌乡老县城、盘豆镇等地移民的专列，在县、乡、镇领导和亲朋好友的欢送下，在阌底火车站乘上专列，依依惜别故土，踏上迁移敦煌的征途。

三

在阌底火车站乘上火车的移民，都是阌底镇的阌底、北寨、杨家等村的第一批移民，按照原来的计划，还会有二批、三批迁往敦煌的移民。但后来情况有了变化，第一批送走后，再没有外迁了，其他需要迁移的阌底镇居民则被安排迁往本镇境内规划的移民新村，即称之为“新迁建”的7个自然村，均在水库控制高程线以上。阌底镇当时最大的两个自然村是阌底、北寨，迁移之后变为阌底大队、北寨大队。阌底大队共有11个生产队，1956年时人口为1200余人，现在已经发展到2700多人。北寨大队6个自然村，有194户，迁移敦煌140户，560余人，剩余的54户728人迁移到新村，该村的918亩土地被淹没。

当时新迁的阌底、北寨大队住房都是用拆了的旧房木料盖的，因盖的房子有限，有的村民只得趁崖面打窑洞，在窑洞前搭棚将就安身。直到1959年秋，三门峡大坝建成拦洪时，北寨村还有25户130人未搬迁。后来，拦洪水位上升，赶紧在牛头塬坡根挖窑洞，以便安身。1959年，移民们吃的都是食堂饭，大队、生产队组织青壮年劳力拆除旧房，把拆下来的木料、砖瓦、门窗等运到新规划迁建的村里统一使用。从1959年下半年开始，成立了人民公社，原来的村改称为大队，自然村基本上改为生产队，阌底大队、生产队干部组织社员用政府发放的补助建房款和拆旧房子材料盖成的“排排房”，原则上一户一小院，人口多的院子三丈三，约三分地；人口少的二丈七，由生产队牵头协商，各家自己组织人盖房，缺木料给木料、缺瓦给瓦，自己打围墙，做土坯，邻里之间互相帮忙。虽然木工、泥瓦匠人少，专业技术不精，但大家人多，集思广益，群策群力，众志成城，齐心协力帮着干，移民们经过一年多时间的建设，将安置房一排排建了起来。当时叫做“新迁建村”，使阌底村被淹没后近三年里无房的住户有了栖身之处。虽然居住的还很拥挤，但有房子住总比住在阴暗潮湿的窑洞强多了。

1962 年后，国家度过了“三年自然灾害”的困难时期，对大队、生产队的生产形式进行了适当的调整，借地、自留地等“三自一包”的实施，使新迁建的阌底、北寨两个大队移民的生产积极性大大提高，生产热情高涨，粮食产量提高，生活水平得到了极大改善。

中国的农民几百年的传统梦想就是多打几石粮食，温饱了就会盖房子，求得安居，也是为后辈积累家业。改善居住条件，能宽敞绝不将就，因而人们又积极地想盖质量好一点，面积大一点，一砖到顶的坚固宽敞的大房子。原来紧急情况下建的泥巴糊起来的排排房已不适应居住了，要拆掉重新盖好房子。生产队给划宅基地地皮，个人出钱修建。阌底大队 7 个自然村 11 个生产队，本生产队有空闲地的用队里的地划宅基地，没有的向大队申请，由其协调解决，基本上可以使每户都能得到新的宅基地，弟兄们多的，也能得到多处宅基地，单独盖房。只要有经济能力，基本能满足建房的需求。

移民到敦煌的阌底镇人、北寨村人，因故土难离，思念故乡，叶落归根等诸多原因，先后都返回来了，只有极少数在敦煌有工作的和与敦煌人结婚成家的人留在了那里。如今，凡是留在敦煌的人，工作、生活都很顺利、幸福，而且家庭经济条件也很优越，虽然经受了一时的不适应，但没有经历颠沛流离之苦，适应之后，勤奋工作，都获得了稳定的工作岗位，过上了丰衣足食的生活。目前，生活水平都高于返回灵宝的人家的水平。这当然已是后话。

四

阌底镇迁移到敦煌的人家,返迁后并非全部回到后来的迁建村,投亲靠友落脚到外村的也不少。阌底镇北城子村移民敦煌的薛自友、薛自敏两兄弟,全家10多口人,1960年回来后先是在乔上大队南侯阳山根沟边自己挖的两孔窑里栖息,山根沟深,小片荒地多,他们凭着开荒艰难度日。薛自敏迁移到敦煌后,在县卫生部门工作,娶了个敦煌媳妇,生了三个男孩、两个女孩。后来,他返回灵宝时,敦煌媳妇也跟着回来了。1963年,国家给移民每人200元的安家费,他们家分了两处宅基地,盖了两座房子。虽然经过了30多年艰难的生活,现在全家十几口人生活在一起,也很美满。2007年,国家决定给三门峡库区移民每人每月50元的补偿款,他们家人多,每年领的也多,薛自敏老人就很感谢党和政府的好政策,他觉得国家没有忘记移民,而且对移民村和移民给予很多的关心和照顾,心里一直很感激和欣慰。

党和政府近几年来的关心、支持、帮助,使无论从敦煌返回来的移民,还是就地后靠搬迁的移民,都从内心感到很高兴,很满足。只要遇到一起,总要互相畅谈,说过去的艰苦生活,赞今天的美好生活,对党和政府感恩的情意是发自肺腑的。

居住在故县镇河西村六组的王丙州,今年80岁了,是阌底镇人,1956年移民敦煌时全家4口人。经过60多年的变迁之后,现在全家19口人,4个儿子,9个孙子。他的4个儿子都很勤奋,很能吃苦,也很孝顺,儿媳也很贤惠,对老人很尊敬,全家和睦,其乐融融。1960年底,他全家从敦煌返回后落户在河西村,他为人忠厚,肯帮助人,村里人对他都很尊重。在20世纪80年代,他曾担任多年生产队长,90年代又在大队选矿厂担任负责人10多年,为河西村的经济发展作出了很大贡献。如今,河西村是全市有名的富裕村,他虽已八十高龄,但身体很好,耳不聋,眼不花,还能干农活。他经常说,现在政策好,生活无忧无虑,吃穿不愁,家家有电视,人人有手机,村里大多数家有小汽车、摩托车,党的政策好,处处为百姓着想,不断提高群众的生活水平。咱不能忘本,要感谢共产党,感谢各级政府。

1959 年下半年,风靡全国的公社化运动,使开始搬迁的阌底镇改为阌底公社,并将搬迁到距离新改的陇海铁路不远的豫灵村。原来镇上的党政机关、社直单位如供销社、机耕队、粮管所、轧花厂、农修厂、银行等都随之搬迁。新迁的所在地距离陇海铁路约 2 公里,距老阌底镇 8 公里。新建的公社大院占地 30 亩,是个坐北朝南的三合院,在院子北边盖了 11 间房子,中间 5 间是会议室,两边是书记、社长的住室,东边还有几间是伙房。当时公社调供销社的马车,加上干部们自己拉上架子车,集中人力和时间将办公桌、椅、板凳、文件资料、生活用具、锅、碗、瓢、盆全部搬迁到位。邮电所及时架设了联通各大队的电话线,保证了公社与各大队的联系。其他部门如税务所、派出所、市管会、武装部、卫生院、中小学校等单位先后搬迁到位,投入到正常的运营之中。

20 世纪六七十年代,公社党政领导一边安置迁移出来的民众和从敦煌返回来的移民,为他们解决各种困难,调解各类纠纷,使其都能得到妥善安置。另一方面,组织带领全公社的社员学习大寨,改天换地,整修土地,兴修水利,战胜自然,改变山河面貌。1966 年,阌底公社更名为豫灵公社,1986 年,豫灵公社又改为豫灵镇,一直沿袭至今,使阌底镇的印象和痕迹越来越淡化了。

五

搬迁到新村址的阌底村,已发展成为一个下辖着 7 个自然村 11 个村民小组 3000 多口人的大村,村里不仅有着原来的 3000 多亩耕地,多年来因为三门峡水库蓄水水位下降，裸露出了大片黄河滩涂地，使村里耕地面积大增，移民们都过上了丰衣足食的生活。特别是改革开放后，移民们的思想观念发生了巨大的变化，一些昔日商户的后代精明的经商基因又显露出来，有的做生意、办企业，有的开金矿、种果园，还有的养猪、养奶牛、养羊、养貂、养鸡等，八仙过海，各显神通，凭着灵活的头脑和勤劳的双手，逐渐走上了劳动致富的小康之路。

跨入新世纪，国家的经济实力日益强大，各级政府部门开始关心、扶持三门峡水库的移民，不断投资建设水、电、路、学校等基础设施，阌底村在灵宝市治黄部门的关怀支持下，将所有自然村的主要道路、巷道全部硬化，实现了村村互通。在主巷道安装了路灯，在主要巷道口安装了监控，大大方便了村民的生活和出行。为了解决水的问题，多年来，治黄部门为阌底村打了 3 眼机井，铺设了自来水管道，保证全村人吃上了清洁的自来水，还为耕地配套建设了 18 眼机井，使 1000 多亩土地成为旱涝保收的水浇地。

如今，阌底村 11 个村民小组在种好粮食作物的前提下，大力发展经济作物，村里发展了花椒园 500 亩，中药材基地 300 亩，核桃园 200 亩，村里年轻人约有 200 多人外出打工，年收入 600 余万元，使全村村民人均年收入达 5000 多元。目前，村里办的小学，让适龄儿童全部入校接受义务教育；村里办的两个卫生室，让村民小病、防疫不用出村。2007 年，国家又决定为每位三门峡水库移民每月发放 50 元补助，连发 20 年。村民享受到这一待遇，都深深地感受到党和政府没有忘记他们，在关心着移民，补偿着移民。

现在的阌底村基础设施完善，生活环境优美，紧靠着 310 国道，每月的三、六、九为集市日，市场繁荣，商品丰富，吸引着周边数十个村的人前来赶集，似乎又恢复了当年阌底镇的繁华热闹。集日上既有日用百货和本地的农副产品，又有黄河对岸山西省芮城县的土特产品，频繁的集日,使阌底村的村民收入增加,生活越来越好,村里盖起二层小楼的很普遍,村容整洁,村民文明,阌底村被评为灵宝市“平安建设村”和“新农村建设示范村”,昔日的移民终于过上了幸福美满、和谐安康的新生活。

禹甸·吕店

张新英

在灵宝市黄河沿岸的西阎乡有两个毗邻的行政村，分别叫东吕店、西吕店。过去统称吕店村，据说村名的来历与历史传说中的大禹治水有关。据考证，吕店村最初叫禹甸。禹，为大禹；甸，为草原。禹甸，亦即大禹时期农人聚集放牧的地方。据史料和传说，远古时期，黄河流域洪水泛滥，大禹受命治水，率众人辟开三门，连续治水十三年，疏通了黄河，治水成功。洪水退去后，一块块土地露出水面，大禹率领人们在土地上修渠，引水灌溉，种植粟、黍、豆、麻等农作物，使这里成为人们定居和生活的地方。后人为纪念大禹的功德，就把大禹黄河北岸一处地方称为"大禹渡"，把黄河南岸一处地方称为"禹甸"。吕店是后来被人们把音读转了。

东吕店村是个典型的黄河移民村，村子的移民历史，既是一段移民人生经历，也是村子辉煌的创业史。

过去东吕店是一个 500 人的小村。与该村渡口隔河相望的，是著名的大禹渡。大禹渡与西边的风陵渡、东边的茅津渡并称为黄河中游的三大古渡口，有上千年历史。东吕店渡口与大禹渡口船只对开，南来北往，成为黄河中游一个重要的水路交通要道。

东吕店一带的黄河两岸，河道弯曲，岸势险峻。黄河滩地林木四季葱郁，风光优美，景色旖旎，历来是观赏黄河风景的理想之地。

生长在黄河岸边的枣林是东吕店人重要的经济来源。据说，吕店村在晋代就有种植枣树的历史纪录。20 世纪 50 年代末，这里还保留着明清时期的枣林200余亩。每年到了春夏之交,枣树开花,飘香数里。九月大枣成熟季节,远眺黄河岸边像被一片红云笼罩,近看树树挂满了红玛瑙似的、压弯枝头的大枣,丰收的景色十分壮观。若攀上枣树,双手握住一支树枝,用力摇动,红枣便像下冰雹似的“劈劈啪啪”地落在沙地上,像大地铺上了一层红地毯。

东吕店村原来有6眼水井,深约六七丈,水质清洌甘甜,分别散布在村东头、尚家巷、南寨子、王家城、上寨子、曹家巷等6个自然村。1959年8月的一天,当人们像往常一样去水井边打水时,却忽然发现有一眼水井塌陷了。塌陷成足有七八间房子大的一个深坑,众人甚感奇怪。更让人吃惊的是,仅二三天功夫,全村的6眼水井相继都塌陷了!

当时14岁的尚春生带着一帮人一路小跑来到村边一看,只见黄河水颠簸着小浪距村子很近了,村子西头已经进水了。人们这才恍然大悟,井的坍塌与黄河水上涨浸渗有关。看来前几天水泉城公社干部牛毓华动员大家,让尽快搬迁的事确实是迫在眉睫、刻不容缓了。

东吕店村早就列入了三门峡水库移民搬迁村,搬迁量地是唐家营村西、农场东的狭长空旷地带。村里人总想着黄河拦水不会那么快,因此总是依依不舍地不想很快离开村子。这时,村里人纷纷来到村边,但见村北黄河滩早已淹没在水中,宽阔如湖,波光粼粼,一眼望去,天水一色。12岁的王景天胆大,一把脱掉上衣,纵身一跃,扎进了水里,竟游到了离村很远一段距离,嚷嚷着说,发现了一块矗立在那儿的水位标牌。“村里的3000亩好地没有了。”如今年已古稀的王景天回忆着说。

“集体统一拆迁,统一建村”是东吕店村整体移民的基本原则。建房所需的木料来自东北,砖瓦来自巩县(今巩义市)孝义镇,加上拆除老房拆下来的木料、砖瓦,都用来建设新房。同时,家家户户各自打土坯,弥补建房砖的不足,没有劳动力的人家由生产队统一配给。

外地的木料、砖瓦是用火车运来的,卸在常家湾车站。当时的常家湾火车站只是一个三等小站,后因承担了移民物资的转运任务,一时间热闹非凡。各生产队都指派了最好的马车、驾车把式和青壮劳力到车站拉运建材,当时正值夏秋之季,天气极不稳定,雨说来就来,大家都急着赶在下雨前把车站货场堆积的物资拉回迁建村。木料都是清一色的东北白皮松,质量上乘,让农民说那是“呱呱叫”。砖瓦是河南省当时最好的机砖厂生产的,东吕店村人对这些建材视为宝贝,装运下货时都小心翼翼,唯恐出现闪失。当时木轮大马车各队只有一辆,架子车各队也只有两辆。大家就分工协作,装的装,运的运,卸的卸,日夜奋战,如期完好无损地把所有建材抢运回村里的工地上。

建新村移民的房子称作“排排房”,墙均是土墙,需要大量的土坯。打土坯就成了最繁重的任务。当地俗称“打胡基”,是一个技术活儿,更是一个力气活儿,非青壮年男劳力不可。由于时间紧,任务重,各队就在空旷的场地里各自围成不等的圆圈,摆开了战场,“咚咚咚”竞相打起土坯来,场面极为壮观。打成的土坯摞或垒成土坯阵,错落有致,行行整齐,层层清晰。打好的土坯有棱有角,方方正正,饱满瓷实,每块都有十七八斤重。16 岁的李海劳回忆说:“打一块胡基要磕八个头。”意思即要弯八次腰。通常一般的青壮劳力一天可打土坯 500 块左右,技术娴熟、体力强壮的劳力一天可打 1000 块。收工时,人们尽管汗流浃背、腰酸背疼、腿都软了,但望着高高矗起的一排排土坯摞,那种成就感自然溢于言表。

民以食为天,在村子迁建时,正遇到“三年自然灾害”,人们的生活陷入困境。李海劳说:“刚去迁建村的时候是 1959 年后半年,当时是集体生产,吃食堂饭。”饭是限量供应,凭票就餐。年轻人每天 1 斤票,妇女是 9 两,半劳力是 8 两。李海劳当时十六七岁,正是吃饭的年龄,他给自己订的计划是早上 3 两、中午 4 两、下午 3 两,但还总是不够吃,月月超计划,吃不到月底饭票就完了。他只好央求管伙的刘智贤从自己下月的饭票中先赊。李海劳说;“那时寅吃卯粮是常有的事,不足为奇。”

1960年,17岁的赵建业一家6口人,搬迁时选择的是投亲靠友。当年春节走亲戚时,听说舅家那个村条件好点,就经过与舅家村里的干部商量,举家迁到了程村塬上的程村村,领到了每人380元的搬迁费,在那里建房安家。

东吕店迁移后,距离原来耕种的土地远了,干活需跑十里路回老村,一来回就得走四个小时,最远的地竟要走八个小时,天天跋涉,非常辛苦,大部分时间都浪费在路上。后来,经请示公社同意,东吕店村迁往老北地居住。1968年,东吕店离开规划的迁建村,迁移到距老村较近的老北地建新村。经公社领导协调,大字营村伸出援助之手,拨地120亩,给东吕店村耕种,这样既方便了东吕店人的上地劳动,也缓解了东吕店村人多地少的矛盾。

李海劳曾当过生产队的饲养员,他说:“我们第三生产队有3匹骡子、1匹马、2头牛。牲口可是队里的集体财产,是宝贝疙瘩,喂养起来一点也不敢掉以轻心。”李海劳当过兽医,对喂养牲畜懂行。当时流传有一句顺口溜说:“牛哭马叫,饲养员笑”。意思是说饲养员偷了饲料,让牛马饿肚子。对于人们问他偷过饲料没有,李海劳苦笑着说:“饲料没有偷过,不过在铡麦草时,在麦秸堆下腾过麦子”。特别是有一年,队里从陕西省大荔县朝邑滩的农场买了几个麦秸垛喂牲口,李海劳等四个人前去拉运。他们在装船时,发觉麦秸中夹有少许麦粒,便兴奋不已。李海劳说:“我们把麦秸里的麦子腾出来吧。”众人说:“中!”于是,他们将全部麦草齐齐翻腾了一遍,忙了一个上午,个个累得是满脸大汗,衣衫湿透,脏兮兮的活像个乞丐,但真的腾出了四十多斤麦子。没有布袋装,他们就脱下褂子包起来,个个像挖出了金子似的,高兴得眉开眼笑。

麦草装船,扬帆起航,一路顺河而下,四个人轮番摇桨划船,没有人喊累,赶到家时天已经擦黑了,李海劳等几个人心急火燎地卸了队里的麦秸,就像做贼似地分了麦子,高兴地感到这次出差油水不小。

1962年,三门峡水库调泥调沙,水位下降,裸露出数千亩的大片滩涂。有人探试着开垦后,种了玉米,秋后竟获得大丰收,玉米棒子颗颗大得像棒槌,且籽粒饱满。好消息一传十、十传百,全村人都知道黄河滩涂土地肥沃,能长好庄稼。第二年,东吕店人就开进了黄河滩涂,在大水漫过的胶泥缝里播下了绿豆、花生,种上了小麦,插上了红薯秧。滩涂地因不在耕地范围,不交公粮,收获了粮食后,大大地缓解了前几年粮食不够吃、饿肚子的窘境。

1979年到1980年两年时间,根据三门峡水库蓄水的长期规律,东吕店人按照规划,分批从老北地陆续搬回老村南二里的地方定居,各自建起了农家小院。至此,东吕店村人前后长达22年的不断迁徙折腾终于尘埃落定。

三度移民搬迁的东吕店村,历经颠沛磨难之后,在党和国家移民政策的扶持下,逐渐过上了安居乐业的新生活。多年来,通过争取上级扶持资金,开展了农业综合开发项目,粮食作物小麦、玉米亩产由移民前的100公斤、200公斤提高到500公斤、600公斤。产业结构得到优化,新栽植枣树500亩,恢复了当年大枣的优势产业,西瓜发展1000亩,成了村里又一主导产业。国家的移民惠农工程又先后拨款120多万元,为村里铺路、打井,改善了农业基础设施和公共服务设施。一条水泥大道直达渡口,村里的路基本实现了硬化、亮化、绿化。农户普遍住上了砖混结构的平房,许多家还盖起了两三层的小楼。村里投资60万元,实现了村民的安全饮水。现在,村民上地干活开着三轮车或者摩托车,轻松自在。许多家庭装上了太阳能,现代化的家用电器已经普及,小轿车也进入了部分农家。村党支部书记周崇功自豪地说:“我们现在的生活跟城里一样美,城里人有的,我们基本都有,城里人没有的宽敞的小院我们有,现在的生活真是安居了,也乐业了”。

村民石建斌前几年投资58万元承包了100亩苹果园,年最高收入20万元。早在八十年代,王景天投资36万元,购得60吨位的大型机动船,在东吕店渡口发展航运,一天最高收入达万元。如今,东吕店渡口停泊着王景天的机动船和村里的机动船。每天,东吕店渡口船来车往,熙熙攘攘,川流不息,尤其是山西的大型运煤货车排成长龙等候上船,使这里成为南来北往的繁忙码头。王景天的机动船还被征用作为风陵渡黄河大桥和三门峡黄河大桥勘探及施工船只,整天忙来忙去,效益很好。

东吕店村虽然不紧邻黄河了,但“靠河吃河”的优势依然存在,村民凭借黄河的滩地、水运发展各项产业,带来了丰硕的经济效益,使自己的日子越过越好,实现着自己的小康梦想。

西吕店的搬迁岁月

张新英

1959年仲夏的一天，本是一个普普通通的日子。但在黄河岸边的西吕店村东的杨家祠堂院子里却跪满了男女老少，连院外、路上也跪得水泄不通。正是烈日当空的中午时分，骄阳似火，空气宛若凝固一般没有一丝风，只有树上的蝉儿在那儿声声不息地鸣叫。跪着的众人像听从着命令一样，对着大殿不住地磕头、作揖、祈福，男人们眼圈泛红，女人们泪眼婆娑，泪水、汗水搅在一起，湿了衣服，滴洒在身下的沙土地上……

的确，这个村子正在经历着一件让人们一辈子难忘的大事。三门峡大坝即将建成蓄水，素有"枣乡之称"的西吕店村恰好处在淹没区范围。从即日起，这个村的农民将按照上级的安排，携家带口离开祖祖辈辈居住的故土，搬迁到异地他乡。今天，就是村里最大的杨家族人拜谒祠堂，向祖先依依惜别的。

一

西吕店村有585人，村里名胜古迹甚多，有残存的古城墙、城门遗址，也是沿黄村子中唯一建有河神庙的村子。河神庙规模宏大，树木葱郁，三个雄伟大殿前后贯通，雕梁画栋，气魄恢宏。只可惜在抗日战争中被日军隔河炸毁。后村民在原址上重新建起规模稍小的河神庙。此外，村里还有关公庙、娘娘庙，整天善男信女络绎不绝，香火不断。

西吕店村有着悠久的种植枣树历史。移民搬迁之前,村里还有明清古枣林800余亩。每到大枣收获时节,村北枣林火红一片,像天边的晚霞,美极了。收获后的大枣不必运回家,就在树下的沙地上铺苇席晾晒。一席席的红枣像一块块红地毯铺满了秋日的枣园。村里民风淳朴,道不拾遗,晚上也不用张罗收拾枣子,只需把席子对折起来防潮,次日铺开再晒。西吕店村家家户户有枣园,全村年产干枣上万斤。据说最古老的一棵老枣树,树冠直径达25米,年产鲜枣可达千余斤之多,被赞誉为"枣树王"。

西吕店村大枣色艳果大,肉厚核小,干枣弹性极好,品质上乘,畅销全国各地。西吕店人把枣树称为自家的铁杆庄稼或"摇钱树"。

二

当时国家的移民举措有三条:一是建新村整体搬迁,二是插队,三是由农户自愿选择。西吕店村在移民搬迁中除个别户投亲靠友外,大部分都选择整体搬迁到移民新村,新村地点是唐家营村西、农场东的一片开阔地。每人搬迁补助费是380元,由村集体掌管,实行"统一拆迁,统一兴建"的办法,边拆边建,分批实施。

西吕店村最大的财富还是枣园,如何让枣园在搬迁中损失降到最低?公社成立了木业社,回收枣树料,村里便抽调强壮劳力,集中开赴枣园伐锯枣树,卖树赚钱。杨志刚当时从完小刚毕业,自告奋勇加入了伐树大军。在枣园里,锯木头声、抬木头的号子声此起彼伏,好不热闹。一棵棵瓮口粗、盆口粗的大枣树顷刻间轰然倒下。人们锯得锯,抬得抬,运得运,清库底行动进展很快。伐下的枣树优质木料被运抵公社木业社做马车木轮子,其他根梢则直接拉至集体食堂当柴禾烧。

俗话说:"一搬穷三年"。中华人民共和国成立初期,县里决定在西吕店村的黄河滩地上试种水稻,实现南稻北移。现年89岁的祝全友当时担任大队长，专门被派往信阳学习水稻生产技术。当年引种的水稻获得了成功，使北方的黄河滩一派江南水乡风光，绿油油的网状稻田，蛙声悠扬，喜煞了村人。现任村支书杨智生当年只有7岁，淘气地和小伙伴一起卷起裤腿下到稻田里逮鱼捉虾摸泥鳅，好不快活。可是如今，三门峡水库水位每天不断上涨，只能眼看着将要成熟的稻子被大水一点点淹没，村北被淹土地3000余亩，让村里的人真是心痛的很。

当时，公社主抓移民工作的是副社长雷余华，人如其名，雷厉风行，干练果敢。他多次到村里协调解决移民搬迁中的实际问题，与移民同吃同住同劳动。大队党支部书记杨守荣，是一个深受群众拥护的领头雁，更是把全部身心投入到移民搬迁工作上，哪里需要他就出现在哪里，哪里有问题就有他的身影。西吕店大队有2个生产队，第一批先期搬迁一个队250人。

村里本着节俭办事的原则，将拆除房屋的砖瓦、木料挑选整理出来，运到迁建点。队里只有2辆架子车，在运输砖瓦、木料中被人们抢来抢去，有时很难抢到手。多数人则采用扁担挑、人背的办法运输建筑材料。由于时间紧，任务重，全村妇孺齐上阵，涌现出父子、夫妻、兄弟、姐妹竞赛的感人场面。现年79岁的张安祥，当年正是20出头的小伙子，任务是往迁建村担运砖瓦，一担百十斤的砖瓦二话不说挑在肩上就上路了，扁担一闪一闪，颤悠悠的，中途也很少歇脚休息。这边肩膀压疼了，将扁担一扭，行进中来个潇洒的大换肩，引得路人直咋舌称赞。杨智生当时在上学，身单力薄，参加了背瓦，每背4片瓦记2个工分。

后来水涨的快了起来，眼看着要吞噬村子。大家急了，将房柱子刨出来，用一条大绳绑住，几个人合力一拉，柱倒房塌。这样一来，进度是快了，但大量柱子、房梁、坡椽被塌断，瓦被砸成碎片，令人十分心痛。

西吕店村呈西高东低之势。黄河水首先漫上了村东头。由于迁建新村的建设速度跟不上，很多户房子被拆了后就在村中的空房中来回搬,水逼人退,一些户竟搬了五六次之多。现年85岁的柯秀英一家6口人,一度栖身在杨跟时家的门楼下,用两个花墩子支了两张床就算是一个临时的“家”,并在那里过了一个春节。现年71岁的杨润身一家则把李越有家以前的牲口棚打扫后住了下来。有些户则是在别人家土墙后用玉米秸秆搭个窝窝棚将就着住一阵子。

移民搬迁中一切从简,轻装上路。移民能带的就是床子、被褥,其余的如木箱子、桌子等带不走的都留了下来。杨跟时的爷爷是清末“举人”,曾在卢氏县教书,家里有两大木箱子线装书,老人视为珍宝。老人去世时嘱咐,要把这些书留传给后人。但搬迁时,因为这些书实在太多、太重,不好运输,杨跟时就咬咬牙忍痛付之一炬。看着燃烧的熊熊大火,杨跟时“扑通”一声就跪下磕了三个响头,声泪俱下:“孙儿对不起爷爷呀……”

三

迁建新村房子是砖柱土坯房,玻璃格子窗,共五行十列,每行80间,共400间,没有围墙,没有院子,群众俗称“排排房”(村里按每部人2间,两部人3间分配)。杨润身、张安祥两家各分得2间,刘智贤2口人则只分得一间。

人们搬进迁建新村后,土地还在老村,村与地相隔5里路,下地干活全靠步行,来回路上费时一个小时,有的田地更远,至少八里地,最远的地块路上要走两个小时。村里人上地时早上背上几个馍、带上一瓶水,中午在地里不回家,啃冷馍、喝凉水,凑合着干活。有时,上地赶着牛、马、骡等牲口,走得更慢,往往晚上要十点左右才能回到家,一天起早贪黑,十分劳累。

一方有难,八方支援。毗邻的祝家营村发扬兄弟村友爱精神,调出土地140亩,提供给西吕店村人耕种,在一定程度上缓解了西吕店人劳动不便与人多地少的困难和矛盾。

当时实行参加集体生产，吃食堂饭。每月发饭票，饭票有限量，不够吃自己想办法。1960 年春，“三年自然灾害”期间，在集体食堂里人人吃不饱肚子。柯秀英和王秀芹赶着队里的一头毛驴跑到四十多里外的焦村购得一大布袋子苏打，作为添加剂加到棉花壳、玉米芯磨成的粉中熬成糊糊给大伙儿吃……

1962 年，三门峡水库排沙泄洪，水位下降，原来的淹没区又裸露了出来，变成了数千亩滩涂。西吕店人就在滩涂上种上了庄稼，重新栽上了枣树。

“四清”运动时，郑州大学 40 多位教授学生进驻西阎公社。当时村里群众代表向灵宝县反映西吕店大队在迁建村里劳动、生活不便的问题。县里委派郑州大学教授学生组成调查组，认真调查西吕店村反映的问题，经过调查组调查、算账、核实，认为反映的问题属实。1967 年，经批准，西吕店人迁回到距老村南二里的地方，并按照规划建起农家小院，总算安居下来，结束了 9 年的移民颠簸生活。

四

如今，勤劳朴实的西吕店村有 6 个村民小组 324 户 1206 人。该村在 2400 亩耕地、4000 亩滩涂上巧做文章，发展大枣 1200 亩，年产量达到 1 万公斤以上，又重现了枣乡风采。村边一片广袤的枣林，秋风吹过，涛声阵阵，耀眼的红枣像串串红灯笼挂满枝头，装点了村民的美好生活。全村种植西瓜 500 亩，推广瓜粮间作套种的新模式，使西瓜成为西吕店有名的品牌。村里还成立了金太阳养羊合作社，年存栏羊 1500 只，出栏 600 只，带动了 30 户农民发家致富。村里还在黄河岸边新栽植杨树等防护林 1000 余亩，防风固沙，彻底改变了昔日“东西吕店杨家湾，刮起黄风不见天”的恶劣状况。

十几年间,灵宝市黄河移民管理局对西吕店给予了大力扶持,先后投资 80 多万元,用于修路、打井、改善村民的公共文化服务设施。2016 年,全村 900 多名符合移民补助条件的人员享受着国家每年每人 600 元的移民补助款。

近年来,全村主要道路硬化了 6.5 公里、巷道硬化 2500 米、田间道路硬化 1500 米,基本实现硬化、绿化、亮化。村里家家户户都盖起了砖混结构的平房,许多人家还盖起了楼房,现代化的家用电器进入了寻常百姓家,村民用上了洁净的自来水,三轮车、摩托车等已经普及,一些农户还购置了小汽车,日子过得一天比一天好。现年 85 岁的刘智贤老人高兴地说:“现在每天有肉,顿顿吃白馍,这是天天过年啊! 也是过去咱们农民连想都不敢想的事。”

“今年已争取上级资金 300 万元进行农业综合开发项目,给全村农田铺设土埋管道、打井、架设变压器、修筑出水口,使旱地将来都变成水浇地,实现旱涝保收、高产高效”,现任村支书杨智生信心满满地说。对于西吕店的未来,他充满了信心和理想,“常言说人勤春早,我们枣乡应该春更早!”

神奇不在的北寨村

李赞森

古阌底镇的东南方,距镇中心约一公里的地方有个村子叫北寨村。现在的北寨村距老村约10公里。老村建村历史无从考察,黄河移民时村里共有人口643人,土地1300亩,人均2亩多,全部是渠水灌溉的水浇地。

北寨老村人们居住的很集中,房屋依次排列,坐北朝南,村里土地肥沃,自流灌溉,村民粮菜兼种,过着富庶的生活。种的菜卖到阌底车站和阌底镇上,有活钱收入。水地可以种小麦、玉米等,旱涝保收,是个不愁吃,有钱花的富裕村庄。一年四季两道渠水流经田间地头,灌溉十分方便。据说村里最有名的一处地方,叫蛤蟆窝,面积约百十亩,是一块神奇的宝地。在那块土地上,也许土质中矿物质含量高,土地肥沃,生长的白菜、洋葱、大蒜等蔬菜长势良好,品质特优。尤其是白菜,叶子包得很瓷实,一个人踩在上面也不烂散,且味道香甜,菜叶中没有丝,在当地声名远扬,人人能为买到蛤蟆窝的白菜感到很荣幸。北寨村人挑上一担蛤蟆窝的白菜,在市场上常常招来众人哄抢,在三乡五里传为佳话。北寨村人引以为荣,格外珍惜,视这方土地为风水宝地。以至于今天,一些村里的老人们回忆起那方土地,一边啧啧叹息,仿佛失去了一件宝贝;又一边自豪骄傲,得意之情溢于言表。

三门峡修建大坝后,北寨村属于淹没区。为动员群众迁移敦煌,大队召开群众大会,广播宣传,营造气氛。村里干部、党员、团员、积极分子踊跃报名,张榜公布。第一批迁往敦煌20多户130余人。后来,计划有变,移民不再迁往敦煌,剩余的全部迁村重建。县、公社对移民搬迁工作十分重视,按照统一部署安排,先拨地建房。当时阌底公社从坡底村划拨旱地400亩,从底董村划地165亩,作为北寨村移民建村和生产用地。上级发给移民敦煌的家庭迁移费,其留下来的房屋由村里统一拆除,归集体所有。为了使迁移村民有地方住,村里挑选年轻体壮的劳力,到故县的张家山、冯家塬两个山区村打土坯,为建房做材料准备。时任村治保主任刘冬至参与了村里搬迁的整个过程。当时公社有运输队,专门服务搬迁工作。社员们白天参加集体劳动,晚上回来,用胶轮马车从老村拉回来一车旧房木架椽檩用于盖房。当时建房集中在一起,房子格式为三合院,一字排开,6米入深,3米宽,三面盖房,门前是巷道。每家两间房,院里有的住八九家,有的住十来家。全村共建起十五个院子,整齐划一。当时上级对迁建新村有补助,仅刘冬至经手就达36万元。大家居住在大杂院里生活,住的都很紧张。1964年到1966年,人们的生活水平慢慢改善了,各户开始自己单独建房,每户一院。1971年,大部分人家完成了独家院的建设搬迁。北寨村原来和夏庄属于一个大队,1958年夏庄村迁移到寺庄村,后北寨村和底董村合成一个行政村,1960年又和坡底村合并。1977年分开,北寨村成为独立的行政村。

改革开放之后,北寨村发生着巨大的变化。村庄建设科学规划,整体划一,建筑有序,巷道宽敞,设施齐全,巷道设有垃圾池,有清洁工打扫卫生,垃圾进行无害化处理。1975年村里开始打机井,解决人畜饮水和土地灌溉问题。1978年村民就吃上自来水。排污有排污渠,专门收纳污水并进行净化处理。村民人人参加合作医疗,买有养老保险。村前是310国道,20多户村民利用毗邻公路的优势做生意,增加家庭收入。现今村容村貌整洁,村民和睦相处,民风淳朴,井然有序,是灵宝市的平安建设村。村里有6个村民小组325户1454口人。村里退耕还林面积 365 亩,种植了核桃、花椒等经济作物,有水浇地 300 亩,种植棉花、小麦、玉米、芦笋等,村民人均年收入 3000 余元。北寨村还是一个耕读传家,文化底蕴深厚的村子,自 1977 年恢复高考以来,全村有 40 多人考上了大学,其中 4 人出国留学。现在,村集体经济年收入七八万元。村里利用与 310 国道近,交通方便的优势,建有一小型农贸市场,容纳商户 60 多家,把阴历二、五、八设为集市日,集日时热闹非凡,大大方便了村里村外农副产品和其他商品的交流。

如今的北寨村虽然没有了神奇的“蛤蟆窝”,不再能生产出独特优质的蔬菜,但是发展起了核桃、花椒、芦笋等经济作物,并在市黄河河务部门的支持下,村容村貌不断改善,村民经济收入日益增加,全村呈现出蓬勃发展、欣欣向荣的新景象,将谱写出新的神奇篇章。

风雨沧桑话稠桑

梁仙婷

一

从函谷古道一直往西，穿过衡岭原，在沙河与黄河交汇处，有一个美丽的村庄。这里桑树连片，夏秋季节，树影婆娑，草长莺飞，村子因而得名叫做稠桑。在隋朝，曾设稠桑驿。据《洛阳市邮电志》记述，历代东都洛阳至长安的官道上设置驿站35所，其中河南境内有驿站10所，除陕州的甘棠驿外，其余9所全部都在灵宝境内，其中有稠桑驿。

老稠桑村凭借濒临黄河得天独厚的条件，加之洛潼公路、陇海铁路临村而过，使这里成为了重要的水陆码头，于是粮行、煤厂、饭店、客栈等商铺应运而生，商贾云集，人来人往，热闹非凡，带动了村里经济繁荣和居民生活水平的提高。

过去稠桑的黄河滩地素有"金滩"之称，因为这里的土壤成分是由沙土和红土混合成的红黄色土壤，肥沃的土质，种什么收什么。1959年以前，稠桑村共有耕地7000多亩，除了农作物，还有1700多亩的枣树，200多亩的桃树、核桃树、苹果树、石榴树等小杂果树。

稠桑河滩的土质具有"沙盖楼"的特点。地面的沙土层有30~40公分厚，下面是红土层。每年的黄河水从上游流下来，水涨水落之后，留下了非常丰富的养分。充足的养分对枣树的生长非常有利，结出来的枣儿肉厚核小甜度高，而且大枣水煮后，没有苦味儿。

黄河滩一般种秋不种夏。因为夏季黄河水时常泛滥，导致夏季作物遭受水灾。因此,每年只种秋季一茬庄稼,主要是棉花、豆类等。黑豆、豇豆、绿豆,种啥收啥。稠桑的香瓜和西瓜当时都很有名,在老阌乡县城,人们一问稠桑的瓜,二话不说,就会被抢购一空。

中华人民共和国成立前,黄河中下游的几乎年年遭灾,不少遭灾的人们背井离乡逃难到稠桑村,在这里定居下来,肥沃的土地种啥长啥,只要有一双能干的手就饿不死人。因此,村里落脚了一些山东、安徽的外地人。

二

1959 年,三门峡库区修筑大坝蓄水,稠桑村部分自然村位于黄河岸边 335 米高程以下,需要移民。当时移民政策规定,有条件的投亲靠友,无条件的政府给予搬迁安置。

稠桑村共有 6 个自然村,自东向西分别为张家嘴、河东、后城子、上胡同、后崖头和西坡,共有 1900 余人口。其中后城子(又叫南头)、上胡同、后崖头 3 个村为淹没区。其余为塌岸区。上胡同、后崖头 24 户 125 人搬迁到祝家营大队的农场,还有一部分人安置到稠桑营和二里半村。河东村的大部分人搬迁到西邱村,一部分人搬迁到张家嘴。后崖头 40 户 135 人搬到新建的移民村"幸福庄"。周围的雷家沟村、梨湾原村、辛庄村和高家庄也接收了一些投靠亲友的移民。

接收移民的村庄有的盖了安置房,有的在村里调剂住房。上级给稠桑村拨付移民款 60 万元。村里人迁移之后,难以割舍原来的土地,加之种地路程太远,来回不方便,所以有少部分人看到大水并没有来,又回到老村住宿。

1959 年 11 月,黄河水猛涨,一些舍不得离开老家的村民慌了神,有的来不及带上家具财物,留下鸡鸭猪狗,仓皇跑往安居点。后因原住房屋被没有离开的人们占用,跑回来的人只好五六家人挤在一个窑洞里暂时安身。

张育彩,生于1936年,当年20多岁,任稠桑村会计。他是稠桑村新城子自然村人,也是负责移民的干部。新城子属于塌岸区,当年黄河蓄水水势凶猛,陇海线被淹没的地方出现了河水倒灌,一些人被河水隔离上不了岸,有的人急得哇哇哭。张育彩和移民干部王满园,村支部书记张增录立即和众人找来多块木板,拼接成一个木筏子,来来回回才把那些人全部救了上来。

新城子和后城子是一个生产队,大队干部们要求后城子村民全部挪进新城子,腾空后城子用来安置移民。就这样移民的住处还是拥挤不堪,有的是三世同堂,有的是五世同堂住在一起。张育彩家里接住了两大家子十几口人。为了安置新来的孩子上学,村里把沟里的两个稍大的窑洞收拾清扫干净后,作为孩子们的教室。后来,新城子由于塌陷,1980年全部搬到后城子村,形成了稠桑村的主体。

侯美鱼那年19岁,她是稠桑村河东自然村人。后随父母移民到西邱村。三年后,她又嫁回到稠桑村。据她回忆,河东村一些户被安置在西邱村。当时,稠桑村党支部书记王运喜召集移民开会,举手表决,愿意去西邱村的都举手,当看到大哥、二哥都举手时,侯美鱼也毫不犹豫地代表父亲举手了。表决结果大多数户都同意搬迁西邱。搬迁那天,西邱村派来了牛拉的胶皮轱辘车来接,把箱子、柜子、盆盆罐罐、被子、褥子和小孩子都装在车上,成年人则跟在车后面。当车辆刚刚走到村口时,一阵微弱的哭泣声不知从哪里开始,接着哭声由小到大蔓延四起,越来越大,表明大家不愿意离开自己的老窝,来到西邱村寄人篱下。

西邱村早已腾出了房子使大家暂居下来。开始时住房拥挤。大家自力更生,加上政府援助了一些建房材料,重新建设新居。西邱村人少地多,但土地比较贫瘠,与他们原来村子肥沃的土地没法比。因此,一些人只好返回稠桑原来的土地上种庄稼。一来回步行三四十里,没有交通工具,大部分体力都耗在路上了,渐渐地便放弃了去稠桑种地了。

三门峡大坝蓄水期间,黄河水到底增加了多高。据老一辈人说,原来老陇海铁路在沙河上架有一座桥,桥墩有28米高,蓄水之后剩下了5米高,说明水库水在这里提高了23米。

为了使黄河中下游人民不再遭受水患,稠桑村人做出了义无反顾的牺牲。他们离开富庶的家园,搬迁到了"七沟八岭一面坡,十年九旱沙土窝"的新移民点。而原来逃荒落脚在稠桑村的山东人、安徽人由于老家不再遭水患了,纷纷回了老家。

稠桑村的几个自然村几经搬迁,土地由原来的7000多亩变成了2000多亩,且大部分土地属于旱地,沙土质,存不住水,遇到天旱就绝收。但村民们仍咬着牙在这片土地上生产、生活着,熬过了最艰苦的岁月。

三

耕地面积减少了,稠桑村人就在提高土地利用效率、调整产业结构、开辟新的经营项目上做文章,涌现出了发展渔业取得成功的焦增锁,发展林果经济、生意红火的许永红等经济能人,带动了全村经济不断发展,取得了很大的收益。

如今,国家出台的一系列惠及黄河移民的政策使稠桑村面貌发生了巨大的变化。灵宝市黄河移民管理局先后拨款130万元,为村里打机井3眼,铺设地埋管道1300米,解决了人畜饮水问题。2000年后,又扶持资金30万元,打机井4眼,铺设地埋管道1500米,解决了果园和部分耕地浇地问题,确保旱涝保收。后来又筹资42万元,修建水泥路面4.1公里,铺设砂石路面1.9公里,大大改变了村里交通闭塞的状况。

随着稠桑村生产条件的逐步改善,村里改变了传统的单一农业生产模式,大力发展养殖业和经济作物的种植,扩大了大枣栽植面积,开辟新的增收门路。2016年,稠桑村实现经济总产值1500万元,人均纯收入2500元。稠桑村多年被函谷关镇评为党建经济工作先进单位和文明村。

老城村的前世今生

张冲波

1956年的三门峡库区移民后，有着上千年历史的灵宝古城便被淹没河底。10000多名党政机关、企事业单位公职人员和城镇居民迁至20公里外的新县城，近8000农民迁移分流三个方向：一是3100多人搬至县城以东2公里的高台土塬上新建村庄；二是1600人迁至大王公社的北营、董家、沟北、贺村、王和等大队及留村园艺场等处；三是2000多人迁往2000公里外的甘肃省敦煌县。移民们舍弃家园，颠沛流离，为三门峡水库建设做出了巨大的贡献和牺牲。

老县城追忆

灵宝老县城坐落在黄河岸边，始建于隋开皇十六年(596年)，城墙高2丈5尺，厚1丈7尺，城围3里60步(三里三)，垛口一千个，城门三座：东门、西门、南门，没有北门。城内主街道为T字形，南大街是县城内最繁华的商业街。城外有护城河。

东城门内有三清殿和许家、荆家、杨家三所祠堂。位于东大街北侧的五梁门里巷的许家祠堂，为明正德四年(1509年)灵宝籍礼部尚书许进谢政归里所建，许进居住县城，自号东崖，建有东崖精舍，崖下为府邸、祠堂。许进生有八子，二子浩，三子讃、八子论均官至尚书，故世称许氏四尚书。

东城门外建有罗师庙、娘娘庙、老爷庙、三官庙、骆驼场、东大体育场、山神庙、关帝庙、直臣祠、接官亭、和尚塔。南城门内有文庙、御题寺、财神庙、张仙庙、岱王庙。罗师庙是为一位剃头匠而建的,因为明代以前男女多束发溜须,1644 年清兵入关,清代建立,定都北京后,顺治皇帝下令,汉人剃头留辫以示臣服。于是民间招人请领牌照,挑着剃头挑子行走街头巷尾,担头插杆悬挂“剃发圣旨”。但当时剃头刀子不锋利,加之技艺笨拙,剃头疼痛难忍。这时北京白云观罗道士,发明一套剃头、刮脸、掏耳、清眼理发工具,剃头随之推广开来。顺治皇帝赐给他“半幅銮驾”,从此剃头帮尊称罗道士为“祖师”,为其建庙,每年农历七月十三停业一天,在罗师庙聚会祭祀。

南城门外建有药王庙、石子庙和玉皇庙。西北城角外建有禹王庙、咽喉庙。城北建有老子故宅、柏王庙。城中心偏西有规模宏大的城隍庙,东邻鲁班庙,南有火神庙。城隍庙每年举行两次庙会,唱对台戏,观者如云。清明节由知名绅士牵头百余人,敲锣打鼓,簇拥一座十人大轿,进入城隍庙大殿,由执事人烧香叩头,把城隍扶起打扮一番,抬入轿里,顺南北大街转一圈,三眼铳不断鸣放,四人抬的锣鼓敲的震天雷响,街道两旁,人山人海,争相观看。人们把城隍游街名曰“城隍收鬼”,意思是,春耕生产即将开始,农人下田劳作,把散鬼收起来,以免扰民。到了秋后农历十月一,又是一次起驾城隍游街活动,规模相当,名曰“城隍放鬼”,意思是天寒地冻农闲时节,让众鬼出来活动活动。

城北枣树林一高崖处有座山神庙,周围的坡坡岭岭是野兽出没之地,特别是狼很多。山神庙门楼高大,两边有一对石狮。进入大殿,只见山神爷侧身横卧,一手支头,神情肃穆。每年举办一次庙会,大戏演唱三天。传说三天里,有两只狼卧在山神庙门前两侧,人不犯我,我不犯人。庙会结束,狼也自然离去。

灵宝城里几处名门望族的深宅大院建筑别致。南门内紧挨孔庙的刘家大院,正院地基高 1.5 米,台阶用石条封边,房屋是楼阁建筑,房檐两坡八面滴水。偏院分前、中、后三个小院,对角相接,形似葫芦。门外是一条弯曲的小巷,其形状若“金线吊葫芦”。大院一棵老枣树长在老崖边,树高数丈,枣大味甜,传说每遇深夜树上有火光闪动,黄河对岸的山西人看得分明,每年的正月十五前来祭祀的人们络绎不绝。

王家宅院是一砖到顶的圆形洞门,门额镶“王家寨”三个大字。进入洞门靠右,三座四合院前后相连,大门楼两边石狮形、圆鼓形、狗蹲形的石墩把守大门。进入大门向左拐有四间厅房,院子两侧是对称的三间厢房,上房则是五间高大的正厅房。出王家寨沿大同路西行 30 米,有坐东向西的两座四合院,门楼上方镶有“王家大院”四字。大院南边建有停车场,可以停放三五辆马车。

位于南大街八合巷邵家北大院因慈禧太后留宿一晚而出名。光绪二十七年(1901 年)十月慈禧太后和光绪皇帝由西安回北京途经灵宝城,当晚宿于邵家北大院上房。那夜邵家大院彻夜灯火通明,官员进进出出。慈禧起驾后,邵家才恢复平日的宁静。

在老灵宝城家家有井,奇特的是,一墙之隔,你家是甜水,他家却是咸水。南城门外的小井,常年有着旺盛的水,水担一勾就拽上来,水很甜,大半街的人都来这里挑水吃。特别是过年的时候,城里人都要在大年初一到小井担水,以示吉水长流,福常在,举家平安。

咆哮的黄河水自西向东到老虎头处受阻折向北流去,使本来低于黄河水平线下的灵宝城得以护佑,人们传说禹王给老虎口中放有避水珠。三门峡大坝建成蓄水后,老虎头处连吼几天,避水珠吐出漂走,灵宝县城便成了一片汪洋。

故园难舍离

1960 年 9 月 14 日,三门峡库区拦洪蓄水。此前灵宝县人委已多次发出通知,督促迁移,但人们总幻想着县城不会淹没,尤其是居住在县城东南角高崖上的人。随着库区水位的不断上涨,他们从低处迁到老崖上，又从老崖上迁到南寨子，眼看洪水逼近，城池近沟进水，才不得已从南寨子恋恋不舍地迁走。

迁移的新村起初称作“基建村”，新建的房屋仓促，数量有限，随着大量人员涌入，住房日显紧张局促。另外南寨子二队 83 户迁到西岭本队属地建屋造房。弘农一队 61 户迁至南营村（两年后，从南营村划出迁至东岭，归老城村管辖）。弘农二队 53 户迁至北营村（三年后，从北营村回归老城村）。

1960 年 7 月，李新民第一个从县城搬出。之前，基建村里盖有几栋房子，被他所在的十队人全占了，后边来的人就没有房子了，只有住简易房。打几堵墙，架几块板子，就是个简易房。

搬迁上来的人越来越多，只有论人论户重分。今年 75 岁的李新民现在住的院子已是第四次搬家了，第一次是简易房，第二次是按人口分房，第三次是人口少的腾出来再盖、人口多的再住进来，第四次是批宅基地再盖，规定“五口人中有两个男孩的是五间，一个男孩的是四间。”

82 岁的刘翠英家住县城权把巷，搬迁时结婚已三年。她在缝纫组做衣裳，爱人在加工厂打铁，两个手艺人没有搬迁后靠其他村子。她家城里的东西是生产队马车给拉上来的，车走得快，人走得慢。人还没到，车夫把拉的东西到地方一卸就走了，等他们赶到时，一片乱糟糟，家里捣辣椒的石窝子弄丢了。刘翠英当时在老县城街上正走着，忽然发现水呼哧呼哧就上来了。搬迁上来以后，粮食不够吃，烧火没柴火。生产队分玉米穗子，家家户户用石窝捣捣煮煮吃。刚搬上来，刘翠英一家八口人住两间半房子。大儿子没处住，在生产队保管室住，后来看机井，一年四季睡在岭根机井房。谈起灵宝故城，刘翠英一番感叹：在城里时大街小巷电灯明晃晃，在屋懒得不想洗头，出门就是理发店。想吃想喝南城门底下样样都有，烧鸡翅膀，鸡腿，卖油茶的。搬出来后，夜里黑灯瞎火的，要啥没啥，很不习惯。

75岁的李相第住老县城八合巷，新胜社7队，现属于老城村10居民组。开始搬迁时，生产队一通知，他赶紧拉自家东西，拣要紧的拉。刚上来生产队暂时先盖几间房，里面住一家外面住一家。他家搭个席棚住在人家房后头。老伴程引仙当时正在学校上学，背砖瓦能背几块是几块，把城里学校的砖瓦背上来建新学校用。从前所在的城关镇有菜园子，搬到新村后一无所有了。

1939年出生的陈冠军，提起老县城颇为自豪。他说：灵宝城繁华，哪里人都有，山西的，陕西的，四川的，商丘的。出西门，渡口船多，山西的棉花、粮食、煤运到这里，人称"小北京"。他家住在西关马鞍桥，是最繁华的地方，家里有枣园、有门面房出租，生活得很殷实。

库区蓄水上来时，陈冠军正背个枪护秋。他在火车桥下边涵洞写上"1960年9月19号涨水"几个粉笔字。水慢慢上来，先淹西关，后淹东关。他说，老城是急迁，1959年盖上边房子，1960年搬迁，他家6口人住两间房子。房子不够住，搭席棚，搭庵子，掏个窑，啥办法都用了。陈冠军说，在老县城，各街都有锣鼓队耍社火，竹竿顶个白布糊的灯笼，西关的上边写"道德社"，东关是"道义社"，南关是"南巡社"。搬迁上去后，鼓烂了，锣破了，各街锣鼓都没有了，最后集中到村里耍狮子、扭秧歌。

78岁的苏可第清楚地记得，1960年前半年宣传移民，但人都不相信。蓄水涨得特别快，没过三天水就上来了，于是人们开着小船赶紧掰玉米，玉米还不熟。那几天拆房子，把墙根一挖，大绳一拽，木头能运上就运上，运不上就被水漂走了，砖瓦都扔了。刚上来盖房子少，一家人住一间，有的接墙根搭个席棚住。老城枣园多，晒枣的席子也多。

85岁的张秀芬平静的语气中仍透出六十年前的惊悸："那天夜里把我吓死了，白天人都走完了，车拉不下我。我和大娃子、大女子在屋里等,还有我婆婆奶。各家房门都卸走了,门大敞口子,水一声吼。我说,咱又没有门,要是有门关住声还小一点。我婆婆奶说,不要紧,还有我哩。她都80岁了,我四五个人一夜都没睡。天明了,车才把我们拉到南营学校。”

那一晚上,好多人都听到五里外的老虎头下黄河水一夜乱吼。

重建获新生

三门峡库区蓄水拦洪,灵宝老县城3100人迁往东2公里处高台地建立新村,取名“基建村”,后因此地为灵宝大枣主产区,且人口居全县之冠,曾改名“枣灵镇”。1963年为纪念灵宝县城旧址,定名“老城村”。

曾经的老县城居民,如今变成为农民。为了保留老县城的格局,依据搬迁前的建制划片集中居住,南关的建国社变为1~4生产队,新胜社变为5~10生产队,弘农社变为11~13生产队,建华社变为14~15生产队。

随着国家各项移民政策的逐步落实,开通了灵宝至老城村班车,最先架起了乡村有线电话。老城人自力更生重建家园,60年间发生了巨大变化。

首先是住房面貌的改观。刚搬迁时,由于时间紧迫,移民们搭起能遮风避雨的简易房,房上干撒瓦,前后墙自己堵,两家相邻用苇席、衣柜隔挡,一家说话三家听,一家烧火十家冒烟。后来,简易房逐步改建为砖木结构瓦房,最后发展为钢筋水泥结构的平房,许多人家还盖起两层楼房。在生活用水上,1960年刚搬迁来,人们须从4里外的库区担水、拉水,水面上漂浮着杂草、垃圾,很不卫生。后来各生产队打水井,井深三四十米,用两头下绳的辘轳绞水。1967年大队打了一眼机井,村民可以从机井拉水、担水。1988年家家户户安上水龙头,用上了自来水。

在道路交通改善方面,新建的移民村土房土路,晴天扬灰路,雨天“水泥路”。如今,主要街道都铺成了柏油路,各个巷道硬化成水泥路面。209 国道、310 国道、连霍高速及三灵快速通道,还有即将通车的黄河大桥联网连霍高速、三淅高速都与老城村衔接,使老城村成为名副其实的交通枢纽。

提起 60 年的艰难历程,老城村年过七旬的老人都是见证者。

苏可第说:老城村搬迁时,正赶上“三年自然灾害”,村里人跑到河对岸的山西省芮城县买油菜叶子,跑虢镇背五毛钱一斤的萝卜,在老县城时攒的那点钱,都挤花完了。

周围村子住户都有一点家底,水利条件好种玉米,把玉米芯子一磨,蒸淀粉馍吃。而老城村旱地完全种棉花,用花壳磨成淀粉吃,棉花苗治虫打药,农药残留太多,对人伤害很大。村人整天靠着墙根晒太阳,等着喝大集体食堂那点稀汤。杨永胜 1945 年生,家住东大街老崖巷,搬到南寨子住半年后,又迁到南营村住了两年。他家庭困难,辍学回家参加农业生产,最后选择担挑子沿村卖菜。白天卖菜回来,晚上不看戏也不看电影,就从供销社批发一两条烟,卖给附近上年纪的人。一盒烟挣五分钱,凭着挣来的块儿八毛维持生活。

西岭组 75 岁崔建峰是南寨子老户,那天水从门里进来,他把后墙放倒才跑出去的。当时人们根本想不到黄河水能涨这么高,政府宣传移民房子要拆,黄河要蓄水了。可农民一时动员不动,只有蓄水上来了才急急地搬走。

崔建峰详细解读了 60 年间移民“造屋四部曲”:当时只说搬迁,也不说往哪里搬。县城低,淹得早。先在老城村盖房子,但都是简易房,墙一打,檩条一架。前墙掏个门掏个窗,一排子隔成十间八间。他家最初十口人,爷奶、叔婶及三个儿子、父母亲及兄长,只给分三间房子。20 世纪 70 年代,每家批了一座宅院,个人把墙打起,生产队派人来盖,一间房子工钱十元,组织社员互助盖房。崔建峰现在住的是 1978 年土地下放后,经生产队审批盖的三间房。1990 年以后人们富裕了,将土墙换砖墙盖为瓦房。

72 岁的邵春治随家人 1959 年 5 月从县城里仁巷搬到北营村住,当时所在的弘农二队 61 户全部搬过去,安置在北营村的老户人家中,但土地仍留在老城村耕种。1962 年后半年,除孙占民、刘家顺、赵玉民等 9 户留在北营村外,其余人家全部返回老城村。老城村不批宅基地,邵春治他们只好在村外铁路沟挖土打窑。由于常年过往火车震动,土质发酥,发生过窑顶坍塌。他大哥邵发旺因窑塌塌坏了腿,终身残疾,成为一辈子的痛。

百业再振兴

老城人为了改变十年九旱的生产条件,首先从水利抓起,最早建起九里山提灌站、倒虹吸、城北抽水站,先后打机井 30 余眼,铺设地埋管,使千年旱塬旱地变成旱涝保收的水浇田,提高了粮食产量,彻底改变了无积蓄、无存粮、缺吃少喝、吃粮靠统销、花钱靠贷款的穷苦面貌。

1960 年三门峡库区拦洪后,老城枣园仅剩 3870 亩。几十年来,老城人致力灵宝大枣的开发栽培,发展面积达万亩,年产由 12 万公斤增加到 120 万公斤,并变苇席晾晒为火炕炕枣,使大枣的产量和品质不断提高。

每年中秋节前后收枣,人们选择枣树稀少的一片空地,平整后,铺上苇席晾枣一天,然后进炕房,一天一夜炕好,再拿出来晾。干后的大枣绵柔,香甜,耐储藏。干枣分为 4 个等级:匀枣、大枣、泡子、毛头。毛头最好,个大色艳富有弹性,一斤 38 个左右。

酒枣是大枣的另一个储存方式,也是一种风味美食。加工酒枣的大枣必须到树上亲手摘,不能有一点碰撞擦伤。先把 50 多度的高度酒盛在碗里，枣一个一个洗涮，再放进瓷缸里，然后封起来。过一星期后吃，就会酒味醇厚，香甜美妙。蜜枣是将青枣快红前摘下来，用清水洗净，剔除枣核，一压一挤出几道缝，然后上蜂蜜上白糖蒸熟，最后出来晾一下就成蜜枣了。

这几年老城人又发明了乌枣，也叫熏枣。颜色鲜亮，纹理细密，口感鲜，后味长，保质期长，热销南方几省。熏枣方法很简单，先把大枣煮熟，再用火烧烟熏，相当于柏树枝熏腊肉熏出的那种味道，好闻好吃。

蒸枣更有风味，口感极爽，温和的糯，含蓄的甜。老城人总是三蒸才吃，道理来自于中医“炮制学”，蒸了三次的枣子，颜色不一样，口感不一样，药性也变了，养脾养血的作用更强一些。

老城大枣还是一味药引子，当地流传“五谷加红枣，胜似灵芝草；每日食三枣，百岁不显老”的顺口溜。

老城人最爱蒸枣糕，一层枣一层面。姑娘出嫁要蒸枣糕，花鸟虫鱼等各种面塑集于一身，表示喜庆和吉祥。更有趣的是民间风俗，在新婚人的被褥里放些大枣和花生，祝福新人早生贵子，生活甜蜜，男女孩花插着生。

据传说，民国年间，灵宝县城有个大汉邵金禄，最初只是1.7米左右的普通人。20岁那年得了一场伤寒，病得烦恼，心想一死了之。于是，他掂起父亲泡制的大枣虎骨酒一饮而尽，结果昏睡一天后，身体开始增高，自己都能听到骨节增长的“噌噌”声，一下子长到2.46米。后来，冯玉祥率部路过灵宝时，看上了邵金禄，并带走做了一段时间护兵。

灵宝老城大枣曾是皇室贡品。曹雪芹在《红楼梦》中就写道，用枣泥点心作贡品，送进皇宫让皇帝及嫔妃们享用。1914年，在巴拿马万国博览会上，参展的灵宝大枣获得了金奖。

滩涂聚宝盆

20世纪90年代国家根据黄河淤积、河床增高的现实，将拦洪水位降到318米，使原老县城一带3000亩土地不再被淹没，老城人在滩涂地里打机井，埋地埋管，每300亩一方修建水浇地，滩地一年两熟，亩产小麦、玉米2500斤左右。从前被淹的黄河滩地如今变成了良田，地下20米就是60年前的灵宝故城，耕作在故园之上的复杂心情五味杂陈，难以言表。如今痛惜不在，愤懑消弭，只说如何精耕细作这片土地。

在20世纪70年代，三门峡水库水位飘忽不定，黄河滩地只能种一茬大豆。每年汛期泄水后，滩地还是淤泥，脚下踩个窝，从随身背的布袋抓几颗黄豆丢进去，一窝两三颗，脚一抬起自动合缝。野河滩不用打线，依照眼光行事，将来出苗一行一行。能否收获，听天由命，收多少是多少。

黄河滩地是按生产队划分的，一落水就能看出老印子，各种各的地。除非有新滩地，那就是河道移向对岸，把地留在这边，水落地出。新滩地多了咋分配？一般是沿老滩地的延长线前伸，淤积出的新滩就归这个生产队了。反之，几年后河水倒过来了，滩地减少了，再依据延长线往后退缩。新滩地出来了，村里人都去拾地，在各自生产队的延长线内谁占是谁的，有的一占就是一二十亩，传说中的“跑马圈地”就是这样吧。

过去黄河发大水，会淤漫一河滩石炭，其实是黄河上游陕北几个大型煤矿被洪水冲毁后流失下来的煤块。成千上万吨的优质煤炭经过长距离的土浪淘沙，已不是有棱有角的块子煤，而是大小不等的圆球形，有鸡蛋大的，有拳头大的，还有圆蒸馍大的。在河南三门峡段百余里河滩漫流沉积，尤其以老城滩地居多。有的打个漩涡水落下去，暴露在地面好捡拾。更多的是漫了一层一层淤泥，地下一米甚至三四米的深处，有力气的小伙子用铁锥钻探,一旦戳住,就进行开挖,挖好大一个坑子。石炭往往是一窝一窝的,少则几十斤,多则上千斤,运气好的话,一窝要拉十几架子车。

一传十、十传百,方圆几十里的人都来了,平川的,塬上的,山里的,摇旗呐喊,奔走相告,挑担子的,拉架子车的,开手扶拖拉机的,浩浩荡荡,络绎不绝。满河滩密密麻麻的人,神情严肃,举止沉稳,钻呀,挖呀,大筐,小筐,大车,小车,仿佛一个热火朝天的矿山工地。有时一年从黄河捞出的石炭,每家每户可以烧它三五年。石炭火力大,比柴草耐烧,在那个物资匮乏的年代,觉得就是十分金贵的宝贝蛋子了。

这是20世纪70年代豫陕交界绵延百里黄河滩上的一次财富狂欢盛宴,史称捞河炭、捞石炭,颇具诗意的老城人称作"捞黄河"。

如今保护黄河湿地,库区水位大幅下降,滩地常年坦露,一年四季正常种地,没有了当年抢滩的现象。莲池到处在挖,鱼池比比皆是,最有名的是黄河滩地大个头的"三白"沙瓜,白皮,白籽,白瓤。

老城人提起白沙瓜津津乐道,说酷暑盛夏吃瓜瓤大块朵颐,十冬腊月喝瓜汤津津有味,过年招待亲朋好友美食一道。白沙瓜,天热,泄火,败火。天凉,生津滋补,特别是谁牙疼,一牙瓜瓤或一碗瓜汤下肚风平浪静。谁人胸闷气晕同样服下顿觉目清气爽,简直是一味良药。所以,老城人叫它"败火瓜",念转了音叫它"白虎瓜"。

一到吃瓜时节,远天远地的老城人纷纷返回故里一饱口福,走时再大车小车带回去,细水长流慢慢品味。由于白沙瓜耐储藏,老城村家家户户的二层楼板上堆满白沙瓜,少则五六百斤,多则千把斤,牛犊一般静卧,可以一下子吃到来年冰雪消融,春暖花开。

七月流火开园,白瓜皮,白瓜瓤,一牙一牙切开,味寡淡,汁液少,口感差,第一次品尝的外地人不免露出失望的神态。但下肚不出十分钟,胃暖体凉,口生津液,回肠荡气,神清目爽,顿觉暑气逃遁的无踪无影。

一般到九月罢园，陆续采摘收藏。摘瓜越晚，储藏期越长，到了农历八月十五中秋节白沙瓜就变成了白虎汤，如水的月光下，一碗略微黏稠的瓜汤细细品啜，淡淡幽香沁人心脾，暖肠暖胃的舒畅。

如果坚持到过年正月里呼朋唤友来品尝，那时候瓜皮薄如蝉翼，浅红的瓜汁荡漾其中看得分明，这时小心切开一个小口，慢慢倾斜倒进一只只精致小碗，汁液比起中秋节那时更加稀薄，而味道却变得比那时浓烈，团了一冬的香气美味似乎最后一次暴发，满屋生香，喝一口瓜汤，发出一声叹谓。白虎，败火，摆话，人生的意趣都浓缩在一味瓜汤之中。

美食永流传

六十年来一直存在的早市，使老城人的习俗得以延续。比如，早上每人必须吃一盘甑糕，就是黄土塬出产的黍谷米与黄河滩明清古枣林出产的大枣一起搁在大铁锅里大火腾蒸，枣香米香揉和的醇香扑鼻而来，黏度十足撕扯不开，那种劲道吃一口妙不可言。

若还不尽兴，来个脂油火烧，那浸油焦黄的千层饼，捧在手心酥酥掉渣，几口吞下香气回肠。多数人是把脂油火烧泡在热气腾腾的羊肉汤里一饱口福。黄河滩地放养的大尾巴羊，肉质细腻鲜美，汤中加施红薯粉条烩成，油泼辣子，大葱、香菜佐料，一碗下肚，浑身通泰，神仙般感觉。

喝老城羊肉汤，泡的是特有的脂油烧饼，羊汤的鲜美，烧饼的焦香，相互辅佐，相得益彰。脂油烧饼旋纹相套，外观焦黄明亮，咬开后层次分明，每层薄如纸，外酥内软，浓香扑鼻。脂油烧饼原料为面粉、猪板油、棉清油、食盐、碱面等。老城人单纯吃脂油烧饼的吃法是让厨师挤压抖开，一眨眼一个饼堆满一碟子，蓬蓬松松，成条成片，用筷子夹着吃。

喝罢羊肉汤，若天热再喝一碗黄酒醪糟，酸甜适口，解乏解渴，然后转身背着锄头穿过土巷，到庄稼地一番挥汗如雨，浑身是劲，酣畅淋漓。

老城猪头宴的鼻祖是党世奎，而如今名气最大的是史侯开办的猪头宴餐馆，位于老城村，门面不大，一楼4张桌子，楼上3个雅间，需要提前预约方能享用，方圆数十里慕名而来的吃货们有时会一桌难求。

老城猪头宴最根本的特色在于酱烧。对腌制、刀工、用料、火候等要求严苛，先把猪头和猪内脏清洗干净，再用老城村秘制的麦仁酱，放入花椒、八角、小茴香、香叶等十多种香料和大葱、老城特产红枣、干红椒组合起来做腌料，腌制时猪头要采用菱形花刀技术，纯手工快速切至与骨将至未至处，刀浅一分不入味，深一分肉质酥烂不劲道。然后在蒸屉里，将猪头和除猪肝外的猪内脏均匀抹上腌料后上锅。

烧制选用铁锅放少量水，后捂严，文火进行蒸烧，利用水蒸汽在铁锅循环，既不流失营养又保留自身的芳香气味，一般蒸制6~8小时左右，蒸好的猪头色泽黄亮，香味醇厚，肥而不腻，瘦而不柴。酱烧好的猪头及内脏，趁热将猪肺切片，猪蹄剁寸块，肚切丝，耳朵切成片或丝，猪肠切三角块。一桌猪头宴端上来，热气腾腾，浓香四溢，肉质绵润紧致，劲道爽口，再加上独特的脂油烧饼、死面烧饼等，珠联璧合，回味无穷。

老城村逢五集日一度兴盛，似乎在追赶老县城繁华的背影。一条大街，东头油条铺、羊肉锅、蒸馍店、酒枣行、咸菜摊、卤肉摊，蜜食店。街中间布匹摊，的卡、的确良、斜纹布，是20世纪70年代的标配。还有大卷大卷的土布，用本地出产的棉花纺线织成，白粗布，格格布，印花布，应有尽有。

西头是农具市场，杈，耙，耱，还有锄头，镢头，锨，斧头，镰刀，一字摆开。间或铁匠铺、弹花店、小书摊、理发店。阳店乡官庄塬的桑木杈，坡头乡李村的苇席。再往西就是粮食市场，那时候粮食短缺，每遇青黄不接二三月，交易特别活跃。粮食多是从黄河对岸山西陌南镇运来的，沙窝古渡口船只南北往来星夜兼程不亦乐乎。那边地广人稀，粮食丰裕,换回河南这边的农具和布匹。最西头牲畜市场,骡马牛驴,猪狗鸡羊,暗码明码交易,买卖不成仁义在。客商东来自洛阳、观音堂,西去灵宝、潼关,南翻伏牛山到卢氏,北渡黄河到芮城、解州,那时候大集体生产队畜力紧张,需求两旺。

20 世纪 70 年代全民办教育,大王公社拥有两所高中,一所办在公社所在地干店镇上,一所办在老城村东头,试图匹配这个老县城人聚集地。后来,因学生少,整顿教学资源,老城高中办了三年合并到灵宝五高了。

1997 年老城村又掀起了办学热潮,村民每人捐资 100 元,台胞杨明堂、荆允谋及在外工作人员捐资相助,盖成三层教学楼 60 余间。目前,是大王镇仅存的两所初中之一。

原来蹲在老县城衙门口的一对石狮子,如今被搬运放在老城村村部的大门口,威风凛凛,雄伟依旧。据说有外地人出价 20 万元收购,村民一万个不答应。因为这是老县城人的根,老城人的记忆和念想,是要传承给子孙后代的。

如今,老城村拥有耕地 2600 亩,滩涂地 3000 亩,3 个自然村 15 个村民组 1494 户 4795 口人。随着三门峡市区规划的新调整,老城村已与大王镇一起划归了新成立的“城乡一体化示范区”,但它与灵宝老城、灵宝市仍有着割不断、理还乱的千丝万缕的情缘,它正以独有的风采和魅力吸引着外界的目光。

灵宝一高搬迁记

陈虎山口述　　李赞森整理

我叫陈虎山,1938 年生,移民时在老灵宝县城上一高,当时住在城里新胜街后营巷,家里有父母亲、哥、姐、叔父和侄女一家,算在一起,共十几人,住着五间房子,曾经 7 人住着两间房子,全家人务农为生。

1959 年,我正在文庙(灵宝师范)上高中,学校里早已得悉移民的事,政府更重视学校的搬迁。一批一批居民搬得差不多的时候,我们就开始了搬迁。新建的一高就是现在的灵宝一高,当时在县医院东北方向。动员之后,全体老师学生便开始了搬迁工作,除了所用大量的农民搬迁砖瓦房梁外,我们学生主要是用架子车拉、小车推、人抬肩扛的形式,搬迁教学器具,我当时就是扛着人体模型,一路步行,一直扛到新县城的建校场地。

我们吃住在灵宝一小,也就是灵宝浴池(现在的教育局)附近,当时有个莲菜池。20 世纪 70 年代初,县里在那里建了一个三合土地基的灯光球场。我们同学们拉开了建校的序幕,一部分同学从营田沟拉砖,那时通往一高的路只能经过县医院门前,我们装了卸,卸了装,每天往返多趟。另一部分同学打土坯,那时都年轻,20 出头有力气,也学着农村父辈的样儿,育土、喷水、翻土,使其湿润均匀,既不太湿也不太干,一排排土坯摞成了墙。工地上人来车往,盖房的人们和泥递坯垒墙,上梁掼椽封檐,到处一片繁忙景象。

一高毕业,我考上了师范,师范学校仍在一高,学校倡导勤工俭学,我和同学们又奔赴武家山去挖蛭石。深入山沟十多里,早到的老师和同学们已经在用镐刨,我们背上五六十斤的蛭石来到村北场里,那里有收蛭石的厂家,学校特派一人记账,附近村里的人也在挖和背,在武家山停了大约半个月后,也不知背了多少斤,反正同学们之间只比谁每次背多少,总数从来不记。

后来,我们又到故县公社的枣香峪五里村,继续开蛭石,高中班在阳平涣池开铁矿,我们也有部分人背铁矿,因为那时是全民大炼钢铁。那时提出的口号是"赶英超美,一天等于二十年",苏联是老大哥,不能赶也不能超。国家提出的口号是让钢产量达到世界前三四名。那时候,我们白天干活,晚上上课,搭的是简易教室,老师白天组织我们一起劳动,晚上给我们讲课,其中辛苦心里自知。但同学们求知欲很强,老师也一如在学校里课堂上一般敬业,雨天干不成活,我们就坚持上课学习,就这样坚持了近一年时间,直到第二年的麦收才回来。

有个张恩茂的同学,很爱学习,同时积极要求进步,晚上就着煤油灯看报纸,了解新闻,汲取一些其他知识,但由于白天劳动了一天,疲惫至极,看了不大一会,就睡着了,报纸扑到了煤油灯上,立即引起大火,烧伤了临近地铺上的 7 个同学,由于扑救及时,身体伤害不太大,而被褥衣服鞋帽都不能穿了。学校发起了募捐活动,师生们捐款捐物捐衣帽,使受伤同学渡过了难关,后来张恩茂同学被开除了。

1961 年我师范毕业,到老城村学校枣灵镇做了一名教师,也曾做过学校里副职十多年,一直到 1998 年退休。这就是黄河移民那个历史阶段中我和我的母校灵宝一高迁建的经过,我作为一个高中学生亲历并见证了共和国历史上三门峡大坝拦洪、老县城一高学校迁址的那个特殊的历史时刻。

一分为三的马谢村

苏旭升

一

刚刚过去的一个世纪,中国走过了一条从积贫积弱、饱受欺凌到推翻旧世界建立新中国,从改革开放到强国富民的曲折道路。在建设新中国的征程上,三门峡水库移民为国家做出了巨大贡献。大王镇马谢村就是移民村之一,为了三门峡水库的建设,该村分成了三个村。

对于马谢村的一分为三,该村 78 岁的老教师马作汉等几位老人介绍了这段移民、变迁的传奇经历。

马谢村中华人民共和国成立前叫马榭村,后来,人们为了方便认识和书写,将马榭村改成了马谢村。

马谢村是一个位于黄河南岸土塬上的村子,也称作寨子。寨北有一条沟,寨西有一个窟洞,窟洞西边又有东西二壕,使豫西丘陵塬区水土流失形成的地貌特征在马谢村体现得淋漓尽致,村里人就散居在寨子、窟洞、沟里和二壕里。寨子东是自南向北流入黄河的淄阳河,河东的耕地与陕州县城相邻。

住在的寨子上的人家土地不多,距离水源较远,生活条件并不优越,但是在兵荒马乱的旧时代比较安全。人们在寨子里建有土木结构的房子,住有 300 多人。其他村有的借着地势下挖 30 立方米见方的院落,在高度够高的土崖下挖出窑洞,或一面或几面,只要土崖面足够高、足够长,人们可以挖出好多眼窑洞,一个院落里可以住上好几家人,这种民居被称作“地坑院”。在这些地坑院里大大小小的窑洞里居住了一代又一代的马谢人，繁衍生息到1959年前后，大约有2000多人一直生活在地坑院里。

在20世纪50年代末那个大干快上的“大跃进”年代里，虽然国家的经济基础差，人们的生活水平低，再加上“三年自然灾害”，大家的生活都很艰苦，食不果腹。但是，广大干部群众一颗红心向着党，听党话跟党走，开展互助合作，建立人民公社，大力发展农业生产，不断改善人们的生活条件。

在党的号召下，马谢村与相邻的冯佐村成立了“红旗农庄”，时任红旗农庄主任的焦长胜把附近村子组织起来，编成十多个生产组。马谢村寨子上的300多人和寨子西边的土窟洞里的400多人，被编为红旗农庄的第九生产组，寨子北边沟里东西两畔的600多人被编为红旗农庄的第十生产组，土窟洞西的南北两个壕里的700多人被编为红旗农庄第十一生产组。

三个生产组在红旗农庄的带领下，耕种着2000多亩土地。夏收麦子秋收谷，深秋还要摘棉花，开辟的菜地可以解决社员的蔬菜需求。

二

1955年，党中央决定修建三门峡大坝，彻底治理黄河，使其变害为利，保护黄河中下游人民的生命财产安全。

按照三门峡水库的蓄水水位，马谢村成为淹没区，全村2000多人都要搬迁。1956年开始的第一次搬迁动员工作，大部分年轻人都是能够理解和接受的，而中老年人则不无担心：往哪里搬迁呢？哪里能够适合咱们生活啊？一切都要从零开始。

随着时间的推移，眼见得三门峡水库开始蓄水、水面不断上升，一片汪洋不断逼近村庄，逼近自己的院落。老城等几个村子该搬迁的都搬走了,该移民的也移走了,有的西迁至数千公里外的敦煌。公社干部又来马谢村做了好几次工作,让尽快搬迁,但是效果都不是很好。马谢村地势高,村里人总是侥幸地认为淹不住,况且公社又没有明确搬迁的方式和地点。

"我们的寨子高,没有事情的,水面距离我们的房子垂直高度不下50米,怎么可能淹住呢?"现已80岁高龄的高孝纯老人说起当年他老母亲用手杖敲着炕沿对他说的话。老母亲在马谢村北的沟畔土窑里生活了大半辈子,村里的一草一木都萦绕在她的心头,家里的一砖一瓦都凝结着她的感情啊!"我是不会搬走的,就是死,也要死在这里"。老人实在是不愿意离开那方故土啊。

1959年秋,经过夏季的调沙调水后,三门峡大坝开始正式蓄水,水位上升很快。许多村民见水快上到家了,实在不行了,就后迁高移十几米到自认为安全的地方,过几天,水又追了上来,就再往高处移。

高孝纯老人记得最清的是,1959年11月的一个初冬早晨。天刚刚亮,村口就闹哄哄的有人在吆喝着什么,母亲也好像早早地在院子里忙活着,传来的声音分明是水的哗啦啦声音。"乖乖的,水真上来了?这么快吗!"他赶紧起床。待他走出窑洞,呈现在眼前的是院子里白茫茫的一片水,足有十公分深,水面上悠悠地漂着各种生活垃圾。村里地势略低的几户人家正在慌忙搬运生活用品。孩子们从家里手递手往外传,大人们接过来整理装袋,再搬运到高处。

"娘,我们赶紧搬东西吧,再不搬就来不及了!"高孝纯催促母亲。"我不走,水也就这么高了,会很快回落的。要搬你们先搬吧,不要催我了。"这时,倔强的母亲已经蜷缩在炕角的被子里,老泪纵横。

高孝纯只好同家人先搬东西,将床上用品、木柜、木箱、锅碗瓢盆、农具等凭着一家六口人手递手,一件件搬到高处。回头再看水位,已经足足有20多公分深了。

搬到地势高的地方后，人们慢慢平静下来，迅速做出决定，人分成了两部分，上来早的就平地搭建帐篷，上来晚的没有平地搭建帐篷的，就直接搬往九条埝挖个土窑先应急。

高孝纯由于老母亲不愿走，耽误了时间，搬上来得晚，只能往九条埝去挖窑洞。说是挖窑洞，实际上在那么短促的时间里，那么阴冷的天气，不可能很好地挖出像样的窑洞，也就是找个土埝崖高些的地方，用铁锨、铁镐临时挖个土窟窿，人能够弯腰出入，平躺而卧就行了。那几天，高孝纯一边在九条埝挖窑，一边还担心着母亲的安危，随时回家查看水情。第三天下午，眼见得水深足足有一米了，他才好说歹说把母亲哄出窑洞，作为院子出口的洞门已经被水浸泡倒塌了，院子无法出入，他就用绳子把母亲包在棉絮被里，与几个邻居一起将母亲从土崖下直接吊了上来，一起前往九条埝。

杜柏茂老人当年的家庭有 12 人，作为一家之主的父亲很是明白事理，一叠声地催促家人搬迁。一家人用木柜木箱作为床铺，几根木杆作为撑子，门帘、床单、甚至拆了褥子布面接起来作为帐篷，铺上被褥就能够睡人了。最后，老父亲还用几块石头往地下一垒，抹上几把泥，就成了灶台，生了火做成饭，生活也有了着落。

人们虽然艰辛，但是没有丝毫的埋怨和愤恨。因为上级做了很多的工作，只是大家不愿意搬家，才造成了这样的后果。

三

后来，曾任洛阳地委书记的王惠治下放到大王公社驻队，他在走村入户调查中了解到马谢村村民的实际困难后，及时向有关部门做了汇报。

很快，在公社党委的统一协调下，时任村党支部书记杜泮拿出了详细的搬迁方案。原则上分为四部分，九队的住户全部搬到九条埝；十队的住户搬到淄阳河东原生产队的土木房里；十一队的住户插到新店村；自己有亲友的可以投亲靠友安置。

马作汉老师清楚地记得他们九队在九条埝居住时的情况。九条埝，并非只有九条，人们为了平整土地，修出了多条宽窄不同的梯田，九条埝只是个概称。大家利用梯田里稍高些的崖面挖出大小不一、高低不等的窑洞，再打土坯垒起来封窑门，盘起土炕，垒起锅灶，安顿了一家人。

他们在九条埝一住就是二十年，在这里还建起了学校，马作汉还当了校长。可是，在九条埝吃水不便，耕地也远。20 世纪 80 年代，三门峡大坝水位回落稳定后，人们陆续又搬回了马谢村现在的位置，定居下来。

十队村民搬到了村东淄阳河以东，起名为“东地村”，一直沿用至今。当时，这里有一些生产队的办公用房，但房子很少，去得晚的人家就没有房子住，只好自己筹建新住处。为此，一些人到老村蹚水刨房基石头，拆房椽屋檩，拉上来重新修建成低矮的房屋。直到 1964 年，大王公社为解决移民的住房问题，从上级要来东北的木头，发放给各户，新房子便一排排建了起来，居住环境大大改善了。现在的马谢东地村，居住环境很好，人们的生产生活也十分安逸。

马谢村十一队的村民，是在移民中牺牲最大，受苦最多的。据曾担任多年村干部的杜自超老人介绍说，当时十一队位于马谢村中部，条件比较好。搬迁前的十一队队长是杜遵义，大队安排十一队独自搬往新店村，十一队的社员是有抵触情绪的，不愿意去，杜遵义难以协调，搬迁迟迟未动。带着情绪的十一队社员是实在不愿搬离家园的，他们不断祈祷水位上涨慢点。因此，公社、大队干部做了多次工作，人们总是认为水上不来，淹不住，不搬迁。直到 1959 年 11 月，大队党支部书记焦长胜下了狠心，让人扒开备用的防水堤坝，大家眼看水过来了，锅碗瓢盆、生活用品漂了一院，实在呆不下去了。于是，能够投亲靠友的近百人先搬离了，剩下的260余人不得不服从公社的安排，收拾家当搬往新店村。

新店村民以博大的胸怀，满腔的热情接纳了搬来的马谢村人。无论谁家，无论老少，也无论男女，只要有一处住人的地方，无论是房是窑，也不管房窑是不是有门窗，更无论屋里有没有床铺，能够住得下几个人，十一队的村民们就千恩万谢地搬了进去，总算有了一个窝，可以歇歇脚了。

短短几天，新店村几乎家家都住进了新成员，户户都添丁加口，热闹了起来。杜自朝一家5口住到了张来旺家，两个窑洞只能住两部人，哥嫂一家住一个窑洞，老母亲与孙女们住一个窑洞，单身的杜自朝就没有窑洞、床铺待遇了，夏天与伙伴们挤在某家的门房麦草上，冬天陪伙伴们拱到某家的柴草窑洞窝子里。后来，杜自朝在隔壁邻居一家搬走后才搬到张春广家一个放置闲杂物品、柴草木料的窑洞里，才算有了个稳定的住处。

公社从土地面积较大的新店村协调出460亩土地，又从北朝村协调出130亩土地，使马谢村搬来的十一队260多口人有了土地，能够在自己的土地上劳作，并在划拨的土地上新建一个居民点，距新店村东二里远，属新店村的一个自然村，俗称“新店东地”“新马谢”。十一队的人就不再感觉寄人篱下，日子有了盼头。

上天似乎总在与苦难的人们开玩笑。搬到新店村的十一队人很快发现了新店村非常缺水，无论是生活用水还是生产用水。新店村原来村中有一口水井，因为太浅，出水量小，一天也就是三到五担的样子，仅勉强的够原来村里人用，新添了人就远远不够了。出村挑水，只有到西南五里地远的北涧水库，且水质不太好。往西北十里地，十里铺村的水井水质较好，但路途太远了。

但无论如何日子还是要过的。搭建自己的住处，营造美好的家园是中国人永远的梦想，无论在什么样的环境下，也无论条件多艰苦，困难有多大，人们都会义无反顾，勇往直前的。

开始，人们以少用水为原则建房，想出的最原始的办法是挖"地坑院"，打窑洞。在那个物质资料匮乏的年代，无疑是最可行的办法，既可以少用水，又可以节省木料、石料等建材，也很省钱。

在黄土高原上，从平坦的地面上往下挖一个十多米深30立方米见方的大坑，临路的一面留出一个门洞，门洞由一条作为出路的台阶斜坡与地面连接。四面的土崖就可以挖出整整齐齐的窑洞来。一般情况下，一面土崖上挖出三到八孔窑洞，甚至在土崖的角落里也可以挖出小一点的窑洞。大的窑洞作为卧室、厨房、客厅，小的窑洞作为杂物间、茅厕等。聪明的人们还在院内挖一个旱窖，快下雨了，把院子一扫，既能使雨水流进旱窖，解决了院子的排水问题，又可以使旱窖里的雨水供日常生活使用。一个地坑院里可以住好几家人，和睦相处，互相帮助，其乐融融。

但是，令人们万万没有想到的是，新店那一带的土壤黏合度不够，挖好的土崖容易垮塌，打好的窑洞极易塌陷。人们不分昼夜利用生产劳动的间歇，挖出来的地坑院却会在一夜之间倒塌得一塌糊涂。最可怕的是，人们正挖着窑干着活，土崖会突然间垮陷，窑洞会瞬间倒塌，跑慢了的干活人还可能被窑土淹没或被砸伤。杜自朝在部队当连长的三哥杜自熬就是在请假回家帮忙挖窑洞时被砸伤了腰，不得已才转业回到地方的。

一家地坑院塌了，两家地坑院塌了，一些村民受了伤，刚刚燃起来的省钱的希望之火却一下子熄灭了。地坑院不行，必须另想他法。地下住不成，只有在地上想办法了。建房，没有石头，没有木料，问题还好解决，可是缺水的困难太大且不好一时解决。

建不成房，人总需要有个遮风挡雨的窝。于是，人们另想它法。人们发现新店这里地面50公分的表层土还是很有黏度的，如果把表层的土壤收集起来，在地面上打夯垒墙，再打土坯箍成窑洞，也是很省石头和木头的，不是照样可以居住吗？

人们迅速行动起来，填平地坑院，夯实院子的地基，平整出新的院落，而后，从周围的土地上收集黏度大的土壤，打夯成墙，夯土成坯，垒坯成窑。这样，新的窝就搭成了，人们终于有了稳固的窑洞，安下了自己的家。

后来，随着政府的扶持，移民的经济也好转了，有些积累了，村民才开始建房，逐步改善自己的居住条件。在20世纪70年代，大小队组织社员平整耕地，搞农桐间作，在每块地里种上粮食作物的同时套栽速生的桐树，防风固墒，提高了粮食产量，卖了桐树又可以获得一笔经济收入。人们的生活逐步稳定了下来，后来，治黄部门投资给新店村深挖了几口机井，彻底解决了村里生活生产用水问题。

现在的新店村，20世纪箍成的土窑洞随处可见，他们藏在院后，隐在房边，并以冬暖夏凉的特点让老一辈人住得舒舒坦坦的，舍不得搬出。

时至今日，老一辈的新店村民仍然把马谢村十一队人称作“新店东地的”，倒是十一队的人称自己为“新马谢的”。无论如何称呼，他们对三门峡水库建设所做出的牺牲，历史都将永远铭记。

四

如今，一分为三的马谢人，无论是住在原村的老户，还是淄阳河东的马谢东地村民，还是搬迁到新店的马谢人，日子都过得红红火火，那段历史在他们身上留下的烙印在慢慢淡化。

漫步于洁净平坦的水泥路上，看着两旁青翠欲滴的绿化景色和漂亮的小平房、二层小楼房,老人们的脸上洋溢着幸福的笑容。

“这是我们村的新民居、卫生室,宽阔的三灵快速通道对面还有文化大院、农家乐、蔬菜批发市场。每年果蔬成熟季节,客商从四面八方赶来,热闹着呢!”指着眼前一排排房屋,马作汉老人无不自豪地说。

“政府对我们移民村现在是很关心照顾的,搬迁新村后,上级逐年给我们拨款,改造。水利局帮助我们挖了几眼‘锅锥井’,解决了生活用水问题、浇地问题。治黄局帮助我们修了巷道和田间道路,解决了出行问题、生产问题。大王镇政府帮助我们改建了学校,完善了配套设施。现在我们每人每月还领到50元的移民补助费,党和政府对我们移民们照顾得太好了。”马作汉老人满怀感激之情。

“没有政府的关照,就没有我们现在的好日子。自从生产队开始,我就满世界跑,追逐花期去‘赶蜂’。改革开放后,我没有丢掉老本行,继续我的‘赶蜂’生活,日子过得还行。”杜柏茂老人接着说道。

马谢村现在交通便捷,村边有连霍高速、310国道,三灵快速通道,离陇海铁路三门峡西站,郑西高铁三门峡南站都不远,出行很方便。如今,马谢村的地理条件非常好,村里发展经济有着得天独厚的优势。

“我们村的未来、前景都无限美好”。几位老人们异口同声地说道。

南迁的冯佐村

郭兴华

冯佐村是黄河南岸一个古老的村子，南依沟坡崖岭，北眺黄河，奔腾的黄河养育了一代又一代冯佐人，一首古老民谣代代传唱："家住冯佐，背靠黄河，黄河发水，我捞柴禾。"

随着三门峡大坝的修建，位于水库淹没区的冯佐村是整体搬迁的村庄之一，3000 多口人将搬离祖祖辈辈生活的家园，抛弃几代人积累的家业，搬到了老村以南一公里的新村址。

移民前的冯佐村，人称"三崤七岭九道沟，中间金线吊葫芦"。三崤分别是村南的南崤、村东的曲沃崤和村北的后崤。七岭分布在村北，从东北到西北依次是北岭、倒谷岭、东岭、南岭、西岭，唐家岭和分水岭分别在村东和东南方向。九道沟分别是水沟、望丈沟、老虎沟、麻沟、桑树沟、小沟、对面沟、大沟、西嘴沟、金沟。村民们就散落居住在这些沟岭之中，形成七八个自然村。大多数人家靠着崖势，挖窑洞居住，富裕的人家建起古朴考究的大院落。从这个沟到那个岭由一条陡坡小路或小桥连接着，这大概就是"金线吊葫芦"的意思吧。特殊的地貌，决定了冯佐村民靠天吃饭，"马羊年广收田，就怕鸡狗饿猴年。"这是冯佐村老辈人住下来的说辞。

移民前，冯佐老村沿黄河东西铺开长约 3.5 公里，南北从南寨到黄河边约 4 公里。东村自然村是人们文化活动的中心，村部、学校、商店都集中在这里。村中有一古槐，据为该树建庙捐赠银两的碑文记载，约有 1400 多年历史，堪为神树。村里居民以焦姓为主，另有李、苏、王、赵等姓。东村村的东北是东寨子,也叫北寨,原名叫冀家寨,后冀家把寨子卖给王家,因此以王姓居民为主。往南是南寨子,始建于康熙43年,曾有南冯佐之称,以焦、苏、李、张、王等姓氏为主。往西是西寨子,南北均为深沟,东西各有城门,是焦姓的祖居地,寨子周围有关帝庙等六七座庙宇。三个寨子基本呈三足鼎立之势。东寨往北是黄河码头,一条木船早晚摆渡南来北往过河的商贾行人。东寨子往南叫东寨外,过了东寨外往西是中湾子,再往西就是西寨了。西寨旁边是泊池岸、杨树坑、北沟、北坡等自然村。南寨地势较高,也是老冯佐村的最南端,是非移民村。从西寨搬迁上来的村民就安置在南寨附近,冯佐新村就在南寨周围往东、西两个方向扩展。

1956年冬,三门峡库区开始移民。冯佐村在村干部带领下,开始规划搬迁工作。针对淹没区、塌岸区的两种情况,村里分两批搬迁。首先是西寨片、北寨等淹没区村民先行搬迁。由于有些人认为大坝修建不会那么迅速,水也不可能那么快地涨上来淹了家园,因此行动非常迟缓。1957年夏季,西寨片焦自兴、焦多录等6户决定搬往北朝村。焦成继、焦成升及北寨的李诸群、王项卓等4户迁往干家村,搬迁工作正式开始。1958年底,村里组织两支队伍,帮助西寨、泊池岸、杨树坑、南沟、西沟等淹没区村民搬迁。一支队伍在南寨村旁开辟基建新村,打土坯,垒土墙,为移民建排排房;一支队伍在老村拆旧房,运木料,把能用的建材搬运到新村。拆了房子的住户临时安置在中湾子、东村村民家中。也有部分人在中湾子水沟对面南崖上、西胡同、岭北等处自己动手打窑洞暂住了下来。1960年春,基建新村第一批排排房建成,三行八排,每排10间,共200多间土木结构的简易房,大队部设在最东边第一排。当年5月,泊池岸,西寨子等第一批150多户住进了排排房。

这期间,北村湾(也叫油磨上)几户焦姓村民祖籍在冯佐,也属库区移民,因此要求搬迁回冯佐村安置。就这样,焦发春、焦开渠等30余人被安置在基建新村。淄阳河西岸的西官庄村，有200余人，也从淹没区搬到村部东予以安置。

1960年，黄河水位上升，淹没了冯佐村土地2900余亩，塌岸损毁农田550余亩。从1962年开始，第二批塌岸区的东村、北寨、南崖上、南坡等自然村陆续搬迁。村里在基建新村以西规划宅基地，每人发放203元移民安置费，村里不再统一建房，由村民们就地取材在平地上用土坯箍窑洞。不用花钱买木料，全凭出力流汗打土坯，支付匠人箍窑的工钱，费用低点。箍窑时先要夯筑窑墙，然后用打好的梯形土坯用泥巴黏和，形成弧形窑顶。这种土坯是上底长下底短的梯形方体，大头在上，小头在下，垒起来就形成了扇形，很牢固。箍窑的匠人是小南朝村的赵师傅，共箍窑400多孔。第二批移民历时三年多，于1967年底搬迁基本结束，至此，冯佐村共移民2800余人，上级拨付移民安置费90万元。

迁移在基建新村东头的西官庄村，因为耕地在五六里之外的老村，生产十分不便。后来，村里向上级反映，要求搬迁到离耕地近的地方，获得批准。西官庄胡姓村民将近300人又二次搬迁到现在的地方。

黄河库区移民村中，冯佐村是属于迁移人口较多，安置任务艰巨的村子之一，这个村却行动早，搬迁秩序好，村民安置得好，这都得益于村里的好干部焦长胜。

焦长胜是土生土长的冯佐村人，虽然读书不多，但是头脑灵活，善于学习。他是农业合作化到人民公社时期灵宝县农村基层干部的优秀代表，是全县农业战线上的一面旗帜。1952年，他带领16户农民组成互助组，后来发展到20户农民成立了初级社，再后来成立了红旗高级社，也称红旗农庄，直到建立人民公社，他一直敢想敢干，走在前头，是领头雁，带头人。从起初的组长、社长、党支部书记、乡长一直干到灵宝县委委员。1956年，他被评为“全国劳模”。1957年10月，参加国庆观礼时，受到毛泽东主席等党和国家领导人的接见。1959 年，他随国家农业考察团出访苏联、捷克、东德、芬兰四国。他是冯佐村民引以为荣的优秀代表，在村里享有极高的威望。

焦长胜在工作中创造了多个灵宝第一。第一个在初级社实行“八分”工分制，以工分多少进行分配，使许多农业社来冯佐参观学习，吸取经验；第一个受到灵宝县委表彰的农村干部，并奖励耕牛一头，披红戴花在县城游街；灵宝县第一台波兰产拖拉机在冯佐的土地上举行试耕仪式，吸引了周围村民惊奇围观；第一个从洛阳地区申请调拨了一台“清华牌”简易打井机，在村里打了全县第一眼机井。

焦长胜还是一位思想超前的农村干部，他深知水利对农业生产的重要性，移民前他就带领村民修建抽水站，从黄河引水浇地。移民后，又修建了三级提灌站，引黄河水灌溉农田，组织村中妇女在村东南修了“百女塘”蓄水工程，以解决干旱时浇地用水。1966 年，他请示洛阳地区给村里调拨来打井机，成立了打井队，先后打机井 70 眼。随后又平整土地，整修梯田，使冯佐村的耕地几乎全变成了水浇地，结束了靠天吃饭的时代。地里收成好了，社员富余了，十里八乡的闺女能嫁到冯佐村就感到是很荣耀的事，冯佐村也成为了全县农业战线的一面红旗。

移民之后，冯佐村改变了原来分散居住、七低八高的旧貌，一幢幢民居整体划一，一条条巷道笔直平坦，集中居住，交通便利。1980 年后，上级加大了对移民村的政策和经济扶持，冯佐村被列入黄河库区移民项目村，每年都有一笔扶持资金，发展农业项目，优化种植结构，村里先后建起蔬菜大棚、蔬菜温室 480 多个，大力发展蔬菜种植，增加村民收入。大力发展养殖业，村里的两个养殖专业户年出栏 400 头猪，还有养羊、养牛专业户十余户。硬化了村中巷道，修建了自来水塔，铺设了自来水管道，农电线路升级改造，农田铺设了渗灌、喷灌等节水设施，教学楼盖起来了，舞台翻新了，锣鼓队组建起来了，村民的文化娱乐活动日益丰富多彩。

1995 年,由于黄河改道,直接冲刷南岸,使大片滩地变成了黄河河道,岸上的防护林、枣园大片大片被毁。市黄河管理部门立即启动塌岸治理护岸工程,五年间投资 1587 万元,修筑一级防冲堤坝 1569 米,二级防浪坝垛 1230 米,有效保护了枣园和耕地。之后,在这里设立了灵宝黄河库区管理局冯佐管理所,监控和管理这一段黄河的塌岸和修复工作。

如今的冯佐,拥有 32 个村民小组 5100 多人。随着国家经济的快速发展,昔日的移民村迎来了发展的良好机遇。310 国道、连霍高速从村东通过,郑西高铁从村北通过,三灵快速通道缩短了三门峡市区和灵宝城的往返距离和时间。特别是村南职教园区、社会管理学院的建成,使家门口有了高校。相信冯佐村的明天将会更加美好。

迁建村纪事

张安民

1956年,灵宝县沿黄的城、镇、村因建设黄河三门峡大坝而搬迁时,各级政府关于移民的搬迁安置制订了三个方案。一是迁移敦煌;二是投亲靠友分散安置;三是后靠迁建新村安置。迁移敦煌是集中统一安排实施的,1956年3月,分两批两趟专列就把1100户4100余人迁移安置到敦煌。投亲靠友的,只在政府办理登记、领取相关补偿后分头行动。整体后靠迁建新村的,在新村址选定后,采取边拆除边建设的步骤,在各级政府的统一指挥下,紧张有序地进行着。从整体上看,移民搬迁工作从1956年起步,到1960年基本落实到位了。

但正像俗语说的"天下黄河九十九道弯"一样,发生在黄河岸边的这个旷古烁今的移民壮举,不会这么简单。1958年底,迁移到敦煌的移民开始返迁回灵宝。起初只是零星的行动,而到了1959年、1960年,已形成了声势浩大的返迁潮,至1961年,继续留在敦煌的灵宝移民已是十不余一了。

这些移民的返迁由于是分散的、无序的行动,并且大部分是在敦煌、灵宝两地政府严格控制、极力阻拦下的"非组织""无政府"行为,在当时是不被支持的,所以回到灵宝的移民,都是悄没声息地投亲靠友或回归原籍。有些无处落脚只得在亲友间藏藏躲躲,辗转多次,甚至有的因政府要求又回到了敦煌。这一返迁风潮规模之大、人数之多,时间之长,引起了河南、甘肃两省,灵宝、敦煌两县政府的高度重视,后经过反复调查和磋商,于1964年形成一致意见,一是对返迁回灵宝的移民不再强求遣返敦煌；二是对于之前返回灵宝正式落户的，予以认可，完善其居住和归属关系，稳定并维持其生产生活现状；三是对于未正式落户、临时散居在各地的返迁移民，统一组织、集中，由政府划拨土地，投资建设新村，予以安排。这样，从 1956 年开始的声势浩大的移民工作至此又增加了一个新的移民安置方式——组建敦煌返迁移民村。这就形成了故县公社南天大队第五生产队，即迁建村。

一

程村塬位于阳平镇西南部、故县镇东南部的一个独立的丘陵土塬，塬上现有 12 个行政村。中华人民共和国成立后，程村塬在行政区划上几经变化，先是归故县公社管辖，后独立设为程村乡，2006 年，乡镇机构改革时，程村乡被撤销，并入阳平镇。不论行政区划怎么调整变化，人们习惯上称这里为“程村塬”。1958 年，陆续从敦煌返回的移民纷纷在程村塬上临时落脚，这些人大多是返回灵宝后，几经周折，找不到立身的地方才上了程村塬的。据今年 73 岁的刘根虎介绍，1956 年他 12 岁，随父母、舅舅、姐姐全家五口人从阌乡县城移民到敦煌，居住生活了三年，1959 年 3 月，全家悄悄地回到了老阌乡县城。当时老县城还没有拆完，他们全家就在县城西大街找了地方住下来。当时他家的房子还在，但已被国家收购了，他们只得住在西大街一个停止营业的澡堂子里。参加生产队的劳动，和大家一起吃集体食堂。当年 9 月，敦煌县来了干部，和灵宝的干部一起找他们谈话，要求他们返回敦煌，于是，五口人又回到了敦煌。

1960 年农历六月初一至二十，短短的二十天里，他的舅舅和父亲因浮肿病相继去世。当时在敦煌的灵宝移民，以及上海、河南省鲁山县、杞县的移民已形成了离敦返乡的势不可挡的狂潮。他们母子姐弟随潮流而动，于 1960 年 12 月底抛尽家产，费尽周折，又回到了灵宝，先在已经搬迁到新建成的阌乡大队第八生产队的大姐家住了下来。当时新的生产队刚刚组建,人口、土地、住房、粮食的编制和划分已基本稳定。显然,他们一家三口长期在这里的集体食堂吃饭是不可能的。何况,当时敦煌、灵宝两县政府对返迁移民重回敦煌的敦促抓得很紧,于是,在大姐家住了 8 天以后,经当时在故县公社当干部的一位熟人介绍,于当年农历腊月二十二,迁到了程村大队香什沟生产队,住在一孔废弃的窑洞里,在这里暂时落住了脚。

今年 74 岁的王书印,是 1956 年随奶奶、父母和弟弟、妹妹一家六口人迁移敦煌的。1959 年 7 月,王书印和奶奶、妹妹三人返回灵宝,临时落脚到程村塬上的姚王大队坡头生产队。当年年底,父母带上弟弟和在敦煌出生的小妹妹共四口人辗转落户到程村塬上的肖泉大队,这样一家七口人才在肖泉大队汇合,参加生产队的劳动,吃集体食堂,临时稳定了下来。

白广鱼在 1956 年 8 岁时随大人迁移敦煌,去时全家共 6 口人,有曾祖母、奶奶、父母、哥哥和他,到敦煌后于又添了弟弟。1958 年在敦煌开始吃集体食堂时,麦收时节,他家分成了两部分,曾祖母、奶奶和哥哥留在敦煌,父母带上他和弟弟回到了老阌乡县城,住在县城西关,被重新编入阌乡大队第九生产队。当时阌乡大队的"排排房"正在建设中,他家和大家一起劳动,一起吃集体食堂。到了当年秋收时节,敦煌派人来要求他们返回去,他们由民兵"送"到了火车站,坐上了由专人看管的闷罐子火车,和其他返回敦煌的移民一起回到了敦煌。1959 年春节刚过,当时敦煌移民返迁势头正盛,他们一家又回到了阌乡大队,再次入户第九生产队。到了当年年底,又被要求重返敦煌。他们只得离开这里,投靠到故县公社六口大队牛家庄生产队,后听说程村塬上土地宽展,不少回来的人在那里落住了脚,他家就又托熟人介绍,住到了肖泉大队峭底生产队。

席新才1955年出生于阌乡县城东大街新城上席家巷，迁徙敦煌那一年刚满一岁。从阌乡县城出发时，全家5人，有父母、哥哥、姐姐和他。在移民乘坐的闷罐子专列上，母亲又生下了妹妹。由于是车过兰州时生的，便给孩子起名兰婷，到敦煌时，全家已是六口人了。1961年初，他们全家返回灵宝，阌乡县城已被淹没，席家巷的人迁移到新建的阌东大队，他家只得在阌东大队临时住下来。当年年底，上级要求他们返回敦煌，眼看着在阌东大队住不下去了，因父亲之前在程村塬上的涣池村教过书，有许多学生和朋友，便辗转投靠到了涣池大队。

1964年2月，河南省、灵宝县颁布了新政策，对从敦煌返回的移民不再要求回敦煌了，重新在灵宝予以适当安排。灵宝县政府安排有关公社负责建设新的移民村，统一安置零星散居在各公社、大队的敦煌返回移民。故县公社组织专人对散居在程村塬上各村的返迁移民进行调查登记，经过逐户调查登记，在程村塬上11个大队共散居着敦煌返回移民24户141人。

故县公社党委通过对程村塬上土地、人口、地形地貌和道路交通等因素进行综合分析后，决定在南天大队建设新的移民村，对返迁移民集中安置。于是，从南天大队南天自然村的东边、北岭自然村的西边、营田大队和苏南大队的北边，各划出一部分土地，连片总计637亩，作为移民村建房和生产用地。公社党委派出干部王振华、冯仰贤具体负责建房工作，按照每人200元拨款，其中建房款人均100元，大型农具、牲畜、仓库、饲养室等购买修建费用人均80元，置办锅碗瓢盆等生活用品人均20元。1964年2月动工兴建，7月两排四幢共72间“排排房”及仓库、饲养室等生产用房全部建成，1965年2月，分居塬上各村的移民全部入住新村。由于移民全部是阌乡老县城的，县城迁移后靠后新建的两个村分别编为阳平公社阌乡大队和西阎公社阌东大队，起初两个大队叫做西迁建和东迁建，所以这个移民村也叫做“迁建村”。从此，南天大队迁建自然村诞生了,按正规的编制为南天大队第五生产队。

二

从1955年酝酿移民,到1956年付诸行动,移民从灵宝到敦煌,再从敦煌到灵宝,再从散居各村到集中在移民新村,期间颠沛流离了近十年。现在,终于在自己祖籍的土地上,有了自己安稳的家。多次的往返周折,多次的寄人篱下,每一家移民几乎是除一衣蔽体外,再无他物。

在迁建村建成半个多世纪后,2017年8月,我专程到该村采访。我想,这些人可能是三门峡水库大坝建设黄河移民中付出最大的一群人了,比起留在敦煌的移民,他们多了许多颠簸;比起就近靠后、整体迁建新村和在灵宝当地投亲靠友的安置的移民,他们丢失了太多的家产。而更重要的,是在颠簸和丢失中,他们的尊严受到了极大的伤害。在当年的全部移民中,他们是最优秀的一群人,是党和政府最信任的一群人,是在社会主义建设事业中最努力的一群人。当时在迁移敦煌时,只有家庭成分好、政治清白、人品很好的人才能通过政审。在移民时,对敦煌的介绍和宣传,使其具有很大的诱惑力,能够获得批准迁移敦煌,在阌乡县城的老乡亲戚中赢得了普遍的羡慕。在敲锣打鼓,人山人海,披红挂花的欢送中,在“移民光荣”“一家迁,万家安”的口号声中,登上专列的情景使他们对自豪和骄傲有了切身的体验,而这一切,在反复的迁移颠簸中都丧失殆尽了。我在心里掂量,这次采访,一定会领略到不一般的情绪和体味。

但是,与大家座谈,回顾往事,竟是一派乐呵呵、笑哈哈的情景。直觉告诉我,这些乐呵呵、笑哈哈中,丝毫没有好了伤疤忘了疼的无奈和麻木,即是对极端困难和窘迫的回忆和叙述,也听不到抱怨和伤感。虽然他们在当年曾经想尽办法离开敦煌,但现在说起敦煌,并没有丝毫的憎恶,反而是深深的钟情。对那里的人、那里的土地、那里的生活都有一种特别的眷恋。虽然他们在多次的往返中，不断受到灵宝、敦煌两地干部的阻拦甚至驱逐，但现在说起来，不但没有怨恨，反而言语神态间一个自嘲的讪笑，便流露出一种对当时的干部不好意思的愧疚。说起敦煌现在的发展和建设成就，他们更是兴奋得眉飞色舞，滔滔不绝——那里发展了葡萄种植，那里办起了太阳能发电厂，铁路已经通到敦煌市了，飞机场又扩建了，旅游这几年发展的火爆，农村的房子修得有多好等等等等，一件件如数家珍，并且时不时再加一句：我们当年就住在那儿……我儿子他舅现在就住在那儿……比起说自家的喜事还兴奋，好像他们现在还住在敦煌似的，好像这些成绩是他们取得的似的。

敦煌的水土是养人的，敦煌全是水浇地，仅这一点，对灵宝人就有着极大的吸引力。当时，灵宝的小麦亩产一百多斤，差一点的还不上百斤，而敦煌的小麦亩产已经是三四百斤了。仅仅敦煌小麦的播种方式，已使灵宝移民惊诧不已，灵宝的小麦是一行一行地播种的，而敦煌的小麦则是竖播一遍再横播一遍的。移民初到敦煌的两三年以至吃集体食堂的初期，口粮基本上是以小麦为主的。拉条子、黄面，从这些厚敦敦、实腾腾的吃食习惯上，足以看出敦煌小麦收获和储存的丰裕。敦煌的瓜果，不但使灵宝移民饱了口福，也饱了眼福。敦煌的尘土粘在衣服上拍不掉，年轻的大姑娘、小媳妇干活回来拍打一阵便眉头紧蹙，有经验的灵宝移民一阵端详，就欣喜地得出结论，那是土里的油气大。

敦煌的人气比敦煌的水土更养人。可能是这个地方自古以来人口太少的缘故吧，灵宝移民刚一到敦煌，从县政府领导到基层群众，无不对他们表现出异乎寻常的热情。移民初到敦煌，当地政府得悉大多数移民吃不惯拉条子、拉面之类的饭食，立即安排在敦煌县城办了一家“移民食堂”，从厨师到工作人员，全部从灵宝移民中选拔。刘根虎说，他当时去县城，还去这家食堂吃过几次，稀饭、油条、花卷馍、捞面条、炒菜等，都是地道的阌乡老味儿，老家所有的美食小吃，这里差不多都有。

白广鱼说,他们初到敦煌时,住在当地群众的房子里,比较分散。不久,当地政府根据灵宝人的居住习惯,专门为他们修建"移民新村"。他们要求不但要建"村庄",还要建"家院"。当地建的新村庄房子虽不像阌乡县城那样的青砖灰瓦,龙脊挑檐,但也是上房、门房、厢房、门楼结构齐全的"四合院"。泥墙泥顶土黄色的庄户院落"鳞次栉比",看上去别有一番风味。住到新村后,引得以前的老房东和老邻居不断地前来串门儿,对他们的居住方式和条件啧啧称奇。新村的住户都是从阌乡县城西关迁来的,所以他们给这个村起名为"阌乡新西关"。可惜只住了一年多,从1958年年末开始,移民们就陆续返回了,到了1960年下半年,已经是人去村空了。1965年2月,当移民们迁入南天大队迁建村时,就有四家人原在敦煌的"阌乡新西关"住过。时隔60年,白广鱼还流露出满脸的遗憾和辜负当地领导希望的愧疚。

阌乡的"识字人"在敦煌是很吃香的,这种吃香首先表现在对"读书识字"这一习惯的敬仰上。阌乡移民里为什么这么多的"识字人"?连小孩子都正上着学?对此,敦煌人投来的是崇敬的目光。1956年,刘根虎的姐姐刘玉翠15岁,正在阌乡县城上小学五年级。到了敦煌后,立即就转到八乡的小学续读。当年夏季的一天,有个在敦煌县政府上班的移民老乡告诉她,敦煌县政府正在考试招收干部,让她去报名。考试题对她来说太简单了,一考就过关了。可是15岁的姑娘怎么当干部呀,于是把她安排到敦煌县医院当了一名护士。在县医院上了一个多月班,有一天,八乡小学校长突然找来了:"走走走,回去上学去。开学了不见你,半年你跑到这儿来了。学习恁好,六年级还没上,当啥护士哩?"重新上学。次年六年级刚毕业,立即被孟家桥小学招收,当了一名教师。1959年3月,全家人返回到灵宝,她也无奈地跟着大人离开了心爱的教师岗位。当年9月,在敦煌、灵宝两地政府的催促下,她们全家又回到了敦煌,刚一回去,赶上武威发电厂招工,她作为宝贵人才，又被招工了。谁知只干了一年多，1960 年 12 月，留下长眠在敦煌的父亲和舅舅，她和母亲、弟弟又回到了灵宝。从此，她在灵宝农村结婚生子，当了一辈子农民。

三

说到此，在三门峡水库建设中“灵宝移民当年为什么要从敦煌返回灵宝”这个问题摆了出来，答案是什么呢？

我曾经听到过几个说法。有一种说法是灵宝移民在敦煌水土不服；有一种说法是灵宝移民不适应敦煌的生活习惯；有一种说法是灵宝人恋家，故乡情结太重；还有一种说法是灵宝移民与敦煌人难以相处。我认为，即使以上几种说法全部真实并且同时存在，也不是造成灵宝移民集中返迁的真正原因，真正的原因是当时的政治和社会形势。“三年自然灾害”，再加上当时“大跃进”等政治形势和工作方法。

1958 年以后，在全国掀起“大跃进”的政治风暴，敦煌一度出现了严重的浮夸风，上报小麦亩产一千斤到数千斤以上，大量的粮食被调走，使群众的口粮日渐减少，从每天人均一斤到半斤，最后到四两（原十六两秤）。敦煌除了水浇耕地之外，都是戈壁滩和沙漠，连一根野菜也挖不来。人们在饥饿的严重威胁下束手无策，一种坐以待毙的恐怖攫住了每一个移民的心，极端的无助使大家惊慌失措。而这时，又有一个消息蔓延开来，说通往西边的铁路和公路上，每天都有火车和汽车往西大量运送武器，估计是西藏、青海、新疆一带有大仗要打了。还有人说，每天晚上夜深人静的时候，都有大队大队的骑兵往西开去。看来西边真的有事了。西藏、青海、新疆离敦煌这么近，城门失火，殃及池鱼，那时可真是走投无路了。1959 年初，上海、河南省鲁山县、杞县的移民已经开始离开敦煌。敦煌街上，已有人抛售家具，街景乱象，人心惶惶。再加上当时信息闭塞，孤陋寡闻，在丁点恐慌消息的裹挟下，几乎所有人都失去了主意和定力。这时候,本能的选择只剩下了一个:回老家。我在采访刘根虎、王书印、白广鱼几人时详细询问他们:“当时那么急切地离开敦煌,回到灵宝,是怎么想的?”他们的答案大致是一样的:“还能怎么想?我们都小,跟上大人跑呀。听说回老家能吃饱饭,这边又要打仗,死也要死在老家呀。”我问:“回来就能吃饱吗?”他们说:“谁知道呀,想着应该能吧。”我问:“西边要打仗消息可靠吗?”他们说:“谁知道呀,反正人都是那样说的。”

现在看来,当时灵宝移民那一场大规模返迁的“冲动”,基本上可以认定是在遇到突如其来的重大社会变故后的一种恐慌和盲从。时过六十年之后,我们重新搜寻和审视当年的情况,不应该仅仅对事件做肤浅的现象式的回顾,并由此对敦煌县政府、敦煌群众和灵宝移民在那场重大事件中所表现的崇高的家国情怀给予简单的判断和评价,甚至于将修建三门峡水库大坝这项千古伟业和移民的“磨难”捆绑起来评头品足、说长论短。唯一需要反思的,是我们基层或者高一级的党委和政府,在阶段性的、局部的工作中一些不到位的、不恰当的工作作风和方法。

那场恐慌和盲从,由于没有得到及时的、正确的引领和疏导,不但给国家的重大决策带来了不必要的麻烦,给河南、甘肃,灵宝、敦煌两地政府造成了巨大的工作量和经济负担,同时使返迁的移民在经历了数千里的颠簸和长期居无定所的折磨之后,也为自己的盲从跟风遗憾终生。

殷格祥和父亲与他的哥哥殷格诚就是在这个时候分成了两家,各据一方。殷格诚当时已和敦煌当地姑娘结了婚,那天早上,他去看望住在同一个院子里的父亲和弟弟殷格祥时,发现房子里已是人去屋空。他估计父亲和弟弟是随阌乡的移民老乡回去了,于是,立即赶到了柳园火车站,但东去的火车已开出多时了,再也没有找到他们,他蹲在站台上大哭一场，只身一人回到了敦煌。几个月后，父亲来信了，说他和弟弟已在阌乡村暂时落脚，过了几个月，父亲又来信说他们落户到程村塬上北社大队。1965 年以后，殷格诚多次回到南天大队迁建村看望父亲和弟弟，他问父亲："当时怎么那么急地跑了啊？"父亲说："唉，当时心乱了，见大家都失急慌忙地往回跑，就沉不住气了。其实，这儿和敦煌差不多，一样吃不饱。"从此，兄弟二人相隔数千里。殷格诚一直在敦煌生活，养育了 3 个儿子，1 个女儿，现在全家大人小人已有 15 口人。2007 年，殷格祥在南天村迁建村去世，留下了 2 个儿子，1 个女儿，3 个孙子，2 个外孙。殷家兄弟二人就因那个糊里糊涂、慌里慌张的逃离，被定格为天各一方。

白广鱼的大人们都很精明，敦煌的畜牧业比较发达，他们提前把一些家具换成了羊。托人和当地的卡车司机说好，用羊作报酬，把他们一家人悄悄捎到火车站。1959 年刚过年的一天，半夜时分，他们一家人按照约定，带上人牵上羊一起上了卡车。那时，柳园火车站已不卖往东去的火车票了，要买票，必须有"证明"。他们没有"证明"，就买不上票，从这里上不成车。他们又给司机塞了两盒烟，祈求把他们送到下一站。在距石板敦火车站还有十几里的地方，司机不敢往前走了，他们一家大人背着行李，大孩子背着小孩子，乘着夜色，高一脚低一脚踉踉跄跄赶到了火车站，惊慌失措地回到灵宝。20 世纪 80 年代初，白广鱼在程村乡乡办企业当采购员时，每年都要去新疆出差几次。每次经过石板敦火车站，他都要站起来，透过车窗久久地向外凝望。对当年夜色下仓皇离开敦煌的情景，仍感到不可思议，不知对错。

恐慌和盲从以及跟风效应，作为一种社会现象，不难理解。现代"社会心理学"已从理论上给予了充分阐释。21 世纪以来我国发生的"非典"疫情和日本大海啸引起的"核泄漏"传言，都一度引起大范围的恐慌和轰动，使一些地方的盐、醋几天之内被抢购一空。关键是，出了这些问题之后，政府部门如何引领和疏导。据有关资料记录和当年老干部、老移民回忆，当年敦煌移民返迁风潮出现后，当地政府不是及时地对当地群众和移民开展细致的思想工作和形势教育，而是采取卡、挡、遣返的办法，有的移民为了返灵，避开有人查扣的柳园火车站，多跋涉百余里路，到别的火车站买票乘车。有的则为了躲避阻拦，从柳园火车站购买西去的火车票，坐上一两站后再下车重新购买前往灵宝的火车票。一家几口，拖老带小，风吹日晒，饥寒交迫。

四

返迁的移民陆续上了程村塬，当时的“三年自然灾害”还在持续，人们还在吃着“集体食堂”。程村塬上的人们厚道得就像塬上的黄土一样，看着一拨拨、一家家蓬头垢面、衣衫褴褛的人从远方回来，不管三七二十一，直接就接收下了。这些人都是以前的“城里人”，为了国家的事情，他们抛家舍业，做出了多大的牺牲呀。席新才的父亲移民以前在涣池大队小学教书，老先生中华人民共和国成立前曾在西安杨虎城将军办的一个儿童军校当过副校长，可是个“大识字人”。现在他带上一家老小来了，村里一大半人都是他的学生或学生家长，立即就给他们全家作了最好的安置。刘根虎一家三口到了香什沟生产队，一孔窑已收拾得干干净净，东家一张席子，西家半截褥子，这个送一个洗脸盆，那个送一个小板凳，当天就安顿下来了。白广鱼一家到了肖泉大队峪底村，当时全家人到“集体食堂”吃饭不太方便，每顿饭都是他提一个桶去盛饭，舀饭的大婶悄悄地跟他说：“你每次来要么早一点，要么晚一点。早了，我给你多舀一点，舀稠一点。晚了，人家都吃过了，剩下的都是稠的了。唉，你家受委屈大呀。”这样以来，他们一家人在那段时间里没受太大的难过。他一生都忘不了那位大婶的照顾，心里永远都怀着浓浓的感激。二十多年后，那位大婶的儿子曹宏波当上了灵宝县的县长。

迁建村建成后,临时散居在程村塬各村的移民们搬到了新居,成了正式的故县公社南天大队第五生产队的社员。公社为他们置办了全套的生产、生活用具之后,又一次性购置了十辆“骆驼牌”架子车,使这个生产队一下子成了全县第一个“架子车队”。二十多年后的1986年,对移民的扶持和补偿列入了国家和政府的工作日程。在吃水方面,灵宝县治黄部门1987年拨款3.6万元,在村的北边建了一座蓄水池,初步解决人畜用水问题。1988年,将饮用水管道通到各家各户,改变了以前蓄积雨水的状况。1992年至1995年,程村乡实施了漠河人畜用水工程,治黄部门拨专款3.5万元,重新修建了村、户的水道管网,家家安装了自来水龙头。前后十年,年年进步,彻底解决了村里的人畜用水问题。在道路建设上,2006年,市治黄部门拨款17.6万元,修通了迁建村到县乡公路的乡村公路,水泥路面,宽4米,长两公里。在学校建设上,南天大队以前没有集中的小学,1至4年级都在各自然村,大队部有个五年级班,管理水平与教学质量参差不齐。1992年,村里集中建设小学,治黄部门拨专款1.5万余元,加上村民的集资款,建起了学校。之后发现村里个别村民的房屋年久失修,成了危房,治黄部门于1988年、1990年两次拨款6000元,使村民的危房得以维修。1996年冬季,治黄局经过调查发现,村里因发展果树,影响了粮食产量,部分村民吃粮紧张,便购买了5吨面粉送到村里,解决了村民春节的生活困难。2006年,国家开始对移民补偿,每人每年补偿600元,迁建村200多人几乎都享受了这一待遇。尤其体现对移民关怀的举措是,从第五生产队组建开始,每年只上缴国家规定的农业税的一半,一直享受到国家取消农业税。

五

当年的阌乡县城大的布局是四条大街，即东大街、西大街、南大街、北大街。东大街是行政街，公安局、教育局、阌乡中学、小学都在这里；西大街以山东、安徽等外地逃难落脚的人较多，主要经营磨面、榨油、蒸馍等食品生意；北大街是居住区；南大街最繁华，也最富裕，主要经营照相馆、镶牙、诊所、药铺、布庄等，淮庆府人开的绸缎庄、山西人开的杂货店都集中在这一带。当时的城里人绝大多数不但在城里有生意，在城外还经营有土地，是一种亦城亦乡、亦商亦农的生存模式。新组建的迁建村的村民，来自阌乡县城各条街，大部分人家当年在县城都有生意，有不少是几十年甚至几代人的"老字号"，所以这个村组建不久就得了个"小县城"的雅号。

既然是小县城，就有不同于农村的地方。当这些人结束了将近十年的颠簸，住进自己的家的时候，他们弹一弹衣服上的尘土，长长地舒一口气，就开始打量自己的"新家"，"城里人味儿"又慢慢回到了他们的身上。虽然家徒四壁，但整洁干净、有条有理还是必须的，他们具有一定程度的文化底蕴，懂得住在平均每人半间的"排排房"里左邻右舍之间互相体谅的礼数，他们更知道一个新组成的团体遵守规矩和团结合作的重要性。近十年的居无定所，使他们对这块安身立命的家园无比珍惜。很快，南天大队第五生产队的崛起便让大队甚至故县公社都刮目相看。

迁建村位于程村塬西北部塬边上，俗称"塬眉子"。这里塬高风大，水土流失严重，土地贫瘠。第五生产队组建以后，在"农业学大寨"的时代，他们连年苦干，深翻整平，精耕细作，在土地上下足了功夫，使这片土地变成了肥沃的丰产田。同时，在岭头上栽植大片的刺槐树，建起了"防风林带"，有效地缓解了风灾肆虐和水土流失。20 世纪 80 年代，当改革开放的春风吹到农村后，“城里人”的精明基因立即被激活了。1985年，队里栽植了南天大队第一片苹果园，总共两户六亩。1986年，急速发展到四十多亩，1987年达到了一百多亩。“一亩园三亩田”，到八十年代末，苹果树结出了丰硕的经济效益，前后两三年间，在以前“排排房”的地基上，绝大部分农家盖起了砖混结构的平房或楼房。21世纪初，白广鱼的儿子白跃武根据苹果销售范围扩大和销售时间拉长的市场形势，建起了南天村第一个储存能力一百多万斤的苹果冷藏库，利用苹果销售的季节差价，提高了苹果的经济效益。

20世纪60年代，迁建村走出了南天大队第一个“国家干部”，80年代，迁建村走出了南天大队第一个大学生，随后连续走出了6个大学生和3个中专生，令南天村甚至程村乡都为之惊叹。刘根虎在迁建村组建的那一年，在本村找到了自己的人生伴侣。他们过去都生活在阌乡县城，但并不相识，同一专列迁移敦煌，同在敦煌生活了三四年，同在程村塬上的村里落了脚。但直到定居到迁建村，才相识相爱，情定终身。他们生育了三女一男四个孩子，三个是大学毕业生，现都在灵宝市政府机关或教育部门工作。

席新才从1989年开始被选为南天村村委主任，一直干到2010年因妻子身体原因而卸任，此后，南天村村委主任由移民后代白跃武担任。迁建村人为人处事厚道、精明，得到了南天村全体村民的高度认可。

当在迁建村的采访即将结束时，听说王书印的母亲还健在，已经91岁了，身体挺好，我感到很惊奇，立即想拜见一下。王书印说，他去叫一下。听口气就像叫一个年轻人。我正在想象老人的身体状况时，王书印就跟在他母亲的身后走来了。老人双手反剪在背后，上身稍稍前倾，步履轻松稳健的就像个年轻人一样。听在座的人介绍说，老人的老家在开封，10岁那年黄河发大水，她跟着大人逃荒，在阌乡火车站和大人走散了。一个好心人把她引到一家无儿无女的人家，从此落住了脚。16岁时,由养父母做主,把她嫁给了阌乡县城的王继功,他们一生共有两男两女四个孩子。王继功1982年在迁建村去世,老人现在是这个村里年龄最大的寿星了,除耳朵背外,身体没一点毛病。

老人进屋后,大家把她让在一张藤椅上坐下。可能是"耳根清净"的原因吧,老人稳身宽坐,面向我们,脸上平静得几乎没有表情,神态间透露出一种饱经沧桑的安详和从容。与老人的沟通需要王书印"翻译"。王书印站在他母亲旁边,斜躬着身子,双手比划着,先指指我,又指指东北方向,指指西边方向,大声说着我采访敦煌移民的事儿。老人头部微微向她儿子这边侧着,眯缝着眼睛,突然眉头稍稍皱了一下:"啊,移民,敦煌啊。"王书印站直了身子,长舒一口气,朝我笑了一下,点点头。我知道老人要讲话了。"唉,移民那时苦啊。阌乡县城人可没少出力。"我知道和老人的沟通并不是对话,我只有听的份儿。果然,停了一会,老人又开口了:"去敦煌可费事了,去了又回来,跑了几个来回。"她顿了顿说:"敦煌人也好啊,实在。咱政府好啊,啥都想到了,走到哪儿都有人管。不像小时候我们那搭儿,一发水,啥都冲没了,谁管你?唉,现在啥都好了。我就是生气我那老汉,一辈子受了恁大苦,现在日子好了,他咋就早早走了?咋恁没福呢?"老人有一搭没一搭地说着,想起什么说什么。我专注地看着她,听着她的话,生怕漏掉一个字。突然,老人好像想起来什么,抬起右手,伸出一个指头,朝东北老阌乡县城的方向指了指,问:"县城还拦洪着?"我重重地点了点头,大声说:"还拦洪着。"老人又朝东边指了指,问:"拦洪以后,下边不发水了吧?"

我还是重重点了点头,大声说:"不发水了"。老人身体往后仰了仰,举起双手重重地拍了两下,然后双手合十朝前点着:"好好好,好啊,这就好,这就好啊。一家迁,万家安。一家迁,万家安……"。

王垛村移民记

张金旭　苏旭升

王垛村位于黄河支流——弘农涧河入黄河河口地段的西岸。历史上的王垛村，地形复杂，三条大沟串联着无数条小沟，沟沟坎坎土土岥岥间，1100 百多口王垛村人就零散地分布在上院、南头、梁沟、鼻沟、上沟五个自然组里。

王垛的五个自然组基本上都分布在呈椅子状的沟汊里面，椅子靠背能遮风，椅子圈里能够挖出窑洞，窑洞就有冬暖夏凉四季宜人的天然好处，椅子底栽种着枣树、石榴树。

黄河及其支流弘农涧河，给王垛村提供了天然的水资源。凭借距离河道近的天然条件，水位低让家家户户都有自己的水井；离水近让洗衣洗澡成了远近各村羡慕的噱头；尤其是村口黄河滩那一望无际的河滩地，既肥沃又平整，无论小麦、玉米还是大豆、棉花，都能够很好的生长，农业生产发展得很好。世世代代的王垛人无忧无虑地生活在母亲河怀抱里，幸福无极限。

1955 年，国家决定修建三门峡大坝，治理黄河水患。几番研究、几经调整，最终的淹没线被确定在 335 米。这样一来，住在 335 米淹没线以下的弘农涧河岸边的南头、梁沟、北沟三个自然组，被确定为塌岸区，必须移民搬迁。

1957 年开始，“一户搬，万家安”“舍小家，顾大家”的移民口号在村子里、墙壁上刷写了开来，浓浓的离愁别绪随之铺陈弥漫在村子的上空。三个小组的村民们故土难离，顾虑重重，住了多少辈儿的地方，怎么舍得离开？离开冬暖夏凉的窑洞，下一个家该安在哪里呢？关键是335米以下的800亩一年二收的水浇地淹没于水下了，没有了农业生产保障，吃饭口粮怎么办？

时年76岁的梁沟自然组张伴友老人，老伴早逝，双目失明，一年四季都住在冬暖夏凉的窑洞里。一提到要搬迁到别处生活，便哭得泪人一样，用手杖敲着窗子对做工作的村干部喊："搬到哪里都没有我这窑洞好，死，我也要死在这里！"

1959年，黄河三门峡大坝正式开始合闸蓄水，眼见的水位一天天上涨，白花花的黄河水，经风一吹哗啦啦作响，堆起的千层水，浪追浪拍打着河岸，看着摇摇欲坠的塌岸地段，人民群众坐立不安了，生产劳动全部停了下来。

就在众人乱了方寸的时刻，人民公社副社长张立申来了，共产党员生产队长张喜荣来了，贫协代表张举才来了。他们召开几个自然组的村民会议，给大家宣传黄河治理的必要性，分析大坝蓄水形势，讲解移民政策。

当时的移民政策还是很不错的：房屋窑洞等居住场所，据实丈量作价，政府拨给移民一定的房屋木料、砖瓦。同时政府拨给每口人现金移民费200元，生产队统筹移民扶助款每人100元。这个政策很好地起到了鼓动作用，塌岸区的村民思想认识逐步得到统一，必须尽快搬迁！

几番讨论，几经周折，在副社长张立申的主导下，最终确定下两步走的搬迁计划。

第一步，安置临时搬迁点。梁沟和南头两个搬迁组与上院自然组结合，北沟搬迁组与上沟自然组结合，群众自行联系与自己合得来的相应村住户，实在不行的话，生产队再出面做协调工作，让移民先有个落脚点。

1959年冬，村民们先后找好了临时落脚点，搬迁工作开始了，男女老少齐上阵,学生们下学了也来搭把手。重的大的男人们搬,轻的小的女同志上,简单的生活用品孩子们拿。紧张有序的搬迁工作,效率很高,每天都能够搬迁出几户人家,仅仅六天时间,南头和梁沟的移民群众就都搬离了老住处,迁到了临时住处。

北沟自然组虽然只有6户群众,其中的6户人家,工作都好做,搬迁起来也容易。但是,让干部们头疼的是张伴友老人,既舍不得离开老窝,又必须要住到冬暖夏凉的窑洞里,这可难为了张喜荣、张遵贤他们了。先到上院找了一户既有偏院还带窑洞的人家——张虎敬家,定好住处,再协同张老汉儿子媳妇做老人的思想工作,任他们几个人说得天花乱坠,老人就是哭着喊着不愿意离开那个窑洞。最后,他儿子张迪生备好驴搭上鞍,从炕头背起老父亲,扶上驴鞍,生产队长张遵贤前边牵着驴,张迪生两口在驴身后边两边扶着老人,算是来到了上院。就这样,三个移民自然组在6天时间里都搬离了危险的塌岸区。

第二步,建设移民新村,成立自己的家园。在确定迁建村的位置时,大家各抒己见,生产队充分尊重大家伙儿的意愿,按照乡俗聘请了三位阴阳师帮着选村址,最终确定:梁沟自然组的村民搬到大槽子建新村,南头和北湾自然组的村民搬到稳家穴去建新村。

及时成立的搬迁工作领导小组发挥了巨大的作用:生产队长负责整个村子各户的搬迁,会计张正荣负责房屋及财产的登记,其他几位共产党员也都分别负责安全、采购、联络等工作。

1960年10月,紧张有序的准备工作后,干部们便各司其职、各负其责,组织群众开始了轰轰烈烈的新村建设。

生产队统一规划出村子的概貌,哪里留出巷子?哪里作为晒谷场院?通过抓阄的方式确定出哪家哪户住哪里?等到这一切规划好后,施工人员拉起绳子,丈量出各家的院落,前墙到哪里,后墙站何处,都是按照统一规划做出来的。

接着,生产队组织的以青壮年劳力为主的专业化打墙队,上阵了。打墙队又进行了分工,新地方距离水源地远,就专门派出运水队;打墙需要专业的墙模和石柱子,就组成模具加工队;几个会手艺的,砌墙的瓦工队、修木的木工队、夯土的土工队。先是将一家一户的冠盖墙挨着打出,接着在统一规划出的线上夯打出前墙后墙,几个能工巧匠愣是在缺少材料的情况下将一户户的院墙砌得规规整整,角是角、线是线,几个伶俐点的后生也慢慢干出了师,成为真正的瓦匠,仅村西的张好顺一家就出了四个大匠人。

最难忘的是1960年冬天,政府安排到朱阳、豫灵购买建房木料。天寒地冻的十冬腊月,张举才一行15人,每人背上一包袱冻成了冰疙瘩的红薯面馒头,穿着被雪水浸湿的鞋袜,在缺少运输工具的情况下,愣是跋涉一百多公里的山路上往返穿梭,运回了椽子、檩子、门窗料。为乡亲们最后的房屋建设完成了至关重要的一步工作。人们用木料在打好的土墙上做屋架,木架上铺出瓦片,安上门窗后,就是新的居住场所了,新家也就一户户建成了。

那期间,部分喜欢住窑洞的家庭,也依着地势在自家的院子后慢慢挖出了窑洞。

搬往新家的过程,既兴奋又辛苦,没有运输工具,人们就靠肩扛手提,大人孩子齐上阵,老人妇女都有活。大件的几个人合作抬起来走,小件的装上筐用扁担挑,仅有的几口牲口也都拉了出来,驮着东西往返穿梭,学校里放学归来的孩子也被大人们役使着运送力所能及的物件。

到1962年冬,所有的搬迁户都住进了新院,过上了安稳舒适的新生活。

可以说,王垛村民在三门峡黄河大坝的建设过程中的贡献是巨大的:黄河滩涂800多亩旱涝保收的水浇地被淹没了;迁建新村又占去了50余亩平整的可耕地,能够耕种的土地少了;由弘农涧河边的平整地段搬到了半塬上,吃水要到几里地外去挑、田间耕种不是上坡就是下坡,极不便利,生活条件差了;原来的水浇地没了,剩下半塬上依靠天来计算收成的旱地,收成也减了。他们“舍小家,顾大家”的牺牲精神和奉献意识是值得我们永远学习的,他们为黄河下游人民的安稳日子所付出的代价,是必须永久记忆的。

党和国家一直关心着移民群众的生产生活。黄河治理委员会、黄河移民局,先后为王垛村修复了一眼老井,又打了三眼水井,六眼机井,建成二级提水站引水上高原,铺设灌溉管渠 8000 米。现在的王垛村,家家户户有自来水,水浇地 500 多亩,一年收两季庄稼。

近年来,政府先后给王垛村安装了路灯,修建了文化大院、翻新了村两委办公楼,硬化了村间道路。

如今的王垛村,千余口村民在村两委的带领下正努力奋斗在“幸福的中国梦”的道路上。

东古驿村迁移记

王邦盈

三门峡水库是黄河上第一个大型水利枢纽工程。1957 年 4 月 13 日,该工程举行了隆重的开工仪式,1960 年 9 月 14 日,三门峡水库完成蓄水。一座宏大的人工湖出现在黄河中游。

当时水泉城乡的东古驿村属于淹没区,必须移民到新的村址。负责东古驿村移民的是水泉城乡一位姓雷的副乡长,他和村里干部召开动员大会,提出了“迁一家,保万家”的口号。村干部们向村民介绍了修建三门峡水库的诸多好处,要求党员和贫下中农要做好表率,带头搬迁。按照规划,东古驿村的古驿岭自然村不动,何家城子、王家城子搬迁到新建的幸福庄即现在的肖家湾、周家湾移民新村,南城子、西城子在古驿岭自然村东边和西边建新村安家,全村需要搬迁 400 多户 1000 多口人。

从 1959 年春开始,在村里拆房搬迁,全村共拆 1500 多间房屋。南城子、西城子移民自己拆房运料,在古驿岭村东、西两边建院墙,打土坯,至 1960 年,陆续建成了新房。

何家城子、王家城子的幸福庄建设从 1959 年开始,由于新房建设的速度慢,建成的不多,使搬迁来的移民无法住下,于是一些移民呆在老村不走。这使乡村干部面临两难境地,一边是为了完成上级下达的搬迁任务,村干部带人逐家把房子拆倒;一边是新房子建不成,拆了房子的移民没处住,大部分人只得在拆倒房子的楼下勉强入住,直到 1961 年新房盖好后才陆续搬进了新房。由于新房建的少不够住,在新房分配上采取不管原来有多少房产,新房按部入住。移民王安祥有四个儿子,因为按一部人分配,只分了两间房,一间为住室,一间做灶房。土炕上睡着两口子和两个小儿子,大儿子、二儿子只好睡在用门板支成的简易床上。不仅住房紧张,而且吃水也成了问题。过去村子在黄河滩上,村前有口大的泉水井,又甜又干净。现在的新村因地势高,要打60多米深才能见到水,水质也不好,有泥沙,打上一桶水得半天时间才能澄清。

由于新建的幸福庄居住条件差,土地距离村里远,耕作不方便。“文化大革命”期间,乡村级领导班子瘫痪,一些移民便在离耕地近的地方选址建设新村。王安祥是第一个在新住地建房的。从1966年10月开始,每天晚上,他和大儿子、二儿子把水从60多米深的井里一桶一桶打上来,装进大汽油桶,第二天天不亮,父子三人把水送到三里外的建房地,用土坯垒墙建房。如此苦干了三个多月,盖起了五间大上房,全家人终于在1967年春节前搬进了新房。到1970年底,移民们全部都搬到离耕地近的新址建新房,最终形成了新村。频繁的搬迁,使移民们投入了大量的人力、财力和物力,影响了移民的生活水平,使其经济和口粮上都很紧张。后来,被水淹没的黄河滩地由于河床抬高,水退后,滩地逐渐可以耕种,移民的生活有所好转。

1978年6月,山西省芮城县修建大禹渡抽水站,在黄河北岸修筑了一条拦水坝,致使黄河改道,使东古驿村的黄河滩地又被冲毁锐减。当时,灵宝县政府要求灵宝县治黄指挥部全力以赴,采取措施,对塌岸进行治理。于是,治黄部门组织人员抢险治河,用铁丝编笼子装石头投入水中形成临时石坝,先是用汽车拉运阳平、焦村等乡镇山里的石头用于治河,后来又用火车从陕县硖石拉石头至阌乡火车站,再用汽车运到河边。虽然采取了很多的治理黄河塌岸毁地的措施,怎乃河水无情,治理效果不明显。1982年8月,东古驿岭门上大片良田和抽水站都被河水冲毁,一次塌陷几十米宽,1000 多米长。特别是一些移民的住房受到威胁,不赶快拆房搬迁,随时都有被冲入河底的危险。当时,县党政部门积极组织人员帮助移民拆房,让其暂时住在新搭的帐篷里。时任县委书记王清明深入帐篷慰问受灾移民,并指示相关部门想尽一切办法帮助移民渡过难关。这样,一、二队 82 户 410 人第三次又搬迁到新建的村子。其中 20 多户近 200 人搬往祝家营村,重新安家。

为了根治黄河塌岸给东古驿村造成的严重损失,在之前治理的基础上,灵宝市黄河河务移民局加大塌岸治理力度。2005 年 3 月,东古驿控导工程立项并开始施工,历时近两年,于 2006 年 10 月竣工,控导工程大坝长 1200 米,布置丁字坝十三道。2016 年 3 月,在控导工程东边又续修大坝 600 米,布置丁字坝七道。大坝建成运行后,对控制东古驿村塌岸,保护移民生命财产安全发挥了重要作用。同时,对下游河势起到了理顺和优化作用。如今,在控导工程坝区、道路两旁、岸坡进行了绿化、美化,栽植了松柏、紫槐、国槐等树木 3.6 万株,使控导工程大坝成为黄河岸边一道亮丽的风景线。

十里铺·七里铺

郭兴华

七里铺是黄河三门峡库区的一个移民村，20 世纪 50 年代，是灵宝县西章乡孟村大队的一个自然村。三门峡库区移民时，西寨村拨出 60 亩土地作为七里铺村民的宅基地，让其重建家园，形成了七里铺新村，现在该村是函谷关镇西寨行政村的一个自然村和村民小组。

原七里铺村因为距离老灵宝县城中心区七里路程而得名。搬迁前，原村位于衡岭塬下一个低洼处，三面靠塬，北望黄河，形成了一个“凹”字形。老陇海铁路和洛潼公路从村边穿过，交通便利，地理优越。当时全村约 100 多人，200 多亩水浇地，500 多亩坡地。水地种麦种菜，点瓜种豆；坡地植棉栽枣，果木茂盛。村里居住着王、齐、孙、杨、梁等家族，村民耕读传家，自给自足。农闲时到灵宝县城赶赶集，看看戏。有事情，乘火车、坐汽车，去哪儿都很方便。每年汛期，村民们下河打捞河炭、拾柴等，可以攒够一年烧火做饭用。

七里铺的前身是十里铺，位于原七里铺村西三里处。很早以前，十里铺是洛阳到西安官道上的一处驿站，曾有人口 1000 多人。当时店铺林立，市井繁华，商旅穿梭，络绎不绝，官庶军民，各得其所。1865 年（清代同治四年）四月初一晚上，正当人们沉浸在熟睡之中时，毫无征兆的黄土坡大滑坡，使整个村庄全被埋没。只有村里的齐家、杨家、孙家三户人家侥幸躲过一劫。后来，三家人东迁三里，建立新村，繁衍生息，村子逐渐发展壮大，十里铺的村名以与老灵宝县城的距离改为七里铺。

三门峡大坝拦洪蓄水,七里铺村属于塌岸区,必须搬迁。尽管村民们舍不得离开祖祖辈辈居住的风水宝地,但还是顾大局、识大体,响应国家号召,积极行动。1958 年下半年,七里铺村开始搬迁,他们把全村的劳动力分为两部分,一部分坚持生产,一部分建设新村。七里铺村第一批 5 户人家先是在半坡土埝上掏小窑暂时居住,也有人投亲靠友找地方暂住,以腾空房屋便于拆迁。老房子拆了后,那时没有架子车等运输工具,全凭人力往返三里多陡坡搬运建材。搬运大件建材时,七八个人抬着上塬,小件物品人背肩扛,砖瓦、石料则由妇女、学生一趟趟从老村运到新址,每天往返十多趟。有时晚饭后,村里人还会加班再跑一趟。负责建房的人员加班加点,加快工程进度。小学生放学后,先安排搬运一次砖瓦再让回家。盖房的材料不够,村里人就地取材,夯筑土墙,打土坯,购买外地便当瓦,想尽了办法。负责生产的人在农闲时间抽空也来帮忙。很快,第一批迁建房屋就建好了,前后用了三年时间,到 1961 年全村的人才全部搬进新村。

如今的七里铺村,有 240 多人,原来的一个生产队分成了两个村民小组。房屋也由最早的两排房屋扩建成了四排,人口增加了一倍,村子扩大了一倍。起初建设的土木结构的瓦房已经全部改建成了砖混结构的平房,一排排新房在鸡子山顶坐西朝东,迎接东来紫气。如今,村子绿树环抱,花果飘香,枣园起伏绵延,枣树人均 50 多棵,好年景每户可以收入五六万元。如今,七里铺村人勤奋耕作,邻里和睦,村风淳朴。年轻人外出打工,农忙时节回家收种,家家温饱,生活富足。

近年来,灵宝市黄河移民管理局出资为村里硬化了四横三纵主要干道和通往田间的耕作路,使人们生产、生活出行大大方便了,大型农用机械开到田间地头,生产基本实现了机械化。村里的齐立治老人用朴实的语言描述自己的幸福生活:点灯不用油,犁地不用牛,出门路好走,吃穿不发愁。这也许就是七里铺村民生活的真实写照。

搬来迁去的苦辣酸甜

王邦盈

一

在西阎乡与函谷关镇接壤的沙河(古柏谷水)流入黄河的地方,曾有一个历史悠久的村子,名为稠桑村。

稠桑村古称桑田。周惠王二十二年(公元前665年)因“虢公败戎于桑田”(见《左传·僖公二年》)而闻名于世。成语“假道伐虢”“唇亡齿寒”都和稠桑村有着一定的渊源。《灵宝县志·大事记》载:“宪宗元和元年(公元806年),县人李文于朱阳涧侧得一石,琢为砚,质甚佳,售于稠桑驿,遂名稠桑砚”。稠桑砚又称虢州砚,是中国历史名砚之一,与广东的端砚、安徽的歙砚、甘肃的洮砚、山东的青丝砚齐名。

稠桑村位于西安、洛阳两大故都之间,是灵宝县与阌乡县中间一个历史上著名的驿站,交通发达,物阜民丰。1930年,陇海铁路开通,设立了稠桑火车站,使稠桑村更加繁华热闹。该村由张家嘴、后城子、西坡、上胡同、后崖头、河东六个自然村组成,在人民公社化时,归水泉城公社管辖。

1958年,修建三门峡水库大坝,稠桑村除西坡自然村、后城子自然村、张家嘴自然村位置较高不搬迁外,稠桑火车站后崖头、上胡同、河东自然村都要搬迁。后城子、张家嘴自然村及搬迁到张家嘴的河东自然村一部分人与梨湾大队的焦家寨自然村组成了新的稠桑大队,归坡头公社管辖,坡头公社即后来的函谷关镇。

上胡同、后崖头自然村一部分人员搬迁到了水泉城公社祝家营大队，成为该大队的第五生产队。河东自然村一部分人迁往水泉城公社西邱大队，成为西邱大队第一生产队。后崖头自然村的大部分人迁到幸福庄，后来又返迁到二里半，成为二里半自然村，1963 年 3 月，二里半自然村成为肖家湾大队第五生产队。西坡自然村迁到肖家湾大队后，成为第六生产队。后来水泉城公社改为西阎公社。2000 年，二里半、西坡自然村从肖家湾村划出，组成西稠桑行政村。这就是稠桑村在黄河移民搬迁过程中的分离和演变的脉络，由一个村搬迁分离为函谷关镇的稠桑村和西阎乡的西稠桑两个行政村。

1959 年 3 月，上胡同和后崖头的部分村民共 24 户 125 人，在上级和大队干部的动员组织下，搬迁到 10 公里外的祝家营大队农场。望着 2600 多年前“虢公败戎于桑田”的稠桑村落和耕地、庄稼，人们眼眶里的泪水止不住地流了下来，暗暗祈祷，何日才能再见水清无石的沙河！

当时搬迁时，两三家人分一辆胶轮马车，装着碗筷、被褥和生产工具。经过三个多小时的奔波，终于来到了目的地。这里是废弃的县劳改农场，有一个四合院，30 多间房子。大队干部按每户的部数、人口分房，一部一间，两部两间，房子分完后，吃集体食堂饭。由于提前安排了食堂的炊事人员，早早做好了饭菜，使搬迁的人吃上了异地他乡的第一顿热饭。第二天，男女劳力背上农具，开始到分好的地里劳动，平整土地，他们已变为祝家营大队第五生产队的社员。不久，进入“三年自然灾害”时期，日子过得越来越艰难，食堂的饭菜越来越少，渐渐填不饱肚子，一直熬到 1961 年 6 月，食堂终于解散了，各家各户重新盘锅头，自己做饭。虽然分到的口粮少的可怜，但自己掺和些野菜和面粉和在一起蒸成馍，熬成汤，能勉强吃个半饱。

1963 年春，根据国家政策，生产队给每人分了一分自留地，让自己随便种。这样，八仙过海，各显神通，种粮食责任心强了，收成好了，逐渐吃饱肚子,日子才慢慢地好了起来。生活条件改善后,村里生孩子的家庭慢慢多了起来,原先住的房子不够了,先是生产队统一盖了12间土坯房,分出6户40人住了进去,其他户住处稍微宽展了些。1968年10月,西阎公社为了解决移民住房拥挤的问题,按人口划分宅基地,由自己筹料建房。人口多分15米长、8米宽的大院子,人口少分10米长8米宽的小院子。经过前后10年的修盖,到了1978年10月,移民们各家各户都住进了稍微宽敞的新房。

改革开放以后,村民慢慢地过上了好日子,家家户户都拆掉了土坯房,建起砖木结构或砖混结构的新房,居住环境得到了不断改善。村民张运星一家1959年3月刚搬到农场时,家里有4口人,父母、姐姐和他。当时他只有6岁,搬迁到祝家营农场时,全家分了一间房,一住就是5年。1963年,生产队盖的新房子,他们家有幸分到了两间。1968年分了座小院子,他家在原先分的两间房边续建了一间,已到成年的姐姐终于有了自己的房间。后来,由于结婚生孩子,房子又紧张了,1985年3月,扒掉了原先的三间土坯房,新盖了四间砖木结构的房子。2012年,张运星的儿子结婚生子,又扒掉了四间砖木结构的房子,盖了砖混结构的三大间房子,终于住上了宽敞明亮,结实稳固的大房子。如今,由于党的政策好,国家对移民村及移民很关心照顾,张运星一家人的收入不断增加,生活条件日益改善,富裕美满,日子过得像“芝麻开花——节节高”。

二

1960年3月,稠桑大队召开河东自然村搬迁大会,决定将河东村一半人迁往张家嘴自然村,一半人迁往水泉城公社西邱大队。动员大会开过后,队长号召迁往西邱大队的社员报名。西邱大队位于稠桑大队西8公里外,地势平坦,耕作方便,条件较好,很快就有20户80多人报了名，达到了搬迁一半的人数。按照约定，剩下的人搬迁到张家嘴自然村。

搬往西邱大队的移民也是两三家人分给一辆胶轮马车搬运家当，大家装上自家的生活用品、农具和铺盖，依依不舍地离开了祖祖辈辈生活过的河东村。当时走的是洛潼公路的沙石路，途经黄河滩上同样需要搬迁的东古驿、西古驿村，再绕过谭建庄、浮沱营村，穿过陇海铁路，经过半天的颠簸，终于来到了西邱大队。西邱大队的干部群众非常热情地欢迎迁移来的移民，腾出第四生产队的十四座院子，用于安置迁来的移民。河东村的带队干部按照家庭部数和人数多少，进行了妥善的分配和安置。从此，河东自然村的一部分移民成了西邱大队第一生产队的社员，在新的驻地吃食堂饭，参加生产队的劳动、挣工分。在“三年自然灾害”时期，日子都过得紧紧巴巴。

1961 年 10 月，上级决定在西邱大队附近的水泉城公社“万头猪厂”旧址上划分宅基地，国家拨给木料，让移民自己拉，自己建房。于是，几户人联合起来垒院墙，打土坯，挖地基，经过一个冬天的苦干，开春时一家家人都搬入了新房。至 1964 年底，移民们全部入住进了新房。

西邱村现年 78 岁的村民张有方，刚搬来时，家里有外祖母、父母和他 4 人。1962 年他结了婚，后来生了 3 个儿子，日子过得很紧巴。后来，随着三个儿子长大结婚，村里相继解决了三座宅基地，他家盖起了三座新房子，儿子结婚时都住上了新房。如今，全家 15 人，住在宽敞明亮的房子里，现代化家具一应俱全，人丁兴旺，日子红火。

三

1960 年 9 月，后崖头自然村 40 户 135 人，搬迁到位于村西 3 公里新建的移民村——幸福庄。幸福庄是当时新建的移民村示范点，除建有一排排新房供移民居住外，还建有食堂、学校等设施。安置在幸福庄的还有东古驿大队的一、二、三、四生产队，肖家湾大队的王家湾、肖家湾、周家湾三个自然村。

听说幸福庄的条件这么好，移民们心里暗暗高兴，比搬往西邱、祝家营大队的移民强多了，先不用自己建房，吃饭有食堂，上学有学校，运气真的不错。于是，移民们很快搬到了幸福庄。1963 年 10 月，幸福庄并入肖家湾大队。

当时，说是幸福庄，但建设的房子并不多，新来的移民们仍需要按部分房，两口人带四个孩子按一部，分两间房子；三口人有一个母亲按两部，分三间房子。这种分法使儿女多的人家感到很不公平，但想着以后建下房子再分，所以勉强的住着。后来，遇到“三年自然灾害”，人都吃不饱饭，哪有钱和精力再盖新房。同时，后崖头的人需要到 1.5 公里以外的地里参加劳动，一天往返三次，叫人有点受不了，人们便开始琢磨新的办法。

1961 年，集体食堂解散后，为了生产耕作方便，后崖头的人开始自发搬往距离村子二里半的地方重新建房。因此，人们俗称“二里半”。后来“二里半”村名叫起来了，一直沿用至今。开始迁过来的移民，先是在明清时期的官路壕里掏几孔窑洞暂时居住，后来开始建房。大家沿着官路壕南北两边自发地垒院墙，打土坯，拉木料，盖房子，然后搬进去居住。到 1964 年底，经过三年时间的建设，后崖头村的移民全部搬到了二里半。

现年 76 岁的常运士，搬迁时全家 5 人，父母、自己和妹妹、弟弟。搬到幸福庄后因为是一部人，只分了两间房子，一家人凑凑合合住了不到一年。后因邻居家失火，引燃了他家的两间房，他家和邻居家只好搬到二里半的官路壕里，各自掏了两孔窑洞暂时栖身。1962 年腊月，常运士结婚，新媳妇就迎娶到狭窄的窑洞里。1963 年 3 月，常运士在二里半垒起了新院子，先盖了两间土坯厢房，让父母和妹妹、弟弟先住，他们两口仍住在窑洞里。次年后半年，他家又在两间土坯房旁边续了一间房，小两口搬进了新房。1965 年，家庭条件好了一些，他家拆掉了三间土坯房，盖起了五间土坯大上房。1977 年，常运士的弟弟结婚，大队给分了一块宅基地，盖了三间土坯房，弟弟搬了进去。1985 年，常运士的三个儿子渐渐长大，拆掉了五间土坯大上房，盖起了五间砖木结构的上房。1992 年，大儿子结婚，申请了一座院子，盖起五间砖混结构的上房。1995 年二儿子结婚，又申请了一座院子，盖起五间砖混结构的上房，他和老伴住了进去，把老院子的房子留给二儿子结婚用。2002 年，二儿子拆掉旧房子，盖起了五间砖混结构的新房。如今，常运士住在宽敞的房子里，感慨地说："一辈子盖房子，盖了自己的房子，盖儿子的房子，如今总算有了宽敞的房子。真感谢党的政策好，日子过得越来越好，才使自己有能力盖了这么多的房子。现在，任务完成了，儿女的生活安定了，自己也该享受快乐健康，幸福如意的生活了"。

四

肖家湾大队下辖沙河北岸的肖家湾、周家湾和沙河南岸的王家湾三个自然村。

肖家湾自然村 730 多人，北靠黄土高坡上的老陇海铁路，除了坡上的 1200 多亩旱地，在沙河两岸还有 1000 多亩水浇地，土地肥沃，浇灌方便，旱涝保收。农作物主要有小麦、玉米、水稻和桃、苹果等经济林，依坡傍水，环境优美，生活富裕。夏天，村里的孩子们在骄阳蓝天下的沙河里嬉戏玩水，摸鱼捉蟹。一年四季，清澈的河水灌溉着农田，哺育着岸边的树木、花草，构成了一幅令人心旷神怡的"江南水乡图"。

历史上，在沙河南岸肖家湾村与王家湾村之间，有个"李家院"是一处道教圣地，它南望巍巍秦岭，北有弯弯沙河，河边杨柳葱郁，山清水秀,玉池泉水,川流不息,幽雅壮观,真乃神灵之仙境。“李家院”在豫陕晋三省交界一带十分有名,常年四季信众云集,香火缭绕。

三门峡水库修建后,李家院也属于淹没区,需要拆除。当时肖家湾大队的王家湾村和东上村大队承担了拆除李家院的任务,被拆除的蛟龙石柱用在了东上村的舞台上,另有四根石柱用在了破胡烈士纪念碑的碑亭上。拆除了李家院,王家湾村也该搬迁了。王家湾村30户147人于1959年底搬到了幸福庄,住下来后,虽然能吃上食堂饭,孩子有学上,但是一时没有地种,长远的生活成了问题。1961年3月,按照上级安排,17户57人投亲靠友,搬到东上村大队,耕种王家湾村原来的土地。后因在东上村居住拥挤,生活困难,耕作距离远等诸多原因,于1962年3月自发地返迁回王家湾村,在废弃的老宅基地上重新建房安家。经过两年多的建设,1964年6月全部返迁回王家湾村。

1961年3月27日,幸福庄剩下的13户90人被上级安排搬迁到大字营大队,分散安置到第七、第八、第十生产队。当时,每户付给大字营大队330元,用于购买宅基地,自己盖新房子。前后经过一年多时间全部建成房,搬进新居。移民们很快融入了各个生产队,与当地群众建立了和谐友好的共存关系。后王运财等两户移民还是留恋原来的生活环境,思乡心切,1964年3月,不顾大队、生产队干部社员的劝阻,又迁回了王家湾村。后来,王家湾自然村成为函谷关镇梨湾大队的一个生产队。

70多岁的王自学,记得小时候沙河水清澈见底,鱼儿自由地游来游去,他常常与小伙伴儿们在河里游泳、抓鱼。移民搬迁时,他家里有10人,祖父母、姑姑、大伯、母亲、姐姐、他和三个妹妹,家里有11间房子。搬迁到幸福庄,只分了三间房,祖父母和姑姑住一间,母亲和姐姐、三个妹妹住一间,大伯和他住一间。1961年3月,全家人搬到了大字营大队第十生产队,并倾其全家之力盖起了四间土坯房,过上了稍微宽敞的生活。1963 年 2 月他结婚后生下了一个机灵活泼的儿子。谁知“天有不测风云”,1975 年 7 月,已经 12 岁的儿子放学后去割草,不幸在大队机井水池旁夭折。报案后,公安部门来人,提出需要解剖查验破案。因全家人不同意解剖,案子不了了之。遭此打击,王自学一家再也不愿意待在这个伤心悲痛的地方,于 1975 年 10 月返回王家湾村。起初,全家 12 口人住在两孔破窑洞里,后来挖了两孔新窑,又盖了六间土坯房,才使全家人安顿了下来。后来,王自学又添了两个儿子,长大结婚后,他申请了一座新宅基地,盖起了三间砖混结构的新房,并把老院的房子换成了砖混结构的大房子。现在他全家 11 人,日子过得红红火火,热热闹闹。

1960 年 6 月至 1961 年 9 月,周家湾自然村的移民也搬到了幸福庄定居了下来。2000 年,周家湾村从肖家湾村划出来,成为独立的周家湾行政村。

五

1959 年 8 月,为了安置水库移民,上级决定在肖家湾自然村、周家湾自然村附近地势高的地方建设移民新村,主要是解决肖家湾大队及东古驿大队一、二、三、四生产队和稠桑大队后崖头自然村移民的安置问题,并起了一个很响亮的名字“幸福庄”,寄托着上级部门和移民们的美好愿望。

当年 8 月,幸福庄开始建设,没有木料,上级决定先让周家湾自然村寨子上的移民暂时住到上湾、下湾村社员家里,然后拆掉寨子的房子,把木料拉到幸福庄用于盖房。当时陇海铁路还未改线,上级通过火车从巩义县拉回机砖,卸到常家湾车站,然后用胶轮马车和架子车拉到幸福庄工地上。经过两年多的建设,1961 年底完成了幸福庄的建设任务,但由于正值“三年自然灾害”时期,国家经济困难,劳力饥寒交迫,并未完成规划的建设任务，致使幸福庄安置的移民住的拥挤不堪，难有幸福可言。1960年6月，周家湾自然村的移民开始陆续搬入幸福庄。1961年9月，三门峡水库的蓄水眼看就要进院子了，上、下湾的移民才恋恋不舍地离开生活了几百年的老村，搬往幸福庄。当时搬迁的有65户290人。

由于房子少，家家户户都不够住，1964年2月，移民们自发地在房子周围建院墙，续盖房子。一直延续到1970年才使得家家有院子，户户有房子。2000年，周家湾村从肖家湾大队划出，成为独立的行政村。

2007年，新建的高铁客运专线从周家湾村中穿过，一部分人家又腾出老院子，重新迁移建设新院子。这次迁移，国家给予了足够的经济补偿，建起的都是宽敞明亮的砖混结构的新房子。近年来，随着经济的发展，人们的生活水平不断提高，全村所有的土坯房都换成了砖混结构的新房，村民才真正过上了梦想中的"幸福庄"生活。

70多岁的退休教师周朝兴，搬迁前住在周家湾自然村的下湾村，全家8人，有祖父母、姑姑、父母、他和两个弟弟，住着两孔窑洞、三间房子。由于寨子上的移民需要拆掉房子，有两户人家暂住在他家腾出的一孔窑洞里。1960年6月，两户人家搬往幸福庄，9月他们家也搬到了幸福庄。由于他家是三部人，分到了三间房子，爷爷给生产队喂牲口，常年住在饲养室里，奶奶和姑姑住一间，父母住一间，他们兄弟三人住一间。1962年，周朝兴结婚，次年儿子出生，全家的住处十分拥挤，只得申请了一座宅基地，盖了五间土坯上房和四间土坯厢房。随着两个弟弟结婚，周朝兴添了两女一子，住处又紧张了。1972年，周朝兴把老院子和房子留给了奶奶和两个弟弟，自己又新批了一座宅基地，盖起了四间土坯上房和四间厢房。1995年大儿子结婚后，又申请了一座宅基地，盖了五间砖混结构的上房，他和二儿子住在老院子里。后来，二儿子申请了一座宅基地，盖了三间砖混结构的新房。周朝兴坚守在自家的小院里,把原来的土坯房换成了砖木结构的房子。

六

在三门峡水库移民搬迁前,常家湾大队有3个自然村5个生产队,桃花营自然村为第一、第二生产队,常家湾自然村为第三、第四生产队,常家湾寨子为第五生产队。

常家湾自然村位于沙河北岸,全村有700多人,有旱地1800多亩,沙河两岸有水浇地1000多亩,以种植小麦、玉米为主,兼栽小杂果树。村子交通便利,物产丰富,人民的生活水平较高。

1959年上半年,常家湾大队常家湾自然村的第三队全部人员与第四队部分人员55户260人搬迁到浮沱营大队的"胜利庄"排排房里。胜利庄位于浮沱营大队东埝地,从1959年10月开始建设,至1961年10月两年间,逐步建房,逐步搬迁。政府供应砖、白灰,大队统一组织建房,七间一幢,没有院子。一共建成四排16幢102间。按照先来后到,部数多少,人口多少分房,一部一间,两部两间。搬来的移民吃食堂饭,参加集体劳动,成为浮沱营大队胜利庄生产队的社员。1964年10月,由于居住条件差,人多拥挤,上级又按人口分材料,重新建房子。先把居住在排排房中的人员迁出,然后重新建房子或改造房子,共用了五年多的时间,人们才搬入新居。2000年10月,胜利庄的移民从浮沱营行政村划出,成为西阎乡迁建行政村。该村"两委"利用国家对移民的优惠政策,积极争取项目、资金,建起了村部,修通了水泥路、新打了机井,解决了村民的饮水和浇地问题,大大改善了全村人的生产、生活条件。

常福牢现年76岁,初中文化,共产党员。刚搬迁时全家四口人,父亲、他和爱人、儿子挤住在一孔大窑洞里,在地上铺上席放上铺盖入睡,早上起来收拾铺盖,卷好席子,参加劳动,吃食堂饭。1959年10月,搬到胜利庄时分了两间房子,凑合住到 1964 年 10 月,由国家分木料,自己拉砖、打土坯,建了三间房子,改善了居住条件。1968 年 10 月,又盖了三间北房。大儿子结婚,院子扩大,新盖五间房子,小儿子结婚又申请新的宅基地,盖了五间砖混结构的新房。现在,他家 12 口人,两座院子 19 间房子,两个儿子又在灵宝市区买了单元房,日子总算越过越舒畅了。

常家湾自然村第四队另一部分 23 户 120 多人搬往常家湾车站西头另建新村。桃花营自然村的第一队人员 27 户 130 多人也搬迁到了常家湾车站西头与第四队合村。1963 年 10 月,新建的村成为破胡大队第六生产队。桃花营自然村第一队剩下的 23 户 124 人搬迁到常家湾车站北的东边另建新村,当时移民点还没有建成,只好让这部分人先住在常家湾车站的行李搬运房、铁路工房等地方,住不下的自己想办法到车站东边的崖上找窑洞居住,没想到一住就是三年。1963 年 10 月,桃花营自然村在车站住的居民并入破胡大队,成为第七生产队。在灵宝市窄口水库管理局工作的退休老干部张振祥原籍桃花营村,为了让子孙后代记住自己是桃花营村后裔,专门出资 1.3 万元,在村东南路口建了一座不锈钢彩虹门,门前上方镶嵌着“破胡村七组”,在门后上方镶嵌“桃花营西村”,镌刻着他及老一辈人的拳拳恋乡之情。桃花营自然村的第二生产队人员后搬迁到桃花营寨子,次年 3 月开始,在老陇海铁路北建设桃花营新村。此后,桃花营自然村第二队和桃花营寨子的人都搬迁到桃花营新村。1963 年 10 月,桃花营新村并入肖家湾大队,成为该大队的第八、第九生产队。2000 年,西阎乡行政村区划调整时,肖家湾村第八、第九村民小组划了出来,成为独立的桃花营行政村。

桃花营村现有 3 个村民组,106 户 430 人。近年来,在国家移民政策的扶持下,全村改成了砖混结构的新房,村里先后建起了村部、文化大院、舞台、农家书屋、机井。新打机井两眼,修路 3 公里,建沼气池 50

个,水渠300米,铺设地埋管5000米,解决了村民的吃水、浇地、出行等问题。在产业结构方面,村里新发展核桃树200亩,软籽石榴120亩,桃树60亩。2014年起,村里利用每年农历二月初四的古庙会,连续举办了桃花营村果业技术交流大会,促进了全村及其周边村的果业管理、技术、销售的交流和发展,增加了村民的收入。

从1959年10月至1963年10月,常家湾村3个自然村5个生产队四分五裂,搬迁到各自规划的新村址,分别加入各个行政村,使常家湾村这个村名消失在了历史的长河里。现在的年轻人已经很少知道常家湾这个村子了,唯有常家湾老车站的集市还在,使老人们对常家湾村有着一丝淡淡的记忆。

“老虎头”上移民村

梁仙婷

一

孟村的五里沟村，六十年前曾发生过一个动人心弦的故事。

漆黑的夜晚，呼啸的北风裹挟着冰冷的雨水铺天盖地袭来，三门峡水库蓄积的库水也肆无忌惮地冲刷着这个位于黄河岸边的小村落。

在一孔窑洞里，微弱的灯光下，铺着花格子粗布的土炕上，一个小男孩已经进入了梦乡。旁边的小被子下还有一张粉嫩的小脸甜甜地酣睡着。

紧挨炕头土砌的灶头锅上，正呼呼地冒着热气，灶火下的木柴即将燃尽。年轻的母亲站起来，迅速掀开了锅盖儿，一股白色的蒸汽腾空而起，四散开来，女人的手一边麻利地将粘在一起的馍馍拨拉开，一边自言自语：“馍凉了就能装起来带走了，不愁上去没啥吃的。”

脚下的地面似乎在颤抖，还隐隐传来沉闷的轰响。年轻的母亲脸上瞬间闪过一丝惊恐。她自言自语着：“熬过今晚就好了，明儿一早就走！”她望了望熟睡中的两个孩子，眼中闪过一丝难以割舍的疼爱，不觉得泪珠从面颊上滚落下来。女人来到土炕前脱掉鞋子，和衣而卧，听着两个孩子发出均匀的呼吸声，她的心跳慢慢趋近于平和，倦意如潮水般强烈地袭来……年轻的母亲名叫张亚仙，出生在灵宝老城区，嫁到五里沟村。

五里沟是黄河岸边的一个小自然村。全村 200 余人，可耕种的土地面积也只有200余亩,按说这土地也够少的,可俗话说,靠山吃山,靠水吃水。村边有一个码头,叫西河口码头。中华人民共和国成立后码头虽然充了公,但归集体所有,社员们也能跟上分个红。西河口码头的生意依然鼎盛,隔着黄河,承担着山西、河南之间的物资运送,码头上终日络绎不绝的货物和客流,使村里的青壮年都在码头上上货卸货,有了颇为丰厚的收益,日子过得也算富足轻松。

五里沟村所在位置的山头状如虎头,人们就形象地称这里"老虎头",这是当时黄河南岸一处注明的标志物。五里沟村恰恰就在老虎的口中,因此村里的人常自豪地说,住在老虎口中,还会缺吃少穿吗?确实,那时候的五里沟人惬意富足的生活是一般村子达不到的。

三门峡大坝建成蓄水后,五里沟、七里铺等村便位于水库水位高程线以下,成为迁移之列的村子。上级对五里沟村的移民规划是集体后移,建设新村,亦可以投亲靠友。村民们虽然对生养自己的家园恋恋不舍,但还是响应国家号召,集体搬迁到村西北寨子的临时安置点,临时安置点的条件毕竟没有原来的家里便利,呆了一阵子看到大水并没有淹上来,一些人便又返回了老宅院,抱着能住几天是几天的心愿,先住下再说。

为了确保移民的生命安全,公社的移民干部和村干部们既苦口婆心地挨家挨户做工作,劝大家不要松懈,水火无情,大水迟早会来,等水上来了再走就来不及了,让大家赶快回到移民安置点;又时刻警惕地观察着水位,掌握着哪家还有人在老家里,一旦水升上来,就立即强行把他们拉走,免得造成生命和财产的损失。

丈夫出了远门的张亚仙,看到大家陆续都返回去了,她也带着4岁的儿子,抱着4个月的女儿回到了自己家里。因为天冷,在老屋还有能烧热的炕头,使孩子们免得吃苦受罪。因此,村里的干部三令五申的催促撤离,她虽然听见了,记住了,但还是盘算着晚走一夜也没什么。主意拿定之后，她清早起来就和了面，打算晚上蒸了馍馍，第二天清晨带上馍和孩子们离开这里去移民安置点。

温热的土炕带着女人和孩子进入了梦乡。这时，门口突然响起了急促的脚步声，接着就是拍门喊叫。女人惊醒后，本能地伸出臂膀护住了两个正在熟睡的孩子，风声雨声更加刺耳。一个声音在喊着："屋里有人没?"张亚仙没有回答。另一个焦急的声音说："再不开门，就拿石头砸开啦!"听说要砸门，她觉得问题严重，赶紧回话说："别砸别砸，我开门就是了。"

门开了，进来的是村支书薛安喜和大队长薛九娃。黄河在涨水，天又下着大雨，这对于早已让搬迁的老村子来说无疑于"屋漏偏遇连阴雨"，因此村干部是谁也不敢睡的，他们操着全村移民的心呢。这不，他们提着马灯，冒着大雨，挨家挨户搜寻没有离开的村民。两人进得屋后二话不说，大队长将襁褓中的婴儿用被子包了抱在怀里，又把四岁的孩子大声唤醒穿上衣服鞋子，拉着孩子的手就一头钻进了风雨交加的夜幕中。支书将还散着温热的馍馍囫囵装起来扔到肩头上，拉起惊魂未定的女人冲出了门。刚踏上高地，就听得身后沉闷的声响传了过来，原来是他们刚刚离开的院落，下面的泥土早已被黄河水泡得稀软，加上刮风下雨，整个儿垮塌进黄河水里了，吓得风雨中的三个大人面面相觑。

二

孟村当时共有十二个生产队，需要移民的有七个队，分别是三、四、七、八、十、十一、十二队。从 1959 年到 1960 年，孟村大队在移民搬迁的过程中，总共搬迁了 1000 多人。当时正值"三年自然灾害"时期，移民们经受的苦辣酸甜只有他们自己知晓。

自然灾害期间，未移民的村民还有点底子，还有粮食吃。而抛家舍业，初来乍到的移民们不是底子薄，就是啥都没有了。上面供应的粮食十分有限,生活非常艰苦。由于移民打地铺不是长久办法,在北寨的移民点居住一年后,上级就在北寨的土地上为移民建设“排排房”,用来安置移民。村里人出工建房,县交通局派工人前来帮助,大家把拆掉老房子的木料用在新建的房子上,不够用重新添、重新买。“排排房”一排九间,一部房两间,合起来20多个平方。有的人家一部房住了7口人,显得拥挤不堪。在这样的“排排房”里,有的家住了二三年,有的家住了七八年,直到新村落成才搬走。

移民前,前沟村移民在搬迁选址上,有的人死活不愿意去上级规划的相公墓重建家园。这让干部的工作十分难做。时任生产队长薛灵章,把村民们召集到场院里开会,他上到场院里的台子上,提议说:“愿意随我去相公墓的站上来!不愿意去的就在台下!”于是台上台下就分成了两拨人。这两拨人后来就成了七队和八队,当发现前沟的十一二户人家去相公墓居住很好后,一些人家随后也跟着去了相公墓新村。

迁移后建的新“五里沟”,成为孟村第三村民组。南寨子村民搬到相公墓村后成为第四村民组,中沟的村民搬到相公墓村成为第七村民组,前沟村民搬到相公墓村后成为第八村民组。南沟村民搬到新“南沟村”成为第十、第十一村民组;魏家台村村民搬到“相公墓”后成为第十二村民组。

三

水库蓄水之后,陇海铁路南移,老县城南迁,原来繁华鼎盛的码头没有了。新搬迁的移民们在陌生的土地上凭着异常艰苦的劳动重建家园,养家糊口。

王顺发,原是小沟村人,曾任孟村村会计、村委主任,在任40余年,是个非常能干的人,时常半夜起来拉上牲口往地里送粪。1959年移民时,他携带妻儿欲前往西阎公社大阎大队落户,被老丈人拦住了。他便在新搬来的村里打了两面窑洞,供家里人居住。窑洞潮湿,地里收回来的粮食放在窑洞里经常发霉。于是便萌生了自己盖房子的想法。1962年7月底,说干就干的王顺发,挑上担子去河滩担石头,一担子重约100多斤,房子离河滩有2里多路,他一个上午往返8次,为挑石料他鞋子踩烂了好几双,妻子心疼得直掉泪。3个月后,在乡邻们的共同帮助下,3间房子终于建成了。一家人住进了干爽宽敞的新房子。

为了解决移民生产生活中的实际困难,国家有关部门和治黄部门为移民的安置和重建家园做了大量的扶持工作。如今,孟村共有滑底(高速出口)、南寨村、相公墓、南沟村、五里沟和北寨6个自然村13个村民组,2400多人,耕地面积1800余亩,加上黄河滩地1800多亩,村里耕地达3600多亩。

20世纪80年代中期,灵宝县治黄指挥部为孟村投资10万元,修建了三级抽水站一座,初步解决了人畜饮水难的问题。后又拨款10万元,为孟村修建了砂石道路,90年代初,国家拨款30万元,在村里打机井5眼,改吃涧河水为地下水,并扩大了水浇地面积。2005年,国家又投资项目资金40万元,新建人畜饮水井一眼,农田水利机井5眼。2006年,国家投资项目资金60余万元,为村里铺设砂石道路2.2公里,水泥道路0.5公里,新打机井7眼,使得1000余亩黄河滩地变为水浇地。在国家政策大力支持下,村集体经济不断壮大,移民收入不断增加。村里先后建起了舞台、文化大院、孟村小学等基础设施。在抓好农民增收上,大力发展大枣产业,使其成为全村经济收入的主要来源,市场销路好时,每户年收入可达三五万元,一些农户还搞起大枣加工,制成蜜枣、酒枣、干枣丝等。到了收获季节,孟村人下枣、运枣、炕枣、晒枣,成为村里一道独特的风景。

迁上南塬的张村人

来广飞

一

阳平镇张村村的营里自然村，位于老阌乡县城的西南方向，属于县城郊区。三面环塬，地势低洼，陇海铁路从村南绕村而过，阌乡火车站离村不远。张村行政村辖营里、渠上、北城子、老城子、南城子、巷里、寨子、后湾等诸自然村。

营里村东有一眼神奇的“凉水泉”，滋养着方圆二三里地千余亩河滩的水浇地。特别是在这里生长的莲藕比别处的多两孔，因紧临阌乡县城，因此称为“九孔阌莲”。它的特点是瓜大质佳，肉细洁白，脆嫩多汁，味甘无渣，吃时爽口，咽后余香久留，区别于它处莲藕，是历代皇家的贡品。

中华人民共和国成立前，张村及各自然村居住的大多都是本地人，在阌乡火车站北崖下则居住着历年逃荒讨饭者，他们大都住在修铁路时民工住过的土窑洞里，自己安个栅栏门便是个家。这些逃荒的人有来自“八省二十八县”之说，其中，70%来自山东菏泽、郓城、曹县，30%来自河南新郑、长葛，还有少数四川、山西的。大多数人住的窑洞，有的盖个小草棚，以在县城和火车站做买卖、打短工、做零工养家糊口。阌乡县解放后，这些人家分得了土地和农具，划归营里村管辖，才真正融入到当地人的生活中。

张村共有水浇地 1380 亩，沟洼、岭坡旱地 3073 亩。这里，地理位置优越，土地肥沃、物产丰富。旱坡地沟壑纵横，梯田层层。由于张村周围水源充足，水力加工业发达，营里村的张家磨子、水磨油坊、弹花柜曾兴盛多年，方便了周围人们的生活。充足的水源也带来了丰富的物产，各种蔬菜、苹果、稻谷、五谷杂粮等，亩产高、品相好、口感佳。有名的红皮大蒜，捣烂后隔夜不变味。张村自古以来就是阌乡县城的“菜篮子”。

二

修建三门峡大坝时，张村的部分自然村属于淹没区，第一批搬迁的渠上村 38 户 172 口人，营里村 87 户 448 口人。阌乡火车站北崖下 46 户 216 口人。

张村村党支部根据移民搬迁和安置方案，由村党支部书记张思冲负责，副书记杨五元、团支书兼民兵营长王根喜、渠上村王丰年、营里村夏宝仓等组成迁建队，为移民村选择新的村址。新址要求选择在有水井，能解决吃水问题的地方。因此，新址选择在废弃的南塬老阌乡县花厂和金盆村东边，兴建新渠上村、新营里村。火车站北崖下窑洞、草棚中的居民则在车站南崖上的安全地带选址建村，并为其调整出耕地。

阳平乡政府根据相关政策，向移民发放了拆迁费。由村统一管理核算，丈量院落，规划新村，对原来的老村及旧房子统一拆除。拆下的木料、门窗、砖瓦，由胶轮马车拉到新址。迁建队员为村里的木匠、瓦工，新建迁移房采取下打土墙、上垒土坯、泥水粉刷。规划的原巷子、左邻右舍基本不变。

村里条件较好，有些新盖的房屋，拆下的物料还可以盖新房。有些人家的房子因年代久远，材料质量差，拆了后盖新房就没有多少可用的，因此他们缺的砖瓦和木料，由灵宝县移民委员会调拨，派专车送来。原住在窑洞、草棚子的无房户，在新村根据户数、人口修建“排排房”予以安置。耕地由张村按人口进行调整，保证新迁的移民都有土地可种，生活有保障。

三

渠上村是整体搬迁的村庄，南迁3公里建设新村，改名“新渠上”。新村规划4条巷道。当年，安置了34家，另有8家投亲靠友，临时住在坡底大队金盆村。后来，被称为“钉子户”的投亲靠友的几家人才逐年搬到渠上新村。到1962年，仍有两户居住在金盆村。

现年70岁的严治才，提起当年移民的事说，老渠上村有一条长街，把村里分为南城子、北城子。原来几户人家一个院子，随着人口增加，不少人家单独建院，使村子的规模不断扩大。南北城子各有一口10米深的水井，水质很好，人们生活很方便。村子离黄河只有几百米远，靠河吃河，捞鱼捞炭，可以补贴生活。三门峡水库蓄水后，村子就淹没在水里了，村里人就需要迁移。1959年底，他和父母三人为第一批搬迁户，家里原有三间土木结构的大瓦房。搬迁时，将房子拆除，迁建人员套上胶轮马车，挨家挑拣、拉走可用的旧料，转运到新址由村里统一保管。每家划分院子统一为10米宽、30米长。他家分到没有院墙的三间厢房，有的户则被安置在原轧花厂办公或车间的房子里。直到1968年，他家又盖了土木结构的三间厢房、三间门房。1975年，他家才盖了砖木结构的五间大上房。

20世纪70年代，全国掀起“农业学大寨”的热潮，冬闲时，大队、小队组织社员整修土地，挖高垫底，把一些过去的坡地整成梯田，队里共整地3000多亩，其中坡地1000多亩。将瘠薄的土地整成了能蓄水、蓄肥的海绵田，大大地改善了渠上村的农业生产条件，群众的生活水平得到了提高。

1983年，严治才担任张村大队党支部副书记，响应上级号召栽植苹果树，起初栽了3亩，经过精心管理，获得了很好的效益。1985年他承包了本村六队的苹果园,后又与人合伙承包村里 15 亩苹果园。凭承包果园,年收入五六万元,腰包鼓起来后,将原来的房子翻修为砖混结构 5 间 150 多平方米。2008 年他和老伴在南滩村承包了 60 亩耕地和一口机井,自盖八间房,种植杏树、桃树、苹果树和梨树。老两口一年四季以园为家、吃住劳作在这里。他们说这里空气好、环境好,春有野菜,秋有佳果,能干活又能锻炼身体,日子过得很称心。

四

营里村以村中间的东西巷子分界,分为东南的南城子、西南的西城子、北边的小寨子、西北的西后头。村东边曾有一座大庙宇,1958 年吃食堂饭时,把庙宇分为两半,一半是饲养牲口的饲养室,一半是营里村小学。庙的西边是戏台子,有个大广场。三条青石板巷子可贯通五个城门。村内有杂货店、饭店、芝麻糖坊、打铁的、给牲口钉掌的、制作牛拉车的、加工食品的等,曾是个繁华热闹的村子。

营里村离黄河很近,三门峡大坝开建后就需要搬迁。1960 年刚过完春节,阳平公社就组织移民迁移向十里外的新营里,当时共迁移 40 多户。

1962 年,三门峡大坝蓄水到达标高 332.6 米后泄洪,水位下降,原淹没的农田、阕莲池塘恢复了种植。原规划搬迁而没有搬迁的不再后靠搬迁,于是形成了搬迁的新营里、未搬迁的老营里两个村子。

营里村的来景智,祖辈从山东挑着担子逃荒落户到营里村,先是凭给地主扛长工度日。中华人民共和国成立后,他家分了田地和房子,翻身过上了好日子。来景智和妻子李雪花都入了党,当了村干部。在移民工作开始后,他们不仅带头,而且全力投入搬迁工作。1960 年正月初十,来景智扶着母亲,李雪花拉着儿子、抱着襁褓中的女儿搬进了村里分配的三间排排房里。

他们在搬迁的新村里与其他的移民一起参加生产队的集体劳动,挣工分,凭人口、工分分粮、分钱。当时,他家孩子多、生活条件差、吃穿用都很节俭。因村里暂时没有学校,几个孩子都是结伴同行到十里外的张村小学读书。

搬迁到新村后不久,母亲得了重病。村里没有卫生室,缺医少药,来景智就攻学医术,在自己身上学习摸索针灸、打针、输液等医术。母亲的病经他摸索着治疗竟然治好了。从此,他对医学入了迷,不断学习、探索、研究,后来竟成为方圆十几里的名医了。无论村内、村外大人、小孩有病,甚至猪牛、鸡羊、骡马犯了病都会找他。经他诊疗,他母亲在他的精心照料下活到了 99 岁,是村内最年长的寿星。

1964 年,村里准许村民申请宅基地,自己盖房,来景智家盖起了独门独户的房子。60 年代末,新营里村建起了小学,孩子上学再不用跑十多里路了。

1983 年,他与大儿子各有了自己的独门小院,感到十分方便。三个女儿相继出嫁,小儿子后来在灵宝市区办了个小工厂,他农闲时就给孩子的工厂帮忙,农忙时回家耕种十几亩庄稼和葡萄园,一年收入颇丰,生活富裕安康。他满意地说:“现在,地里的收入已足够我们老两口花销了。没病、没灾,身体健康就是最大的幸福,现在就是咱老百姓盼望的好日子、好生活”!

五

阌乡老车站北崖下的住户都属于水库淹没区,当初基本上是一次性搬迁安置的移民,安置在已迁移的原阌乡火车站一带。其中有 10 户人家安置在郎寨大队王家埝村,两年后因生活不习惯又搬了回来。1962 年,经阳平公社协调,又拨专款建新房,安置了这 10 户。

80 岁的周长田老人是北崖下的住户。移民前,他父亲早亡,由母亲拉扯着他们弟兄五个、一个妹子六个孩子,大哥23岁又病故了。家庭生活十分困难,当时居住在草棚和窑洞里。1959年移民时,先是让移民暂时搬迁住在阌乡老火车站搬走后遗留的平房里。他家是1960年黄河拦洪后最后十几户离开原居住地的,先是在火车站附近打窑洞居住。1964年,阳平公社在这里建成了26座小院78间排排房,他家才分到了住房。

周长田说,20世纪六七十年代,都参加生产队集体劳动,一口人平均一亩多地,种植蔬菜、小麦、玉米、黄豆、绿豆、棉花等农作物,生活凑合着过得去。1981年后,分田到户,塬上地没水不能浇,种一葫芦打两瓢,效益不高。后来,张村村为老车站划拨了70多亩水浇田,一亩夏、秋两季各收900多斤粮食,解决了吃饭问题。后来,大家开始种植苹果、杏、桃、葡萄等经济作物,收入大增,家庭生活开始发生可喜的变化。他和弟兄三人分家后,现在已经发展到30多人了,分别在外工作、打工、做生意或在家种地。住房也扩建为五座院子,均为12米宽、30米长,都是砖混结构的大平房。他在家排行老二,一直在家务农。老三周长圆73岁,在东北当兵复员后安排在灵宝邮电局工作,现已退休。老四周长军70岁,在村里经营代销点,生活也有保障。妹子周继花嫁在本村,生活也很幸福。

老车站的周长军,父辈是从山东逃荒流落到这里的,他1949年出生在这里,21岁和从山东曹县逃荒过来的郑秀兰结婚。先是在北崖下住窑洞,后移民住上了排排房。现在四个儿子,盖起了四座砖混结构的小院。大儿子在阳平镇上办有汽车修理厂,买有家属楼。二儿子在家搞养殖,存栏100多头猪,是当地有名的养殖户。三儿子购有铲车,在高速公路、高速铁路上搞维修,一年四季都不闲。四儿子是混凝土泵车司机,常年在外忙着。他和老伴与四儿子住在一起,办有糖烟酒代销点。门前紧邻车水马龙的310国道,生意兴隆。如今,儿孙满堂,住房宽敞,生活富足,心情舒畅,享受着幸福的晚年。

75 岁的部小兰,父亲是山东曹县人,随冯玉祥的部队过来后落脚此地,以赶脚、毛驴磨面、打零工为生。母亲刘秀珍是山西洪洞县人,8 岁被卖到阌乡县城做童养媳。后与父亲成家,部小兰是 1942 年在阌乡火车站出生的。开始部小兰的父母在老阌乡县租房居住,以炸油条、油糕等小生意为生。后来搬到老火车站,用火车上废弃的炉渣块垒墙,盖一间草房居住。部小兰结婚后,在北崖下自打窑洞居住,多年间东挪西搬饱受流离之苦。后来,移民搬迁时,才在老车站住上了为移民建的排排房。1981 年,土地承包到户,收入增加了,生活水平提高了。1983 年申请了第一座院子,盖起了新房,一家人搬进砖混结构的新家。现在,五个儿子,有四座小院。儿子们都在外创业打工,日子都过的很好。孩子也孝顺,经常回来都带些礼物,走时千儿八百的都给。她现在每月有 50 元的移民补助款,还有 80 元的养老金,这在农村来说,就叫不缺钱享福着哩!

六

据了解,张村的 3 个自然村在黄河移民期间,共拆迁房屋 400 多间,淹没耕地 1000 余亩。但勤劳朴实的移民们,在当时十分艰苦的条件下,党员干部和村民们艰苦奋斗,共建家园,不仅渡过了难关,还在农业生产及各个方面在阳平公社乃至灵宝县都走在前列,获得了众多的荣誉。

改革开放以来,张村村民的生产、生活都发生了翻天覆地的变化。家家拆除土坯瓦房,新建起砖混结构的平房或楼房。近年来,灵宝市黄河移民管理局拨出专项资金,为移民村打机井、硬化巷道、安装路灯,为群众办了很多的好事和实事,改变了移民村吃水、就学、出行、生产等问题,极大方便了群众的生产、生活,丰富了群众的精神文化生活。

张村村现有 615 户 2565 人,3765 亩耕地,通过调整农业产业结构,发展无公害、绿色、有机产品蔬菜面积 940 亩,提高了经济效益,增加了农民收入,全村人均年纯收入达到 1.18 万元。

历史的夏庄

纪永社

一

夏庄位于豫陕晋三省交界处黄河南岸，是一个自然小村落。据人们口口相传，此处是“先有庙，后有村”。村里曾有四座庙宇，分别是村北的龙王庙，村东的祖师庙，村西的桃园三结义庙和村中的关公庙。关公庙前有一棵大杨树，其树洞之阔，除能供四个人支桌子打牌外，还可同时供旁人“围观”。村子不远处，相传有三国时期夏侯惇大将军的墓冢。村子不大，人口不多，计有秦、张、王、段、李等姓氏，唯独没有姓夏的。村名为夏庄，其来历可能与夏侯惇墓冢有关。

夏庄村北濒黄河，南临老陇海铁路，水足土肥，区位优越。全村160多人，除100来亩旱地外，拥有旱涝保收的水浇地300多亩，粮菜兼作。村东、村西两条大渠，渠水清澈，日夜流淌，水资源丰富，曾留下“人忙时不浇地，天热时不浇地，晚上不浇地”的“三不浇”习俗，令方圆百余里的庄稼人眼红不已。

夏庄种出的白菜是出了名的好，个头硕大，包得瓷实，吃着无丝。红线辣子、紫皮大蒜、韭菜、葱等一应蔬菜，是一水儿的鲜美，品相佳，味道鲜，口感好，历史上是阌底古镇驿站的“蔬菜生产基地”。

1930年，陇海铁路开通，从村南穿过，设立的客货两用“阌底车站”与夏庄成了近邻。在村边建起了铁路车站的相关办事机构和服务设施，火车运输便利快捷，人来货往，川流不息，热闹非凡，“车站街”应运而生,货物集散地日渐红火。

从此,寂静祥和的夏庄便"红"了起来,"火"了起来。人们购买家具营生、衣帽用品不用去阌底镇、潼关城了,"车站街"样样都有。同时,村民们眼界阔了,思路活了,钱路也开了,种植的蔬菜有了好市场,销路宽了,价格好了,人们的腰包渐渐鼓起来了,家境殷实多了,穿着打扮鲜亮了,说话办事的精气神更足了。小村庄洋溢着富足祥和的欢声笑语。

二

国家决定修建三门峡大坝,治理黄河水患。夏庄及紧邻的陇海铁路都在搬迁之列。随即,一场由上而下的搬迁动员活动迅速展开。

1956 年春节刚过,移民敦煌的行动便付诸实施。"一人搬,万人安""搬一户,救万户""移民光荣"的宣传标语随处可见,街头巷尾忙碌着党团员、积极分子和村干部的身影,这时的中心话题是"移民搬迁",连跳跳蹦蹦的小学生嘴里也唱的是:"祁连山下大平原,党河两岸好庄田。每人五亩水浇地,小麦棉花堆如山。……我要响应党号召,移民到甘肃敦煌县"的歌谣。

夏庄村当时定的是全员迁移到敦煌,分三批走。第一批计划走 30 人,谁知一下报名了 50 多人。现年 92 岁的段炳来是当时的村干部,共产党员。如今仍然手脚灵活,思维清晰,坚持每天下地劳作,还能骑摩托车。说起移民的事,老人满怀激情地说:我是旧社会过来的人,解放前和母亲、弟弟住在"三义庙"里,是名副其实的"椽无一根,地无一分"的贫雇农,是共产党、人民政府给我分了地,分了房子,让我一家人过上了好日子,还动员我入了党,当上了村干部。现在,国家要修大坝,是为广大人民谋利益,我要听党的话,在村里第一个报了迁移敦煌的名。

他说,当年移民敦煌的政策是充分宣传发动,群众自愿报名,政府审核批准,张榜公布确定。凡被批准移民敦煌的,每户发给盖有政府大红印章的“光荣书”。段炳来老人因为是该村唯一的村干部,组织移民搬迁的工作刚开始,各项工作千头万绪。因此,决定把他暂时留下来做好移民的组织协调工作,最后一批搬迁。后来,因上级计划变动,他没有移民敦煌。

现年84岁的黑秀荣老太太是当年首批移民敦煌的一员。时年23岁的她,怀里正哺乳着两个月的孩子。丈夫是共青团员、积极分子,在村里给全家早早报了名,得到批准后,他们五人加上祖父母、父母亲共九人毅然决然地加入了第一批西迁的队伍。黑秀荣一家先后在敦煌生活了五年,尽管在以后的“回迁潮”中千里辗转回到了灵宝,但有两位老人在敦煌逝世,永远地留在了那里。提起往事,头发雪白,慈眉善目的黑秀荣老人泪花潸潸,不由自主地念叨着,他们一同去的还有一家人如今仍生活在敦煌。

第一批西迁敦煌的人走了后,到1957年初政策有了调整。政府决定,将夏庄村剩余的100余人整体搬迁到隶属于姚子头行政村的寺庄自然村。夏庄村距离新迁地寺庄村有几十里路,政府拨发的搬迁补助款是每人288块钱。村里将补助款统一掌握使用,决定实行“统一拆迁,统一使用,统一建房,统一安置”,采取了“拆迁一批、新建一批、搬迁一批,不误农时、分步走”的办法,保障了搬迁、安置和生产三兼顾。由于搬迁路途远,搬运拆下来的砖瓦木料是个大难题。村里利用和阌底车站是近邻,从车站运输组借来了两辆架子车,用上架子车拉建筑材料,大大提高了运输能力和效率。由于村民们刚使用架子车,使用时千般呵护,万般小心,生怕有任何闪失。但用时间长了,就会出现问题,却不懂维修技术。刚开始车轱辘气不足时,就学着人家用气筒充气,时间一长,充气后又没气了,不知道什么原因。村里决定派两个年轻力壮的小伙子,连夜将车下盘轮换扛到三十里开外的潼关县城,找师傅修理。

谁知人家师傅一看，说，气门芯不行了。用一截细橡胶管套上后充气，只听得"吱吱吱"响一会儿，车轱辘就"硬硬"地鼓胀起来。这事，在村里被传为一阵子笑话。

拆下来的砖瓦木料，运到寺庄后统一存放，供"安置房"建设使用。这样，拆着，运着，建着，迁着，随着生活居住用房和生产用地的到位，在1959年上级要求"清库底"的期限内，夏庄村村民全部按时搬迁到寺庄村新建的安置房里。

三

安置房统一按照土坯墙、小木架、开间3米、入深5米的型制建造，数间一排，数排连片，村民们称其为"排排房"。按当时的人口多少和分配标准，一排房多则住八九家，少则住五六家，没有院墙，门前场地集中使用。

时间长了，这样的居住空间狭小，使用场地不足的窘境逐渐显现出来。庄稼人做农活的农具、柴草没有地方放置，饲养的鸡、猪没有固定的圈舍，最要紧的是孩子都长大了，挤住在一起，非常不便，甚至有的到了结婚年龄因没有房子而结不了婚。生产生活不便，矛盾日益突出。

从1970年开始，寺庄村根据移民安置后生活生产中出现的实际困难，积极向上申请报告。后来，得到批复，可以为住房紧张的农户审批宅基地，让其自建住房，并对原居住的"排排房"估价退钱，调剂给其他留住的农户，依次逐步解决。到了1981年，所有住在"排排房"的移民户全部住进了自己新建的独家小院里。

改革开放以来，人们的思想观念发生了翻天覆地的变化，生产力极大地激活，生活水平大幅度提高。人们扒掉了原先的土坯砖瓦房，竞相盖起了宽敞、明亮的砖混结构的平房，有的还盖起了颇为洋气的小楼房。再后来，由于移民优惠政策的扶持，上级拨付了扶持资金，村里打机井,埋水管,使村民统一使用上了自来水。巷道也全部硬化、亮化、绿化,“美丽乡村”建设工程正在寺庄积极推进实施。

移民搬迁时只有一岁多、现任村干部的段文同说,从夏庄移民搬迁过来的农户,包括后来从敦煌回迁安置的移民,现在已发展到 364 人,但当年的移民,含自己在内只有 23 人了,60 岁以下的人基本上都没有了移民搬迁的概念。夏庄村人、寺庄村人已完全融为一体了。

暑去寒来,日月轮回,悠悠岁月,大道沧桑。六十年过去了,曾经的夏庄,已渐渐消失在人们的记忆中。大坝巍巍,大河安澜,历史上的夏庄将和许许多多被三门峡水库淹没的村庄一样,虽然村子消失了,但为三门峡水库建设付出的代价、做出的贡献将被人们永远铭记。

移民沧桑

席宏运的家事

亢建宁

一

年逾古稀的席宏运1958年移民搬迁时只有12岁。席家原住在阌乡县城一个大宅院里，到他父亲这一辈，全家7人，父亲席待德在街上开着一家饭馆，日子过得还算殷实。

1958年，比席宏运大10岁的大哥席天运在阌乡县城举行了体面的婚礼，席家在大院里摆了10多桌的宴席，前来贺喜的人围满了巷子口。席天运骑着高头大马迎娶了同样骑在马上的新娘。那一年，席宏运还在阌乡小学上五年级，小学位于原县政府东，无论是面积，还是教室、操场比原来的小学设施好了许多，还有一个大礼堂。暑假后，他已是一名初中学生了，但三年的初中生活给他留下了难忘的回忆。初中三年正是阌乡县城搬迁的时期，原来县城的中学被迁建到阳平公社所在地，就是后来的灵宝二高。他们这些初中生除学习外，更多的是参加学校的搬迁这一繁重的体力劳动。当时从初中到高中不同的年级都有不同的搬迁任务，初中生每天下午将20片瓦或者4块砖或者2块土坯，从老县城运送到15里开外的新建学校。高中学生的任务，多是抬木头。当时运输车辆少，大部分靠肩抬背扛。有一次，席宏远背着20多片瓦，出了学校巷子，刚好碰到二哥有事，顺道帮他背到了阌乡火车站，之后的几里路他一下子觉得轻松了许多。还有一次，他在路上看见高中的学生十几个人抬着五六米长的大木头走到裴家河附近，正在路边的树荫下休息，一个个热得汗流浃背，累得精疲力尽。到学校后，还有垒墙等任务等着他们去完成。

二

1960年夏天，三门峡黄河大坝蓄水的水位一天比一天高，对于每一个搬迁户来说，不到最后一天，他们都舍不得离开祖辈生活的地方，席家也不例外。根据搬迁规划，席家人搬迁到县城东南5里的移民点，即现在的“阌东村”。因为当时搬得匆忙，缺乏交通工具，各家只把吃穿用的随身东西带走。当时他们家属于搬迁最晚的一批，移民房僧多粥少，早已分完，他们一家七八口人只分到了两间油毛毡房，这一住就是八九年。

第一次水库拦洪之后，移民们还远远地向县城做了最后的告别，水退下后还能见到10多米高的南城门楼的半截。第二次洪水退去之后就什么也看不到了，整个县城已被泥土淹埋了。席宏运1963年在阳平读完了初中，以优异的成绩考上了灵宝一高，三年后结束了学业。

1963年前后，随着国家经济的发展，上边有了政策，开始统计当年移民损失财产的状况，并根据实情按一定的标准给移民补助木料，给有经济能力的移民划拨宅基地，让其盖新房，腾出移民房给住房紧张的移民住。席家正是利用这个机会批了新院子，准备建新房子，实现全家人多年来梦寐以求的愿望。在正常的生产之余，席宏运和大哥拉着架子车，到老县城的河滩里刨石头和旧砖。在生产队的场里，和大哥一块打土坯。没出两年就打够了五间新房所用的土坯。后来，经过建设，一座五间新瓦房很快落成了。不久，席家又在院子的东边建了三间厢房，使全家的住处宽敞了。

1967年，席宏运和同是移民的吴连盆喜结连理。大哥与父母一家住在五间的上房里，席宏运一家住在东厢房。刚分开家时，席宏运两口的生活还是比较困难的,吃的、烧的都短缺,他便到地里找些荒草烧饭,也到阌乡火车站扫些没烧透的煤核做饭。

席宏运是村里为数不多的高中毕业生。1970年,在村里当了民办教师,教书的工作较轻松,挣的工分与男人全劳力一样,每天记10分。改革开放,实行土地承包责任制后,他家成了“一头沉”,他在学校工作忙,地里的农活主要是靠妻子干,好在学校每年都有收麦和秋收假,孩子们稍大些也能帮着出点力。当时一年四季,地里的春耕秋收,家里的吃喝拉撒,席宏运干得少,吴连盆一个女人吃尽了苦头。

1976年冬天,二儿子患病,必须要到乡里的医院住院治疗。席宏运在学校忙的脱不开身,吴连盆只得穿着厚厚的棉衣,抱着孩子冒着大雪深一脚、浅一脚地向10多里外的乡医院走去,到了医院,大人、孩子都成了雪人。那一刻,吴莲盆在心里暗暗发誓,下辈子再也不嫁给当教师的。

三

1990年,席宏运有幸作为第一批民办教师转正了,成为一名公办教师,月工资由原来的二三十元增加到二百多元。席宏运工作上更加敬业爱岗,积极努力。1985年开始担任本村初中和小学的教务主任、校长等职,一直工作到退休。

阌东村是一个迁建村,村民都是老县城的移民,受数千年文化底蕴的浸润,村民的文化素质较高。尊师重教之风在村中代代相传,从村里走出去的名牌大学的大学生大有人在。10年前,席宏运的儿女相继成家,有的成了国家干部,有的在外自己创业。小女儿席阿丽从师范院校毕业后,继承了他的事业,成了光荣的人民教师。二儿子席高周从普通教师干起,经过20多年的磨炼,如今已是西阎乡第一初级中学的校长,也算是事业有成了。

退休的席宏运与妻子过着衣食无忧的晚年生活,虽然他的家里几十年来经历了很多的难事、苦事,但苦尽甜来,老两口的心里还是很欣慰,很满足的。吴莲盆从内心感到这辈子嫁给席宏运这个教师是很幸运的,如果有来生,她还是愿意嫁给当教师的。

移民村女强人仝兰花

杭荣贵

一

现年76岁的仝兰花是阳平镇阌乡村第五村民组人。她五六岁时随父母从山东郓城逃荒流落到阌乡县城,父亲在县城南关街凭着铡草、备料,卖给过往的车马队挣点小钱养活一家老小。解放后,阌乡县城土改时,她家分了房子和土地,过上了安稳的日子。仝兰花是家里的老大,虽然是个女孩子,但她曾和男孩子一样,帮助父亲割草、晒草、铡草、卖草什么活都干,被邻居们戏称“假小子”。

1959年阌乡县城移民搬迁时,仝兰花和父母、两个妹妹、一个弟弟6口人在新建的阌乡村分到了一间房子。三年后,家里又添了一个小妹妹。当仝兰花长到18岁时母亲去世,三个妹妹一个弟弟让她操碎了心,无奈之下父亲把不到一岁的小妹妹送了人。后来邻居家挪走了,全家的住房由一间变成了两间。

1962年,22岁的仝兰花和本村小学教师李学法结为夫妻。她喜欢李老师有学问,是全校师生喜欢的好老师。同时,她也敬仰李老师的孝顺,从师范毕业分到学校教书,带着老父亲以校为家,陪伴着生活。人家结婚请客、坐轿,热热闹闹,而仝兰花结婚时,因为两家都很穷,只花了一块七毛钱做个门帘挂上,把她上学时盖的被子一拆洗,邀请近邻十几人一起吃了一顿家常饭,两家人就合成了一家,李学法父子二人在本村落了户。

仝兰花结婚两年后，妹妹弟弟长大了，大队给李学法分了两间房子，夫妇俩带着李学法的父亲搬了出来，过上了独立生活。但娘家的大小事情还需要仝兰花操心操办，直到弟妹们一个个结婚成家，她在弟弟和妹妹心目中，虽说是大姐，却胜似母亲。

二

仝兰花在阌乡村是出了名的女强人。在她手里不仅办理了父亲和公公的丧事，而且操持着三个弟妹的上学、婚姻大事。她膝下有四个儿子一个女儿五个孩子，在她的精心抚养下，个个优秀，如今全都成家立业。繁重的家务没有压垮这位坚强的女人，因为她从小骨子里有着逃荒人的顽强毅力，有着阌乡县城生意人的那股精明劲儿。

在大集体时代，农民凭工分养家。她孩子多，丈夫又在学校教书，她一个女劳力每天只能挣 8 分工，一家六口人一个女劳力，每年年底分红是“透底户”。但她是个不服输的人，能吃苦，舍得出力，为了多挣工分，经与队长协商，承包了生产队 16 头牲口的担水、铡草、垫圈、出粪的活。每天她从村南水塘里给饲养室挑 16 担水，这是一个男人也很难做到的事情，可她一个女人家硬是做到了，每天能挣到 12 分。大家跟李老师开玩笑说：“李老师，你哪辈子积了德，娶了仝兰花这个能干的媳妇。”

仝兰花除干好集体的活，还在家里养母猪，凭卖猪娃挣钱，攒猪粪交生产队换工分。凭着吃苦想法子，在生产队的那些年里，她家的日子不比其他家差多少。人们说兰花不仅勤劳，而且会干，干啥成啥。她家的母猪养得比谁家的都好，不到两年就长到 400 多斤，一窝下崽总是十几个。在本地卖一头猪娃一般是两三块，最多五六块钱。而运到陕西省太要的集市上，每头能卖到十七八块钱。丈夫教书走不开，仝兰花就自己拉着架子车和别人结伴去卖猪娃。那一年农历五月初四，仝兰花挺着怀孕8个多月的大肚子,和村里杨保田的母亲拉着十三头猪娃和120斤大米去太要,头一天下午8点出发,第二天早上8点赶到太要集市。因为保田母亲是小脚女人,一路上遇到下坡总是兰花拉车,保田母亲坐在车上,遇到上坡翻岭,保田母亲下来在后边推着,一个来回就是一天两夜连抽转。回来后不到一个月她的孩子就出生了,村里的女人们都说她是个“二杆子”,为了几个钱要那么大的玄。

有一段时间,阌乡村在黄河滩种植水稻,生产队分的稻谷社员碾成米,舍不得吃就拿到太要集上卖了,再买成玉米吃。当时因太要铁路工人多,大米能卖个好价钱。但计划经济时期,打击投机倒把,市场管理很严,被市管会的人逮住,就会没收。因此,赶集卖大米是一件冒风险的事。有一次兰花扛着80斤大米,背着不到两岁的儿子,与村里的很多人结伴晚上从高柏火车站上车,两三点钟赶到太要车站下车。出站的时候,正碰上市管会的人来查,把出站口的门一关逐个检查。情急之中,她发现旁边一个窗户上少了一块玻璃,就把细长的米袋子从窗口塞了出去,同时把儿子也塞出去,让他趴在粮袋上别动。孩子很听话,一声不吭地趴在粮袋上一动不动。仝兰花挤过人群只身一人顺利出站拐到窗外,一边肩上扛起米袋子,一只胳膊夹着孩子一路小跑,一口气跑出了半里多路,发现没有人撵了,才放下米袋和孩子,一下子瘫倒在地上。

天亮了,看到一对老年夫妻拉着架子车赶集,仝兰花就求人家:“捎上我们吧,我来帮你们拉车。”

老太太不放心地说:“不行,你年轻跑得快,把车拉跑了咋办?”

“大娘你坐车上,抱着我的孩子,我能跑哪儿去!”就这样,仝兰花的大米顺利卖了出去,而同村去的男人们的大米全都被没收了。回到村里,男人们无不服气地说:“咱个大男人还不如带个娃的婆娘”。

有一次,仝兰花和邻家的一个姑娘到崖子头上捋喂猪的榆树叶。

有一棵斜长在崖头上的榆树叶子稠，仝兰花就爬上树，在树上折榆树枝，让姑娘在下边捋叶子。忽然间，榆树负不起她，连根带土从几米高的崖头跌落而下，她被崖土一下子掩埋了，只有两只脚露在外边，吓得姑娘大哭。幸亏仝兰花身体好，有力气，蹬达蹬达几下便从土里钻了出来，满脸口鼻全是土，她吐出嘴里的土，抠出鼻子里的土，坐了会才缓过气来。仝兰花死里逃生的故事，又一次让村里人对其刮目相看。

三

仝兰花不仅勤劳能干会经营，还把自己的家庭打理的井井有条，而且对待邻里乐善助人，好事做了一串串。

别看仝兰花是个妇女，在紧急关头，她能处事不乱，当机立断。有一天，仝兰花夫妇准备上地给果树打药，忽然听到呼救声："有人喝农药啦……，有人喝农药啦……"她二话没说，卸掉装好的水桶，拉着架子车就往那家跑。原来是一位30多岁的青年和媳妇吵架，一气之下喝了农药。大家围着不知所措，仝兰花走上前二话不说，背上青年就往村卫生室跑。村里的医生不敢接诊，仝兰花赶忙打电话给镇卫生院工作的女儿，让她做好抢救准备，她拿着儿子刚寄回来的500元钱，挡了一辆面包车就把人送到了阳平卫生院。经过及时的抢救，那青年终于活了过来。过后村里人说："你真个二蛋，要是人救不活，谁还你钱？"

"救人要紧，真的救不活，我那钱就不要了"。事后，那小两口感激不尽，经常带着礼物看望给了他二次生命的兰花婶子。

还有一次，是在仝兰花给生产队饲养室担水的时候，遇到一个十几岁的孩子在泊池里洗澡，好大一会不见露头。她觉得不妙，赶紧大喊救人。村里人听到喊声，纷纷前来跳入水中救了孩子。几十年过去了，那孩子现在一见到她，喊着大妈亲得就如同一家人。

妈妈是孩子的第一任老师，仝兰花乐于助人，爱心惠邻的言传身教,在孩子们心灵中撒下了爱的种子。她的大儿子李树新小时候有一天天不亮去上学,在村口发现了一袋面粉,他等了一会儿,见没人来找,就照着手电循着车辙,找到了失主家里。过后,村里人都说,有什么样的妈,就有啥样的娃。

李树新长大后参军入伍,先在北京服役,后到福建泉州守卫边疆,如今已是某部的军官,大校军衔。仝兰花把大儿子的“军衔晋升令”珍藏在家里,每当有人要看时,她说:“可以看,但不能拍照,这是儿子交代的”。因为晋升令上有军委主席习近平的亲笔签名。看到晋升令的人,无不对眼前这位普通的农村妇女刮目相看。她不仅养猪养牛致富,还培养出了阌乡村军衔最高的解放军军官。

说起其他几个孩子,仝兰花如数家珍:“老二李树清,在灵宝保险公司上班;老三李树正,在阳平街上开着五金门市部;老四李树杰,当兵转业在河北邢台农校工作;女儿李树红,在灵宝中医院工作。”介绍完孩子的情况,她的脸上溢满了苦尽甜来的笑容。

焦兴华的成长之路

吉项鱼

今年77岁的焦兴华，高高的个子，随和的笑容，当说起移民的往事时，滔滔不绝，口若悬河。

1956年，焦兴华16岁，正在灵宝县城灵宝一中读初中二年级。刚过正月十五，城门楼上的喇叭就开始广播关于移民的消息，三门峡要修大坝，灵宝县城是淹没区，居民都要搬迁，一部分要搬迁到甘肃敦煌，组织上已经派人前去敦煌查看安排移民的居住和生活环境。

灵宝师范附小的黑板报上还专门写着“敦煌八景”，介绍说：“敦者，大也；煌者，盛也。敦煌者，盛大辉煌之意”。敦煌，是一个令人神往的地方，素有戈壁沙漠绿洲、东方艺术明珠、人类文明曙光、世界塑像宝库等美誉。敦煌历史文化悠久，元鼎六年汉武帝在此建郡。公元前2年，张骞通西域开通了丝绸之路，敦煌便成了丝绸之路上中西文化交流的中心。敦煌的名胜古迹，在明清时期便有了危峰东峙、千佛灵岩、月泉晓彻、沙岭清鸣、党水北流、秀壤春耕、两关遗迹、古城晚眺的八景之说。师生们争相阅读，焦兴华觉得敦煌是一个神秘迷人的好地方。

迁移敦煌的移民坐火车，分两批，相差7天，800个移民配一名移民干部。他是第二批迁往敦煌的移民，坐的火车是客车，靠车窗有一排座位，中间是长椅，背靠背，两个过道。火车半夜出发，天明到西安，沿途经过宝鸡、天水、兰州，到张掖下火车，沿途大火车站给移民提供食物、咸菜和开水，移民一路上的饮食都是各省按计划定量拨付的。下火车后，换乘大卡车，一卡车坐满20多人，行李、被褥、衣物等随身携带。

第二批2000人,用了9天9夜到达敦煌。从古浪峡进入河西走廊后,沿途茫茫戈壁,人烟稀少,快到敦煌了,才看见了树林。敦煌人民敲锣打鼓,欢迎移民。在敦煌县东街小学的操场上吃喝休息,三个小时后,当天下午就坐上大轱辘牛车,一家人被拉到西沙门村,到村里时已是半夜时分了。房东给他们一家腾出了干净的房子,房子是通间,炕一头是土坯仓,仓里储存着粮食。一家人都睡在一个土炕上,用干牛粪烧的热炕。他在县城东敦煌中学门口曾看到过,路边晒暖儿的老婆婆看见牛车一过,牛拉的热牛粪,她用手一把抓起来贴在墙上。等牛粪干了,就可以用来做饭、烧热炕用。取暖的火盆有铁的、泥的,也是烧牛粪,只冒烟,不冒火焰。敦煌的冬天太冷了,一个冬天火盆是不能间断的。

敦煌的玉米长不大,就像香蕉那么小。面食以麦面做的臊子面、拉条子为主。

敦煌的夏天刮黑风时,大风刮来,沙子顺着天窗落下来。有时风大,把房顶都揭开了。有时黑风刮来,几天几夜不远的墙壁都看不清楚,昏天黑地的。在屋子里点的煤油灯,只能看到一个蓝色的光圈。

邻里之间相隔一半里,甚至数里,很不习惯。刮黑风不习惯,夏天有时蚊子太多不习惯,一边走路,一边得用柳条扑打。有的人被蚊子叮咬,眼睛肿成了一条缝。后来,政府曾经用飞机洒药治蚊子,有些效果。进入冬季,敦煌人用涝池里沉淀下来的沙子上地,因为敦煌的土质是黏土,有盐碱,板结严重,沙土运到地里,可以疏松土壤。

农业主产春小麦和棉花。敦煌的小麦是春种秋收,麦苗长不高,等到成熟以后,收割下来,用青蒿拧绳捆成捆子,麦子的头朝上。敦煌人把一捆捆的小麦叫做“麦娃子”,因这里少雨,就排放在麦田里等着慢慢碾,有时小麦还没有碾完,就下雪了。敦煌的棉花苗只有一尺多高,等待棉桃全部开放后,只能采摘一次便枯萎了。

敦煌人喜欢吃西瓜泡馍。把馍馍掰成块儿泡在西瓜瓤里,甜甜的西瓜水,泡上碱面馍馍,吃得津津有味。

焦兴华一家到敦煌后,被安置在敦煌县第十乡西沙门村,距离县城四十里。敦煌地多人少,那时还是互助组、初级社,土地都是集体所有的,初级社是一村一社。

当时,国家给每一位移民发放补助500元,其中盖房子200元。那时的钱值钱,在敦煌,100元就可以买到一座老地主的院子。敦煌的房子都是土坯房,用泥巴做成砖头大小的土坯,砌成四堵墙,房顶上用横椽、树枝架好,抹上泥,房顶中间开个天窗,敞亮一些。

那时没有电,用的都是煤油灯,煤油得到十几里远的供销社去买。学校里上晚自习用的也是煤油灯。

敦煌中学在一座文庙院里,魁星楼就是图书馆,一个年级一个班,共有三个班。操场就在庙外边,西边是果园。早上,学生们都在果园自习念书。初中使用统一教材,学校教师都很棒,教导主任朱文彦是北大毕业的,化学老师窦侠夫是兰州大学毕业的。

住校学生每星期六下午只上一节课,步行回家,取下一周的馍菜。敦煌是沙漠中的绿洲,戈壁滩生长骆驼刺、红柳,都可以用来做饭。红柳是一种灌木,砍骆驼刺时,一手拿木杈按住,一手拿镰刀割。

他一大家子8人,到敦煌分两个院子居住。父亲、母亲、焦兴华兄弟三人住一个院子,叔父两口和祖母住一个院子。村里居民很分散,庄子之间相距半里,甚至几里远。上工时,得大声吆喝声"呔——上工了!"一天上工两晌。

敦煌的方言很有意思。小小的,敦煌人说成"尕尕的",小孩子就说成"尕娃子"。灵宝喊人是"哎",敦煌人则是"呔"。棉袄就叫"主腰子",把馍叫"腰巴子"。时间长了,敦煌人说话灵宝移民可以听得懂。

他家的邻居几年都不洗脸,脸都是黑的。灵宝移民把讲卫生、爱清洁的好习惯带到了敦煌,敦煌的农民跟着灵宝人学会了天天洗脸。敦煌人洗棉袄,是在夏天把棉袄放到水渠里,泡上几天取出来,晒一晒就行了。

敦煌的井比较浅,用吊杆打水,到了冬天,打水时,手都会粘在水桶上,水桶和手分开时,就会被揭掉一层皮。焦兴华初中毕业后,开始在渠口小学教学,教语文、唱歌。

1961 年他们全家返回灵宝,在苏村乡的周家嘴村半崖上的窑洞里住了四年,后来通过熟人介绍搬到了坡头公社店头村了。他开始当饲养员喂牲口,干了半年,北店头小学缺老师,他就开始当公办代理老师了,每月 29 元,村里把工资扣留,只给他按全劳力计工分。1972 年底,他转正为公办教师,先后在梨湾塬教初中、灵宝十二中教高中。1980 年调到坡头公社教育组,当进修教师的辅导员。1983 年 3 月,调到了灵宝县志办公室工作,编撰《灵宝县志》,任副主编。

1999 年焦兴华退休。他一生喜爱诗词写作,上初中就开始写诗,是灵宝一中墙报《火花》的通讯员。在敦煌学校,他用敦煌方言土语写出了作文,老师在班上表扬了他。焦兴华在灵宝文化界也是很有名气的,他是中国楹联诗词学会会员、河南省楹联诗词学会会员,曾担任过《桃林新韵》副主编,他写的诗词、楹联常刊发于报纸和杂志。

焦兴华说,移民那一段生活经历,对于他的人生来说,是一段珍贵而难忘的记忆。虽然生活艰苦,但是让他大开了眼界,丰富了人生的阅历。

“地主”王智全的移民经历

姜 涛

隆冬时节,地冻天寒。

带着对老阌乡县城移民群众的好奇和敬意,走进了著名的移民村——阳平镇阌乡村,在村支书的指引下,我来到了第九村民组王智全老人的家里。

走进大门,一座传统的农家小院映入眼帘:屋宇高大,布局简洁,院中的桌椅板凳摆放规整,水泥质地的水池上洗衣粉、肥皂等齐齐整整,旁边紧靠的洗衣机见证着女主人的勤劳与干练,门口的一堆柴禾也被码放的整整齐齐。小院子显得干净、整洁,给人一种温馨、舒适的感觉。

王智全老人向我们打开了话匣子。

一

20世纪三四十年代的豫西大地,经历了一次又一次战火的洗礼。先是军阀混战、后是日寇入侵。古老的阌乡县城也不例外,百业凋零,民不聊生,老百姓的生活极其艰难,时刻都处在水深火热之中。

1938年,王智全出生在阌乡县城郊外的一个贫苦农户的家中,父母靠着租种恶霸地主韩霸天的土地维持一家人的生计。王家兄弟四人,王智全排行老四。在他出生之前,由于家里缺衣少粮,生活困苦,实在是无力养活那么多孩子。父母不得已将他的三个哥哥在出生不久都先后送给了附近无儿无女的家庭。而他作为幸运儿,在这个家里生活了两年多,到第三年的时候,不幸又降临在他的头上。灾荒之年,饥寒交迫,家里已经到了实在揭不开锅的地步,他的父母又狠了狠心,把他送了人。

虽然他依然没能逃过被送人的命运,但是,他比三个哥哥要幸运得多。在中间人的介绍下,父母将他送到了县城西关区一个同样姓王且只有一个女儿的小户地主家里,不用改名换姓。

二

虽说是地主人家,也只是家里长期雇了一个伙计而已。农忙时种地,农闲时在家里做些杂活。而这位当家主事的老爷则是在县城银行里干出纳,平日里除了地里的收成,每月能挣上几块现大洋,家里经济条件自然比一般老百姓家里强许多,可谓是富裕日子了。不过,这位老爷有一个那个时代花花公子们共有的毛病,就是染上了大烟瘾,每天都少不了抽上几口。烟锅虽小,可它专门销金销银,长此以往,纵然有金山银山也吃不消,家境也就日渐衰落了。

地主家人丁不旺,眼看就要断了香火。王智全来到他家,老爷、太太对这个从天而降的小男孩很是喜欢。由于两口子只有一个女儿,他们就把王智全当成亲生儿子来养着。老爷因天天抽大烟,导致家道中落,对这个儿子却关爱有加,生活上自然是无忧无虑的。后来虽然经济条件一点点变差,他有时候也身穿着补丁衣服,却没有受到丝毫的委屈。与以前的家庭相比,和村里的小伙伴们比,可以说是天壤之别了。

到了五岁,他的继父把他送到西关区小学上学,这在村里孩子们的眼中是一件想都不敢想的事情。每天他背着小书包,带上继母为他缝制的“和尚”帽,在小伙伴羡慕的目光中,他兴高采烈地跑着去学堂。就这样,度过了他人生中最幸福、最快乐的少年时光。

三

1949年全国解放,他们的家庭随即便发生了巨大的变化。先是继父丢掉了银行出纳这个“铁饭碗”,在全国银行收归国有时,作为国民政府职员被下放到县城郊外,成了一个农民。可庆幸的是,在大队支书和生产队长的帮助下,最终他戒掉了大烟瘾,浪子回头,很快就成为村里干农活的一把好手。

王智全9岁时,土地改革运动在全国轰轰烈烈地开展起来。他们家被划为地主成分,家中的所有财产全部充公,分发给村里其他的劳苦大众。继母出身知识分子家庭,也算是为人知书达理,温柔贤惠,尽心竭力操持着家务,抚养照顾着两个孩子。后来,由于供应两个学生(王智全和姐姐都在上学),家里开销太大,经济拮据,甚至到了一天只吃一顿饭的地步,只能凭土改前偷偷积攒的余粮过着“吃老本”的日子。

不过,一家人即使过着节衣缩食的日子,王智全的继父却没有因为家里经济拮据而让他辍学。五十年代,王智全结婚了,有了一个儿子。

1959年,三门峡大坝建成拦洪,阌乡县城被划入了淹没区。当接到迁移通知时,他还在阌乡一中上学。他的继母心中自然很犹豫:房屋、财产等所有家当都在县城,丢了太可惜;另一方面,多年以来一直生活在县城,过惯了安逸的日子,心里确实不想再“挪窝”,突然让迁到一个陌生的地方,如何生存下去呢?

可大势所趋,黄河水眼见着往上涨,不搬迁是不行的。就这样,与其他移民群众一样,一家三口(姐姐移民前已出嫁到外地)搀扶着年迈的父母,只带上了桌椅板凳、被褥铺盖等基本生活用品,就匆匆加入到了移民的行列。

四

早在三门峡大坝拦洪以前,灵宝县政府就向全县民众发出了阌乡县整体搬迁的通知,并鼓励一部分老百姓移民到敦煌。在当时那个年代,移民敦煌是要完全依照群众意愿自愿报名的,没有丝毫命令、强迫的意味。听到这个消息,年轻的王智全心里十分激动,在家里人的支持下到县政府报名处报了名。按照当时的规定,移民敦煌必须是共产党员、共青团员、积极分子,以及贫苦农民等出身好的群众,那些地主、富农、反坏分子和历史有问题、政治表现不好的人是绝对没有资格的。结果,在政审的时候,县政府的干部发现了他的地主成分,尽管他再三要求,可谁也不敢批准他去。无奈,就只好听从县政府分配,和家人一起移民到了现在的阌乡村。

移民前,县政府还组织当地群众将县城内的房屋统一拆除,让群众将拆下来的木料和砖瓦肩扛、人背、车拉,运到阌乡村,盖起了几排砖瓦结构的房屋,大家叫它移民迁建村或“排排房”。灵宝县政府专门成立了三个帮扶组,负责组织群众生产、分配房屋、安排大锅饭等事宜。他们家共五人,分到了两间半房屋。

一个月后,成立了阌乡村生产大队,由队长组织带领移民群众下地劳动干活。王智全和大家一样,除日常干农活外,有时也用牛车拉大粪,有时也夯筑土墙,有时也进山“熬蒿”。当时,生产队是按照劳动量的多少记工分的,干得越多,挣的工分也就越多。

在王智全的记忆中,村里的食堂办得很艰难。他们平时吃的较多的就是面糊糊下野菜,每个人每顿饭只有一大勺,根本就不够吃。

1961 年集体食堂解散,社员们的生活才逐渐好了起来,他们又添了一个小儿子,给家里增添了喜庆的气氛。为了给家里人多弄一点粮食,他想了很多办法:上山打些野兔、山鸡等野味,下河捉鱼虾,想尽办法解决一家人的温饱问题。

五

改革开放特别是生产责任制实施以后,王智全的生活发生了天翻地覆的变化。村里给他分了 12 亩多土地,批了一块地皮,他凭着勤劳的双手盖了一座土木结构的房子,妻子又生了个可爱的女儿,日子才一点点好起来。20 世纪 90 年代中期,他们拆了老房子,在原地又盖了一座砖木结构的大瓦房。国家政策好了,他的生活水平真可谓是"芝麻开花节节高"。

如今,当年的"地主"王智全早已四世同堂,成了十口之家的大家长。儿女们都已经成家立业,分开另过。老大王建荣在家务农;老二王建杰是灵宝市区一所中学的人民教师,也已子孙满堂;家中 12 亩多土地最初种的是苹果树,近年苹果价钱下降,已全部砍去,栽植成了葡萄,每年的葡萄产量大,质量好,一年纯收入两万多元左右。步入古稀之年,老两口身体每况愈下,农活干不动了,就交给大儿子一家打理。自己和老伴儿平时或是出去串串门、唠唠嗑,或是和邻居打打牌、晒晒太阳;或是从村口坐小三轮车去赶赶集,除了锻炼身体,还想凑个热闹,感受着集市的喧嚣与繁荣。

提起现在的生活,王智全老人发出了由衷的感慨:"小时候家里穷,没办法把我给到了人家。生活上虽然好了点,可被划成了地主成分,在村里总觉得低人一等。移民以后,日子虽然过得辛苦,但总的来说还是朝着好的方向在发展着。现在我和老伴儿虽然老了,但是儿孙们都很孝顺,吃的穿的啥都有了,另外农业税不用交了,每个月国家还给我们老年人每人补助 80 块钱,还领着每人每年 600 元的黄河移民款,再加上地里的收入,现在简直是在天上过日子,比解放前的地主生活强多了,以前真的连想都不敢想。遇上了好时代,真心感谢共产党,感谢县里、村里的领导哩……”

从王智全老人家里出来，走在宽阔整洁的水泥村道上，两边是一座座高大的砖瓦结构房屋，与村中的村委会大楼、文化大院、小学等设施交相辉映，融为一体，共同构成了一幅社会主义新农村的崭新画卷。相信在不久的将来，阌乡村——这个因大河移民而产生的村庄，这个具有老县城“市民”素质和风格的村庄会焕发出它应有的青春与活力，随着国家一项项惠民爱民的好政策的贯彻落实，一个个为民利民的好项目的实施，也必将助推着这个古老而年轻的移民村，在社会主义新农村建设的大道上越走越美好……

尹忠富的移民岁月

姜志亮

三门峡黄河库区移民已经六十多个年头了。

家住在故县镇盘东村二组的老人尹忠富，生于 1942 年，现年 78 岁。当我提及他的老家盘豆镇，提及盘豆镇的移民经历时，他依然记忆犹新。

一

盘豆镇坐落于黄河边上，是历史上的豫西名镇，有着 2000 多年的历史。《辞源》曰："盘豆馆在潼关县东 25 里……汉武帝路经此处，父老以牙豆制成佳肴，置于玉盘上贡。汉武帝品尝后深感味道鲜美，大加赞赏，因赐此地名为'盘豆'……"

人们清楚地记得，盘豆镇交通发达，殷实繁华。函关古道从镇南通过，直达潼关；20 世纪 30 年代陇海铁路通车后，镇上通了火车，镇南有英国人修建的盘豆火车站；洛(阳)潼(关)公路从镇中穿越；镇北黄河边上修建了码头，船只可直达山西。历史上盘豆镇就是联系洛阳与西安、山西与河南的重要通道，山西的煤、盐物资，由盘豆渡运销河南，当地的棉花、粮食、果蔬经铁路远销西安、开封、上海等地。交通枢纽，水旱码头，物资集散，文化交流，人员往来，市场繁荣，工商贸易盛极一时，历史上一直是当地政治、经济、文化中心。盘豆镇管辖着今故县镇的所有区域。中华人民共和国成立前后，曾经的联保处、镇公所、区政府、乡政府均在此设立。

盘豆镇镇区拥有东城子、西城子、南城子、南巷、中巷、北巷、北大街、南大街、小城子、寨子、河西11个自然村,常住人口5000多人。

尹忠富就生活在盘豆镇东城子里,祖祖辈辈都是实实在在的庄稼人。家中有父亲、母亲、妹妹和他共四人,住着五间大瓦房和一个独立的小院落,他在阌乡县第一中学读书。家庭温馨,生活殷实。

在尹忠富儿时的记忆里,总也抹不去镇南的陇海铁路和盘豆火车站。听村里人讲,这座由"大鼻子"英国人于1931年出资修建的陇海铁路,他们取得了100年的经营权,所用洋灰(水泥)也全部从英国用可装100公斤的大铁桶运来(多少年后,人们仍可找到那些印有洋文的大铁桶)。车站地势高阔,票房时尚大气,造型新颖别致。站在这里,方圆的远山近树、村庄道路一览无余,给人以鹤立鸡群的感觉,总让他和小伙伴们流连忘返。

二

1959年春天,当盘豆镇的人们吃着集体的食堂饭,憧憬着"跑步进入共产主义"的美好生活,正在"鼓足干劲,力争上游,多快好省地建设社会主义"的时候,突然传来了一个令人震惊的消息,宣传了好几年的移民事宜,终于在人们的半信半疑中落到了实处:因为三门峡大坝建成拦洪,水位迅猛上升,作为淹没区的盘豆镇,刻不容缓,整个镇区要立即搬迁。

按照上级的安排,盘豆镇里的党团员、积极分子中自愿申请移民敦煌的好多户人家,三年前就已经移入了敦煌。现在居住在盘豆镇的人们将分别移民于东西两个塬上,南街、北街、中巷、北巷、西城子、河西、寨子七个自然村整体搬迁到西塬上的盘西村,南城子、东城子、小城子和南巷四个自然村全部搬往东塬上的盘东村,国家发给每人200元的安家费,各生产队仍然耕种着各队以前的土地。

当时，盘豆镇开展了声势浩大的政治动员，大会说，小会讲，宣传移民搬迁的好处。说是三门峡大坝可以防洪，抗旱，保障黄河安澜，确保黄河下游人民的生命和财产绝对安全，还可以蓄水、发电、养鱼，提高库区人民的生活水平。提出了“一人搬，万人安；搬一户，救万户；开发西北，支援边疆；移民光荣；”等一系列口号。移民区还流行着一首歌颂敦煌、鼓励大家移民敦煌的歌曲，歌词是：

祁连山下大平原，
党河两岸好庄田，
美好的水地种不完，
小麦棉花堆成山……

虽说是故土难离，可在翻了身、做了主人的农民心里，党和政府是至高无上的，是和群众最贴心的，是绝对能说到做到的。凭借着人民群众对国家的信赖和忠诚，以及对三门峡水库建设的无私奉献精神，政府一声号令，群众雀跃拥护，积极响应，没有任何人讲价钱、提条件。

入夏后，移民工作很快就进入了实质阶段。因为移民迁建点的住房紧张，人们开始疯狂地变卖家里的家具和用品：能卖就卖，能扔就扔，有钱用钱买，没有钱就拿粮食换。一个上好的大板柜120斤玉米，一张老式三斗结婚用桌子30斤玉米，一张仿古式雕木大方桌二十斤小麦，还有那些羊皮袄、棉大衣、大箱子、长凳子、小饭桌、大水瓮、太师椅、大掌盘、腌菜行……以及坛坛罐罐、锅碗瓢盆之类的给钱就卖，给粮食就换，连价钱都不用还，简直就和白扔差不多。那时候，盘豆镇天天都是集市日，大街小巷里，都挤满了神底、张姚、桃村、城东等周围村庄里前来买家具的农民，甚至还有远处的赶着大车来趁热闹。

时间太紧，黄河水拦洪后上涨太快，临时的迁移点建设速度根本就跟不上。在盘东村的移民迁建点（当时群众叫它排排房）还远没有完工时，尹忠富和他们分在了盘东村里的移民们，就只好临时住进了盘西村边阌底镇(现豫灵镇)东北湾村的移民迁建点里,因为他们又临时决定迁移于阌底镇境内(庙上大队东北湾村)。

眼看着黄河水淹进了盘豆镇,生产队停止了一切生产任务,全力以赴地组织劳力,帮助群众搬家、拆房子。开始的时候,精明的村里人还在黄河边上插上很多木棒,时时观察测量着河水的上涨速度,明显地看到河水每天能上涨一大拃。拆房的人们还小心地揭瓦、起砖、下椽、拆檩条、扒柱子,将拆下的砖瓦木料全部拉走,用于归还东北湾村的移民迁移点用料。到了后来,水到了脚下,实在来不及了,就只好在墙上掏出一些大窟窿,用绳索拴在房梁上,"一、二、三",大家一起用力将房子拉倒,砖瓦椽等小件材料不要了,只将大木头随便拾走了事。

也有人恋家,舍不得离开祖祖辈辈生活着的盘豆镇。南城子村就有一个叫程绳的社员,性格倔强,不听劝说,也主要是心疼自己的房子,舍不得家里的坛坛罐罐,他根本就不相信黄河水能淹到他家来,磨磨蹭蹭就是不搬家。等到冬天水真的上来了,天寒地冻,仓皇搬家,扔掉的东西最多,成了大家的笑柄,被街坊邻居谈笑了很多年。

三

盘西村的移民迁移点房子太紧张,尹忠富全家四人只分到了一间半住房,和另外一家移民合住着三间房。好在移民们都没有什么家具、财产和用品,只有几件随身的衣物被褥,随手使用的铁锨、锄头、镰刀、镢头等农具和一些瓶瓶罐罐,因为吃着村里的食堂饭,就连锅碗瓢盆都很少有。

集体的财产就凌乱地散放着到处都是,损失得也很可惜。尹忠富清楚地记得,他们村里曾收藏着一套原来盘豆镇的木雕执事(銮驾仪仗),有銮驾、神龛、令牌、佛手、金瓜、龙矛、方天戟、偃月刀、朝天蹬、灯笼等总共100多件,制作于明清时期,一色的楸木、核桃木和紫檀木,格调高雅,工艺精湛,色泽鲜丽,雍容大气,相传清代时曾迎送过出京巡视的慈禧太后,应属于国家文物范畴,后被生产队精心收藏,成为每年村里要社火时不可或缺的重要道具。搬入盘西村后,被随意堆放在一个露天的破棚子里,日晒雨淋,小孩玩耍,不久,就全然没有了踪影。

大家搬到盘西村后,依然吃着集体的食堂饭。“三年自然灾害”时期,全国粮食紧张,食堂饭越吃越少,越吃越稀,人人饿肚子。到后来提倡什么“瓜菜代”,野菜、树叶、榆树皮都上了餐桌,最困难的时候周围村里的人们就连玉米芯淀粉、棉饼、椿仁饼都吃上了,直吃的大人小孩上茅房拉不出来,要用铁丝棍往外掏。

盘西村食堂之所以比周围村办得好,群众少受了不少“症”,应该感谢公社的驻队干部魏铁固,他经验丰富,关心群众生活,引导大家在田头地角种了好多的南瓜。那几年南瓜丰收,危难时刻给大家解了难,救了急。虽说食堂里蒸南瓜、煮南瓜、炒南瓜、饭里边下南瓜,让全村人上顿下顿吃南瓜,可总比饿着肚子强。

最让人受不了的是,人们虽然吃、住在西塬上的盘西村,可依然要到东塬上的盘东村去下地干活,两地相距好几里路,中间还隔着一个大河湾。一天三晌,要跑三个来回,大多功夫都跑在了路上。每天天不亮就得往地里去,天黑了,才能下地往家里走,总是点灯好久了才能端上碗,用当时的话说叫“两头不见鸡”。黄河拦洪涨水后,又淹没了河上的小桥,一天六次,出工下晌往返都要蹚水过河。夏天里还凑合,冬天里河边结着冰,寒风冷的像刀子,直冻得人身上像刀割、像针扎。

最让尹忠富难以忘怀的是,由于常年劳累、饥饿和疾病,年轻的父亲便过早地离开了人世。家里的顶梁柱倒了,似乎塌了天,留下了他们一家三口,母弱女幼,相濡以沫,艰难度日。

就这样,在盘西村移民迁建点里住了两年。到了1961年,盘东村移民点(排排房)完工了,尹忠富和他的邻居们终于搬到了盘东村,结束了寄人篱下的日子,住进了新的移民点。大家都松了一口气,下地干活再也不用走那么多冤枉路了。

四

盘豆镇彻底被黄河抹去了,镇区变成了一片汪洋。镇里的人们也明明白白地分住在了盘东、盘西两个村。干部们为他们分了家,将镇里原有的集体企业一分为二,将油坊分给了盘东村,将盘豆镇的渡口和渡船分给了盘西村,让他们各自经营。

也就在当年,村里的集体食堂解散了,家家户户的烟囱里又冒起了袅袅炊烟。不久,社员们又分到了各自的自留地。勒紧了裤带的移民们生活逐渐好了起来,人们渐渐地填饱了肚皮,开始逐步吃上了红薯馍、高粱馍、黑豆馍……后来,就又吃上了玉米馍和杂面馍。

还是在那一年,尹忠富从阌乡县中学毕了业,因为他学习成绩优秀,思想品质好,被国家安排在洛阳矿山机械厂工作。看到家里的困难他思想很犹豫,母亲却劝说他前程为大,家里的难处都好应付,劝说他赶紧到洛阳去上班。可村里的干部硬是把他堵在了家中,挡住他就是不让他走,一遍遍的问他:"你母亲眼睛看不见,你妹妹才9岁,你父亲又刚去世不久,你走了后,这个家怎么办?别的不说,吃水怎么办?谁给她们翻沟架岭天天去担水?"

是的,这的确是再也现实不过的问题了。移民后的盘东村建在旱塬上,最缺的是水,村里人吃水都要到村北塬下的黄河去挑,或是到村南塬下的邻村上坡头的大渠里去挑,都要翻沟架岭往返六七里路。家里没有个男劳力,一天都生活不下去。就这样,仅仅因为家里的生活用水问题,各方面都很优秀的尹忠富,为了苦命的母亲和年幼的妹妹,就只好放弃了个人的"美好前途",放弃了令人羡慕的"铁饭碗"和都市生活,含泪留在了村里。

尹忠富与母亲、妹妹住在移民房里,苦熬苦干了两年。于 1963 年,经村里的移民委员会向国家申请补助了一些钱,又报批了木材计划,划批了宅基地,他也拿出了家里的全部积蓄,盖起了三间大瓦房,这才过上了正常的安定生活。

党和政府并没有忘记他们,时刻关心着这些为国家水利建设做出了无私奉献的人们。移民们的家被淹了,地被淹了,国家相继出台了一系列优惠政策和扶持计划,最大限度地降低因搬迁对移民们造成的生活影响。即使在改革开放前的六七十年代,按照政策,盘东村不用向国家卖余粮,分配的棉花种植面积也很小,农业税也很少,缴售公粮也只是象征性的,每人每年才 10 斤,不到其他村的十几分之一。后来,三门峡大坝调低了蓄水水位,原先淹没到黄河河底的大片滩地又重新显露出来了,且都能旱涝保收。

移民们勤劳,舍得下力气,心眼也活泛,原来在盘豆镇也都是做生意的好手。农闲时间,尹忠富和村里人便借助着黄河渡口的有利条件,乘坐着村里的渡船,成群结伙地渡过黄河,往返于盘东村和山西运城地区,贩卖一些日用百货和生活用品,做一些不起眼的小本生意,可也赚了不少钱,使家里的光景一年比一年好。

在 20 世纪七八十年代,村里利用国家扶持资金,在黄河滩打了水井,建起了抽水站,扩大了水浇地面积,增加了粮食产量。同时,也将自来水通到了家家户户,彻底解决了村里用水难的问题,盘东村也就成了吃穿不愁的富裕村。

改革开放后,特别是进入 21 世纪以来,国家逐年加大了对移民村的扶持力度和资金投入,村里的领头人郭文生有魄力,有本事,有思路,村两委的干部们也都尽心尽力,尽职尽责,移民们有了奔头,盘东村也发生了天翻地覆的巨变:村里硬化了村道;安装了太阳能路灯;建设了村部大楼;创办了集体企业;盖起了舞台;建起了文化大院;村头建造了风景亭和仿古牌楼;房前屋后栽植了风景树,修上了花坛和绿化带;2016年,又投资安装了净化水装置,使全村人免费用上了城里人花钱才能买到的纯净水……盘东村环境优雅,富庶安康,村庄就像个大花园,成了远近闻名的省级“文明村”和“生态村”,家家户户都过上了城里人也羡慕的好生活。

五

现在的尹忠富早已年过古稀,可身子骨依然很硬朗,精神矍铄,性格爽快,家庭幸福,子孙满堂。他共有两个儿子,三个女儿,一大群孙子孙女们,大儿子还在金矿工作。孩子们个个都很争气、很出息、很优秀,小日子也都过得很丰裕、很踏实。

每当说起当年的移民经历,他总是滔滔不绝,掩饰不住的感慨和激动;说起眼下的生活感受,尹忠富总是笑得合不拢嘴:“我们全家人都领着国家黄河移民补助款每人每年六百元,我和老伴又领着老年人补助每人每月百十元,村里黄河滩里的养牛场和砂石场集体收入年终每人又能分到七八百元,家中地里、苹果园里也有不少收入……我还硬朗,还能跑动着干些轻松活,能自食其力……行了,社会好着哩,美得很……我知足了,跟上好时代沾了光……”

马车社就是我的家

张冲波

73 岁的苏永翔，是市区马车社红白喜事的大总管。据说，马车社是一个和谐大院，多年来养成了一个好的传统，老人的丧事大家帮忙，从祭祀到抬板出殡到上坟埋人，一管到底。作为大总管的苏永翔一般不说话，说起话来不得了。

苏永翔原来家住灵宝老县城大同路，1959 年县城搬迁移民到虢镇新城区时，他正在上初中。父亲是灵宝先进运输合作社赶马车的，当时汽车少，马车就是比较先进的交通运输工具。马车社近水楼台先得月，把老县城的家具都拉上来了，甚至门口的小石狮、石墩都搬了上来。

苏永翔对老城很怀念。他在灵宝师范附小上四年，在城关小学上两年，后考取灵宝民办中学，负责人是宋少杰和常桂荣。上了一年学，1959 年移民上来转入虢镇中学，上初中二年级，校长张银社，教导主任郭恩虎，班主任刘秋霞。

当时苏永翔在城关上学不理想，灵宝五高招生，他和同学李石锁从灵宝县城一直坐车到三门峡西站，再沿铁路拐回来到五高。当时求学也下本钱了，成绩差不多是中等水平。后来，“三年自然灾害”吃不饱，他 1962 年失学了，跟上马车装车卸车，拉砖拉石子，在河滩挖砂石，一车沙子八角钱，一车砂石一元八角。

1964 年，苏永翔在马车社学习兽医，干了两年，以后参加工作到虢镇公社兽医站干了三年。“文化大革命”中，说他母亲历史上有问题，工作丢失了，跟着建筑公司干小工，和灰、搬砖。后来，苏永翔又作为知识青年,上山下乡到朱阳公社五七农场,随后招工到灵宝汽车运输公司干至退休。

1959年,苏永翔看到国家修三门峡水库,当时老城有火车站,修水库的砂石在涧河滩开挖,修有一条专线,经常看到苏联专家监督质量。在涧河和黄河交汇的地方建有采砂场,拥有采砂船,挖斗一挖两米深。小铁路跑的是东北森林里的小火车,砂石装上小火车再拉到筛分场,第一筛分场,第二筛分场,用水冲洗,分成大小等级,再上陇海线的大火车拉到三门峡大坝。一看砂石的强度,二看颗粒状,不要片石,要顽石圆石,打的石块要进行压力测试。

苏永翔的大姨1956年3月移民敦煌,他去送过。在城隍庙广场,很多移民把带不走的家具堆在广场上卖,各种柜子、箱子,大部分被山西人买走了,几块钱一件。老城毕竟建县几千年了,有很多古家具。附近的南营、北营、党村人主要拉砖瓦石头回去自家建房用,还有门墩、拴马桩,自己刨自己拉运。

送大姨那天晚上,他随亲友都去了。大姨抱着两个小孩子,路灯昏暗,几个姨哭哭啼啼,生死离别的样子,听说坐火车要七天七夜才能到达敦煌。白天在街上照的相,在屋吃的饭。刚解放都没钱,十块八块钱做一大桌子,一个馍才五分钱。

苏永翔小时候贪玩,老城没有他不知道的巷子,听老辈人讲,城墙转一圈是三里三。他记忆中有东门、西门,南门,南门口做生意人多,很热闹。大同路在城墙外,离火车站近,离黄河码头近。大同路有孙中山的世界大同的意思。城里房子最古色古香,中里巷实际叫钟楼巷,里面分很多巷。一进巷子,东西巷子是杈把巷,杈把巷往前走半截一分岔,叫钟楼巷,再过去是鼓楼巷。鼓楼巷口有一座楼,比牌坊大。老灵宝城西关有几座院子,有名的几大家是苏家、王家,对门常家,还有刘家、荆家都是大门大户。

钟楼巷的陈家，是苏永翔的舅家。小时候大姐引他去耍，陈家人弟兄五个，都是教书文人，大姨后来70岁还看书。舅家起初都是有钱人，但有一点爱抽大烟。大姐引到四舅家，屋里呛得他进不去，四舅、妗子都在床上抽，解放时划为破产地主，屋里没受啥损失，基本还在原地方住。舅家是标准的书香门第，他小时候不认识字，都是大娘教的。6岁上学，“学”字不会写。他记得第一课是“开学了”，第二课是“学校的同学多”。1986年翻修房子时，把课本丢失了，至今引以为憾。

老县城有他儿时的温馨记忆，那时候一天三上学，早上六点上学出早操，八点钟回来吃早饭。吃罢再上学，中午12点放学，下午去只上一节课，上完在操场上活动。西关有一群小伙伴，冬天在枣园，从西跑到东，从南跑到北。夏天在小河滩洗澡，有一次发大水了，五里沟划船老汉用竹竿把他从大浪里挑上来，当时七八岁，上游发水下头不知道。水进城了，西瓜漂得满街都是，洪水从南门进来从西门出去，走大同路，一下子就到小河了。回来不敢给大人说，同玩的有五六个小孩，脸都吓白了。

马车社因有运输工具，搬迁时，谁家房子新先拆谁，新房子盖成没几年，新木料能用上，拆了到虢镇重盖。老房子最后拆。最早拆的是张文欣的房子。当时移民费都掏过了，无主户房子多得很。

1960年搬迁上来后，苏永翔跟上同学们回过老城拆房子，当时十二三岁，坐在屋脊上把瓦往下蹬，不要瓦只要木料，剩下啥都不要。大梁用绳子一绑往倒处拉，小孩也不知道害怕，老师也不懂得。钉子扎脚太多了。同学常志业指挥着，他大四岁有主心骨。根本没有人消消停停溜瓦，全摔烂了。马车社拆房子就仔细多了，用椽子夹着往下溜瓦，最后装马车上，拉到虢镇盖房重用。苏永翔家的门就是老城拉上来的大梁解板做的，至今门板上的钉子窟窿依稀可辨。

苏永翔的移民记忆很深，拆房子都不会拆，老师带领着，要求你把这几间房子拆倒，老师在一旁看着，时时提醒注意安全。

苏永翔记得，张玉良是马车社的第一任社长，领导班子研究，马车社50多个职工，谁的房子在哪，谁家房子最好先拆谁家房子。最后房子根基的石条还有石狮子都打烂烧石灰了。在新城区建的马车社大院，墙是土坯墙，砖做根脚，三角梁架上，担上檩条，钉上椽子，抹上泥，刹上瓦，墙倒屋塌型。家属院房子经久耐用六十年了。马车社有优势，你建筑队用我马车，你得给我派几个瓦匠盖房子。

苏永翔家的土地证至今还保存着，县长张怀溪签名赫然在上，他准备去装裱店裱一下，后来担心做个无用功，只好作罢。"你一死，下一代不要了，咱觉着是历史，人家觉着无所谓。"他还保留有自己1967年12月7日颁发的结婚证，那一年他22岁，爱人巴改青21岁。

那时的结婚证镌刻着时代的印记，在结婚证背面铅印着一段红字："夫妻为共同生活伴侣，在家庭中地位平等，应该互爱互敬，互相帮助，和睦团结，尊老爱幼，努力工作，积极参加集体劳动，为社会主义建设而奋斗。"50年前的时代气息跃然纸上。

曹亮的移民轶事

姜　涛

曹亮住在西阎乡阌东村六组，他个头不高，衣着朴素，花白的头发、黝黑的皮肤，面容上那道道深浅不一的皱纹，无不叙说着他饱经风霜的人生经历。如今，虽然已经73岁高龄，可他步履矫健，身板依旧硬朗。说起60年前的移民往事，老人思路清晰，侃侃而谈。

曹亮祖籍山东省鄄城县，20世纪30年代初，他的祖父携全家6人一路向西逃荒，历尽跋涉之苦，来到了阌乡县城，在县城的人民公园后城墙窑内安顿了下来。虽然住在城里，但全家是地地道道的农民，爷爷、奶奶、父亲、母亲、妹妹和他共6人，凭着爷爷、父亲给人扛长工、打短工、做点小生意维持一家人的生活。中华人民共和国成立后，全家分了三亩地，以种地为生，农闲时磨香油、做豆腐，父亲挑到城里去卖，勉强维持了全家人的基本生活。

1956年春节刚过，年满11岁的曹亮，正在县城小学校上一年级，听说三门峡修水库，阌乡县城属淹没区，县城人要迁移。当时，县里规定，党团员、积极分子和贫下中农要带头报名移民甘肃敦煌。曹亮的父亲和母亲商量后，最先报了名，并顺利通过政治审查。之后，父亲带领一家人，怀着“开发大西北，支援国家建设”的情怀，带着被褥等简易行李及一整袋子玉米、红薯面杂粮馒头，毅然决然地登上了开往敦煌的专列。

常言道：故土难离，亲情难分。在阌乡火车站上，各行各业组成的送行队伍敲锣打鼓，鞭炮齐鸣，口号声铺天盖地，欢送着将移民们送上车厢。亲戚朋友依依不舍地围在车厢门口,流着眼泪,手拉着手,送上钱物,一遍又一遍地重复着说不完的知心话,道不完的离别情……

随着汽笛一声长鸣,火车缓缓启动。当时坐的火车是闷罐子列车,车上没有座位,车速较慢,一路向西,四天四夜后,终点站张掖火车站到了。下车后,被当地政府安置在离车站不远的一座寺庙里。两天后,改乘大卡车一路向敦煌驶去。途中,不幸汽车抛锚,司机紧急检修。正值中午,微风拂面,异域的荒漠和无边旷野,使小孩子们感到无比的好奇和陌生。大人们则眉头紧锁,心中惴惴不安,坐在沙滩上晒太阳、侃大山,直到黄昏时分汽车修好后才继续前行。

汽车行驶了三天,终于到达了目的地——敦煌。当地政府热情地欢迎他们。后来为移民修建了简易土木结构房屋,大家叫它"移民点"。曹亮一家安置到这里后,看到条件虽然简陋,但能有一个安身之处觉得很不错了。

敦煌的农作物种植和耕作方式与灵宝大同小异。所种植的农作物以棉花居多,还有小麦、玉米等。曹亮一家被安置在长丰公社,父母白天跟着当地社员们一起下地干活,晚上一道开会。当地县里和乡里的领导多次到移民家里走访慰问,每月定期发给每户移民一定数量的粮食,由移民自己开火做饭。

由于这里背靠沙漠,居住分散,家与家、户与户之间大都有一里多路的距离,周围全是庄稼地,一天到晚谁也不见谁。特别是一到晚上狂风大作,时不时还能听到野狼的嚎叫声。一家人在移民点里住了两三天,明显感觉到恐惧和不适应。后来,他们硬着头皮向"近"邻居求助,暂住到了邻居的家里,一住就是两年。

后来,曹亮家与另外一家联合盖起了两座小院。院内的房屋为土木结构平房,每个院子内有六间房屋,含三间上房,三间厢房,大约200多平方米。屋内墙壁为夯土墙,最外面再铺上一层竹席,用泥巴涂抹均匀做墙面。屋外小院用夯土围成一个大约300平方米的空间，在两座院子的中间打开一道门，便于平时相互走动，遇事也能相互照应。

在敦煌安家后，又值全国“大练钢铁”，父母参与了“炼钢铁”的运动。因是土法上马，条件不足，没有任何防护措施，身体常被滚烫的铁水烧伤烫伤，父亲、母亲都咬牙坚持了下来。他在长丰公社小学二年级上学，没想到一入学就遇到了很多棘手问题。当时交通不便，学校教学条件落后，课本和作业本严重短缺，学生经常放假。曹亮只好和其他学生一样，一边上学，一边帮家里做家务。

敦煌当地民风淳朴，街坊邻居们本分和善。除了维吾尔、藏、蒙等少数民族群众外，他们在敦煌生活期间语言沟通上几乎没有障碍，交流起来比较容易。农闲时也会相互串串门、聊聊天，相互帮帮忙，与当地民众融为一体，关系也比较融洽。

后来，由于遭遇“三年自然灾害”，加之移民们不习惯敦煌的气候环境和生活方式及思乡心切等缘故，灵宝移民们陆陆续续地举家迁回，形成了愈演愈烈的返乡潮。面对一波又一波的移民返回故乡，曹亮父亲的心也开始慢慢地活动起来。经过商议，全家人的意见高度一致，决定回灵宝故乡。回乡时，他们仅带了被褥和一些随身物品，其他的房子、用具等都留给了当地邻居。一家人坐汽车、转火车，路上颠簸了六七天，终于回到了阌乡老家。这时的阌乡县城早已淹没在一片汪洋之中，但是家乡熟悉的空气、熟悉的土地、熟悉的人们使人感觉是那么的亲切。特别是见到了多年未见的老邻居，一番真挚的问候和寒暄，一席推心置腹的交谈与安慰，使一家人在感动之余，觉得回来的选择是对的。

在党和政府的关怀下，曹亮一家被安置到阌东村。一到村里，最大的困难是住房紧缺。原安置移民盖的几排“排排房”早已分配完毕，实在是没有一间多余的空房。就在他们一筹莫展的时候，黄河发大水，使很多大小长短不一的木头冲到村边的小河里。于是,大队立即组织社员去河边打捞装车,运回村里,组织劳力为他们这些返回的移民再盖上一排临时安置房屋,供他们居住。

刚回来时,他们与其他社员一起参加劳动。当时,生产队牲畜少,牛马加起来也只有那么几头(匹),根本满足不了农业生产要求。每逢播种的时候,为了赶时节,地里的耧犁磨耙,主要是由队里的男劳力们拉,一天干活十几个小时,劳动强度大,晚上回来时累的一躺下就睡着了。

虽然生产生活条件艰苦,但是大家的思想觉悟普遍较高,下地干活几乎没有一个人偷懒,竭尽全力拼命干活,没有一个人发牢骚、有怨言,并且邻里之间相处得十分融洽。农闲的时候,村里人三五成群,八九成伙,或者围成一堆谈天说地闲聊天,或是在一起摆方、下棋,偶尔也搞些打篮球、打乒乓球之类的体育活动。

1961 年,村里的"食堂饭"散了,土地承包到户。曹亮家分到了 2 亩多地,后来又分到了一头耕牛。几年下来,凭着一家四口的勤快与节俭,日子渐渐有了起色,更有了盼头。1969 年,24 岁的曹亮经媒人介绍,和同村的一个姑娘喜结连理,被招为上门女婿,他们夫妻恩爱,先后生了两个儿子,小日子过得很滋润。

光阴荏苒,岁月如梭。如今,曹亮和老伴已是年逾古稀之人,虽然身体大不如从前,但依旧硬朗、健康。两个孩子早已成家立业,分开另过。老大吴增磊(随母姓)今年已 42 岁,是村里的干部;老二曹增升 40 岁,在灵宝市区打工,收入还不错。四个孙子一个孙女都在城里上学,只有寒暑假才能回来,全家人团聚一次。目前,曹家有 10 多亩地,其中苹果树就占了 6 亩多,其余的种上了柿子树、核桃树,地里的农活老两口干不动了,就交给大儿子耕种。平时,他和老伴帮忙照看一下孙子孙女,主要是和邻居拉拉家常,打打牌,消磨消磨时光。每逢西阎集市或其他村有庙会的时候,老两口也会赶赶集,上上会,顺便买些生活用品,使晚年的生活过得有滋有味。

对于眼下的生活,曹亮老人感慨地说:“这些年,我家的日子可谓是‘芝麻开花节节高’,先是国家不让农民交税,后来是村民各户生活用水集体负担,国家每年还给60岁以上的老人每月补贴80块钱,还有每人每年600元的黄河移民补助款,这在以前是绝对不敢想啊!现在生活过得好了,儿孙们也都很孝顺,一家人和和美美,不愁吃不缺喝的,比啥时候都强……”

对于生活上的满足老人是发自内心的,也是最朴实的。跌宕起伏的生活经历让曹亮真正感受到了现在的社会主义制度的优越性,感受到了党和政府对农民、特别是对三门峡库区移民的关心和体贴,使移民的生活发生了巨大的变化。

难以忘怀的记忆

姜志亮

程志勇老人住在故县镇盘东村四组,今年76岁。他身材高大,性情开朗,饱经沧桑的脸上布满了深深的皱纹。1959年盘豆镇黄河移民这件事,深深地烙印在他记忆的深处,令他终生都难以忘怀。

一

他清楚地记得:那一年他19岁,住在盘豆镇南城子的一个豫西传统的农家小院里,与另一家人合住在一起。他家里有5间大瓦房,共6人,爷爷、奶奶、父亲、叔伯哥嫂和他,叔伯哥哥还在外地上着学。

盘豆镇坐落在黄河边上,是一座具有2000多年历史的文化名镇,居住着5000多人。千百年来,九曲黄河像一位慈祥的母亲,以宽阔的胸襟无私地滋养着这里的人们和这一湾田园,土地肥沃,物产丰饶,生活优裕,社会繁荣。仅这村边的黄河滩上就充满了无限的向往和诱惑,留给了程志勇和村里的小伙伴们太多的记忆,太多的乐趣:他们在河边那一望无际的庄稼地里捉鸟雀、逮蚂蚱、偷瓜果、捉迷藏,在茂密的芦苇荡里洗澡、游泳、捕鱼、逮王八,在黄河发大水的时候捞鱼、捞柴禾、捞河炭……

三门峡大坝拦洪了,盘豆镇一下子变成了淹没区。黄河水上涨得特别快,短短的几个月工夫,眼看着就要漫进镇里了,镇上便停止了所有的生产任务,组织街坊邻居们日夜不停地搬家具、拆房子。

按照上级安排,南城子整体移民在东塬上的盘东村。可黄河水上涨太快,事情太仓促,人们始料未及,盘东村的移民迁建点(群众叫它排排房)远没有建成,程志勇全家人只好自己想办法,搬往东塬下的上坡头村,住在村边一孔废弃的大土窑里。

镇里给每人发了200元钱的安家费,村里的民房被拆除后,便将所有的砖瓦木料运往盘东村修建移民迁移点,家中的家具和生活用品该卖的卖了、该扔的扔了,只带出来几件随身的衣服和离不开的被褥,几件铁锨、锄头、镰刀、镢头之类的常用农具,以及少得可怜的几个锅碗瓢盆。窑洞里依然显得空空荡荡、徒有四壁。

二

虽然住在了上坡头村,可全家人下地劳动还是要到塬上的盘东村里,两地相隔好几里地,一天三晌,起早贪黑,大多时间都跑在了路上。有些地还在更远的西塬上盘西一带,拦洪后黄河水沿着枣香河湾涨了上来,一直漫到了芦台村边,去西塬种地还要坐船才能穿越两塬之间的大河湾。

那一年的冬天特别冷,也特别难熬。爷爷奶奶年事已高,全家三代人住在一个冰窖似的土窑里,饥寒交迫,实在难以生活下去,便在上坡头村里租借了一间房子,把全家人搬进了村子。

也是那一年,春节前国家招兵,程志勇积极报名,成为了一名光荣的解放军战士。

1960年后,国家进入了"三年自然灾害"时期,全国人民都勒紧裤带艰难度日。程志勇家里的日子更是难过,哥哥在外读书,嫂嫂又添了小孩,爷爷奶奶年老体弱,不能下地干活,挣不来工分,再加上远离盘东村集体食堂,吃饭成了天大的问题。

为了活命,爷爷奶奶冬夜里从冰冻的野地里一次又一次地去刨蔓菁,嫂嫂抱着孩子到山坡上去挖野菜。一年到头,难得吃上几顿饱饭。

好容易吃上一顿不掺野菜的玉米粥或是玉米糊糊,吃完饭后,还要按照大人的做法,将食指弯起来,沿着碗边转一圈,把粘在碗边的粮食刮干净抿进嘴里。

在上坡头村里借住了两年,程志勇的爷爷和奶奶因为饥饿和疾病相继去世,哥哥嫂嫂也搬到条件较好的尚家湾村“投亲靠友”了。家中只剩下父亲孤零零的一个人。1961 年,盘东村的移民房建好了,村里给他们爷俩分了两间“排排房”,生活终于安定了下来。

1964 年,经人介绍,程志勇和邻村的姑娘在商丘的部队驻地结了婚。当年,他便“复原”了,与妻子一起回到了盘东村,住在了移民迁移点里。

就这样,程志勇和大家一样,全家人苦熬苦干,省吃俭用,直到 1978 年,才终于实现了多年的夙愿,盖起了四间大瓦房,搬出了住了近二十多年的“排排房”,住进了自己的小院落。

三

说起盘东村用水的变迁史,说起村里的发展变化,程志勇老人总是感慨万千,滔滔不绝,形色中掩饰不住的亢奋和激动。

当时的盘东村特别贫穷落后,是远近有名的穷困村,大家生活得都很艰辛。由于生产队牲畜紧张,磨面、碾米都要靠人工去推,两三个劳力忙活老半天,也只能磨出一斗(30 斤)粮食。那时候,人们把盘东村叫做“东迁建”,把盘西村叫做“西迁建”,方圆村里就流传着这样一首民谣:

有女不嫁东迁建,
不推磨,就倒碾。
……

一直到了 1968 年,村里人才利用赵村风沟里的水建起了一座水磨坊。虽说磨坊建在上坡头村旁,离盘东村还很远,可从此后,村里人再也不用推磨倒碾为磨面发愁了。

盘东村地处大旱塬上,十年九旱,庄稼常常歉收,人畜用水极度困难。人们必须翻沟越岭到村北塬下的黄河边去挑水,或是到村南塬下的上坡头大渠里去挑水,坡路很陡,相距都很远,往返都要六七里地,碰到雨天雪天坡陡路滑,就一点办法也没有了。那时候,水成了人们担忧的头等大事,村里的劳力们上地干活总是水桶不离肩,为的是能节约时间,下晌收工时顺路挑回来一担水。

真是"吃水贵如油"。村里人把节约用水发挥到了极致,人们的洗脸水、淘菜水、洗衣水都舍不得倒掉,要收集起来,经沉淀以后再次利用。那时候,有男劳力的家里还好应付,没有男劳力的人家或是"一头沉"(男人在外工作)的家庭,没人担水,连饭都吃不上,日子就非常恓惶了。

为了解决群众的实际困难,不影响农业生产,队里买了架子车和大水桶,每天安排劳力牵着黄牛到塬下的上坡头村大渠里去拉水,拉回来后分成小桶,用各家各户的工分兑换给社员们。天天如此,常年不断。

后来,人们在院子里打上了水窖,用水泥砌面,把雨水和雪水利用起来,省了很多工夫,上级还有补助。可就是每到下雨下雪前将要变天的时候,人们就得赶紧从外面赶回家里去打理院子,将禽畜粪便打扫干净,下雨后院中的水会自动流入水窖,下雪后也要将房前屋后的积雪扫入水窖里。那时候,村里家家户户院子里几乎都有水窖。

即使这样,也不能保证水窖中的水很干净,总也免不了有鸡屎羊粪及院中的渣滓流入水窖。方圆村里的人调侃盘东村人用水,说是每从水窖里吊上一桶水,都要用笊篱捞上大半天。邻村人来盘东村走亲戚、访朋友,也都很少在村里喝水吃饭。

后来,人们在如何卫生用水上动起了心思。他们采用古代南方人引水的办法,将竹竿劈成两半,打通关节,固定在屋檐下,接住屋檐水,通过橡皮管,使房上的干净雨水直接流入水窖,解决了大问题。

1964年,郭况率领的打井队进了村,利用上级的5000元扶持资金,在村里打了一眼30多丈深的水井,彻底结束了盘东村没有饮用水的历史。

1967年,盘东村与上坡头村合作,用三联泵抽水,通过三级抽水,把风沟水引到了村中的池塘里。

到了70年代,市黄河河务管理局(当时为灵宝县革委会治黄工程指挥部,后改为治黄工程管理处)拨出专款,在黄河滩里打了6眼深水井,建起了抽水站,把望天吃饭的大旱塬变成了旱涝保收的水浇地,使粮食连年丰收。也把干净的地下水送到了盘东村头。

到了80年代,市黄河河务管理局又拨款为村里铺设水管,将水龙头安到了家家户户,至此,盘东村用上了自来水,彻底解决了用水难的问题。

2016年,村里争取上级资金数十万元,安装了纯净水净化设施,使家家户户喝上了纯净水。

四

改革开放后,国家不断地加大对黄河移民村的扶持力度。特别是进入新世纪后,在支部书记郭文生及两委班子的带动下,盘东村几乎年年都上新项目,年年都有项目扶持资金:打井、修路、盖学校、开办企业、改造线路、铺设水管、建抽水站、增设50吨大水罐、升级灌溉设施、硬化村道、设置太阳能路灯、美化道路、修建村中花坛、栽植风景树、购置垃圾车、建设村部大楼、修舞台、建门球场、设图书室、购置体育健身设施、开办文化大院、修建村头牌楼、景亭、安装纯净水净化设施、实施“美丽乡村”建设项目,推进“小康村”建设……

人们高兴地看到:村里的变化一天比一天大,家庭的收入一天比一天多,移民的日子一天比一天强,大家的心情也一天比一天好。

现在的盘东村是远近闻名的“小康村”和“美丽乡村”,也是河南省公布的“文明村”和“生态村”。

如今的程志勇已年近耄耋之年,有一个子孙绕膝的大家族。他辛劳了一辈子,终于赶上了好时代,和村里的老人们一样,整天乐呵呵地安度着幸福的晚年。

翟新英的移民家庭

杭荣贵

1956年春节刚过,19岁的翟新英终于和苦等了5年的心仪男孩订婚了。

那一天,灵宝县城南大街的翟家院子里热闹非凡,亲戚邻里的姑姨、叔婶、姐嫂一大早就拎着贺礼前来祝贺。

“咱家英子终于找到称心如意的好女婿啦……”

“女婿是张家的老大,当了5年的兵,这一回来就更精神了”。

最高兴的人莫过于翟新英的父母亲,闺女的终身大事定下来了。然而,父亲翟玉山和母亲李秀云想到灵宝县城因为修建三门峡水库而要迁移,高兴之余,还有些忐忑不安。

喜宴时间到了,媒人由女方的姑家、舅家、姨家人陪着坐在上席,其他亲戚邻里入席就座。当大家吃的差不多时,身为街道主任的翟家媳妇开腔了:“欢迎大家参加英子的订婚宴席,对翟家包括整个县城的人来说,可能这是最后一次相聚了。现在我向大家宣布一个决定:英子和张定元商量好了,他们要响应党的号召,带头报名移民大西北。因为他们一个是街道干部、共青团员,一个是复员军人。希望大家伙回去以后早些准备,三门峡水库建设已经开始了,给我们的最后期限就在这个月底。”

翟家媳妇的一席话让满院子的喜庆气氛一扫而光。但翟新英和张定元对移民敦煌充满了憧憬,是兴奋的。他们在挨家挨户分发订婚点心和喜蛋时,积极宣传党和政府的移民政策,动员大家报名。同时,翟新英还积极参加街道上的张贴标语、告示的工作,逢人便说:“舍小家,为大家”的道理。

在翟新英的带动下,翟玉山一家7口人,还有老三家、翟新英的大姑、二姑等四大家子都决定一起移民敦煌,这一壮举被当时作为先进典型广为宣传。

再说张定元,刚刚从部队复员回乡。能够从抗美援朝的战场上平安归来,如今又和县城里最漂亮、最积极上进的翟新英订婚,作为张定元家也是双喜临门。

张定元的父亲想得很开:“既然两个年轻人积极上进,我们也不能拖孩子的后腿。”同意全家人一起迁移敦煌。同时,张定元早已和翟新英一起做通了两个已经出嫁的姐姐的思想工作。就这样张定元的大姐、二姐和他家三个家庭一起移民大西北。

1956年春,经历了长途颠簸,翟新英家被安置在敦煌县党河公社邵家桥大队。张定元和大姐、二姐三家被安置在转渠口公社五圣宫大队。

“我要上学”。“不行,你几个妹妹都要上学,我们供不起。”翟新英的父亲斩钉截铁的说,“想上学,你就结婚,结了婚让你婆家供你。”母亲想想说:“只要能上学,还是早点结婚吧。”就这样翟新英和张定元一到敦煌就结了婚。张定元是抗美援朝的复员军人,被安排在敦煌县城食品公司上班。翟新英在敦煌初中毕业后,按照学校的动员,报名考上敦煌师范学校,准备当一名教师,她上学的费用当然由丈夫全部支付。遗憾的是,由于“三年自然灾害”,敦煌师范学校解散了。

1960年,因为“三年自然灾害”,灵宝移民在敦煌的生活十分艰难困苦,翟新英随婆家一起返回了灵宝。

翟新英婆家被安置到焦村公社,娘家则安置到坡头公社孟村大队。张定元在返回的路上不慎把钱和工作证弄丢了,回到灵宝也没有了工作。住了两个月,思前想后,权衡利弊,觉得还是在敦煌有前途,他就一个人回到了敦煌。从此,张定元与翟新英开始了远隔千里的分居生活。

总想上学,依靠知识改变命运的翟新英,听说灵宝师范招生,就带着自己在敦煌的学生证、党员证来到灵宝师范报名。学校看了她的各种证件后,不用考试就接收她为灵宝师范的学生。1962 年,翟新英从灵宝师范毕业后,分配到卢氏县城关一小教书,一干就是三年,直到 1965 年几经周折,她调回敦煌,分配到县城的一所小学教书。此时,张定元正在柳园火车站搬运社工作。1966 年,大女儿出生,年近三十岁的翟新英终于当上了母亲。不久,张定元从柳园火车站调到敦煌县矿产品公司工作,两人才过上了一家人团圆的生活。

1996 年张定元病故,对于丈夫的早逝,翟新英略带平淡地说:"他虽然逝世那年只有 62 岁,但他十多岁就当兵,抗美援朝,保家卫国,一生为党勤勤恳恳工作了 45 年。"她对丈夫的一生充满了自豪和骄傲。已经 80 岁高龄的翟新英,虽然因为黄河移民的原因,使自己及其家庭历尽坎坷,受尽磨难,但她没有一句怨言。说起他们婚后多年的分居生活,她没有一点伤感,好像生活就应该是坎坷磨难和平凡幸福同行相伴。说到自己的四个女儿和一个儿子,她更是满满的欣慰。大女儿张党育,已经退休;二女儿张红育在百货店上班;三女儿张东育、小女儿张育华,儿子张东军都有自己的工作,生活都很安稳和幸福。

张福德搬迁记

刘春龙

张福德是阳平镇阌乡村北寨人，1938 年 6 月出生，1965 年入党。因三门峡大坝建设，1956 年从原阌乡县城北寨子村搬迁至阌乡村。老人身材魁梧，精神矍铄。谈及黄河移民的事，老人既爽快，又健谈。他说："记得那年正月十五还没有过，灵宝县阌乡西关高级社就召开了有好几百人参加的移民搬迁动员大会，那规模可是大啊。会上提出了'移民光荣''搬一家、救万户'的口号，会后，社里的干部挨家挨户进行宣传动员"。

据老人介绍，移民分两批搬迁，自愿移民敦煌的，由本人写出申请，作为第一批移民搬迁。他的二哥张凤德和三哥张凤云是第一批迁往敦煌的移民，变卖了家里的财产，带领家人从阌乡老火车站出发，乘车前往敦煌。后由于敦煌的地理环境、气候条件和生活习惯与灵宝有很多不同，加上留恋故土，在那里过了四五年，两家又迁了回来。

移民敦煌的人迁走后，县移民委员会在阌乡村现址集中修建土木结构的"排排房"4 幢，每幢 20 间，对集中后靠迁移的移民进行安置。按照每部人一间房、两部人两间半房、三部人三间半房的原则（十八岁以上的成年人和夫妻各算一部人），分配给迁移的居民。新房按时价计算，移民户的老房屋折价后出钱获得新房。张福德一家原在北寨村的四间土木结构的房屋折价 1400 元，搬迁新房后出钱 700 元。记得有一户叫李福喜的，搬迁前，家里的老房屋全部倒塌了，国家仍然给他家安排了三间房。"还是共产党的政策好，要是解放前，没有房子居住，谁管你？”张福德老人动情地说。

当时，北寨村仅有一辆牛拉木轮大车，运输物资很紧张。“那时的生活条件与现在天地之差”。老人回忆道，“但是，群众积极响应国家的搬迁号召，按规定处理掉原有的房屋和财产。很多群众靠人拉肩挑，扶老携幼，相互帮助，仅用了两个月，就全部搬迁到新村居住。”据介绍，在搬迁过程中，有些大件家具搬不走都被扔掉了，虽然有点可惜，但是绝大多数群众仍然无怨无悔地支持搬迁工作。

在搬迁过程中，村里的老党员、老干部发挥了模范带头作用。他们在动员组织群众搬迁的同时，率先将自家的东西搬迁，给群众做好了榜样。同时组织村中的积极分子和强壮劳动力组成搬迁帮扶队，帮助老弱病残的家庭搬迁，成了搬迁工作中的骨干队伍。

张福德老人说，村子搬迁时，他21岁，刚刚结婚。尽管搬到新村后土地少了，耕作距离远了，吃水也很困难。但是，组织上一声呼唤，群众们二话不说，积极响应，带上全家人义无反顾地搬迁到新村居住。

1980年，张福德被选为阌乡村的村委主任。为了解决村民们的吃水困难，他和村干部一次次地前往灵宝县城，向移民管理部门反映村里的实际困难。县移民管理部门从1987年开始，分期分批给村里解决打机井资金，使村里前后打了10眼机井，基本上解决了群众的吃水问题，同时解决了一两千亩耕地的灌溉问题。旱地变成水浇地后，亩产比以前增加了两三成，同时，可以浇灌村里的果园，提高村民的经济收入。

张福德的儿子张春祥说：“父亲经常教育我，要不贪不占，诚实守信，公道处事”。老人在村里当了十几年的村委主任，儿子张春祥也积极要求进步，加入了党组织。1998年，张春祥开始担任村干部，干了好几届，得到了广大群众的支持和拥护。

几十年过去了，党和政府没有忘记移民群众做出的牺牲和贡献。从2006年开始，给每个移民每年发放600元的生活补贴，连续发放20

年，并投入大量资金，给村里打机井，修道路，极大地改善了移民们的生产、生活条件。

迁移到新村后，人们去地里干活路程远了许多，但是都能发扬艰苦奋斗、不怕吃苦的精神，栽植了近 3000 亩的苹果树。前几年，果树收成好时，每亩苹果可以卖到四五千元。后来，有的移民在黄河滩承包滩地，种植各类经济作物；有的移民利用修建高速公路、高速铁路的机遇，打工挣钱，增加了家庭收入；还有的移民跑出租车、开商店、从事经商活动……他们不等不靠，用自己的双手改善着家庭的生活条件。经过几十年的努力，绝大多数移民都盖起了新房，搬出了当年的排排房，不少村民还在灵宝市区买了单元房，住到了市区。

张福德有两个儿子，大儿子张春祥任村党支部委员，干了近二十年；二儿子张春兴，养殖四五十头猪，成了远近闻名的养殖专业户。如今他们的家庭都幸福地生活着。张福德老人说："回想起老阌乡县城每年腊月二十的古会，是临近春节的最后一个集会，人很多很多。如今的阌乡村，继承了过去经商的传统，村里有开饭店的，开超市的，每天还有早市一条街，群众生活方便多了，似乎又恢复到老县城的繁华了"。

何新妮的坎坷经历

李赞森

何新妮1945年出生，今年73岁，现住在大王镇东南朝村。1956年3月随着老灵宝县城的移民队伍一同去了敦煌，算来已经62年了。

当时移民敦煌时，家中5人，父母亲、哥哥、她及小妹，父亲为继父。

政府号召移民，继父报了名。其实那时政府广泛动员，学校里也在宣传，社会上人们都在纷纷议论。虽然她才11岁，但懂得国家要建三门峡大坝，水库移民是头等大事。

父母亲把全家的家具什物拿到街上去卖，因为要远离家乡，东西多了带不动，除了锅碗瓢盆生活用具和衣服被褥装了两个箱子外，其余东西都卖了。唯一值钱的就是顶箱柜，桌子跟白扔了差不多。乡亲们帮助把箱子运到车站。一列闷罐车早已停在灵宝老火车站，每节车厢前都是乡亲们搬运东西，大人们互相帮衬着抬着大件东西往上递，站台上熙熙攘攘，人声吵杂，大小车辆来回穿梭。她和妹妹如同看风景一样，懵懵懂懂地挤上了车。

列车启动了，通过车厢门能看到外边的田野、村庄、树木依次向后退去，母亲怀里抱着妹妹，继父抽着烟，闷着头想心事，偶尔能见几个小伙伴在车里追逐着玩耍，算是给车厢里增加了一点生气。

随着火车有节奏的“咣当”声，越往西走，村庄越稀少，戈壁越漫长。列车到了酒泉车站，停车后，大人们伸腰松胯展臂，松弛一下疲惫的身躯，小孩子们只是好奇地看着陌生的一切。在酒泉车站停了一个半个小时之后，又踏上了西去的征程。

当时，敦煌不通铁路，去敦煌换乘汽车。经过七天的行程终于到达移民目的地，她家被安置到一个叫作东三门的村子，距离县城四五十里远。一条街道旁盖着两排房子，规模不一，有的有门房，后边有院子；有的没有大门，直接进院子，每个院子都安排两三家人。陆陆续续不断有移民家庭搬来，光她们家在这里就搬了三回家，最好的是住过一明两暗三间房子，但住着两家人。继父、母亲参加集体生产劳动，日出而作，日落而息。敦煌有个特点，人们总结为“车大牛小，风大蚊子咬”。敦煌风沙很大，每当大风袭来，遮天蔽日，一片混沌世界，呼啸的风响着哨子，挟裹着细沙漫天飞舞，使人行走都很困难，一夜醒来，屋里能落一层沙土。冬天更是艰难，冰天雪地，奇冷无比，风搅沙雪，连屋子都冻透了。母亲为了补贴家用，去外边割草，卖给养羊户。家里还养着几只兔，靠繁殖小兔来增加收入。

1959 年，母亲想念儿子，就回到灵宝去接。当初，奶奶是把她的哥哥当作家里唯一的香火继承人，没舍得让他跟他们一起来。哥哥到了敦煌后才上小学，她已经上完小。1961 年，集体食堂解散后，粮食不够吃，她和母亲、邻居们就到地里采苜蓿菜熬汤喝。那里除了春夏秋种点蔬菜外，主要粮食作物是高粱，烧的是牛粪坨。家里烧不惯，就去砍些骆驼刺当柴，经常被刺扎破手指，扎伤腿、胳膊是家常便饭。

哥哥长大后，学习修车，认识了一位姓李的汽车司机。几个月后，李师傅借出差的机会把他们拉到柳园车站，一家人准备回灵宝。沿途车站有敦煌县政府安排的人阻拦，不让返回原籍。李师傅谎称是他的家属，才过了关卡。汽车开到柳园车站，全家人坐上火车回到了灵宝，当时是光打着身子回到阔别多年的家乡的。

他们一家人被安置到大王公社的贺村大队，后来又投奔到她五姨家住的东南朝村。当时只有一孔破窑洞，门口用石头挡住，揽些谷瓤子铺在地上，外祖母给了一床被子，四姨送来枕头，姨奶给了个半截褥子，一家人就暂时蜷缩在地铺上，算是有了安身之处。

提起移民敦煌的那段经历，仿佛就在昨天。虽然全家经历了磨难，特别是异地生活的不习惯，最后又返回到了家乡。县、乡政府和乡亲没有嫌弃，他们又凭着自己的双手，白手起家，从无到有，慢慢地日子好起来了。尤其是到三门峡大坝看了以后，豁然觉得豪情满怀，心胸开朗。大坝拦洪虽然淹没了家乡，但给下游两岸人民带来了平安的生活，就觉得自己吃再多的苦，受再多的累也不算啥。

阌乡汉子赵青山

赵有维

一

阳平镇阌乡村人赵青山，从土改斗争到迁移敦煌，从返回灵宝到定居阌乡村，其经历颇具传奇色彩，人们称其为一条汉子。

于是，我决定拜访一下这位汉子。

第一次，他家大门紧锁。邻居说，老两口上地干活了，在哪里干活？干什么活？说不清。但他说，赵叔已84岁了，耳不聋、眼不花，天天上地干活不止。

下午，我来到赵家，赵大娘正在院外锯截着木桩、堆垒着柴禾。她说，她家责任田里的苹果树老了，他们正在挖树呢。这不，柴火已经堆的不少了。在她的引领下，在苹果园见到了挥汗砍树的赵青山。回忆往事，他时而欢笑不已，时而痛苦不堪，时而深思沉默，时而滔滔不绝……

赵青山祖籍河南省沈丘县，1930年，父母逃荒要饭来到阌乡县城，凭打短工、扛长工定居了下来。1933年，赵青山出生于阌乡县城顺河东街。

初到阌乡，父亲在街上做小生意，后来买了辆车搞运输。母亲为人洗浆缝补衣物，贴补家用……经过十几年打拼，先后买了4亩水地和房屋，成了地地道道的阌乡县城人。

1949年夏，阌乡县获得解放，17岁的赵青山就加入了民兵组织，在追抓地主恶霸中敢冲敢打,在清山剿匪中机智勇敢。那时,他常常配合公安人员抓罪犯,总是跃身翻墙入院,打开大门,使公安人员蜂涌进来,一举将其擒获。

赵青山个头不太高,但他手脚灵敏,步伐快捷,当时被人誉为“草上飞”。许多跋涉跑路的任务大都由他承担,如带人到几十里外的阌底镇抓匪徒,他们傍晚出发,天亮时押着匪徒赶回来。向灵宝县转送案件、解押恶霸,往返步行120里,他带人清晨出发,傍晚赶回……他的勇敢、机智、高效多次受到阌乡县政府的嘉奖。1950年夏,赵青山光荣地加入了中国共产主义青年团。

朝鲜战争爆发后,赵青山到县兵役局报名,要求加入中国人民志愿军,抗美援朝,保家卫国。县兵役局长说:“你积极参军的热情值得表扬,但是,你不够参军的资格。”赵青山说:“你到民兵队里净打听了,在执行任务中我从不是软蛋,怎么不够入伍资格!”局长说:“论打仗、抓歹徒,你都没说的,但是,国家规定独子是不能参军的。”赵青山这才恍然大悟,原来自己是独子,不能入伍。顿时,他双腿一软,瘫坐在椅子上。

兵役局长安慰他说:“不能入伍不要紧,可以在地方上继续干革命嘛!你的情况我了解,你是阌乡县的一条汉子!”

二

“虽然不能当兵了,但是作为一名团员,样样工作必须走在前头。”赵青山在心里暗暗地立下了誓言。

街道成立互助组,他和父亲带头加入;成立初级合作社,他和父亲积极参加。赵青山还被选为初级农业合作社的团支部副书记。在此期间,庄稼活他样样学的精通,还学会了赶大车,为供销社、百货公司运送货物。当然,他只管赶车、装货、卸货等,结账的事由合作社的会计每月结一次。仅运输一项,便为初级社增加了不少收入。

1955年底,顺河街初级农业合作社转为高级社,后来又学习苏联经验,改名为“集体农庄”。正在他热情高涨地与大伙建设社会主义新农庄时,国家决定修建三门峡水库,阌乡城被划为水库的淹没区,号召人们迁往大西北的敦煌县。对这一变化,赵青山又是积极响应党的号召,动员父母,说服妻子,于1956年春与阌乡的移民一起登上了迁移敦煌的列车。到敦煌后,被安置在十一乡(黄渠乡)马圈滩村。

在马圈滩村,父母和妻子参加村里的农业劳动,赵青山先是在水利工程队工作,后到地质队干活,干的很好。怎奈在“三年自然灾害”中,灵宝移民纷纷回乡,他家的生活也陷入困境。硬撑了一段时间,1962年春,赵青山携家人背着被子,搭上了回灵宝的火车。不料,在酒泉火车站他们被查出挡了回去。

活人不能叫尿憋死。三个月后,赵青山为敦煌汽车队送了一只平价羊,汽车队帮其买到了几张到西安的火车票。几经辗转,他们一家人终于回到了灵宝。

经外甥女介绍,最终落户到秦南大队老虎沟生产队。

老虎沟自然村土地较宽阔,他家很快便分到了自留地,加之四个劳力挣的工分多,当年便解决了全家的温饱问题。

正是三十而立的赵青山除在生产队劳动外,还常常被派出外地干活。如连年修筑莫河水库,从官庄大队修大渠将库水引往十几里之外的南天大队北岭头,使众多大队的旱田变为水浇地……他一干就是一年半载,被人称为“老水利”。

作为一个劳力,他爱干活,会干活;作为一条汉子,他爱抱打不平,助人为乐。“文化大革命”中,程村公社武装部长张守业遭到造反派毒打后,被送往老虎沟生产队劳动改造。当天晚上,时任生产队副队长的赵青山前去看望,得知张守业有轻生的想法时,便劝他“好死不如赖活着"。并与他深谈到夜半。次日一早,他悄悄地将其送到县医院治疗,使张守业增强了活下去的勇气和信心。

吴永栋是灵宝县医院的眼科权威。1968 年夏,吴永栋到故县公社为一村民诊疗眼疾,当地的红卫兵将其抓了起来,说他是"臭老九",一阵拳打脚踢之后,将其关押在赵村大队。

在故县公社赶集的赵青山目睹了这一切,并暗中观察了"囚室"的地形地貌。夜深人静后,他和张天才、王狗剩三人悄悄来到赵村,翻墙入院后将吴永栋解救了出来,护送到程村公社南天大队第五生产队一户社员家里。后经三天疗伤恢复,吴永栋身体好转后,他护送其回到县医院。

从此,他和吴永栋成了莫逆之交……

三

赵青山一家人落户老虎沟生产队,衣食无忧,日子过的可谓顺当而滋润。后来,他的一位族兄说:"咱的上辈人选中阌乡无疑是对的,如今该村虽然搬到了高处,仍然是地势平坦,紧靠公路、铁路,村大人多,热闹繁华,户户种植果树收入高。而老虎沟毕竟是沟壑纵横的偏远荒凉之地。你的俩儿子大的都快二十岁了,小的也不小了,在这里找个媳妇也难。"

考虑再三,赵青山决定重返阌乡村。这天他跑到阌乡村,见到了时任生产队长的老同学王喜云,说了自己想回阌乡村的意思。

王喜云说:"我同意接受老同学重新归队。迁移户口其实很简单,阌乡大队出个证明,到阳平公社办个准迁证,然后从程村公社派出所把户口转下来就行了。"作为阌乡县的老户,县里和公社已对敦煌移民热情接待,妥善安置。1983 年春,赵青山全家人办完迁移手续,又搬回到阌乡村,因村里一时没有处住,一家人暂时住在原移民住过的铁路壕里两孔窑洞里，一住就是三年。

回到阌乡村，赵青山的干劲更大了。他起五更、打黄昏忙着队里的活，并担任了生产队副队长。后来，村里先后为赵家批了两座院子，他盖了两座房子。如今赵青山和二儿子赵向宗住在一个院子里，大儿子赵向齐住着一个院子。

对于自己辛劳的一生，赵青山打趣说："俺是属蚯蚓的，虽然年龄大了也离不开土地。我准备把苹果树刨掉后，改种农作物和蔬菜，我天天干着活，一是锻炼了身体，二是增加了收入。"眼下，他和老伴每月都有 50 元移民费和 80 元养老金，两个儿子和媳妇都很孝顺，他对自己的生活很满意，满脸的皱纹里洋溢的笑意分明是从心底发出的。

管俊生的苦与乐

赵有维

一

管俊生，1950 年农历八月九日生于阌乡县新城街，父亲管黑脸在阌乡县轧花厂工作，母亲孙爱香为家庭妇女。1960 年，三门峡水库拦洪蓄水，父母带着他及老二管福生，老三管长生迁移至西阎公社阌东大队第七生产队。

阌东村是阌乡县城迁建来的新村，除了几排土木结构的房屋外，大多数为临时搭建的油毛毡房，房顶覆盖着油毛毡，围墙、隔墙也多是油毛毡或竹编的排子，十分简陋。

当时，管俊生正在读小学三年级，由县城砖木结构的教室搬到阌东村土坯房子教室里。在秋雨连绵中，一个教室塌了，两名学生受伤，顿时学校安全成了问题，许多学生不敢上学。于是大队抽调劳力，对学校危房进行加固。除了突击建的土坯房、简易房潜伏着危险，更要命的是社员们同在公共食堂里喝稀粥，吃不饱饭。秋收前夕，管俊生和同学们在玉米田里偷啃生嫩玉米，一个个肚子胀的圆鼓鼓的……

1963 年，党的农村政策放宽了，允许社员们从生产队里“借地”和开“小片荒”。阌东村的社员们纷纷到水未淹住的黄河滩开荒种地，当年粮食产量大增，人们能吃饱饭了，大部分农户便推倒又低又小的土房子，建起土木结构，宽敞明亮的大瓦房。就在这一年，管俊生考入了阌东大队的初级中学。

1966年暑期，管俊生初中毕业，因父亲在外工作，16岁的他作为半劳力，和社员们一起天天在泥土里滚打，在庄稼地里忙碌。三年下来，他已成了一个什么活都会干的棒劳力了。1969年冬，他参军入伍，成为一名光荣的中国人民解放军战士。

二

管俊生入伍后，成为四川省军区独立二师武警部队的一员，驻守在四川省达州市。1969年，中苏“珍宝岛”事件发生后，原设在东北地区的一些兵工厂迁入达州，他所在的部队负责警卫监狱和兵工厂。当时，部队战士中的初中生较少，管俊生因文化程度较高，后被调到师教导队学习专业知识，他和14名学员学习卫生医疗专业。经过一年学习后，被分配到独立二师二营八连当卫生员。三四个月之后，调回二营卫生所任助理医生，为全营战士们诊病疗伤，因工作成绩卓著，曾被评为五好战士，多次受到营部的嘉奖，两年后加入了中国共产党。当时，义务兵服役期为两年，但因他工作积极，表现突出，有卫生员的专长，退伍一再被推迟，直至1976年4月方才退伍回乡。

此时他已26岁，在农村已是未婚大龄青年了。在父母的张罗下，他与西阎乡常闫村的姑娘孟改茎结婚了。当时，阌东大队已成立了卫生室并实行了合作医疗，但因缺医少药，很不景气，大队干部便安排他到卫生室当医生。管俊生说：“为村里乡亲们服务责无旁贷。但是，我的医术粗浅，需要充充电再来上班。”于是，在大队、公社的推荐下，管俊生到灵宝县卫生学校学习中医西医知识，半年后回村当了一名赤脚医生。

在村卫生室里，他学习的医疗技术派上了用场，中医、西医、针灸、按摩等疗法他都拿得起、放得下，卫生防疫也干得得心应手，加之态度热情，服务周到，手到病除，不久阌东大队卫生室便名声鹊起，基本上做到了常见病、多发病治疗不出村。1978 年，洛阳地区卫生局来人在灵宝考核赤脚医生，管俊生夺得了西阎公社第一名，并在表彰大会介绍了经验，阌东大队卫生室也获得了县级先进卫生室。

三

23 年间，管俊生热情为乡亲们治病，但他没有料到自己和老伴及唯一的孙女先后都得了脑病，且孙女被恶性脑瘤夺去了生命。

1999 年，管俊生患了脑神经萎缩、麻痹症，导致左脸小，右脸大，无情的疾病，使他只好辞掉了自己钟爱的卫生室工作。

2012 年夏天，老伴孟改荃患了脑出血，在医院抢救了四天四夜方才捡回了一条命，但是失去了生活自理能力，大小便失禁两年多，成了一个“药罐子”。至今，她仍坐在轮椅上，需要人护理。最让管俊生家“祸不单行”的是当年初冬，大儿子管国华的 4 岁女儿管江蕊患了恶性脑瘤，在其舅父王小波等人的支持下，两次入驻西安市儿童医院，但最终诊治无效，于 2012 年 12 月 21 日不幸离开了人世。

在管俊生的眼里，小孙女聪明漂亮、口齿伶俐，是个人见人爱的孩子。她的突然离去，加之孩子住院借了四五万元债，一下子将管国华打懵了。这位平常干活不要命的汉子，从此萎靡不振、精神沮丧，后来发展到四处游荡，不干农活，说话前言不搭后语，常常独自流泪。2009 年管俊生被选为村里的监委主任，负责民事调解等工作。作为村干部，他干着公家事，不能耽误村里的工作。作为一家之长，他既要照看和关心游游荡荡、神经错乱的长子，还要东挪西借为重病的妻子治病。长子、次子的两个男孩当时尚幼，也需要他照看，地里活、家务活都得他干……他天天从清晨忙到黄昏。他说，那几年处处操心，忙内忙外，心总是提在嗓子眼上，只怕家里再添事，像是在刀尖上过日子哩！好在次子管晓华及妻子李娜娜在外打工，收入较高些，月月给家里汇回钱来,才使全家上下渡过了一道道难关。在一连串的不幸中,管俊生的体重降了 30 多斤,已瘦得不成人样了……

四

管俊生是个擅于置家产的人。1986 年,村里为他家批了一座宅基地,当年全家人共同努力,盖起了四间砖木结构的瓦房,并专门设有两米宽的平台,上面可以晒粮食或棉花。同时建起的还有砖砌大门楼,管家在阌东村终于有一个像样的家。

2011 年,村里为管家长子管国华批了一座宅基地。次年,全家人又合伙盖起了砖混结构的四间平房,砖混的门楼更为宽大。管国华因痛失爱女引发的“精神病”,经过两年半的治疗和调理,其智力、体力逐渐恢复正常了。此时,新建的高速铁路从村边通过,经过管俊生的联系,管国华成了高速铁路的一名护路工,月工资 1600 元,除了护路外,闲暇时间便管理自己的苹果树、责任田,管国华的妻子在阌东村街上的一家超市里当售货员,全家一年的收入还是挺高的。

如今,管俊生已经 66 岁了,仍担任着阌东村监委委员,月月有补助,加之移民补助费、养老金和服役补助费,每月可领 400 元。高铁灵宝西站广场占了他家二亩三分地,每年发给占地费 2300 元。尽管如此,老伴有病长年吃药,家庭经济上仍然是捉襟见肘。

回忆自己的大半生移民生涯,管俊生颇有感慨,其中既有痛苦,也有欢乐。眼下祖孙三代八人,虽然分房另住了,但仍是一个户口簿,他仍是这个家的家长。庆幸的是两个孙子学习成绩很好,又喜逢盛世,他想着管家的好日子还在后头呢!

返乡移民李新有

刘春龙

一

李新有,1937年6月出生,老阌乡县城博爱街张家巷人。1959年搬迁到阌乡村居住。他是广东省名门李远堂的第七代传人,李远堂的儿子李坊桥道光四年任过阌乡县的县令,一代一代人传了下来,他们家是阌乡县城的老户人家。

李新有一直保存着一个十分珍贵的文件夹。他常对人说:“你别看我的公文夹烂了,但是他的年龄超过了我的年龄。这个公文夹是父亲在国民政府任职时留下的纪念。这里面有我们的家谱,我俩的结婚证和我的工作证明,还有20世纪六七十年代的大集体工分记录账单等,它比我的生命还重要。虽然我们搬了五次家,但是这个公文夹我一直要珍藏着,还要传给我的子孙后代。”

李新有的家是一个富有传奇故事的家,谈起他们家的历史,李新有充满自豪地说:“我现在正在整理家谱。我的祖籍是广东省五华县,李坊桥是李远堂的传人,清道光四年,任河南省阌乡县县令,居家从广东省搬迁到阌乡县定居。李坊桥有十个孩子,号称‘十面锣’,其子李万兴继族,其他儿子后分居在北阳平、程村及山西芮城等地。李家原居住在阌乡县城顺城东街李家巷,后迁至博爱街居住。我父亲李天祥为第六代,代代都有干公事、吃皇粮的人。”

李天祥从小酷爱读书,后考入汝阳棉校,毕业后分配到西安市城县棉业改进所任职员,后调任国民党陕西省农业厅任职员。解放战争时期,国内经济萧条,民不聊生,物价飞涨,民国政府以发放面粉抵顶工资,后由于政府官员克扣粮饷,李天祥每月的粮饷由八袋面粉减至四袋,不能养家糊口。1948 年,李天祥携全家返回阌乡。中华人民共和国成立后,因国家缺乏专业技术人员,河南、陕西两省均招聘李天祥出来工作,他后来到信阳地区农业局工作。1957 年,李天祥被错打成右派分子,返乡务农。1979 年李天祥被平反后,返回原单位工作,后因心肌梗死去世。李新有说:“父亲虽然受到过不公正的待遇,但是他总劝我勤读书、学科技,他的教诲一直牢记在我心间。”

二

李新有回忆,搬迁前,他们全家所居住的博爱街,是县城最繁华的一条街道,有县委、县政府、公安局、县医院等部门,还有书店、盐行、饭店、酒行等,他们家开着县城最大的李远堂酒行。当时吃水十分方便,每条街都有井,井深只有十来米。随着三门峡水库的修建,昔日繁华的老阌乡县城被搬迁、淹没。李新有说:“搬迁时,我们家 5 人,被安排在老城西的高地上,当时叫西迁建,现在称作阌乡村,分了 3 间土木结构的新房。由于地势高,吃水难成了困扰村民生活的最大问题。1000 多人的大村子,吃水仅有两眼水井,而且井深八九十米,常常是三个人绞一桶水,其中两个人摇辘轳,一个人拽绳。当时流传着顺口溜“西迁建,吃水难,不担水来就扫炭,有女不嫁西迁建。”那时他在县农办工作,每月只有四天假,每次放假回家,绞水常常排队很长时间。有时,他从十余里外的南寨子河滩挑水,由于距离远,每天仅能挑回两担水。

由于深受父亲爱读书的影响,李新有自小喜欢读书,钻研科技,在村里举办农民科技培训班,成了小有名气的农业专家。李新有在学校读书时成绩优良,积极参加社会活动,担任过学校共青团宣传委员。后来,他写入党申请书,追求进步,但被人揭发说他父亲是国民党,因而未能加入党组织,成了他一生的遗憾。1956 年 3 月,19 岁的李新有被借调到灵宝县农业局工作,三个月后,经招考成为农业局的一名科员。1959 年,李新有调到灵宝县委工具改革办公室工作,期间,组织派他到北京农业机械学院学习一个多月。1962 年,李新有调到灵宝县农委办工作半年。后因家里吃水困难,他申请回村务农。从此,李新有由一名国家公职人员变成了普普通通的农民。

三

李新有喜欢看书,琢磨学问,常常因为看书痴迷,耽误了吃饭和上学。有一次,他的三爷问他:“看书能顶得了吃饭?”他说:“能。”对李新有来说,确实通过看书学习,掌握新知识,了解新技术,对自己很有用处。有一年,棉田里棉蚜虫肆虐,棉株上一片片叶子枯落了,对当年棉花收成影响很大。虽然当时他只有十几岁,但是自己按照书上说的方法,琢磨着配方施药,结果虫治了,叶子全部保住了。三爷高兴地逢人便说:“新有长大了,长大了!”从此家人再也没有反对他看书学习。他爱好科技、钻研科技的劲头一直未减,并创办了“米邱林学习班”,专门研究普及农作物生产科技知识,学员一度发展到了三十余人。有一天,他外出时,中国青年报记者到阌乡采访,乡团委书记介绍了他的事迹,中国青年报社做了专题报道,后来《河南日报》、洛阳地区报纸对他的事迹也做了长篇报道。灵宝县农委还专门聘请他在县大礼堂为县直单位的干部们介绍了米邱林学习班的情况。当时,年纪仅十五六岁的李新有成了远近闻名的小科技人物。

李新有夫妇生育有四个子女,由于人口多,劳力少,家庭生活困难。20 世纪 80 年代,他家已累计从信用社贷款 180 元,本金和利息压得他抬不起头。90 年代,县黄河农场的领导得知他爱钻研科技,科学种田的情况后,聘请他去给场里的职工种植蔬菜。他根据气候、土壤等自然条件配方施肥、科学种植,使蔬菜产量比以前增产了许多,产出的蔬菜除农场四十名职工吃外,还有部分结余,场领导让他将多余的蔬菜卖掉补贴家用,以抵顶他的工资。他凭着给农场种菜卖多余的蔬菜终于将信用社的贷款还完了,他高兴地大声宣布:“我终于没有外债了!”后来,李新有在自家的责任田里栽了 2 亩苹果树,6 亩杏树,每年还养殖 2 头肉牛,凭着他的科学管理,果园效益很好,他在家庭生活上彻底打了翻身仗!

四

李新有膝下有三儿一女,成家立业后有了四个孙子,现在都已成家,并添了三个重孙子,已是四世同堂。其中四孙子李源阳,在南京农大读书期间,加入了中国共产党,实现了李新有入党的夙愿。李源阳大学毕业后,考录到中国农业银行总部工作。老李逢人便说,孙子有出息,李家又出读书人了!

李新有有两个爱好,一是珍藏书籍。他做了个简易书架,将父亲的书籍和他购买的书籍整整齐齐地排列着。他说:“谁借书都可以,但是必须还。”二是珍藏照片和珍贵的资料。至今,他还保存着他们夫妇 60 年前的结婚证,保存着两人的初小毕业证,保存着 20 世纪 60 年代自己到天安门参观的照片,也保存着部分粮票。这些珍贵的东西,成了老李永久的精神财富。

对于今天的生活,李新有满足地说:“现在的政策真好,社会稳定,群众生活好多了。我们村里家家户户几乎都建起楼房,小汽车也有一二百辆,做饭和城里人一样用上了煤气和电器”。可以看出,无论生活如何变迁,李新有热爱党、热爱社会主义的一颗赤诚之心一直没有改变。

张育才的移民人生

赵有维

一

2016 年初冬的一天，太阳暖暖地照耀着阳平镇阌乡村，该村第三村民组年届 86 岁的张育才老人，回忆起当年告别阌乡城，在这片高地上迁建阌乡村的坎坎坷坷，不胜感慨地说："转眼间半个多世纪过去了，昔日的阌乡城淹没了，却建起了阌乡、阌东等村子，如今都过上了吃穿住不愁的日子，真是沧桑巨变啊！"

迁建新村是 1957 年开始建设的。新房是一长溜房子（村民俗称为排排房），一排房多则几十间，少则成十间，房前便是住户们集体的院落。就这样，一排排房子在黄河南岸高地上建起了，新房连片成村，十分壮观。

刚开始，排房建设是十分认真的。如深挖地基，砸实后垒以砖石做地基，然后在地基上打墙或垒土坯墙，在砌墙中安下门窗，有的还在土坯墙内侧刷上白灰。后来，1958 年掀起"大跃进"热潮，居民点建设也来个日追夜赶，不挖地基起墙，打墙时不留门窗，让住户自己掏窟窿安装门窗。

1960 年早春，三门峡水库开始蓄水，县里督促留在阌乡城里的人尽快搬到新建的居民点。原住在阌乡城西关的张育才，时任大队保管和公共食堂司务长，他携带母亲、妻儿一家几口当即搬到了新建的阌乡村，挤住在两间排房里，夜里炕上挤不下，3 岁的长子张海泉便睡在案板上。

搬迁之初,县镇政府对城里各户房屋予以登记,普通房子一间折价200元,门面房或带楼的每间折价300余元,登记造册,发给补偿。而新建的迁建村每间房折价150元左右,缴款后发给房产证,都无现金交易,两者相抵后多退少补。

原住在城里时吃水很方便,搬到迁建村,吃水十分困难。因建村仓促,没打水井,村民用水需要到三里外的南寨子去挑,其间有一里的长坡十分陡峭,人称“猴坡”,中途没处放桶休息,人人累得满头大汗。张育才是个热心人,他后来在陡坡旁挖了几处可放桶担的歇息台,方才解决了这一问题。

二

第一批搬迁者总算安下了家,而观望徘徊者却因迟搬一步吃了不少苦头。

第一批搬迁者大都领到了旧房补偿款,旧房自行拆除,其屋梁砖瓦等都卖了个好价钱。而拖延不搬的人一是认为水一时上不来,二是希望政府能增加补偿款,所以一直在拖着。谁知,1960年夏秋雨水特别多,三门峡水库蓄水后水位猛涨,待水进了院子,人们才慌了神,只顾人走,屋梁砖瓦及家具、衣物、箱柜等都被洪水冲走。包括历史悠久的十几座庙宇都被洪水吞噬一空。张育才如数家珍地说:“我记得有孔圣庙、关帝庙、娘娘庙、城隍庙、土地庙等,还有一些雕龙绘凤的古建筑,都淹没坍塌在一望无际的水库中。”张育才说,洪水袭来时,人们才慌了,纷纷舍弃家园迁移到新建的阌乡村。一排排移民房住满后,有的只得在已改线的陇海铁路壕里打窑,有的则在洛潼公路两侧崖上打窑,有的在村外搭个棚子暂时栖身。

至此,阌乡村人口陡增,12个生产队办了12个食堂,张育才任三队食堂司务长。当时正值“三年自然灾害”,粮食短缺,他便发动社员挖野菜、捋树叶,凑凑合合渡过难关。

次年初春的一天,嫁到阳平公社横涧大队老虎头村的姐姐张快珠来到张育才家,看到人们吃不饱饭的情景,十分同情。她向弟媳说:“老虎头村人少地多,生活相对好一些。你的女儿海霞快三岁了,饿得面黄肌瘦,怪叫人心疼哩!我没有女儿,将海霞让我带走吧。”

就这样张海霞过继给了姑姑,长到18岁时,姑姑、姑父相继去世,她又回到阌乡村,嫁到附近村成家。她说,她爱亲生父母,但更爱养父养母,是他们在最困难的时期收养了她,并将她养大成人。

三

1982年春,改革开放的春风吹拂着神州大地。一天晚上,生产队长薛小成来到张育才家,商量着是否分田到户。

张育才说:“党中央号召实行农业生产责任制,咱灵宝不少村已分田到户了,该分就分吧!”当时,该生产队人均耕地一亩半多,张育才全家九人,分地十六亩多。当年,在他一家人的精心耕作下,粮食获得大丰收,于是,村里人纷纷申请新宅院,盖起了砖混结构的小平房,仍住在排排房的,也纷纷将土墙换成了砖墙。

20世纪80年代,张育才的大儿子张海泉携妻在三门峡打工,在那里买下了家属楼。眼下,张家的孙子在三门峡市开车搞运输,孙妻在市区工作。张育才已有了重孙,可谓“四世同堂”了。

此后,张家次子张海波在金矿打工,挣了不少钱,1995年在阌乡村盖起了两层小楼,和张育才老两口住在一起。如今,张海波和妻子仍在外面打拼着,两层小楼里平时只住着老两口,很清静。

老三张海英一家也在外打工。他们紧挨着张海波家盖起了砖混结构的4间平房,全部瓷砖镶面,十分气派。

张育才老人说,别看平时家里冷冷清清,逢年过节儿孙们一回来,女儿女婿前来拜年,家里非常热闹。他说:“今天的阌乡村能过上好日子,一是有赖于党的改革开放的好政策,二是移民们发扬了自力更生,艰苦奋斗的精神,使阌乡这个移民村处处充满了勃勃生机和美好生活!”

历经风雨终不悔

曾迎春

荆育东老人瘦高个,深蓝色的衬衫扎在黑色的裤子里,干净利索,不像个八旬老人。他一直保存着一张灵宝老县城搬迁前的城区分布标示图,他说:“这张图已经保存了60多年了”。

荆育东说,60多年过去了,他还一直惦记着祖祖辈辈繁衍生息的那座古城,忘不了那里的大街小巷。60年前,他专门请人绘制了灵宝老城淹没前的区域标识图,2008年又把旧图重新制作了一次。

荆育东生于1937年。1956年,国家修建三门峡水利工程,整个灵宝老城区都是黄河淹没区。1959年搬迁时,他22岁,大儿子不到4岁。当年的荆家在县城是大户人家,他爷爷荆老七大名鼎鼎,县城人人都知道。他一大家子100多口人住在荆家大院里,位于老城东大街里仁巷。院子很大,家里有4辆大胶轮马车,13头骡子,雇有几个伙计,在当时算是城里的大户人家,生活比较富裕。

荆育东说,那时,他家是地主成分,想搬迁敦煌,不让去。他家住的巷子由当时新成立的弘农社负责搬迁,但社里的人说他家没土地,弘农社只负责有地的农民往新划分的郊区搬迁,当时给新安置的地方叫“基建新村”,也就是后来的“老城村”。

荆育东15岁就开始赶大马车,四处送货物,在家的时间不多。只记得刚开始动员搬迁时,人人都不想走,老城当时被人称为“小北京”,是水陆大码头,有火车站、有渡口,交通很便利,来来往往的车辆和生意人都在这吃饭、休息,很是热闹繁华。老城历来都是有女不外嫁,城里不出三户就是亲戚。老城有东西南三个城门,为啥没北门?城北墙外是大片大片的枣园,没有人家,很荒凉。这里埋的坟很多,老城人叫“鬼道庙”。

老城最热闹的是南大街,整条街都是做生意的店铺,卖日杂百货、药品、粮草等,还有骡马交易市场。县委、县政府、县文化馆、学校都在西门内的西街。当时最大的饭店是南大街的五楼巷、新华楼,张金秀的饭店虽在南门外,但生意也很红火。最大的药铺是南关的泰昌大药房、南街的济世药铺、八和口的忠兴昌药铺。开药铺的山西人多,老城方圆几十里的村都没有药店,郎中只管开药方,病号随意给个方子钱,然后拿着方子到县城里抓药。

南城门的南街被称为小吃一条街,老城的小吃花样繁多,色香味俱全。有酥软香甜的糖糕、黍米面红枣油饦、辣香热乎的炒凉粉、酥脆可口的炸油条、葱花香菜红油辣子飘香的豆腐丸子汤,还有扬名黄河两岸的王家老字号烧鸡、五路巷口孟拜寿的蒸肉、白生贵的浆饭在老城都是很有名的。

到了1959年的后半年,眼看着城里一家家都陆续搬走,他家人多,再加上成分不好,一起走不好安置。他爷爷就把家产分了,让各自想法子走。他分到了一辆大马车,两头骡子。于是,他托当时在老城先进社赶大车的本家伯父,让其找社领导,经过多次请求,答应他的马车和人加入先进社。先进社是由各家的马车组合在一起的,集中管理,跟现在的运输公司一样。社里的人都是在老城没有土地的、基建新村不负责安置。他入社时,社里已有两批人马先搬迁,安置在虢州街,即现在的灵宝市区,他是社里最后一批迁来的。

迁到新县城后,住的地方是一大片的苹果园,虢镇街上冷冷清清,新灵街西头只有一个新华书店,一个邮局。社里先头两批来的人在政府的帮助下,在果园中间盖好几十间土坯房,人多房少,每家不管几口人,只分一间房暂住。

1960年5月,社里的男人们都调去建设窄口水库。他赶着马车在水库工地运送石料和木材。妇女们在家抬土和泥继续盖房子,给牲口铡草料。那年刚入腊月,社里让人通知他,叫他从水库工地回来。回来后才知道,是因为自己成分不好,作为反面典型下乡接受贫下中农再教育。当时因是年尽月满,妻子哭着不想走,小女儿才一岁多。妻子让他找社领导说说,等过完年再走。他找了好几次,社领导都说不中,那是上头的通知,年前必须下放完。

除夕那天,他带着全家来到大王镇的韩家村,村里先让他暂住在学校的窑洞里,说在学生开学前自己需重新找地方住。荆育东在村里转了好几天,才在村外的沟边找到一孔别人废弃的窑洞,没有院墙。他简单地收拾收拾,一家四口先住下。有一天傍晚,他刚进厕所,就听妻子惊叫:"狼,狼进院了!"他赶紧拿把锄头跑到院里,只见狼叼着一只小鸡飞快地跑了。进了窑,看见妻子搂着两个孩子在瑟瑟发抖。他就告诉孩子说,天黑就一定不要出门,外面有狼。没过多久,他家养的另一只鸡又被狼叼走了。为此,他赶紧四处借钱,到村子中间买了个有院墙的窑洞,一家人搬到村中住,心里才踏实了。

当时,韩家村里人不会赶马车,他就教他们赶马车。闲时就帮乡亲们运点石料,和村民关系处的特别好。当他家的日子慢慢好起来时,妻子突发心脏病不幸病故了,留下他和五个孩子,老大十岁,最小的两岁。他说当时幸亏村干部多方照顾,村里邻居的婶子们隔三差五地帮他料理家务,又送吃的、又送穿的,苦日子总算熬过来了。

1985年,从县城下放村里的另外一户人办了返迁手续,回了县城。他才知道改革开放了,党和国家出台了很多平反过去错误做法的新政策,他骑着自行车找到下放前的单位县马车社。此时马车社已经改成"灵宝县第二运输公司"。经过政府部门多方协调,他和两个没结婚的女儿被招工安置，成为灵宝县第二运输公司的正式工人。

荆育东老人说，他今年 80 岁了，虽然吃了很多苦，经历了风风雨雨，但现在的日子好过多了，每月政府按时发给养老金，生病住院有医保。他的孩子们日子也过得一个比一个好，两个子女都买了大客车，自己创业致富。以前的荆家有 4 辆大马车就感觉不得了的很，如今孩子们拥有了四台大客车，整天忙忙碌碌跑得比过去的马车强多了，真应该感谢党和国家的好政策。

最后，荆育东说："国家修建三门峡大坝，是为了黄河下游的老百姓免遭水害，我们这代人虽经历了一些艰辛，放弃了祖祖辈辈几代人积攒的财富，也付出了自己的青春年华，但舍小家为大家，下游人民生活安全了，国家安定了，我的生活也好过了。因此，感觉自己的付出是值得的，对今生的生活无怨无悔"。说到此，他的眼角虽然还闪烁着泪花，但脸上露出了舒心的笑容，就像那梢含雨露，尽情绽放的菊花。

张建霞与妯娌比翼双飞

张冲波

在大王镇董家村,70 岁的张建霞一坐下来,没说上几句就痛哭流涕,连说好几个“我委屈,我委屈呀”。说完“委屈”,她就竹筒倒豆子般地一溜把自己的“委屈”事讲了出来。

一

三门峡水库蓄水在即,灵宝县城迁移迫在眉睫。根据统一部署,县城的建设、解放、弘农三个社的农民,安排定居县城东边 5 里的一处高台地(现在的老城村),而新胜社的十个生产队中,只允许八个生产队迁至老城村,剩余两个生产队需外迁到大王公社的董家村和沟北村。绝大部分人不愿意迁到别村,无可奈何,只得采取抓纸蛋的形式,谁抓住谁走人,结果抓住 4 号和 5 号,也就是杈把巷里的四队和五队。新胜社社长黄全力是杈把巷人,做为移民户带队的,安排四队迁移沟北村,五队迁移董家村。生产队的马车把各家各户的东西拉来了,但他们县城的房子不允许自家拆,留下由县上统一组织人员拆除,把有用的建材运走建设新县城。杈把巷只有两家人没去董家村,一家是托人情关系迁到灵宝新县城。一家是张建霞的同父异母哥哥张崇澄,他是铁匠,新建老城村大量盖房子,急需木匠、铁匠和泥瓦匠等手艺人,于是他被迁到了老城村。

城里人到乡村肯定不习惯,老县城巷子宽,门楼高,夜里有路灯,上学也方便,不管平时或是过年过节都很热闹。一下子到了农村,张建霞一家很不习惯。什么都不方便，还得忍气吞声受委屈。一个外来户，人生地不熟，人家敢说的话你不敢说，人家敢拿的东西你不敢拿，也不敢跟人吵架，总觉得缺理。

张建霞家搬到董家村后，母亲又生了一个女孩，正逢1960年的“三年自然灾害”期间，大人都少吃没喝活的很艰难，那养得起小孩，只好送到后山给了人家。山里有粮食，好养人，人家给了三尺洋布。母亲第三天去看女儿，半路上摔了一跤，从此再没去看过。

后来，张建霞的父亲跑到灵宝新县城东关村，说自己也是移民户，看人家要人不要。人家问他会做啥，他说会务菜园子。东关村干部说，那你明天把户口搬来。父亲就凭着种菜的手艺，回到董家村把全家户口迁到了东关村，一家人觉得很幸运，欢欢喜喜跟过大年似的。张建霞在董家村上的是四年级，在董家村住了三年，到东关村上了六年级。

董家村里的移民户共走了三家，张建霞家、她六奶家和她三叔家。三叔有文化，是教师，走后门跑到寺坪教学去了。有点长处的都出去找出路，看人家要不要，后来，只剩下崖上那几家没有走。

张建霞一家人搬到东关村后，她的外祖母和舅舅还留在董家村。新县城附近的村子要能干活、有手艺的劳动力，外祖母已是60多岁的老太太，舅舅排行老小，正上初中，当然没有村子接收。当初，张建霞母亲怕娘家这一老一小没人照顾，是强烈要求娘俩一起随她家迁到董家村来的。如今，她家离开了董家村，外祖母和舅舅却留在了那里。

张建霞的母亲整天牵挂着老妈和小弟。在董家村时，全家人就省吃俭用，供应着在县城上学的舅舅，为此父亲都得了浮肿病。有一次，从大集体食堂买回一个馍，二妹眼疾手快，拿起就吃，母亲“啪”的就是一巴掌，把馍夺下来放进瓦罐里，那是她给弟弟攒的。星期天，打发张建霞把攒的馍专程送到灵宝一中给舅舅吃。父亲后来发现瓦罐里有馍，从此，就把饭票分开，一个人分灶吃，张建霞娘们几个在一起吃，母亲为了自己的弟弟,继续从女儿的嘴里夺食。

二

父亲对母亲过分照顾自己的娘家人有点生气,因此,在想法搬到东关村时就没打算把丈母娘和内弟两人带上。搬到东关村后,张建霞的母亲总是惦念留在董家村的娘俩,偷偷摸摸攒下一点米面,就让张建霞坐火车送到董家村。父亲知道后,就骂她是个家贼。

张建霞小学毕业考到城关初中,因为家庭经济困难便辍学回家了。后来,在汽车站卖水果,一天挣个三元两元贴补家用。这时,舅舅在董家村结了婚,母亲还让她给舅母买衣服,冬夏各一身。

后来,张建霞又嫁回到董家村,这是她母亲特意安排的。她总是待娘家兄弟亲,想让她兄弟有个帮手,就把张建霞从灵宝东关嫁给了董家村的狄金义。狄金义的堂姐就是张建霞的舅母,这层关系的微妙和复杂可想而知。她母亲考虑问题的出发点是,一边是女儿的舅舅,一边是女婿的堂姐,亲上加亲,还能错待她的小弟弟?

狄金义从小没爹没妈,没人管没人疼,家里穷的叮当响,张建霞很不愿意这门婚事,整天捂住被子哭。但她母亲铁下了心,非让嫁给狄金义,好给她兄弟当胳膊腿用。张建霞当时年纪小,小胳膊拧不过大腿,也不敢犯犟,只得“嫁鸡随鸡,嫁狗随狗”,给个啥家就是啥家,哭哭啼啼地被嫁回了董家村。

母亲当时说,人家狄家过去是大门大户,你在那不受委屈。张建霞说,董家村没水。母亲说,也没有炕死过人,都能过的。张建霞说,没有房子,只有一眼烂窑。母亲说,他总不能把你接到雨地里。

其实,张建霞在县城东关曾有个心上人,两人情投意合,但母亲始终不愿意,最终棒打鸳鸯散。何况20世纪60年代的人都比较封建,有爱不敢大声说出来,“嫌怪,说你真野,把你给个啥是个啥。”

母亲选择的婚姻是张建霞一生最痛苦的事情。直到她后来有了一儿两女，才慢慢想开，再困难、再艰苦，都要把孩子抚养大。丈夫从小孤苦伶仃，没有母爱，她不想让自己的孩子从小也缺少母爱。她明白一个道理，人不能只看手心那一点，要往手梢看，只要勤快好好干，总有好光景来的，人不能可怜一辈子。

从定居到灵宝城边又嫁回到董家村乡下，张建霞肚里窝了很大的委屈，但她没有亏待狄金义。她是个十分要强的人，与丈夫同甘苦，共患难。狄金义会吹个唢呐，曾在大队文艺宣传队待过，那时一天出门能挣五六块钱，手头方便一点。

张建霞外祖母家是地主成分，解放前在县城开有店铺，西安还开有大枣门市部。家里有四合套院院子，四檐八滴水，明柱子用小面布裹着才油漆。解放灵宝时，她的外祖父曾给解放军送被子、送粮食，本是位开明士绅。但解放后，土改时有人举报他欺行霸市，最后被枪决镇压了。

张建霞的外祖母也不情愿她的这门婚事，但她母亲就是一个心思为娘家着想，说：不管咋样必须得给董家村搁一个人，照应着你们。

狄金义曾给舅舅刨红薯，一下子干到半夜十二点，连自家的红薯都顾不上刨。因丈母娘说过，你们就是舅舅的胳膊腿，想咋使唤就咋使唤。“总的来说，都是因为三门峡大坝，都是因为移民，我才落到这个下场，你说我委屈不委屈？”几十年过去了，一提起母亲怀着私心，做主自己的婚姻，她还是耿耿于怀。

三

无巧不成书，狄金义娶了个灵宝老县城的张建霞，他的哥哥狄铁义娶的也是灵宝老县城的刘爱珍。

张建霞和刘爱珍妯娌两人在相夫教子像较劲似的，一个比一个贤惠通情达理,一个比一个吃苦聪明能干,在董家村落了个“好媳妇”的名声,也为老城移民长脸争光。

如今73岁的刘爱珍满头白发,并排坐在一条板凳上的老伴狄铁义,5年前得了脑梗,说话含混,腿脚不便,一天全靠她三顿饭精心伺候着,才艰难地生活下来。

一座靠崖的院子,一面朝南的土墙,冬日里晒着暖儿,半下午一阵寒风袭来,太阳的热力锐减,但丝毫不影响老太太慢条斯理的讲述。

刘爱珍的父亲,当年在灵宝老县城的火车站前边开了一家旅社。那一片私人旅社有四家,周家店、孙家店、刘家店、许家店。刘家店坐北向南,那三个店坐西向东,都是饭店带住宿。

解放后公私合营,父亲、母亲和旅社都归了县商业局管。1959年水库即将建成,老县城迁移时,家家房子被拆得乱七八糟。当时刘爱珍上初中,此前,晚上放学后还在电影院看电影《三里湾》《我们村里的年轻人》。

后来父亲和母亲分到北村渡口工作,那年刘爱珍考上三门峡技工学校,因嫌离家太远,没去上。不久因“三年自然灾害”,父亲觉得干公家事吃不饱饭,看见农民在地里拾麦、拾菜还能勉强生活,就坚决要求下放农村。当时父亲一个月30元工资,粮食供应27斤,根本养活不了她弟妹8个,于是就近下放到董家村吉家湾生产队。

后来,县里让城里的市民往新县城搬迁,几个同事都回了城还干商业,她父亲却死活不回,说自己饭量大,回城吃不饱。

她家就在一处土崖前挖院子,她和大弟、舅舅、外祖父、爸爸一起干活,担土,推土,下梯形院子,没明没夜地干。刘爱珍是老大,下面是七个弟妹。

刘爱珍的婚事是生产队会计介绍的,狄铁义家是地主成分,她不愿意。但爸爸坚持说:咱到了人家这村子落户,单门独户惹不起村里人。

意思好像是拿她送礼,送给人家,一方面有了亲戚关系,一方面给了生产队会计面子。

1964 年“四清”运动时,刘爱珍的父亲是贫协主席,驻队干部在她家吃派饭。她父亲曾当着干部的面说:“你非得和铁义退婚”,并且这句话重复了好几遍,表明他鲜明的阶级立场。但干部吃罢饭一走,父亲就关起门来给她说好话:“必须嫁给铁义,可不能退婚”。爸爸苦巴巴地央求她,就差点给女儿下跪了。

刘爱珍当时想,父母待她不错,嫁出去了权当没有她这个女儿,就应承了。那天晚上去西沟看电影《箭杆河边》,里面有斗地主,说地主这坏那坏。回家后她就在父亲面前哭闹,说不愿意嫁给铁义这个地主子弟。父亲又给她说好话,反正是不叫退婚。

刘爱珍在县城曾有个心上人,年龄相仿,他家也开旅店,俩人每天晚上相随去派出所送审旅客登记表,一来二去,两个年青人都有了好感,从相互爱慕到自由恋爱。“但父母不愿意,嫌弃相好他妈在戏班子待过,不同意我俩好。”最后真得忍痛割爱,遵从了父亲的安排。

刘爱珍两口子过了几十年,早已过出了感情。如今,她露出满意的笑容说:“现在农村 65 岁以上人的养老金由 82 元涨到了 100 元,我还有移民补助,现在就是想美美多活几年,看看世事,享享清福”。

寄情敦煌

灵宝移民在敦煌

亢结绪

风雨移民路

昔日出阳关，两眼泪不干，
前望戈壁滩，后望鬼门关，
荆棘豺狼古道边，十人出关九不还。

这是很早以前流传在嘉峪关外的一首民谣。读着它你能想象到从前关外的荒凉和出关谋生人们的苦难与悲伤。民谣中的阳关在今天敦煌市西南70公里的阳关镇。

敦煌市位于河西走廊最西端，地处甘肃、青海、新疆三省交界处，是古丝绸之路的咽喉要冲。由于山高皇帝远，敦煌一直是一个生产落后、经济萧条、民生凋敝、城市破败的塞外小城。中华人民共和国成立后，在党和政府的领导下，经过各族人民的艰苦努力，到20世纪50年代中期，敦煌经济得到了一定的恢复和发展，人民生活有了明显改善。但总的说来，由于地处偏僻，交通不便，还是比较落后和贫穷的。

1956年，国家决定修建三门峡水库，为响应支援边疆建设的号召，4000多灵宝人民告别了祖祖辈辈生活的中原大地，远涉千里，移民来到还很落后和荒凉的敦煌县。

从那时到现在，60多年过去了，敦煌已发生了翻天覆地的变化。如今，这座祁连山下的戈壁绿洲上莫高窟飞天起舞，喜迎五湖四海宾客；鸣沙山沙声鸣响，高唱改革开放之歌；条条通途翻山越岭，为敦煌儿女送来党的关怀和温暖；幢幢高楼拔地而起，装点着敦煌的美丽和时尚。如果驱车来到敦煌农村，看到的也是一番喜人景象：村村小康楼，自驾上高速；沃野披锦绣，歌声飘悠悠。特别是2016年9月20日，首届丝绸之路敦煌（国际）文化博览会的成功举办，更让敦煌成为一张文化请柬，一张丝路名片，成为中国对外开放的一扇窗口。敦煌正在走向世界，人民的生活将更加幸福和美好。

60年，对于移民到敦煌的灵宝人来说，是漫长而充满戏剧性的。在这条纷纭复杂的移民路上，他们有过怎样的悲和喜、苦和乐？为什么绝大多数移民又回到了家乡？60年过去了，第一代移民多已作古，留在敦煌的长眠在这片戈壁大漠。当年的孩童也已走进了生命的秋天，在家颐养天年；只有那些在敦煌出生的移民后裔，正拼搏在人生的圆梦路上。当年这场轰轰烈烈、跌宕起伏的移民活动早已风平浪静、几近收尾、日益淡漠，但对这段历史值得回顾总结，以鉴后世。

移民敦煌安新家

20世纪50年代，是一个令人难忘的年代，新生的共和国在医治巨大战争创伤之后，带领着人民正在经济建设的征途上既建设、恢复新的工业、农业生产体系，又根治着长期遗留下来的一些祸患。根治黄河水患，造福下游百姓，毛泽东主席发出了"要把黄河的事情办好"的伟大号召。1955年，国家决定建设三门峡水库，解决黄河下游水患问题。大坝建成后，按照规划，灵宝（包括已撤销的阌乡县）、陕县的淹没区民众都要迁到甘肃省。

1955年秋，河南省政府组织了一个考察团前往甘肃各地考察，成员有徐福海（阌乡城关镇镇长）、王宠恩（陕县移民负责人）、杨全录（陕县代表）、时喜乐、周敏学（灵宝县移民委员会干部）。他们在甘肃省相继考察了河西三地区（张掖、武威、酒泉）的几个县。据徐福海回忆说：

"敦煌土地广阔,日照充足,适合作物生长。虽然雨量很少,但有祁连山雪水灌溉,旱涝保收。敦煌适合种小麦棉花,灵宝又是产棉大县,敦煌人主要吃面食,两地农活和生活也差不多。更主要的是敦煌农民经济收入较高。"据陕县移民赵栓智回忆:杨全录曾对他说过,他们到杨家桥乡考察时,当地人拿出杏子、桃子、梨、西瓜招待他们。交谈中,觉得敦煌人热情、厚道,很好交往。考察时正值秋天,树上结满了各种水果,就觉得敦煌是个好地方。考察团回去之后作了汇报,移民敦煌的事就这样定下来了。由此看来,在移民敦煌的决策上,当时的河南省政府还是十分慎重、很负责任的。

1956年春节,是灵宝老城人终生难忘的日子。一进入腊月,人们烧棉柴煮腊八饭,祭灶神,剪窗花,贴对联,放鞭炮,过大年。尤其是孩子,打扮得花枝招展,蹦蹦跳跳地给长辈磕头要压岁钱,老城沉浸在一派祥和喜庆的气氛中。然而对于已经报名并得到批准,即将离开家乡迁往敦煌的人们来说,这也许是他们这一辈子在家乡过的最后一个春节,大家的心情显得格外沉重。

春节刚过,大张旗鼓的宣传动员和紧张有序的移民准备工作就开始了。我当时只有十六岁,正在灵宝一中上初一。每天上学下学都会听到广播里宣传、号召人们移民西部,支援边疆建设,支援三门峡水库建设的内容。大街小巷随处可见"敦煌是个好地方"的标语和黑板报,三五成群的人们围在一起议论着移民的事。回到家里,经常看到左邻右舍的人们找我父亲商量移民敦煌的事情。有一天晚上,母亲问父亲:"不去敦煌不成吗?"父亲说:"灵宝县城的人迟早都要到敦煌去,我是农会主席,又是社主任,应该带这个头。"

"二月二,龙抬头。"这是一个吉祥的日子,也是许多灵宝移民刻骨铭心的一天。这一天灵宝第一批2000多移民,坐着闷罐子车,离开灵宝,浩浩荡荡向敦煌进发了。

火车走了四天四夜到达张掖(当时铁路只修到这里),移民在这里改乘汽车前往敦煌。第二天从张掖到酒泉,夜宿酒泉一中;第三天从酒泉出发后,当汽车经过嘉峪关时,有人念起了那首“一出嘉峪关,两眼泪不干……”的民谣,许多眷恋故土的人情绪更加强烈,于是有人编首新民谣:“过了嘉峪关,眼泪擦不干,故乡那么好,为啥朝西搬”。

第一批灵宝移民到敦煌时是农历二月初十。二月初,在灵宝已是春回大地,风和日丽。但在敦煌仍是天寒地冻,冷风刺骨,好在敦煌政府和人民给予移民无微不至的关怀和热情接待,让移民感受到了春天般的温暖。

移民到敦煌后,临时集中在东街小学的操场上,在这里召开了热烈的欢迎会。会后,按照事先制订的分配方案,灵宝县移民被分配到三危乡、党河乡、杨家桥乡、吕家堡乡和转渠口乡五个乡;阌乡移民被分配到孟家桥乡、五墩乡、郭家堡乡这三个乡。

灵宝县城南关街100多户移民被分配到三危乡,这个乡有5个村,我们家和其他20几户移民分在紧靠县城东面的窦家墩村,村里有500多人,300余亩果园,经济条件较好。

移民刚来时都借住在当地人腾出的较好的房子里,房子打扫得很干净,炕是提前用牛粪煨热的,很暖和。房子里都有一个麦仓,上面放着木箱,箱子里装满了磨好的白面,房顶堆着烧柴。当地人对移民很热情,当晚就前来聊天,年岁大点的,叫我父亲“老亢哥”,叫我妈“亢姐子”,年轻人则叫“亢大佬”“亢大妈”,对其他移民也是这样称呼,听起来确实温馨、亲切。第二天中午,当地人请移民去吃“接风面”,面是手工拉的,宽窄薄厚均匀,当地人叫“拉条子”,是敦煌的特色面食。望着煮熟后像皮条一样的面条,移民不敢吃,社主任杨士元笑着说:“放心吃,吃过了多喝些汤,原汤化原食,保证没问题。”面条柔软有筋道,很好吃。一连几天,总有人叫移民去吃“拉条子”,也有人包饺子招待移民,说这叫"迎亲饺子",是专门招待亲人的,非吃不行。有时你能看到几家敦煌人同时请一家移民吃饭的情景,这个说:到我家去!那个说:去我家!争执不下时,有人干脆拉着移民就走了。过后才知道,有的是农业社特意安排的,有的则是当地好心人自愿这样做的。此后不时有人教移民们做拉条子,蒸当地人吃的带碱的馒头。当地人见了移民,总是满面春风地打招呼,"张大哥""李大妈"叫个不停,让移民有身在异乡无异客之感。

为了消除旅途疲劳,农业社给移民放了几天假,但工分照记。大约过了不长时间,农业社按当地人口粮标准给移民分了小麦。

这是我所在的胜利农业社的情况,其他乡、社的情况一开始不知道,后来一了解,都差不多。移民都说,刚来时敦煌人对待大家确实不错,由此可见,敦煌县、乡政府在接待移民上确实做了大量的细致的工作。

大约过了两三个月,当地政府又给每个移民发了一百元的安家费,这在当时不算小钱。那时一个中学生每月的食宿费才四块钱,一个干部每月的工资也不过 30 元。

据陕县移民领队王宠恩说,把移民分配到各村后,在当地干部的陪同下,他用了两个月的时间将迁移来的陕县移民挨家挨户看望了一遍,觉得安置的还不错,检查完毕后,他才放心地到敦煌县公安局上班去了。我想,灵宝县移民带队的干部应该也是这样的。

随着敦煌县经济的发展,从 1956 年起,当地开始大量招工,只要具有小学毕业文化程度,都能够被招工。灵宝移民中有 20 多人被招到敦煌各企事业单位工作。如张发生、翟新民、杨尚义被招到县拖拉机站,曾志祥被招到县防疫站,崔嫦娥被招到县妇幼保健站,张桂琴被招到县医院,卫广仁、孙天合、朱月星被招到县邮电局,赵新年、张鼎元、袁子明被招到县搬运社。许多灵宝人子女被招工后,坚定了他们扎根敦煌的信心。

沙漠绿洲扎根难

当初,灵宝移民到敦煌约922户4100人,后来约90%的移民离开敦煌返回原籍。根据敦煌市发改委的统计,截至2006年6月30日,生活在敦煌农村的灵宝人共100户734人。

那么,是什么原因导致90%的灵宝移民又重新回到家乡呢?多年来,这一直是个众说纷纭、争论不休的话题。我认为,根本原因有两个,一个是文化差异过大,灵宝人难以适应;一个是当时的安置措施存在一定的缺失,导致灵宝人停不住。

首先说文化差异。文化是生活在某一区域的人们在长期的生产生活实践中形成的习惯及其处世态度。人们常说的"一方水土养一方人",也是这个道理。

敦煌地处西北内陆,属沙漠性干旱气候,夏季酷热,干旱少雨;冬季严寒,奇冷多风。一年四季昼夜温差很大。"早穿皮袄午穿纱,怀抱火炉吃西瓜",说的就是这里的气候特点。60年前,敦煌经常刮黄风(沙尘暴)。当黄风铺天盖地刮来时,一霎时天昏地暗,空中不见飞鸟,路上断了行人,漫天黄沙滚滚,如同翻滚汹涌的波涛,飞沙走石打得人脸上生疼。像这样的黄风,一年至少刮五六次,每次少则三天、多则五天。敦煌人常说:"冬不刮不冻,春不刮不消",意思是这样的风非刮不可。若是夏天刮这样的风,还好受些,而冬春时节刮,气温常降到零下20多摄氏度,人们还要干活,灵宝移民一时就难以忍受了。

移民居住的村庄,周围多是盐碱湖滩,环境潮湿,蚊子很多。大白天蚊子乱飞咬人,赶也赶不走。还有一种叫"末糊子"的小蚊子,很小,不容易看见,但叮咬人后,奇痒难忍。当地居民即使在炎热的夏天,白天干活时,女的都用方形的围巾把头包住,只露出两只眼睛,有些敦煌男人也是这样。晚上睡觉时先在院子煨燃一点麦草,让烟熏赶蚊子,又在卧室里熏一点烟,把蚊子赶跑后很快把门窗关得严严实实再睡觉,否则蚊子会让你一夜不得安宁。移民一时很不习惯,包得太严,出不来气,着急出汗,不包吧,被叮得难以忍受。晚上不煨烟,蚊子欺搅你睡不着;煨了烟,又被烟呛得难受,使移民难以习惯,苦不堪言。

在敦煌农村,人们居住得很分散。敦煌县当时有11个乡,每个乡下辖几个村,村与村有些相邻,有些隔着盐碱湖滩。在村子里散布着大大小小住人的庄子,放眼望去,鸟巢似的庄子星罗棋布的散落在田野里。灵宝移民就被分散安置在这大大小小的庄子里。安排在大庄子里的移民一般有三四户,彼此还低头不见抬头见,相互问候安慰一下。住在小庄子的移民一般只有一户人,每天出门除看见庄主一家外,再能见到的只有荒凉的戈壁滩了,连一个多余的人也看不到。由于离县城较远,居住分散,交通不便,县供销社总社在较大的村子里设有供销社分店,卖些针头线脑、油盐酱醋之类的生活用品。而住的分散、偏远的村子里的移民一般不进城,甚至一年都不进一次城,买些生活用品很不方便。而灵宝移民来自县城,热闹、方便惯了,生活在这样偏僻的村子里,深感生活枯燥贫乏,了无情趣。许多移民说:"一想起老家,能看到山西蒲剧团王秀兰演的《西厢记》,阎逢春演的《精忠报国》,还有逢年过节的社火、高跷、秧歌……就再也不想在敦煌呆了。"

气候不习惯,可以慢慢适应。蚊虫叮咬,上级政府从1956年起就年年派飞机撒药灭蚊,蚊虫有所减少。生活不习惯,慢慢适应改变。这些是影响灵宝移民在敦煌扎根的因素,但不是主要的。

主要原因是农业生产上的差异。20世纪50年代中期,在灵宝,农业生产已经比较先进文明了,农民对土地精耕细作的程度可以说是达到了"艺术生产"的境界。然而在敦煌,由于地多人少、劳力缺乏,农业生产处于广种薄收、粗放经营阶段。犁地、播种、田间管理、收割晾晒碾打这些农活十分粗笨,劳动强度大,特别是给农田拉沙让很多移民就接受不了。

敦煌古称“沙州”,但地里缺沙,农田多是盐碱地,土壤板结严重,需拉沙中和疏松。敦煌人说:“沙盖碱,刮金板。”可见往地里掺沙的重要性。这种拉沙的农活只能在冬天地里无庄稼时进行,每天早晨四五点就要起床到牛圈套车,黑灯瞎火,伸手不见五指,不是牛抵人,就是车碰车。好不容易赶车来到沙坑,又是漆黑一片,只能凭借天上微弱的星光干活。一早晨需拉四五车沙,九点钟天亮时卸车,这时浑身是汗,衬衣又湿又热,外面棉袄却结了一层霜,让人十分难受。敦煌人习惯了,回家外衣一脱,倒头呼呼大睡,灵宝人却怎么也睡不着。下午三点多又要套车拉沙,当满天星斗时,再卸车休息。这种农活从当年 11 月中旬开始一直干到次年 3 月中旬,整整 4 个月,累得人疲惫不堪。此外,还有连续几天几夜给庄稼浇水、下湖打柴、出外种荒地等许多繁重的农活。

因为当时在农业社靠工分吃饭,这种活不干就挣不上工分,就分不到钱和粮。好在生产队允许欠账,让你先把粮食分回去,这样许多移民就成了“欠账户”。移民在灵宝家乡时,绝大多数人都住在县城,凭打工做点小生意,或搞点短途运输挣点钱维持生活。到敦煌后,敦煌县无大型工商业,难以养人。同时,安置在农业社凭参加农业生产挣工分,也不允许做生意挣钱。当生活难以维持下去时,扎根敦煌的信心就逐渐动摇了。

灵宝移民大多性格豪爽,心直口快,又很健谈,有时说者无心,但听者有意,常常引起当地人的误解。敦煌人有“好女不出村”,甚至“好女不出队”的婚姻习俗,因此,在一个村或者一个队里,亲缘关系盘根错节,在一些大家族掌权的村里,你得罪了一个人,就等于得罪了一群人,对你的处境就会造成很大的影响。因此,移民初来时,因相处中的疏忽,曾产生过一些误会,使有些灵宝移民觉得敦煌人不好相处,难以相融。

移民安置措施的缺失,是导致移民难以在敦煌安家的另一个很重要的原因。当时从老城迁来的移民并非真正意义上的农民,其生活来源主要靠在城市做生意、打工收入。有些人,虽有几亩耕地,但不足以维持生活,就凭手艺做些修理、加工和小生意补贴家用;有些是菜农,有些是枣农,有些是纯粹的商人,还有些是工人,有些是市民,这些人占移民总数的80%以上。灵宝移民到敦煌后,基本上一律安置在农村,面对从未干过的繁重的体力劳动他们有些吃不消,其中还有些小脚和半小脚妇女,她们在灵宝,几乎没干过农活,在这里却要参加农业劳动,很多人一时难以适应,就像是从过去的天堂打到了地狱,因此移民们就感觉有上当受骗之嫌,纷纷想回家乡过原来的生活。

特别是1960年遇到"三年自然灾害",敦煌和全国许多地方一样,生活低标准,人们开始挨饿,许多村队每人每天供给半斤粮。有些生产队,一度每天只给四两粮(16两秤)。当地人还有点积蓄,可以相互接济。移民则无家底、积蓄,生活陷入困境。大批移民原想灵宝不会挨饿,所以只好选择返回原籍。尽管当地政府竭力劝阻挽留,但他们还是想方设法返回家乡。

据我所知,新疆是当时全国尚可吃饱饭的地方,有些敦煌人都跑到新疆谋生去了。灵宝移民也知道这一情况,但为什么不去新疆呢?一方面是留恋家乡,认为回到故乡有亲戚朋友帮助,最保险;另一方面对新疆不熟悉,已折腾移民敦煌一次了,不敢再折腾了。

生活环境的不适,两地文化的差异,安置措施的缺陷,是造成移民难以扎根敦煌的主要原因,"三年自然灾害"则是导致灵宝移民大批返乡的直接原因。

灵宝人在敦煌

年深外境即吾境,日久他乡即故乡。经过1960年移民大返乡之后,留在敦煌的灵宝人后来渐渐融入到当地社会生活之中,把敦煌当作自己的第二故乡繁衍生息。如今,正和当地人民一起为实现中国梦、敦煌梦继续做出自己的贡献。

敦煌是一个农业大县,得天独厚的地理位置和优越的气候、水利条件很适宜种植棉花。由于过去耕作粗放,疏于管理,棉花亩产籽棉一直徘徊在100公斤左右。灵宝移民到来后,将先进的种棉技术引进到当地,加强掐尖、打叉、脱裤腿等田间管理,精耕细作,迅速提高了棉花产量,亩产籽棉达到三四百斤。到20世纪70年代,敦煌的棉花总产量已占甘肃省的三分之一,现在亩产籽棉已达350公斤以上。

敦煌也适宜种植小麦。灵宝小麦是分行分垄种植,敦煌则是纵横交叉种植,一亩地下种15公斤以上。在管理上,除在小苗时除一次草外,再不除草,因而杂草很多,亩产量只有200公斤左右。为了充分利用地、肥、水资源,灵宝移民改交叉种植为分垄种植,在垄行之间套种玉米。小麦收割后,玉米照常生长。这样,改一季为两季,大大提高了粮食产量,亩产在600公斤以上,高者可达750公斤。

移民刚来时,敦煌的蔬菜品种很少。有些家庭夏天种点葫芦、茄子、辣椒之类,秋季种点白菜、萝卜、土豆,放在窖里过冬吃。移民将灵宝的很多蔬菜品种引到敦煌,并种植成功,大大丰富了敦煌人的菜篮子。如今,敦煌的农贸市场,丝瓜、西红柿、冬瓜、大辣椒、带刺黄瓜、南瓜等蔬菜应有尽有。

“萧瑟秋风今又是,换了人间”。今日的敦煌,处处新气象,旧貌换新颜。当年扎根在这里的灵宝移民,在经历了人生的风雨之后也过上了好日子。在这里出生的灵宝新一代移民,他们或身居各级领导岗位,廉洁奉公,勇于担当,敬业工作,成绩斐然。或站在三尺讲台上,教书育人,呕心沥血,桃李满天下;或扎根农村,勤奋劳动,为建设第二故乡艰苦奋斗,大有作为。如灵宝移民及后裔张晓军、刘来运、徐永平、郑宝生、谢光治等都在各自的工作岗位上做出了优异的成绩,成为灵宝移民的优秀代表,受到当地人的赞誉和尊敬。

如今,生活在敦煌农村的灵宝移民应该说也是幸福的。因为敦煌的土地是很养人的,前些年敦煌主要种棉花,现在主要种葡萄,不管种啥,都能获得好收成、好效益,可以保证衣食无忧。安居在农村的灵宝移民除种地外也进城打工,离城近些的,早出晚归;离城远些的,要么在城里租房,要么买房。在敦煌农村,你很少能看到空巢老人和留守儿童。灵宝移民师为民是农村户口,靠种植葡萄和经营运输,在市区买了一套130平方米的单元房,把86岁的母亲接在城里安度晚年。夫妻俩在城里打工,过着早九晚五的城市生活,年收入六七万元,日子过得有滋有味。我曾问他:"像你这样在城市里买房的灵宝移民多不多?"他说:"只要有娃子的,差不多都买了。你不买房,儿子找不上媳妇。"灵宝移民赵随年,到敦煌后分到转渠口镇阶州村二队,五年前瘫痪在床,老伴陪伴侍候,儿子媳妇种田打工。2016年10月我看望他时,他说:"我虽卧病在床,但享受最高的低保,加上养老金、复转军人费、移民补助款,一季度800多元,够吃够喝,我知足了。"

在敦煌市区,生活着38户55家198位灵宝移民及其后裔。在这些人中,退休人员有30人,都有退休费。现在正在行政事业单位上班的年轻人有40人,在企业上班且工资收入较稳定的约有20人。差不多每两个人就有一名固定收入人员,生活上衣食无忧。

移民的难忘乡愁

乡愁是一抔土。父亲亢振清,移民前在灵宝县城任南关街农会主席、农业社主任。1956 年带领本社部分社员移民敦煌后，被分配到三危乡胜利农业社，担任该社副主任。1975 年，父亲回灵宝探亲，妹夫解孝廉问他："二哥，好多人都回来了，你回来不回来？"父亲伤感地说："我带去的好多人都埋在敦煌了，我得陪着他们，就不回来了……哪里黄土不埋人啊！"临走时，他又用手巾包了一包家乡的黄土带回敦煌。1980 年，父亲临终之前嘱咐我，将这包黄土撒在他的坟头上。我深知，父亲到老也忘不了生养他的故乡的黄土地，他想让故乡的一捧黄土永远的陪伴着他。

乡愁是叶落归根。灵宝县城的张月友 1956 年随父母移民敦煌，分配到党河乡邵家桥村。1960 年其父病逝于敦煌，其母返回灵宝，1970 年在涧口公社涧口村去世。1983 年，张月友决定将父亲遗骨迁回家乡与母亲合葬，当妻子崔嫦娥将公公的遗骨整齐有序地包到被子里后，夫妻俩跪在墓穴前烧完迁灵纸，痛哭流涕地说："爸，咱们回家！"经过千辛万苦，终于将父亲的遗骨运回灵宝，使父母合葬于一处。

乡愁是心灵的栖息地。灵宝移民郭美菊随父母移民敦煌后，安置在莫高镇窦家墩村五队。1960 年父母先后逝世，葬于敦煌。她随哥哥前往新疆生活，在石河子八一纺织厂当工人。1996 年退休后，她第一次回到灵宝，因家乡再无亲人，她只好孤零零地站在衡岭塬的南岭上，拿出几块点心，摆在地上的报纸里，望着灵宝故城遗址，一再虔诚地叩下头去。此后，她再没有回过故乡。2005 年在新疆去世，终年 65 岁。

我今年 78 岁，移民敦煌 60 年间曾 12 次回灵宝探亲，每次回乡，都有一种别样的沧桑之感。在家乡的长辈们一个一个相继离世，因路途遥远，与本家的子侄因天各一方，缺少来往，日渐生疏。幼时的玩伴，如今或者已经作古，或者已老态龙钟，两鬓飘雪居住在偏僻的农村。当年的同窗好友，有的在外地城市，有的远走异国他乡……只有南营村口那棵 300 岁的古槐依然挺立在村口，听着黄河水涛声依旧，日夜东流。

1988年秋天，我因出差回过一次灵宝，走到南营村口我久久徘徊。这时过来几个戴着红领巾的少年学生，红彤彤的小脸像秋天的红苹果。他们七嘴八舌地问我："你是谁？你找啥？你从哪里来？"望着稚嫩的面孔，听着浓浓的乡音，我一时百感交集，不知如何回答，真有"身在异乡为异客"之感。

岁月匆匆催人老，转眼已是黄叶飘。如今，我已年过古稀，也走到了自己生命的秋天。虽身在祁连山下的敦煌，但心仍时时想念着家乡，我虽不能羔羊跪乳、雏鸦反哺，报答故乡的养育之恩，但时时牢记父辈的教诲，永远保持勤劳、吃苦、善良、诚实的本色。在漫漫的人生路上，从故乡汲取前进的力量，走好自己的人生路，并以此教育子孙后代，清清白白做人，本本分分做事，做一个堂堂正正的灵宝人，这也是对故乡的一种报答。

在敦煌生活的日子里，当工作之余想起移民往事，我常常心情难以平静。夜晚，偶尔想起那些可爱的乡亲们，又无法入眠。

又是一个不眠之夜。从昨夜华灯初上我坐到书桌前，到今晨东方破晓，终于写完了这些回忆性的文字，我如释重负，心情格外轻松愉快。搁下笔，漫步走到阳台上，从五楼向外望去，50米开外便是有着百年校史的敦煌市东街小学，那里曾经是60年前移民到敦煌时临时集中的地方，往事又浮上心头……忽然窗外传来雄壮的国歌声，抬头望去，东街小学师生们正在升国旗。这时，一轮红日喷薄而出，光照大地，望着冉冉上升的五星红旗，我衷心祝愿伟大的祖国也像这轮东升的旭日蒸蒸日上，也真诚祝福灵宝、敦煌两地和全国人民生活走向幸福安康。

窦家墩领头雁

赵有维

一

个头稍高，皮肤较黑，双目炯炯有神的吉英祥，谈起在敦煌60多年的移民经历滔滔不绝。

当年，在灵宝移民敦煌的迁移大军中有他的父亲吉治学、母亲张茹仙、姐姐吉英霞、他和弟弟吉英鹏。

父亲吉治学是个善于置办家产的人。到敦煌后，他先是借宿东家、寄住西家。经过三年积蓄力量后，加上移民款买了三间土木结构的房子。

1963年，吉英祥从敦煌一中毕业，16岁的他作为半劳力参加生产队的劳动。他有文化，脑子活，对农活不懂就问，不会就学，又能吃苦下力，三五年下来，他便成了种地的行家里手。

吉英祥的父母在灵宝时就是农业生产高手。移民到敦煌后，他们带来了老家先进的生产技术。如小麦摇耧行播代替了撒播，打埂畦种田省水保肥代替了大水漫灌、跑水跑肥的浇地方式。还为村里引进了芝麻、花生、红薯种苗和种植技术，在棉花、小麦田埂上套种蔬菜等，既提高了当地农业的收成和效益，又丰富了敦煌当地群众的菜篮子。

二

1970年，吉英祥光荣地加入了中国共产党。次年初，经社员们选举,吉英祥当上了窦家墩大队第三生产队的队长。

春节刚过,吉英祥带领社员下戈壁滩割草,论斤记工分。经过十几天苦干,运回的干草在饲养院里堆起了几座小山。接着,他依照老家灵宝的做法,让社员们将干草铡碎后,倒入牲口圈里,上面覆上土,用渗入的牲口粪便和雨水沤肥,沤制出了大量的有机肥料。

春播前夕,别的队因买不起化肥急得如同热锅上的蚂蚁,而吉英祥已带领第三队的社员们大车小辆往地里运粪了。撒粪后深耕细耙,趁着墒情好,及时播种了春小麦、棉花、玉米、谷子、青稞和豆类作物,并间作了蔬菜……400 亩耕地里种的满当当的。

当时,敦煌县非常重视农业生产,给每个大队都配有农业技术员。吉英祥和派来的三位技术员交上了朋友。各种农作物何时间苗、何时除草、何时浇灌,还有锄地保墒,棉花打芽掐顶,麦田中耕追肥,玉米苗根部培土,田间打药消灭病虫害等,他都请技术员现场指导,让社员按规程操作。县里要求各级领导干部要带头参加集体劳动,公社干部每年不少于 100 天,大队干部不少于 200 天,生产队干部不少于 300 天,而吉英祥当年出勤 320 天。

到了 1971 年底,成绩出来了,窦家墩三队产粮超过 10 万公斤,除上交公余粮,留足牲口饲料和来年种子外,每口人分了 200 公斤粮食。一车车粮食运回各家时,家家户户都沉浸在丰收的喜悦之中。

三

敦煌的冬季长达 130 多天。冬闲了,社员们无所事事,吉英祥就思谋着把各家各户的小块田并成大田。在社员大会上,他说:“大家刚吃饱饭就故步自封,不思进取了。这几天,我到队里的各块地转了转,感觉地块小不利于耕作,因此,把小块地并成大块地,修成水平田,一是有利于机械化生产,二是能蓄肥蓄水,三是可扩大耕地面积。大家说干不干？”

“干！”他的提议得到了社员们的认可和响应。

于是，全队百余名男女劳力齐上阵，经过一冬一春的大会战，三队小块地并成大块地，修建水平田 200 多亩，扩大耕地面积 50 余亩。至此，窦家墩三队的所有田地都可以开进拖拉机了。

吉英祥组织群众大干农田基本建设的热潮，引起大队干部的重视，组织各队前来参观，当场表扬。后来三危公社在这里召开农业学大寨现场会，公社书记肯定说：“学大寨不是大轰大嗡，而要结合当地的实际。小块地并大块，这是个创造，窦家墩三队干到了点子上”。

1972 年，全队社员精耕细作，又迎来了一个丰收年，粮食总产 12.5 万公斤，社员们的日子过的更是有滋有味了。

四

那年早春，吉英祥带着社员从戈壁滩割草回来，妻子试探着问他：“眼下离春播还有几十天时间，是不是把咱三间土坯房拾掇拾掇？现在祖孙三代七八人，三间屋子实在挤得转不过身”。

吉英祥无言以对。他清楚，当年买的老房，经过 15 年居住，墙缝子越来越长，屋梁被烟火熏得黑乎乎的，风沙天，屋内落满了厚厚的沙尘。但是，作为一名党员，生产队长，队里的事还忙不过来呢，能带头先给自己盖房吗？

当夜，吉英祥失眠了。后来，邻居们听说吉家夫妻因为盖房的事吵了嘴，纷纷前来劝解，都说吉家的房子太破了，实在需要重新盖新房了。

几天后，大队的几个干部来了，在吉英祥的屋里屋外仔细看了一遍，临走对他说：“党员怎么啦！党员就该住着墙快倒塌的‘长工房’！”吉英祥思虑再三，决定拆掉旧屋盖新房。

大队给吉英祥批了一座新宅基地，生产队的社员们积极帮忙，“乒乒乒乒”一番忙碌之后,一座有上房、厢房的新宅院便矗立在村里。

生产队长带了头,社员们纷纷效仿。一两年全队30户人家住上了新房。新建居民点村巷宽敞,整齐划一,引来酒泉地区房改参观团前来取经。

同时,1973年生产队粮食又获得了大丰收,产量超过15万公斤,人均产粮500多公斤,成为三危公社农业生产战线的一面旗帜。吉英祥当了三年生产队长,队里迈出了三大步,一步一层楼。

五

1974年,三危公社党委任命吉英祥为窦家墩大队党支部书记。他找到公社书记说:“我连大队的副职都没干过,一下子当一把手恐怕不行吧”。书记说:“怎么不行,你当生产队长,三年跨了三大步,当大队的一把手肯定能行”。

窦家墩大队有6个生产队,近2000人,他所在的三队富了,但还有的队社员仍吃不饱饭。吉英祥上任后,在第一次召开的全大队社员会上,他动情地说:“咱们当农民的打不下粮,吃不饱肚子,这真是上愧苍天,下愧土地!咱们再也不能懒懒散散,忽忽悠悠过日子了。从现在起,由技术员指导,各生产队三天里拿出今年的生产计划和产粮目标。在农业生产上,大小队干部要带头干,人人晒出黑脊梁。社员们要真干实干加巧干,我就不信咱们过不上好日子!”顿时,会场上响起了热烈的掌声。

大队社员会结束后,他又召开了农业技术员会和大小队干部会,要求三个农业技术员每人包两个生产队,展开农业技术普及比赛,到年终看谁包的生产队科学种田工作搞得好。在大小队干部会议上,他要求干部与群众打成一片,带头参加劳动。他说:“只要上下一条心,干群齐努力,我就不信窦家墩的黄土地里刨不出‘金娃娃’”。

吉英祥鼓的劲,采取的措施发挥了作用。在他的带领下,经过一年时间的苦干,年底一算,全大队粮食产量比上年增产近5万公斤。

此后,连续四五个冬季,窦家墩大队学习大寨的劲头有增无减,组织社员修建和硬化渠道、扩建田间道路、割草积肥……干部群众挥汗大干,用辛勤的劳动改变着窦家墩的面貌。

党的十一届三中全会之后,吉英祥学习了中央文件,思谋再三,召开了一次党支部会议,研究大队怎么发展经济的事情。大家讨论来讨论去,谁都不知该怎么干。吉英祥说:"咱们这里农户的宅院都很大,解放前,各家各户都养牛羊骡马和骆驼,一年卖不少钱。现在不让社员养家畜,院子放那儿多可惜,是不是可以发展庭院经济,反正在自家院里搞合理合法"。他的话让大家茅塞顿开,但又有点担忧。他说,先试试吧,到时候有问题由我担着。

次年春,一股发展庭院经济的活动在窦家墩暗暗行动着,有的在院里栽桃树、杏树,种植瓜菜,有的养起了牛羊,到后来责任田分了后,有的在责任田里栽植葡萄和其他果树。其中,第六生产队76户人家,竟有60户在地里栽植葡萄,16户栽植果树。几年后,当敦煌全县放开种植计划,大力发展经济作物时,窦家墩人已赚大钱了,户户富得流油。其他村人如梦初醒,惊叹道:"吉英祥这个灵宝移民'鬼'得很哩"。

后来,在全村人逐步富裕后,他又在村里开展农房改造。原来村里人居住分散,宅院都很大。搞农房改造,有些人不同意。他就列举了改造的六大好处,一是节约土地;二是利于统一供水供电;三是利于卫生管理;四是方便学生上学;五是利于交通建设;六是利于开展群众文化娱乐活动。他的六个利于得到了群众的理解和支持,全村农房改造蔚然成风,不长时间,近200户人家全部搬进了只占三分地的新宅院,可腾出耕地300亩左右,全村集中居住的蓝图变成了现实,新村巷道宽大笔直,宅院整齐划一,有水有电,进出方便,呈现出了社会主义新农村的景象。如今看来,让农民集中居住,过上现代化的生活,吉英祥还真是有长远的眼光。

吉英祥担任大队党支部书记12年,凭着处事公道,团结干群,带头大干,一门心思带领群众发展生产,使全大队粮食增收,经济发展,秩序稳定,团结一心,窦家墩的各项工作都走在三危乡和敦煌县的前列,他年年被公社评为优秀党员和先进工作者。

六

后来,因吉英祥年龄大了,从村党支部书记的位置上退了下来,乡党委安排他在乡企业公司担任经理,工作了6年后退了下来。因长期担任村支部书记,他每月可从市里领到100元的村老干部补助款。

吉英祥年纪大了,但身体尚健,卸职后仍东奔西忙,为民办事。2001年秋,在村部改造工程中,一天,他负责开挖村部前的东大渠,民工们散开分段干,他挽起袖子帮着一民工挖,挖着挖着,在砖坡下挖出了一个铁皮盒,打开一看,内装5根灿灿发亮的长方形金条,长约五公分,厚约一公分。吉英祥抱着铁皮盒,一路小跑着到大队部打电话,向三危乡派出所所长报告了此事。

派出所两个民警很快赶来了,当场对吉英祥和那位民工作了笔录,予以表扬,带走了金条。几天后,敦煌县有关部门向挖金不昧的吉英祥发放奖金500元。后来,《敦煌报》刊登了这一消息,吉英祥上交金条的事迹很快传遍了全县……

吉英祥扎根敦煌,热爱敦煌,奉献敦煌,他父母亲去世后都埋葬在敦煌,这里有他的“根”!晚年的吉英祥是幸福的,他膝下有一儿三女,成家后都在敦煌市里工作。现在,他已经当上了曾祖父,四世同堂,其乐融融。

牛虎林的党员情怀

张安民

一

牛虎林祖籍是河南省密县，他的父母亲逃荒到阌乡县城落住了脚，他于1933年出生于阌乡县城。在阌乡县城，牛虎林的父亲与从山东逃难而来的徐德龙成了好朋友，情谊甚笃，二人约定，将来生下孩子要让他们结为兄弟，相互帮衬照应。牛虎林出生后，由父辈做主，认徐德龙的二儿子徐福林为兄长，结为异性兄弟，名字中都有一个"林"字。

1952年，牛虎林应征入伍，参加了中国人民志愿军，在抗美援朝的战场上加入了中国共产党，1953年复员后被安排到阌乡县公安局工作。1956年迁移敦煌时，义兄徐福林的哥哥徐福海是阌乡县城移民工作的负责人，首先对他们这对"兄弟"动员。当时牛虎林和白水菊结婚刚刚三个月，大哥徐福海的话是要听的，于是便和妻子一起，带上父亲、母亲、妹妹、岳父、岳母、妻弟一起移民到敦煌。

牛虎林的父母和岳父母两家人被安排到敦煌县孟家桥乡务农，牛虎林被安排到敦煌县公安局工作，妻子白水菊也是个完小毕业的文化程度，尤其是算盘打得很好，被安排到敦煌县百货公司上班了。

在1960年"三年自然灾害"时期，县里动员干部职工为国家分忧解愁，主动回乡务农，白水菊属于"动员"对象，于是离开她工作了四年的县百货公司，回到公公、婆婆生活的农村。后来，由于当时特殊的原因，迁移敦煌的灵宝移民大量返迁，公公在敦煌去世了，白水菊就抱着在敦煌出生的大女儿、二女儿和婆婆、小姑及娘家人都返回到灵宝。娘家父母及弟弟一家落户到故县公社牛家庄村,白水菊一家落户到了阳平公社横涧大队的老虎头村。牛虎林作为敦煌县公安局的骨干警察,还要留下来继续工作。从此,他和妻子及家人开始了两地分居18年的生活。

二

牛虎林在敦煌县公安局工作了30年,如果让他的子女回忆和评价他,印象最深的就是他说的最多的一句话:"咱是党员嘛"。

1956年,他到敦煌县公安局工作后,被安排当了刑警,主要是侦察破案。1959年,上级给敦煌县公安局配备了一条警犬,牛虎林被局里派到辽宁省沈阳市,培训了一段时间后,便把警犬带回来了。从此,他与这条警犬形影不离,"搭档"了5年多。在"三年自然灾害"时期,生活困难,他定量的口粮不够吃,家里还要指望他补贴一些。但是,他还硬是要挤出一点补贴给警犬。警犬是通人性的,和他已达成了心领神会、如臂使指一般的默契,协助他破获了一大批疑难案件。在敦煌,不论哪里发生了刑事案件,只要一见到牛虎林牵着警犬来了,人们心里便一下子有了底气,而犯罪分子也闻风丧胆。不过,那几年里牛虎林大受委屈,一个威猛的壮汉被煎熬得瘦骨嶙峋。妻子心疼地埋怨他不顾人只顾狗,他说"狗不但是我的帮手、我的朋友,也是公家的宝贵财产。组织上把它交给了我,我就有责任保护它、爱护它。咱是党员嘛"。

1977年9月的一天,敦煌县机械修造厂发生火灾。牛虎林当时任刑侦科长,同时还兼任消防队的队长,接警后立即带领消防队员赶到了现场。当时火情间杂着爆炸,浓烟滚滚。牛虎林让几个年轻的队员疏散人群,他冲进火海对关键部位实施了紧急处置,控制了火情。那一次他全身多处受伤,住院治疗了一个多月,且留下了严重的脑部后遗症。过后妻子问他,你是领导,那么多年轻人,为什么不让他们上?他说年轻人没经验。然后,像是自言自语且又意味深长地说:那么危险,年轻人的生命宝贵呀。妻子立即明白了他的意思,责问说你的生命就不宝贵吗?他说:“咱是党员嘛”。

1983年,在追捕一名持枪罪犯时,牛虎林带领几名刑警队员在戈壁滩上和罪犯出现了对峙。面对罪犯的枪口,他让年龄大的警察和孩子小的警察退后,自己走上前去,与罪犯展开了体能、胆略和智慧的较量,最终将罪犯制服。那次,他荣立了三等功。过后,面对领导的表扬和同事们的赞佩,他还是那句老话:“咱是党员嘛”。

1984年,敦煌文物研究院一批重要文物被盗,案件破获后,就开始了对罪犯的抓捕和对被盗文物的追索工作。一天,牛虎林在县城发现了一名犯罪嫌疑人,在来不及通知同事的情况下,51岁的牛虎林只身展开了抓捕行动。那是一场正义和邪恶的较量,也是一场意志力的较量。抓捕对象向戈壁滩深处逃窜,牛虎林紧追不舍,空旷的苍穹下两个身影在奔跳腾跃,前面一个惊慌失措,后面一个紧追不放。终于在奔跑了20多公里后,犯罪嫌疑人乖乖地就范了。牛虎林把他带到公安局后,回到家里,一口饭没吃,把家里给他留的馒头立即拿到了局里,先让犯罪嫌疑人吃了。他的“义举”把这人感动得痛哭流涕,“协助”他破获了一大批案件,一批罪犯迅速落网。孩子们不解,过后问他,为什么对坏蛋还那么好?他告诉孩子们,他犯了国法,自有国法处理他,但他也是人,也要吃饭嘛。当时局里没饭了,先拿点馍让他扎垫一下。一口气跑了四十多公里,可把他饿坏了。孩子们又问他,那你也没吃饭呀?你也跑了四十多公里呀?他还是那句话,咱是党员嘛。

1985年7月,敦煌莫高窟研究院针对文物偷盗破坏严重的局面,决定成立院保卫科,急需一名工作能力和责任心俱强的人任科长,牛虎林被选上了。当时,各类文物犯罪分子对珍贵文物的觊觎与国家对文物保护工作的重视是同步提升的,所以,文物保护与景区管理工作任务特别繁重。牛虎林上任后,迅速对景区环境和重要文物部位进行了勘察部署,安排了保卫力量,成立了管护队,开始了昼夜值班看守,建立完善了一系列规章制度。同时,对以前被盗窃文物的案件迅速立案,组织侦破,使敦煌莫高窟的文物保护工作迅速走上了轨道。由于长期的过度劳累,加上旅游参观的游客日益增多,牛虎林的身体健康严重透支。1986 年 5 月 7 日,牛虎林在几天几夜连续工作的情况下,突然倒在了工作岗位上。当同事们手忙脚乱地抢救他时,他说了平生最后一句话:"把枪拿好"。就再也没有睁开眼睛,终年 53 岁。

三

有时候稍微琢磨一下,中国的文字也真是意蕴丰富而神奇。就以牛虎林经常说的"咱是党员嘛"这句话而论,明明只有他一个人是党员,但他在家人面前说的时候,却不说"我是党员"而要说"咱是党员"。这个"咱"字,就不仅仅是"我"了,而是把说话的对象都包括进去了。后面再带个"嘛"字,可别小看这个语气词,虽是个虚词,但它传递的是一种"不容置疑"的意思。

妻子白水菊就是被这个"咱"包括进去的第一个对象。

当年牛家和白家两大家子一迁移到敦煌,牛虎林就一身扑在公安局的工作上了。单位的工作本来就忙,偏偏牛虎林又是个极其热心的人,他还要协助大哥徐福海处理大量移民老乡的事,经常不着家,家务事就全部落在白水菊的肩上了。

1960 年,白水菊带上一家老幼返迁回灵宝后,肩上的负担就更重了。首先是吃水问题,老虎头村地处阳平河东边的丘陵土塬上,吃水要到塬下的河里担或拉,一个来回有六里多路不说,坡还很陡。这对一个女人来说,其艰难可想而知。后来村里打了一口水井,深达一百多米,用辘轳绞水,需要三个人合作才能绞上来一桶水。当时孩子小,帮不上忙,白水菊每次绞水都是挑上水桶在井边等,等到有人来绞水了,才与人家合伙绞上一担水挑回家。

当时农村的磨面也是个很麻烦、很繁重的活,一般都需要两个人才能完成。白水菊因为孩子小,稍大一点的又在上学,只能由她一个人承担了。有一次磨完面,天突然下起雨来,白水菊担心在家睡觉无人照看的小儿子,用一块塑料布蒙在装满面粉的簸箕上,然后把簸箕顶在头上,急急地往家赶。由于走得急,脚下一滑,摔倒在地,面粉撒了一地,腿也摔伤了。她不由想起了这多年的艰难,索性趴在地上,大哭起来……后来在邻居的帮助下她才一瘸一跛地回到了家。

牛虎林微薄的工资远远养活不了老人和五个儿女,白水菊在承担全部家务的同时,为了多挣工分,一年四季,风里来,雨里去,积极参加生产队的劳动。在那十多年里,她的五个儿女,除了最小的儿子外,从高中到小学一个挨着一个在上学。老三和老四女儿在本村上小学,还容易照应一些,大女儿和二女儿在阳平上高中和初中,这供应起来就费事多了,两个女儿都住校,每星期三和星期六回家背馍。白水菊必须保证在孩子回来之前把馍蒸好。老大、老二女儿中学毕业后,老三、老四女儿又先后续上了,这项颇带"专业"性质的后勤供应白水菊做了将近十年,直到 1978 年全家重回敦煌时,期间,她从没有耽误过孩子的学习。1965 年婆婆去世时,牛虎林正在侦办一件重大案件,难以脱身,老人的丧事是白水菊一人主持办理的。长期的过度操劳,使白水菊 40 多岁就患上了高血压、椎间盘突出等疾病。看到她这么艰难,也有不少亲戚邻居劝她:"让虎林调回来帮帮你吧。"但她从没有这样劝过丈夫,甚至都没有这样想过。因为她太了解自己的丈夫了,她甚至连丈夫拒绝她的要求的说词都想好了:"咱不能给组织添麻烦,咱是党员嘛"。

1978 年,根据当时的有关政策,他们全家重回敦煌,转成"市民户口"安排在敦煌县城。当时,牛虎林每月 70 多元工资,如何维持七口人的生活？以白水菊的学历和年龄，已再不是移民时那样被“重用”。她想让丈夫托人找一份工作，挣点钱贴补家用，但被丈夫拒绝了。后来，经过当年的同事介绍，在城关镇企业办找了个财务出纳的“临时工”，每月工资30元，她就在这个岗位上一直干到退休。牛虎林1986年去世后，她自个供应老四女儿和儿子读完了大学。

一生历经艰难困苦的白水菊，晚年除了高血压和腰椎间盘突出的疾病不断加重外，又患上了糖尿病，后因患并发症肾衰竭，于2016年在敦煌去世，终年79岁。

四

被牛虎林“咱是党员嘛”这个“咱”包括进去的第二个对象是他的子女。

牛虎林的五个子女，老大、老二两个女儿出生在敦煌，其他三个出生在灵宝。18年里，他们虽然和父亲聚少离多，甚至很陌生，但从母亲嘴里，他们知道父亲是一个伟大而严厉的英雄，是一个精干威武的公安战士，是一个党员。但是到敦煌和父亲团聚后，曾经的崇拜和神往似乎有所动摇。父亲没有给予他们警察子女的优越感，没有给予他们曾经想象的城市生活的浪漫和富裕。感受深刻的是家庭生活必须节衣缩食，是平时行为必须严守规矩。有一次，牛虎林夫妇不在家，有个人给家里送来了两包糕点，这在当时是他们姊妹姐弟很少见过的最好吃的金贵食品，老三女儿和妹妹弟弟一商量，就打开一包分着吃了。牛虎林回来发现后，狠狠地批评了孩子一顿，教育他们说，送礼的那人家里人犯了法，想从轻处罚，到局里找我说情没有答应，没想到他竟然找到家里来了。当天，牛虎林到商店买了同样的糕点还了回去。孩子觉得父亲太认真了，嘟囔着说，在学校见过别的孩子父亲当领导的，经常吃好吃的。牛虎林毫不含糊地告诫他们：“别人我管不了，你们就是不准这样。咱是党员嘛”。

全家返回敦煌时，大女儿已经初中毕业，因种种原因耽误了报考大学。按牛虎林在敦煌的关系和威望，给女儿安排一份体面的工作应是没有问题的，但牛虎林压根儿就没打算这样做。于是，大女儿一直在一个农场里当“临时工”，直到牛虎林因公殉职后，敦煌研究院才按照有关规定安排她到研究院上班。她学习父亲，工作积极认真，成为了中共党员，一直工作到退休。牛虎林的三个女儿和一个儿子，都凭着自己的努力，考上大学，获得了工作。二女儿牛淑云，中共党员，大学毕业后，在甘肃省农业厅工作，多次被评为国家农业部和甘肃省农业厅“先进工作者”、甘肃省“优秀公务员”，曾荣立三等功，从正处级岗位上退休。三女儿牛淑梅，中共党员，现在黑龙江省阿城热电厂财务处工作。四女儿牛淑芝，现在敦煌市第三中学任教。儿子牛洪涛，现在甘肃省农业工程建设咨询中心工作。

据牛虎林二女儿牛淑云说，他们小时候觉得父亲不太关心他们，也太不顾家，总是忙于工作，甚至不通人情。家人稍有埋怨，就张口闭口就是“咱是党员嘛”，这是不是对家人的一种搪塞？他们曾试探着和父亲辩论过，但父亲非常严肃地告诉他们，这绝不是一句空话和大话。他说他是在抗美援朝火线上入的党，当时宣誓后，就把这条命交给党了，他甚至对为国捐躯的壮烈和光荣有着一种深刻的向往，没想到自己最后没有“光荣”，活着回来了，但自己的身子和生命是属于党的。多年来，他时时想起战场上牺牲在自己眼前和身边的战友，就觉得自己能活着为国家工作，已经很幸运了，就感到不应该对党的事业和人民的重托有丝毫懈怠。“这份心结，不是你们能懂得的”。

随着牛虎林的背影渐行渐远，随着孩子们在各自工作岗位上的实践、奋斗、奉献，父亲的“党员情怀”已越来越成为他们最刻骨铭心的、最清晰的记忆，他们越来越懂得父亲那句话的含义了。

重返敦煌

赵有维

在迁移敦煌的移民中,85 岁的卫广仁饱尝了人生的酸甜苦辣。既有告别家乡的泪水,又有到敦煌邮电局工作的快乐,还有反右斗争中挨批判被开除的痛苦和无奈,更有在敦煌县三危乡会宁村作为准右派干苦活脏活的心酸和汗水……所幸的是,在敦煌恢复公职后,他和全家三代人在改革开放的大潮中八仙过海,各显其能,拥有了一个美满幸福的大家庭。

回忆往事,卫广仁百感交集,将自己的人生经历归结为四句话:抗美援朝保家乡,带领移民迁敦煌,改革开放逢盛世,芝麻开花节节长!

一

1933 年农历 11 月 28 日,卫广仁出生在灵宝县城南关街醋和巷 23 号,父亲卫续升为他取的名字,意为虽是普通人家,也要知书达理、广布仁义。

卫广仁 7 岁入学读书,1949 年灵宝刚刚解放,卫广仁便参加了农会,斗地主、分田地,于当年加入了中国共产主义青年团。1950 年朝鲜战争爆发,17 岁的卫广仁积极报名入伍,加入了中国人民志愿军,在 38 军担任了一名通讯兵。他日夜奔波在炮火硝烟中,架线、连接电话线、安装电话机,人称“爬杆猴”,曾多次立功受奖,1953 年担任志愿军排长。后来,他所在的部队回国后在福建服役。1955 年 10 月,他复员回乡。

1955年冬,正值三门峡水库大坝筹建前夕,灵宝县城列为淹没区,城里数千人需搬迁到大西北的敦煌县。灵宝县兵役局召集复员军人召开动员会,要求复员军人不仅要做搬迁移民的模范,还要带动亲戚朋友一起远迁。当时的兵役局局长说:"敦煌地广人稀,土地肥沃,盛产棉花、小麦和水果,是个好地方,复员军人、党团员要多宣传,做搬迁移民的先锋战士和带头人……"兵役局长的动员报告慷慨激昂,卫广仁等人听得热血沸腾。散会后,他当晚就开始动员全家迁居敦煌。

老父亲卫续升说:"俗话说,穷家还难舍哩,何况咱家住在县城,热闹繁华,这可是个'金不换'的好地方!"

卫广仁说:"谁都会说自己的家乡好。但是,国家修大型水库是大事,谁也挡不住。你一生爱种地,到了敦煌,有咱种不完的地哩!"

卫续升说:"能不能在灵宝就近安置?我才不喜欢那个遥远荒凉的大西北呢!"

卫广仁回答说:"不能!这是国家的统一安排,咱县的先遣考察团已选中了敦煌。我作为复员军人,要带好这个头。"

父亲沉默了。

考虑了三天,父亲同意迁移。他对卫广仁说:"哪里黄土不埋人!为了支持国家建设,迁就迁,我和你妈,还有你弟弟广成、广治;你妹灵仙、美玲,咱一家七口全迁敦煌,全家人生生死死要在一起!"

全家人都要迁移敦煌,卫广仁乐不可支。接着,他又动员左邻右舍迁移大西北。他白天讲、夜里谈,有时说得唾沫星子四溅,动情时便手舞足蹈。不少移民向他咨询,问他情况,他都不厌其烦地一一回答。当时,不少人喊他"敦煌迷"。

在他的积极宣传、全力动员下,南关街竟有100多人愿意迁居敦煌,有关部门任命他为南关街移民队长。

上级发下移民费用后,移民们纷纷变卖家具,箱子、柜子、桌椅、风箱，锄头、铁锨、镢头、播种耧等等也全部变卖。灵宝城内城外成了熙熙攘攘、人群涌动的大市场，周围的农民如赶集一样涌到这里，廉价买到货真价实的各色物品。

1956年3月12日，卫广仁带领的100多名南关人随同庞大的移民大军，登上了西去的列车。

二

当时火车速度慢、站点多，像老牛喘气似地向西艰难地爬行着，几天几夜才赶到甘肃省张掖市。往西没有铁路了，移民们下车后，分乘大篷汽车向敦煌驶去。

如果说张掖、酒泉还是片绿洲的话，那么，再往西行便是荒凉的戈壁滩了，一望无际的沙滩沙丘与远山接连，不见树木，不见溪水，不见村落，不见行人，刚吐出嫩芽的骆驼草成了少见的稀罕之物，真可谓赤地千里，荒无人烟，不少移民的心如同大戈壁滩一样苍凉不堪。

日行夜宿，终于到达敦煌县，当地人张贴标语、排着队伍、敲锣打鼓欢迎移民。在敦煌一个小学憩息后，移民们便分往各村，由当地干部村民接住各奔东西。

卫广仁带领的100多移民就此分开。他和几户人家被分到第三乡（后称三危乡）会宁村。该村离县城6公里，1个多小时后，他们全家便来到了新家，住进了当地村民早已腾出的土坯房里。

初来乍到，当地人对移民们十分欢迎和关心。因一时安顿不下来，当地人顿顿送来热饭、热菜，像亲人一样帮其买家具和生活用品。夜里前来闲聊，帮着解闷，简直把远方来的移民看成是自家人了。

当地人对移民们说，敦煌是大戈壁滩包围着的一片绿洲，卫续升、卫广仁父子却半信半疑。那天，村干部领着他们走遍了会宁村的田间地头，指指点点地说道："你们看，远处群山白雪皑皑，长年不化，雪水流下来可灌溉敦煌的田地。因此，咱这里旱涝保收，地多人少，打下的粮食是吃不完的。葡萄、大枣、梨，各种粮食瓜果长势好，口味好，是个聚宝盆哩！”他们还说，敦煌一带水位很高，在院里挖两三米就可见到清澈的泉水，家家牛羊满圈，牛羊粪可以肥田，有个大小喜事或逢年过节，家家都要宰只羊、杀个鸡的庆贺一番。一番话，说的卫续升、卫广仁父子心里热乎乎的。

按照当时的移民政策，公职人员到敦煌后全部安排工作，非公职人员便当农民，并和当地人一样按人口分配土地。卫广仁在部队当过排长，按军队干部待遇很快被分配到敦煌县邮电局上班，成为该局报刊信件分发员。

初到敦煌时，卫广仁的父亲卫续升、母亲张样 40 岁出头，都是干农活的行家内手。大弟卫广成 19 岁、小弟卫广治 16 岁，整天都忙在田间。大妹卫灵仙 3 岁多，小妹卫美玲 1 岁，或随父母上地，或由邻居家照看。敦煌这里极少下雨，所以一家人天天忙忙碌碌的，当年秋后卫家获得了好收成。同时，当地人与移民的关系融洽，初来时的陌生感和生活不习惯慢慢消失了，卫家人慢慢地喜欢上了这里。

母亲张样，不仅爱干农活，家务上也是一把好手，蒸馍、擀面、炒菜、熬汤样样能干，且干净又利索。细粮少了，她便做玉米面稠搅饭、漏水鱼儿。有了细粮，除了馒头、面条外，她还摊煎饼、烙烙饼，惹得四邻八舍前来看稀罕，她端出一条盘煎饼让大家品尝，村民们赞不绝口。

移民敦煌之后，老卫家的好事接踵而至。卫广仁有了工作，令人羡慕。不久，不少人为其提亲。后来，他选定了 17 岁的姑娘金玉兰。金玉兰是三危乡甘家堡人，与会宁村连畔种庄稼，见个面很容易。几个月后，俩人便热恋了，花前柳下，出双入对，几乎形影不离了。1957 年春节前，卫广仁和金玉兰终于步入婚姻殿堂。

在当时，新来的灵宝移民与敦煌人联姻成家，卫广仁和金玉兰当属第一对,一时在敦煌全县传为佳话。

然而,谁也没有料到,他俩结婚不久,一场突如其来的灾难从天而降,给这个幸福的家庭蒙上了一层阴影。

三

卫广仁在敦煌县邮电局上班,主要是分发报刊信件、邮寄包裹等。他每天凌晨四点钟起床,将头天晚上收到的各色邮件按地址分别放到全县 9 个乡和县直各单位的递送柜框里,忙忙碌碌到九点多才能分发结束。这时,各乡和县直的投递员骑着自行车来了,取走邮件并投递入户。

下午没事了,卫广仁便在邮电局里干些杂活。他工作认真负责,每天的数千件邮件都分配得井井有条,从未出错,屡屡受到局领导的表扬和投递员的称赞。

1957 年夏秋之交,全国反“右派”斗争开始了。每天上午一上班,县邮电局第一件事是集体学习有关文件,反击右派言论。后来,便在本单位抓右派,搞斗争。卫广仁每天都兢兢业业地工作着,对反右派斗争知之甚少。

一天上午,卫广仁正忙活着分发邮件,局办公室人员通知他参加会议。他失急慌忙来到会场,全场肃然。邮电局一位负责人劈头盖脸问他:“卫广仁,你为什么不参加会议,反‘右派’斗争几十天了,你却天天躲在分发室那个世外桃源哩!”

卫广仁解释道:“天天邮件堆一大堆,不分发,邮递员取不走,耽误了工作怎么办?”

负责人说:“我批评你你还嘴硬哩!现在是搞运动,反‘右派’第一,工作第二。如果‘右派’翻天了,不知有多少人人头落地!对此,你不闻不问,闷在分发室里插白旗,你不是‘右派’也是个准‘右派’!”于是,卫广仁被停职检查。斗争来、批判去,他虽然没有“右派”言论,但说他参加运动不积极,最终也下不了什么结论。

1957年初冬,他的大儿子出生了,全家人欢喜不已。妻子说:“我是敦煌人,你是灵宝人,孩子就叫敦灵吧?”

卫广仁沉思良久,说道:“名字要叫的响亮些,今年苏联放了一颗人造卫星,把美帝国主义吓扎啦,儿子就叫卫福星吧,恰好嵌着‘卫星’两个字,有纪念意义哩!”

有了儿子,卫广仁回到家里充满了温馨和欢乐。因受到批判,他一到机关便遵循着“吃饱点、穿烂些、见了领导走慢点”。小心翼翼地过着熬“小媳妇”的日子,每逢开会学习,人人发言时,他都会检讨自己的“错误”,口头禅是“共产党好,社会主义好,苏联老大哥好……”

有人说,卫广仁得神经病了。其实,他一点都不神经,从心底里讲,他爱邮件分发工作,珍惜这份工作,如今他拖家带口,更怕失掉这份工作。因此,他认真工作,低调做人。

这真是“怕怕处有鬼”。1958年10月5日,县邮电局领导在局里全员大会上宣布:“鉴于卫广仁在反右斗争中的错误,开除其公职”。如同一声霹雷,顿时把这位堂堂正正的灵宝汉子炸懵了。他没有申诉,没有抗争,默默地卷起铺盖回到了会宁村,成了一个普通的农民。

四

卫广仁回来了,家里人都知道他是委屈的,双目噙泪的妻子没有责怪他一句。父亲卫续升说:“世上当农民的有一层人哩,在农村只要肯出力,照样能过上好光景!”

此时,人民公社已经成立,农村吃起了“食堂饭”。会宁大队第三队和其他生产队一样,全队人一起出工劳动,一起在公共食堂里吃大锅饭。

尽管公共食堂饭菜单调,汤稀馍小,开始时大家伙儿都能吃饱,以后则每况愈下了。其主要原因是社员出工不出力,粮食产量下降;浮夸风盛行,多缴公粮少了口粮;非生产人员多;急功近利、干部多吃多占……天灾加人祸的多种原因,使敦煌这个富庶之地也开始闹饥荒了。1959年,生产队的小麦大幅减产,公购粮任务却显著增加,食堂的饭稀得可照见人影了。

移民们在敦煌实在呆不下去了,1959年冬至1960年,灵宝移民们形成了持续不断的返乡潮,从敦煌至柳园火车站128公里的公路上,常常涌动着逃难回乡的人群。1959年冬的一个寒夜里,卫广仁全家人聚在一起,商量着回乡的事。卫续升说:"敦煌是个好地方,但浮夸风、吃大锅饭,把这个好地方给糟蹋了!我看在这里难以熬过春荒。考虑再三,我和你妈决定也回灵宝,你们都谈谈自己的想法。"卫广成、卫广治、卫灵仙、卫美玲也吵着嚷着要回灵宝。

卫广仁抱着头一言不发。金玉兰说,要说闹饥荒,全国都在闹饥荒,回到灵宝又能怎么样!我是敦煌人,父母、兄弟姐妹都在这里,我不想回灵宝!"

卫续升说:"那好,你们就先留在这里吧。大王公社董家村的两个亲戚现在是大队干部,我们想迁居到那里。如果他们愿意接收你们一家,我会向你们写信的。"于是,卫续升夫妻带着儿女们返回了灵宝。

一个月后,父亲来信说,董家村愿意接收卫广仁全家,灵宝的生活也好于敦煌。接到来信,卫广仁当夜失眠了。他泪流满面,在心里苦叫着:"敦煌啊敦煌,你是我的伤心之地!"是啊,他在朝鲜战场架电话线再苦再累没有流泪,面对凶残的美国兵他没有退却……而在敦煌这里的不公正待遇却令他撕肝裂肺、痛不欲生。他在邮电局五更起来分发邮件,忙得从不吃早饭,从没出过差错,这何罪之有!开会不通知我,反诬我以工作压革命,是"准右派"!检讨、认错却仍被开除,真不公平呀!如今回村劳动,不时还会遇到鄙夷的目光,思来想去,他恨不能立马离开这个伤心之地！

于是，他动员妻子一起回灵宝。起初，妻子执意不从，经过软磨硬缠，妻子终于同意了。1960 年春，夫妻俩带着两岁半的儿子卫福星和出生不久的女儿卫福贞踏上了漫漫的返回灵宝之路。

五

卫广仁一家四口回到了灵宝，董家村的乡亲们热情地接纳了他们。当时，灵宝和敦煌一样，都在公共食堂里吃饭，虽然粮食不多，但这里山高沟多，人们可以挖野菜、捋洋槐花……变变腾腾着勉强填饱肚子，加之亲人多，互相接济，互相扶帮，亲亲热热的，日子过得比在敦煌好一些。

然而，天有不测风云，人有旦夕祸福。半年之后，金玉兰的胳膊上出现些小红疙瘩，经医生诊断为皮肤过敏，是因水土不服引起的慢性病。卫广仁四处求医诊治，中药西药都用了仍不见效。三个多月后，小红疙瘩蔓延到腿部、腹部，金玉兰躺病在床，又乏又困难以起身，便有气无力地哭喊着："回敦煌吧，快回敦煌吧，纵然是死我也要死在敦煌！"

一天，卫广仁到老城村请医抓药，遇见了几位老同学、老战友，便告诉他们："我要重返敦煌了！"一战友诧异道："好不容易回来了，还回那个荒凉的地方干什么？"卫广仁说："妻子水土不服，得了怪病，卧床不起超过百日了，再不回去，恐怕她就没命了！"

同学、战友们面面相觑，他们都知道凡是从敦煌回来的，大都囊中羞涩，又无法向人启齿。卫广仁一直在给妻子治病，经济上恐怕更加拮据。于是，一位战友连忙掏出十元钱塞给卫广仁，另一人给了他二十元，没带钱的回家去取，顺便告诉了更多的人。一个时辰不到，大伙儿为他凑合了 200 多元。几天后，卫广仁夫妻携子带女又登上了西去的列车。

六

回到敦煌后,金玉兰的病情渐渐好转。卫广仁好像另换了一个人似的,扑下身子大干开了。他挑粪上地,夜里浇地,巡查渠道,拉着载重的架子车步履矫健……人们竖起大拇指赞道:"真不愧是老志愿兵!"

为了给社员分柴烧饭,卫广仁带着四五辆驴车到几十里外的戈壁滩上打柴。白天,他们挥动老镢头连根刨红柳,饥了啃冷馍,渴了喝冷水,再辛苦他都不怕。修筑党河水库,前后修了四五年,每个劳力轮换着上阵,轮到卫广仁,他总要多干十几天,受到社员们的称赞。

此后,卫家相继又添了一个儿子三个女儿,全家有八口人。在那大集体生活的年代,他家属于劳力少人口多的困难户。好在金玉兰娘家住的近、亲戚也多,尤其是金玉兰的五个姐姐和姐夫们给粮、送米,使卫家渡过了一道道难关。

1979 年 10 月,按照党中央为"右派"平反冤假错案的政策,卫广仁找到敦煌县邮电局,要求平反昭雪。几经周折,终于平了反。卫广仁又回到县邮电局上班了。此时,他已 46 岁,工作了几年,按照有关政策规定,他退休时可以安排一名未婚子女接班,未婚的二儿子卫福宝便接班到县邮电局上班了。后来,三姑娘卫福灵也安排到县邮电局工作。

卫广仁的晚年是幸福的,他的退休工资每月 3000 余元。六个子女及配偶有的从政、有的从商、有的从医、有的在银行上班,有的任企业会计,都有稳定的工作和收入。

如今,卫广仁老两口住在敦煌市区自己的家属楼里,女儿、儿媳轮流前来为其做午饭、晚饭。逢年过节,四代同堂 30 余人聚集在一起,欢声笑语不断,真可谓其乐融融。回想往事,他总是说:"当初移民敦煌,想着能过上幸福美好的生活,没有想到坎坎坷坷几十年,最后还是实现了自己的理想,在这里养育出了这么一个庞大的幸福家庭"。

师治民和他的电业家庭

杭荣贵

“师治民,师治民,书记让你到大队部去……”大队会计在广播里吆喝道。

正在地里干活的师治民,放下家伙说:“爹,我去看看啥事?”“去吧”父亲师映辰答应着,心里嘀咕着:“大队部叫孩子会是啥事?”

“治民,好消息,县里招电工,必须是初中以上文化程度,咱大队的这些年轻人,就你符合条件。来,先填个表。”师治民毫无思想准备,愣了一会儿说道:“我拿回去填,填好了再送来。”

地里很多人聚在一起休息,看到师治民回来了,就喊道:“大队叫你干啥子哩?”你一言我一语,把个平时寡言少语的师治民问的满脸通红。

回到家里,师治民把去大队部的事情告诉父亲。父亲说“好事,好事,赶紧填好表送过去,事办成了,要好好谢谢大队干部哩。”

“师治民进城当电工啦!”1972 年 8 月 15 日,盐茶村的头号新闻在全村传播着。师治民凭着自己的初中文化程度,被招为敦煌县的第一代电力工人,带着全村人的希望走出盐茶村,进城当了合同制工人,感到很荣幸。他深知自己文化程度不是很高,就跟着师傅边干边学,不怕苦和累,任劳任怨,深受领导和同事的好评。

当时,敦煌县正在修建党河水库。党河水库位于敦煌境内的党河口,北距县城 36 公里,1970 年开工建设,第一期工程坝高 46 米,库容 1500 万立方米,按 50 年一遇洪水设计,500 年一遇洪水校核。师治民来到党河水库发电站建设工地,参与发电站的建设工程。1974 年春,党河水库工地上,热火朝天,红旗招展。“水利是农业的命脉”“百年大计,质量第一”“大干苦干,力争上游”等大幅标语随处可见,拉车的、抬筐的、碾压的,人来车往,眼看着大坝越来越高,很快就要建成竣工了。师治民和水库的建设者们心里别提多高兴了。想到敦煌有史以来的第一座水库就要建成,人人都油然而生出一种自豪感。

有一天,师治民接到了一个新的任务,要他前往河南省卢氏县火焰电站实地学习小型水力发电技术和发电站建设技术。虽说只有半年时间,但对他这个生在河南,长在敦煌的青年来说,十分珍惜这次机会,因为卢氏县紧邻着自己的老家灵宝县。他来到了卢氏县,走惯了敦煌的平坦道路,觉得卢氏的高山大河那么神秘莫测;习惯了敦煌的干旱气候,觉得豫西山区秋天的连阴雨是那么连绵不断。他虽说是当电工,但对发电机组并没有接触过。这里的一切都是那么的新鲜,他在小山沟里孜孜不倦地学习着水力发电的技术,期待着回去后发挥技术骨干的作用。

半年后,师治民回到了敦煌,1980 年转为正式工。作为一名电力系统的工作人员,他先后参与了党河水库小型发电站、党河电站、南湖电站的建设工作,把学到的电工知识和发电带来的光明送到了敦煌的千家万户。

作为敦煌县第一代电力工人的师治民,在电力工作岗位上勤勤恳恳,兢兢业业地工作了 23 年,直到 2010 年光荣退休。

师治民的老伴是敦煌人,和他有着同样的经历。他们是在电业系统当合同工时认识并结婚的。如今,师治民的一个弟弟、两个儿子和一个侄子都在电力系统工作。他介绍说:“我们一家人堪称是敦煌的电力之家,两代人中多人都是电业工作者。过去,我们干的都是粗放的工作。新一代电力人的工作环境和条件已经大大改善了,他们现在玩的是电脑、仪表,我已看不懂了。”特别是他二弟师为民的儿子师宇宙,毕业于兰州理工大学电力专业,现在在国家电网甘肃省电力检修公司上班。

师治民一家人不仅多人在敦煌电力系统工作,而且还有家人为敦煌电力事业的发展献出了宝贵的生命。师治民的大儿子和他的三弟都是在工作中殉职的。说起这些事,触到了他的痛处,师治民显得很悲伤。

他的三弟师铁民,2007 年 8 月和同事一起改电力线路,当时变压器本来是停电状态,但因响声太大,同事误以为未停电,慌乱中将其从两米多高的台子上打了下来,不幸头碰在石头上,因公殉职,时年 37 岁。师治民的大儿子师玉东,2009 年 2 月在维修变压器做大压试验时,不幸中电身亡,时年 32 岁,留下一个女孩,当年只有 7 岁。他与老伴忍着悲痛,将所有赔偿和房产留给儿媳和孙女,并劝说儿媳改嫁,另组合婚姻,盼望给孙女一个和谐美满的家庭。现在,儿媳一家人与他们相处的很好,经常带着孙女来看望他们。

虽然,在师治民的电业人生中有着一些不幸,但如今他们一家四世同堂,生活幸福快乐。师治民现在上有 86 岁的老母亲,精神矍铄,身体尚好。下有孙女、孙子活泼可爱,健康成长。二弟师为民一家 5 口虽然还是农民,但都享受着每人每年 600 元的移民补助。他和老伴早已退休,二儿子师玉中夫妇都在供电公司工作,一个 13 人之家和睦相处,快快乐乐地生活在敦煌这座古老而又现代化的城市里。

矢志坚守的杨英平

姜志亮

1956年春天，作为三门峡黄河大坝库区移民，杨英平满怀着“建设大西北”的美好愿望，带着父亲、妻子、儿子和两个女儿，一家六人，离开了祖祖辈辈生活着的灵宝县城，离开了他工作了多年的灵宝县兽医站，长途迁徙，来到敦煌，将家安在了敦煌城里。

一

杨英平技术高超，工作勤奋，很快就成了敦煌县兽医站的行家里手和业务骨干，成了一位颇有名气的兽医。可他脾气耿直，性格直爽，年轻气盛，工作上从来不输人，无形中也得罪了一些人。

一家六口住在城里，老的老，小的小，全凭他一个人的工资养家，坐吃山空，实在是受不了。于是，他便把家搬到了杨家桥乡（现在的鸣沙镇）杨家桥村，全家人由市民变成了农民。

杨家桥乡是当时敦煌最富裕的乡镇，离城五公里路程。虽说苦点累点，回家不方便了，可农村花销少，不像在城里处处都要钱；村里虽然条件差，口粮还是可以保证的；再说父亲和妻子可以和大家一起下地劳动，挣工分贴补家用。

杨英平的妻子李清娥，河南扶沟人，是个勤俭持家的贤妻良母，她孝敬老人，照料孩子，还要下地劳动，把个新家料理得清清爽爽，有条有理。就在这一年，杨英平的小女儿杨彩霞出生了，给家里增添了不少的喜庆。

“天有不测风云，人有旦夕祸福”。可谁也没有想到，1958年，全国性的肃反运动开始了。杨英平在临近解放时，曾经被国民党抓过“壮丁”，押解途中，被解放军解救出来回了家。随即，他的家乡就解放了。严格地讲，他连一天兵也没当过。

这本来是一件再平常不过的事情了，可就是有人揪住不放。敦煌在解放战争时很少打仗，就连解放敦煌也是马步芳守城军队望风而逃了的，也没有发生过“抓壮丁”的事。这些人不理解什么是“壮丁”，凭借着朴素的阶级感情，只想着“壮丁”就是给国民党当兵，给国民党当兵就是和解放军打仗，打仗就是杀解放军。

单位里和他有矛盾的人也开始起哄，大会批，小会斗，变着法儿地折磨他，一定要他这个历史反革命“刽子手”招认杀过多少解放军，给国家给人民欠下多少“血债”。他死活扛着不认账，一斗就是两年多。

真是“秀才遇见兵，有理说不清”。杨英平百口难辩，被单位里的人们视作“牛鬼蛇神”，强迫参加了“学习班”，眼看着就要被“专政”了。

“可怜天下父母心”。看到儿子无辜蒙冤，父亲坐不住了，他不能眼看着无辜的儿子去坐牢，决心要为儿子洗清冤屈。老杨头坐汽车，倒火车，只身返回灵宝，他费尽千辛万苦，往返近八千里路，找到了灵宝县、乡两级政府，开具了证明信件，证明了儿子杨英平的清白。

可是，救儿心切的老杨头一路上着急上火，又冻又饿，返回途中染上了重病，到柳园火车站（终点站）下车时，已经奄奄一息了。一直到死，他都未能将证明信亲手交到儿子手里，也未能给儿子交代上一句话。

火车站的运输工人把老杨头抬下火车，从他怀里掏出了证明信，便立即通知了敦煌的杨英平。等到全家人火急火燎地赶到柳园火车站时，老杨头已经死去多时了。

全家人哭天抢地，将老杨头埋在了柳园。他的旁边，还埋着另一位灵宝老乡,他是老城人赵随年的父亲赵清山,曾两次移民敦煌,也是在返回敦煌的途中病死在柳园火车站的。

后来,随着铁路延伸,柳园转运站被撤销。在扩建车站公园时通知不到墓主,两座坟墓遂当作无主坟墓一起被毁掉了。

二

父亲以生命的代价换取了儿子的清白,免去了儿子的牢狱之苦,却没能保住儿子的“铁饭碗”。不久,杨英平还是以“莫须有”的罪名,被开除公职,下放到杨家桥村劳动了。

老乡们替他抱不平,纷纷劝说他回灵宝。可他坚信:终究会有云开日出的一天,党不会冤枉他,组织上一定会给他洗清罪名的。哪里黄土不埋人,不一定非要在这个时候灰溜溜地回灵宝。在哪里栽倒了,就要在哪里爬起来,当逃兵不是他杨英平的性格。

在杨家桥村,杨英平把满腔的羞愤埋藏在心里。为了养家糊口,他早出晚归,积极参加劳动,每年都能挣到很多工分,分到很多粮食,日子过得一天比一天好。他知道自己的身份,处处与人为善。他利用自己的兽医技术,义务为左邻右舍服务。无论白天晚上,路近路远,早叫早到,晚叫晚到。他从不摆架子,也从不收乡亲们钱,很快就赢得了邻居们的信任和尊重。

1965年,敦煌的“四清”运动开始了。由于他性情耿直,敢说真话,人缘好,能吃苦,群众威信也高,遂被推荐为积极分子,还当上了社员代表,成了工作队的依靠对象,被誉为“永远不走的工作队”。社员们热爱它,拥护他,可村干部们却敬畏他、提防他。

又一次,他去大队办事,几个大队干部全都对他毕恭毕敬,点头哈腰。回家后,他不禁倒吸了一口凉气。思前想后,他害怕了。他知道“四清”运动中自己得罪了不少人,一旦时机成熟,这些人开始报复,后果将不堪设想。

“一朝被蛇咬，十年怕井绳”。他感到了前所未有的恐惧，想到了父亲的死，想到了全家一大家子人，全凭着他这根顶梁柱，他不想重蹈在县兽医站的覆辙。于是，便主动找到公社领导，要求离开杨家桥村。公社同意了他的要求，他遂于 1967 年将全家搬到了不远处的全县最差村青安村，借住在村头的空房里。

青安村是全县最穷的贫困村，大都是盐碱地，条件差，收成不好。杨英平家里劳力少，挣得工分就少，分的口粮根本就不够吃，每人每天合不到一斤粮食。全家人一年到头才能分到三斤油，长年累月难得炒上几顿菜，能吃上水煮面条就不错了，大部分时间吃的是掺了很多萝卜片和菜叶子的稀糊糊。在小女儿杨彩霞童年的记忆里，根本就没有吃炒菜的概念。村里虽然有菜园，但很少分菜，偶尔能分点萝卜、白菜、大葱、豆角，大家都高兴的不得了。

冬天里很冷，房子里四面漏风，简直就是个大冰窖。烧火做饭烧的全是从野地里砍来的刺芽子、野蓬蒿，做饭时满屋子烟。晚上睡在炕上，总觉得刺骨的冷。早上起来，屋子里的墙上、顶篷上、炕上全都是白花花的一层冰花。

盐碱地上种庄稼是很难的。农闲时间主要是挖坑排碱，把地下的盐碱水渗入坑中排走，以降低水位，在高处种小麦。每块地要挖好几个大坑，每个大坑要一人多深，劳动强度很大。可杨英平硬扛着，从不叫苦叫累，他总是捡最苦最累的活干，总能挣到较多的工分。

收成不好，工分就不值钱，生产队每个劳动日（10 分）才能顶到五分钱。为了减轻家里负担，几个孩子都很懂事，放学后，都争着下地干活挣工分。孩子们小，挣的工分就少，上小学的小女儿杨彩霞劳动一天，队里才给记三分工。

灵宝老乡陆陆续续来看望杨英平，说得最多的还是劝他回灵宝。

告诉他家乡对从敦煌返回的干部再安置是很人性化的,说最近就有个在敦煌被整的干部回了灵宝,安排得很好,听说还当了局长。

不管如何劝说,杨英平就是不动心。他选择了坚守,他认为当初来敦煌是组织安排来的,既然来了,就要听组织的话,不能当逃兵。青安是穷,可它不能永远穷下去。自己受冤屈,总有真相大白的一天,他依然相信,组织不会冤枉一个好人。他要光明磊落地接受考验,堂堂正正地等着组织上为自己洗清冤屈。

他依然矢志不移地坚守着,默默无闻地埋头苦干着,满怀希望地期盼着:期盼着自己的清白,期盼着敦煌的繁荣,期盼着幸福的生活,盼望着孩子们有出息……

可是,杨英平最终还是没能等到他盼望着的那一天。

1974 年,杨英平因患胃出血在敦煌县医院动手术,因医疗事故,七天后,他便永远地闭上了双眼,满怀着期待和遗憾,留在了他为之坚守的敦煌大地上。

三

40 多年过去了。

现在,历史已经告慰杨英平,使他含笑九泉了:

1976 年,敦煌县领导到青安村检查工作,发生了群众集体下跪事件,县政府随即按照群众意见作出决定,解散了最贫困的青安村,将全村群众分散安置到周围村庄。他们全家搬到了转渠口乡转渠口村,过上了较好的新生活。

1978 年,杨英平被彻底平反昭雪,推翻了强加在他身上的一切不实之词。按照当时的政策,可安排一名子女接班,可他们都很要强,没有一个人向组织提出要求。

改革开放后,敦煌社会发生了翻天覆地的变化,他为之坚守、为之孜孜以求的幸福生活早已变成了现实。

如今,杨英平的四个子女都很优秀,个个子孙满堂,家家幸福殷实,人人都很知足。孙辈们更是出息争气,有的勤劳致富,开上了私家车;有的把家搬到了城里,做起了生意,在敦煌打出了自己的一片新天地……

他们无怨无悔,为父亲当初的坚守而骄傲。

他们继承着父亲的遗愿,为了敦煌的繁荣与发展,依然无私地奉献着他们的青春和赤诚!

知足常乐的曾志祥

杭荣贵

一

2011年11月,正是河西走廊风沙肆虐的季节,而对于曾志祥来说,那是一个最寒冷也最寒心的冬天。扎根敦煌的灵宝移民曾志祥携老伴吉英侠回到故乡探亲,顺便给患胃病多年的老伴看看病。不曾想,老伴吉英侠竟然因病不治,命陨故乡。

曾志祥悲痛欲绝,不仅仅是因为难舍40多年的夫妻感情,也不仅仅是妻子为他生养了三男一女,更重要的是妻子和他当年一起积极报名,从灵宝县城移民到敦煌农村,经历了难以忘却的艰难困苦,如今过上了好日子,享上了福,却撒手人寰。

老伴魂归故里,亲戚们劝他:“安葬故乡也算是叶落归根了”。“要么火化后带回敦煌。”亲人们的好心劝说,让76岁的曾志祥难以决断。他不忍心把老伴一个人安葬在灵宝故土,因为老伴深爱着自己的家和一群子孙,不能让老伴和一家人相距太远。但也不忍心抱着老伴的骨灰回到敦煌。最终他做出了一个惊人的决定:“回敦煌!雇一辆救护车把老伴运回敦煌,花多少钱都行。”

一辆灵宝医院的救护车载着曾志祥一家人和吉英侠的遗体,风驰电掣般向数千公里外的敦煌奔驰而去。一路上曾志祥不时地附在老伴的耳边告诉她:“过西安了,到兰州啦,快到张掖了,过了嘉峪关了……一曲感人的魂归敦煌之歌,一幕催人泪下的动人画面,演绎着茫茫戈壁上一个撕心裂肺、催人泪下的感人故事。

二

曾志祥家住灵宝县城新胜街。1956 年动员组织移民迁移敦煌时，身为街道干部的曾志祥，积极响应党的号召，带好头，做模范，和新婚的妻子吉英侠一起说服家人报名移民，并动员带动了一些亲戚邻里一起移民。

在那个寒气未消的早春二月，曾志祥和父母、三个弟弟、一个妹妹、新婚的妻子一家 8 人，搭上了政府安排的移民列车，经过七天的长途颠簸和几次的转车，终于来到了既陌生又荒凉的敦煌。

来到敦煌后，曾志祥一家被安置在石槽大队阶州村，后来，二弟曾文学还担任过石槽大队的大队长和支部书记。1961 年“三年自然灾害”期间，父母和二弟曾文学一家返回家乡，定居于尹庄公社涧东村。三弟曾月顺一家定居在阳店公社官庄原村。妹妹的丈夫是广州人，高材生，精通五国文字，在敦煌被打成右派，一直受到不公正的待遇，平反后全家迁回广州定居。

曾志祥移民敦煌时已经快中学毕业了，1957 年在敦煌参加高考，考上了兰州医学院。1960 年毕业后分配到敦煌县防疫站工作，他的一家就在敦煌扎下了根。

三

如今，曾志祥已经是耄耋老人了，住在敦煌市防疫站的家属楼里。对于自己的移民经历和如今的生活，老人扳着指头一连说了“六个好”。一是移民时家乡灵宝的生活条件和居住环境好。二是移民到敦煌，在卫生防疫站工作，自己的事业好。三是政府解决了自己家属及子女的城镇户口好。四是自己的一个女儿三个儿子通过努力考上大学，工作、生活好。五是自己在卫生防疫部门工作,后开诊所与同事、老乡和邻居的关系融洽好。六是自己如今的12人的大家庭关系好。说了六个好后,老人激动地说出了自己的感悟:“知足常乐”!

然而,曾志祥还有三个郁闷不爽的“心结”。一个是老伴的不幸逝世,使他一直耿耿于怀,没有想到老伴去世的那么早,那么突然。老伴去世后,有人建议他再找个人作伴,他拒绝了,因为内心坚守着对老伴的那份爱情和眷恋。二是对妹夫遭遇的不平,妹夫是一个有文化、有才干的人,却被打成右派,浪费了大半生的年华,后来平反后,国家补发他6万元工资,可妹夫一分钱不要,甩手就回广州了。三是自己一辈子积极追求上进,努力工作,1980年曾荣获国家卫生部颁发的“防疫卫士奖章”,因故没有按照国家的奖励政策兑现落实,后来积极要求进步,一直想加入党组织,却因种种原因未能如愿,深感遗憾。

尽管还有这些心结,但曾志祥依然显现出知足常乐的生活态度,在敦煌这个第二家乡安度着自己的幸福晚年。

一个女人撑起的家

赵有维

一

她叫高仙鱼,今年 74 岁,当她回忆起移民敦煌的经历时,禁不住掩面而泣,谈起现在的幸福生活时也会击掌欢笑。

高仙鱼出生在灵宝县城东街,1956 年 3 月刚满 12 岁时,便和父亲高建治、母亲曾建清、弟弟高顺利、妹妹高转鱼一同迁移到甘肃省敦煌县吕家堡乡雷家墩村。她在当地村小学续读了一年书,辍学后回家看护幼小的弟妹,割草拾柴。十六七岁时作为半劳力,一天三晌在地里干农活。成人后经媒人介绍,认识了转渠口公社阶州大队第二生产队的赵新年。赵新年大她 10 岁,原籍河南省宝丰县,逃荒落户于灵宝县城,后随父亲赵清山迁移敦煌。

起初,高仙鱼不同意这门婚事,觉得男方年龄太大,同时,赵的父亲去世,母亲有病,贫病交加,生活会有很多难处。然而,父母却看好这一桩婚事。母亲说:“咱俩家都是移民,谁的日子都不好过,现在客居他乡,能过就将就着过,再说赵新年在柳园火车站当搬运工,月月有工资,活虽重,但毕竟是个公家人。‘嫁汉嫁汉,穿衣吃饭’,你跟着他是不会受苦受罪的!”

经父母动员说服,高仙鱼终于点了头。那年初冬的一天,高仙鱼和赵新年结婚了。婚后两年,女儿赵海燕出生,四年后,儿子赵海峰呱呱落地。因丈夫在外工作,婆婆身体有病,抚养孩子,照顾老人,参加生产队劳动等重担便落到高仙鱼这位瘦弱女人的肩头,白天在生产队干活,回家后抱着儿子爬锅燎灶,夜里还要给婆婆说开心话……

那时,全家五人,只有她一个女劳力,在生产队属于人口多、劳力少的人家。为了多挣工分多分粮,高仙鱼豁出去了,每天上工的钟声一响,她扛起农具便出发,到了地里学着干、使劲干,很快,她便成了提得起、放得下的女棒劳力了。无论是刨地、锄草、担粪,还是播种、间苗、收割、修渠,样样农活干的有模有样,常常受到队长的表扬。

尽管一年四季她忙在地里,但毕竟挣的工分少,分的粮食不够吃。她便挖野菜,喝稀粥。当时丈夫的工资并不高,余钱交给她后,她舍不得买大米白面,只是买点粗粮凑凑合合过日子。

高仙鱼文化不高,但绝不想让儿女耽误了上学。两个孩子刚满七岁,便先后送到学校读书,一直供到初中毕业。

二

高仙鱼是个爱整洁的人,衣服脏了就洗,烂了就补,无论是粗布衣,还是洋布衫,全家人个个穿得整整齐齐、干干净净。高仙鱼保持了在灵宝的良好卫生习惯,天天洗脸、饭前洗手,常洗脚洗头,把案板上的盆瓢碟碗摞的整整齐齐,用抹布盖着。锨头、锄头各种农具磨得闪闪发亮。前来串门聊天的邻居对高仙鱼的生活习惯啧啧称赞,一些敦煌当地的小媳妇大姑娘便跟着她学,渐渐改变了原来不良的生活习惯。

在参加生产队劳动的同时,高仙鱼还想方设法增加家庭收入,没功夫放羊,就养猪养鸡。上工时,她总是背上系个筐子,下工了,别人急着往回赶,她则采割猪吃的草,捋树叶剁碎后加入麸子或玉米皮喂鸡。这样,她家一年可养肥一头猪,另外还有卖鸡、卖鸡蛋的上百元收入!

后来家庭收入稍稍好转,高仙鱼买了一台缝纫机,夜里做衣服或缝缝补补,缝纫机踏得“哗哗”转。她是个热心人,四邻八舍谁家做衣服,她都热情相帮。后来,她家就成了女社员们的俱乐部,有的在缝纫机上做衣服,有的闲聊,有的谈奇闻趣事,满屋子热热闹闹,一片欢声笑语。

三

1981 年春,敦煌县实行农业生产责任制,她家四人分得了 11 亩责任田。高仙鱼和村民们一样,起早贪黑,干劲倍增,天天泡在农田里。她爱干活、会干活,加之儿女先后初中毕业回来作帮手,三个劳动力拧成一股绳,把 11 亩地拾掇的利利索索,庄稼茂盛,每年打的粮食可以吃上两年。

第三年,她家种了 6 亩春小麦,5 亩棉花,母子三人精耕细作,取得了意想不到的大丰收,小麦总产 4200 斤,棉花出售后收入 5000 余元,全家上下乐得合不拢嘴。丈夫赵新年回家后看到喜人的情景,惊得连声夸奖叫好,想不到妻子儿女在责任田里竟然刨出了这么多钱粮!

1994 年,60 岁的赵新年从柳园火车站退休了,每月退休金 2600 元。他常常对人说:“我的老伴不简单,一个大姑娘进入我家后,硬是凭着苦干苦熬支撑起了这个家!”

2015 年赵新年去世,终年 82 岁,他是紧紧握住老伴高仙鱼的手,含笑离开人世的。

高仙鱼的一双儿女先后都在敦煌市找到了工作。女儿赵海燕在百货公司上班,女婿周建林在五金公司工作;儿子赵海峰系市工艺美术厂职工,儿媳李耀艳在市面粉厂工作。

如今,古稀之年的高仙鱼在儿女家轮流着住。她眼睛有点花,但听力尚好。回忆往事,她说恍如昨天,因为移居敦煌 60 年的酸辣苦甜对她来说实在是太丰富、太深刻了,一件件的事都忘不了。

敦煌县的第一辆架子车

杭荣贵

1956年春,在灵宝县迁移敦煌的移民队伍中,有一位灵宝县城西关段家巷的农民师映辰,他与全家4口人一起移民。那年,他31岁,妻子汪树英26岁,儿子师治民6岁,女儿1岁。

动员大会结束后,师映辰回家整理自己的行李,按要求处理了大件物品。眼看就要动身启程了,他却想把刚刚买下的那辆崭新的架子车带去,以便干农活时用得上。他对移民负责人说:“我的架子车去不了,我们一家人也不去了”。负责人在再三解释无用的情况下,只得答应他的请求,但叮嘱他:“不要给任何人说,因为路途遥远,大件东西是不准带的。你放心走,随后我们想办法把架子车轱辘给你托运过去。”

于是,他和所有的移民一样,按时踏上了西去的征程。来到敦煌县后,第二天安置大会一结束,师映辰和李锡麟、邵耀武、焦家军、刘克明、张兆祥等六家人被分到了吕家堡公社(如今的转渠口镇)盐茶大队。师映辰看到村里的大轱辘车常常发呆,尤其是在生产队干活时,怎么也用不惯这个笨重的家伙。心里更加惦记自己的架子车,一有空就去打听家具托运的信息。

终于有一天,托运的家具被送到村上,师映辰迫不及待跑过去,终于找到了自己日思夜想的架子车。他当即把架子车下盘和车身装配好,装上自家的东西物品拉回了家。当地农民看到师映辰轻便灵活的架子车,个个瞪大了眼睛,纷纷询问:“这是什么车子?”“让我拉一下试试”。从此,师映辰从灵宝不远千里带来的这辆架子车便成了村里的公用车，人们拉个东西都来借用一下，轻便好用，每一次，在师映辰的心里都会掠过一丝助人为乐的快感。

后来，看着架子车这么轻捷方便，很多人都想买下他的架子车，但他说什么也舍不得卖。后来，不到两岁的小女儿因水土不服，突然发烧并引发肺炎，没钱治病，无奈之下，他忍痛割爱地卖掉了心爱的架子车。但终因耽误了孩子的最佳治疗时机，没有挽回女儿的生命，这件事对师映辰打击很大。从此，师映辰陷入了失去女儿的巨大痛苦之中，直到后来新添了一个儿子师铁民，他才渐渐恢复了精气神。

此后，师映辰立志拼命地劳动，养活好一家人，并想通过辛勤劳动，攒下钱，再买回一辆架子车。

后来，师映辰的家庭富裕了，他通过老乡关系，一次买了三个架子车下盘，找来同是灵宝移民的木工一起打造了三副车架，自家留一辆，其余两辆转卖给乡亲。此后，看到架子车很实用，敦煌的商业部门便开始经营架子车业务，使架子车在敦煌越来越多了。但师映辰没有想到的是自己竟然是把架子车引进到敦煌的第一人。

1992 年，师映辰因病去世，享年 67 岁。其妻汪树英老人依然健在，年已 86 岁。他俩共生养了三男二女，其中一女夭折，三儿子于 2007 年因公殉职。汪树英老人如今和儿女们一起生活，四世同堂，共享天伦之乐。提起 60 年前移民的事，汪树英记忆犹新，有问必答。当问道，灵宝移民大多数相继返乡，如今的转渠口镇盐茶村也只剩下你们一家人啦，你们当年为什么没有回去？老人家轻松地说道："那时候孩子他爷看见人家都回灵宝了，也想回，说把粮食卖了回吧。我想着这里地土宽展好种，回到灵宝没有了地，咋办？不想走。正好我们家的好朋友曾全章一家因为回到灵宝没处安家，又返回了敦煌。我们就商量好不回去，这里的邻居也劝说我们不要走，说是'守三年拿不动，跑三年两手空'，我们就死心啦，以后就不再提回去的事了。"

老乔家的两个姑娘

杭荣贵

一

20世纪60年代中期清明节前的一天，在茫茫的戈壁滩上行驶着两辆从玉门开出的特殊汽车，车窗外零星的白草迎风抖动，一晃而过，车内的气氛凝重无比，年近六旬的老汉双眉紧缩，默默无语，眼睛呆痴地盯着向车后窗外紧跟着的那辆中型卡车，好像生怕那辆车跟丢了似的。

老汉名叫乔起法，是1956年响应党的号召，跟着女儿女婿从灵宝县城钟楼巷移民到敦煌。今天是特意来玉门接他的大女儿乔存霞的遗体回敦煌的。

同车的几名民政局的干部不时地安慰道："大叔，您老还是休息一会吧，意外的事情已经发生了，谁也改变不了，这时候您的坚强才是阿姨她们最重要的精神支柱呀……"

"都怨我没有阻挡住她们，要是不来敦煌，就不会是这样的结果……"

"天有不测风云，您就别自责了，相信政府会帮你们解决困难的……"窗外是早春的寒风肆虐，窗内是凝结成铁疙瘩一样的沉重——大戈壁上行驶着两辆特别的汽车。

老人哎了一声，陷入了深深的回忆……

乔存霞是一位干练热情、积极阳光的青年女孩。在三门峡水库库区大移民运动中，她和当地的青年人一样，积极报名，既是移民中的积极分子，又是移民工作中的宣传员和服务员。

1956年春2月，家住灵宝县城钟楼巷的老乔家，夫妇二人带着两个闺女和女婿，踏上了移民大西北的征途。一路上，已经结了婚的大女儿乔存霞，不仅对父母和妹妹格外照顾，还组织年轻人一起为大家伙服务。每到用餐的火车站，他们这些年轻人就忙活起来，有人专门负责组织老乡下车方便，有人专门负责跟着领队的干部去和车站服务队接头，带着大家领饭、吃饭、休息，然后组织大家上车赶路。一路上不时的听到大家伙儿喊叫："霞——还有多远？""霞——快来，大娘发烧啦！""小英子——我的饭不够吃！"别看这些孩子们，平日在家乡的时候，这也不会那也不会，什么事都得靠父母，可是这一出远门，整个翻了个个儿，大人们全靠他们啦。

终于到达目的地了，乔存霞他们一直忙活到很晚，等到大家都吃过饭并在临时帐篷安置好了，他们几个年轻人才去吃饭。第二天，照样是给大家当好服务员，把大家一一送上各大队来接移民的大轱辘车。乔存霞的父母和妹妹被分配到了转渠口公社双桥大队，她和丈夫因为在灵宝就是城镇户口是有工作的工人，因此就被安排到敦煌县城商业局下属的棉絮公司工作。

乔存霞以其积极热情的性格和干练果敢的作风，很快就适应了新单位的工作。她把在灵宝工厂工作时学到的一些管理和专业知识带到新的岗位，她把积极主动的工作态度带给了身边的同事，很快她就在新的岗位上脱颖而出，成为商业系统上的骨干。单位领导把很多大事和棘手的事交给她，她都能克服困难千方百计地出色完成，受到了领导和群众中的一致好评。

乔起法膝下无子，就两个女儿，乔存霞和小她7岁的乔便霞。1958年乔存霞家有一次农转非进城的机会，可是父亲是一个离开土地就不舒服的人。经乔存霞夫妇怎么劝说,老汉就是不进城。无奈之下,乔存霞只有先把母亲何秀珍和妹妹乔便霞接进县城转为市民。

1960年,那一场史无前例的低标准,激起了河南移民的返乡潮。乔老汉虽然有返乡心思,但却不敢和女儿提起,因为女儿在敦煌有了自己的事业和家庭。加上自己患上了疾病,只得按照女儿的意思,也进城来和女儿一起生活。到了1962年,集体大食堂解散了,倔强的乔老汉又一次回到农村种地去了。直到1966年,乔老汉因病需要人照顾,才又一次转为市民户口。

办好了父亲的户口转移手续,乔存霞接到了单位的通知,要她跟车去玉门为单位提取分配到的汽油和柴油。第二天一大早,母亲早早为她做好了早饭,她没顾得上吃一口,就风风火火往外跑,父亲追到大门口喊道:"出门在外,一定要小心一点,别把单位的钱弄丢了。""知道了,回去吧!"乔家万万没有想到乔存霞这一走,就再也回不来了。

乔存霞的玉门之行一切还算顺利,开油票,装油车,一切就绪,她和司机师傅到兰州面馆吃了一碗拉面,踏上了返程的路。刚出玉门县城在穿过铁路道口的时候了,意外发生了:一列火车和乔存霞坐的汽车相撞了,26岁的乔存霞就这样过早地结束了她的生命历程,灵宝移民敦煌的一朵金花顿然凋零。

乔存霞因公殉职的噩耗,让老乔家顿时塌了天。父亲和母亲病倒在床,乔存霞的后事全由其丈夫做主处理,乔存霞的遗体被就地掩埋于玉门。小妹乔便霞就这样突然的挑起了乔家的重担。半年后,乔家父母身体精神好转,才和政府提出交涉,接乔存霞的遗骨回敦煌,安葬于敦煌县烈士陵园。

烈士陵园里,庄严肃穆,墓碑林立,苍翠的松柏在早春的寒风中悲鸣低吟。乔存霞的母亲、妹妹和生前好友,早早地等候在这里,单位安排人已经挖好了墓穴,树好了墓碑,追思会的现场摆满了花圈,灵车一到,在召开了简短的追思会后,举行了安葬仪式。乔存霞,一个河南灵宝的移民女儿,就这样长眠在了大西北河西走廊上的历史名城——敦煌!

二

60年后的今天,当我们在亢结绪老师的带领下,走进了敦煌市沙州镇南大街新敦煌54号的城中小院。迎接我们的是身体偏胖的老大姐乔便霞。

话题回到那年那月。乔存霞的芳华早逝,给乔家带来了致命的打击。老乔家的两个女儿本来就分工明确,乔存霞负责处理家庭大事,包括经济供给。乔便霞初中毕业后就一直和父母生活在一起,负责照顾父母的生活,直到结婚以后也一直都没有出去工作。如今姐姐乔存霞走啦,乔家的顶梁柱倒了,乔便霞肩头的担子更重了。

更为不幸的是,在姐姐走后的几个年头里,家庭先后发生了一系列的变故:1970年父亲患上了肝病,乔便霞床前尽孝;不久母亲又患上了肺结核病,乔便霞端水喂药,顾不上自己的孩子;全家人的生活就靠母亲每个月16元的抚恤金和丈夫陈金华微薄的工资,日子过得很凄惶。

1973年,63岁的父亲因肝癌病逝;1974年,60岁的母亲也撒手人寰。乔家的两代三口人,在移民敦煌18年内相继安葬在了敦煌这片土地上。

那是一段不堪回首的日子,但是从乔便霞的嘴里说出来,竟然是那么的平常:“16元?16元在那个时候真的不少哩,那是母亲享受的烈士抚恤金,一直到病逝。”可以看出乔便霞是一个懂得感恩的人。

“您后来是做什么工作的?”

“文化不高,当工人呗。”乔便霞接着说,“父母相继病故后,我才产生了上班的想法。上班时已经30岁了,又有3个孩子,1974年在敦煌一建公司当个泥水工,84 年改当钢筋工,1994 退休,只工作了 20 年。”看到乔便霞大姐打开了话匣子,我们也不想打断她的话,专注地听她叙说着她家的故事:

“丈夫陈金华,河南驻马店人,2004 年因糖尿病去世,那一年他 66 岁。”她把自己的第四个亲人掩埋在敦煌的沙滩上,那是多么令人悲伤的事情,但是乔大姐的叙说竟是那么的平静。

这是一处难得的城中小院,小院周围楼房林立,大都是 6 层以下的新楼,商铺繁华,小院对面就是沙洲镇政府,几座小院独享城中村的待遇。“这是你们当年进城后一直住的房子吗?”看着这三间上房两边各两间厢房的惬意小院,我不禁问道。

乔便霞大姐说:“原先我们不住这里。进城后我家分到了 4 间房子,1979 年那一次水灾全淹啦。”亢老师接着话题说道:“那年夏天敦煌突降大雨,导致蓄满水的党河水库分洪堤坝溢水决口,把农民收割的庄稼捆子冲下来,把党河大桥的桥洞堵塞,导致敦煌县城一片汪洋……”“后来政府就给我们划了这个地方,修建了新住处。”乔便霞接着说道。谈话间时时流露出知足和惬意。

更让她自豪的是:“如今孩子都大了,一男二女都在公路局上班,三个内外孙子,内孙子都上班工作啦。他们都住进了自己的楼房,儿子还给我在党河风景区里买了一套房子,可是我住惯了这里的小平房,不想搬,就一个人独自住在这个小院。”看得出她掩饰不住的幸福和舒心。

“大姐,您好福气。”“啥福气,一身的病,4 个支架啦,心脏病都 8 年啦。”乔便霞大姐说道。

一位普普通通的河南移民的女儿,在敦煌风风雨雨 60 年,过着普普通通的平民生活,做着平平常常的泥水工、钢筋工的工作,能挣一点钱就觉得很知足。问她苦不苦,她说“不苦,比上不足比下有余。”问她工作上最难忘的是什么，她说："普通的工人，没有什么可说的。"问她最高兴的是什么，她冲口而出："抱孙子……"

多么可爱可敬的大河移民的女儿们！60年的风风雨雨，让移民们在艰苦中历练成长。她们饱经磨难，却无怨无悔，她们为新中国的建设事业做出了巨大的贡献，却从不居功。

让我们记住乔存霞、乔便霞两姐妹的名字吧，她们才是最值得我们尊敬和记忆的人。

我随父母当移民

李定群

我家原住在灵宝老城新胜街新街巷13号，父亲李钖麟，一岁半丧父，十一二岁就挑起家庭生活重担，成人后靠种田、卖馍为生。

1956年的元宵节过完后，正月十六起，灵宝县城开始大造舆论，宣传动员移民。当时我13岁时，正在灵宝一中上初二，因为移民，中断学业，跟随父母迁居敦煌。

"敦煌"二字，我还是听史地老师讲过，敦煌千佛洞是古代佛教艺术的精华，是世界文化宝库，谁若能到敦煌瞻仰千佛洞，就是最幸福的人。

移民光荣，当时领导要带头，亲串亲。师映华当时是城关镇的秘书、移民委员会办公室主任，他带动兄弟师映辰等5人和岳父赵万芳，即我姐姐李雪梅的公公。我姐又动员我父亲，父亲又串连我六伯李来申、二姑父邵耀武及女婿焦家均。

移民走时，大件农具、桌、椅、箱、柜不准带，只准携带被褥衣服、小型灶具。不能带走的东西只能贱卖，记得家里1米多高的大瓮只卖2元钱，一个大立柜卖了10块钱。1.7亩已结果的苹果树每棵折价5毛钱，家里磨面的瞎叫驴被卖到屠宰场。

我家是移民敦煌的第二批，农历二月初八（阳历3月18日）晚上走的，走时敲锣打鼓，亲朋泪别。当时乘坐的火车是简易客车，坐位纵行四排，两排靠车窗，两排背靠背居中。列车员史天庆交谈中见我聪慧，便兄弟相称，专门留了通信地址。在兰州火车站，甘肃省政府领导专门前来慰问移民。火车到达张掖车站，当年的陇海铁路只通车到这里。移民下了火车，改乘卡车，在张掖、酒泉、安西各宿一夜，睡的是麦草通铺。沿途各站点免费供应烧饼、锅盔馍、咸菜及饮用水。

“出了嘉峪关，两眼泪不干，往前看，戈壁滩，往后看，鬼门关，十人出关九不还。”过了张掖，进入河西走廊，一路上人烟稀少，满目戈壁荒漠。路过有人家处时，可以看到十七八岁的大姑娘只穿着烂棉袄，不穿裤子站在墙跟晒太阳，见有人过来，身子侧转一下。

路上有一天清晨，满载灵宝移民的卡车队在安西遭遇大风，只见风沙弥漫，遮天蔽日，天空顿时一片昏暗。公路是砂石路面，卡车一路颠簸，行驶了九天九夜，连摇带晃，终于来到新的家乡敦煌县。

当时，我家有5口人，奶奶、父母亲、我和妹妹。到敦煌后，先集中在一个大操场里，究竟到哪儿落户，谁心里也没数。后来，各家各户被分派给接移民的大轱辘车上，车走到哪个庄子，停下来让你下车，这便是你被安置的新家，赶车的车主就是你的房东。

大轱辘车是二牛抬扛的木轮车，车轮有一人多高，车厢几乎是平板，没有档板。车咯噔噔、咯噔噔，大约走了10里路，于下午5点左右在一条大渠旁的庄子前下了车，到家了。房东名叫韩文敖，弟兄二人，一大家子十余口人。主人给我们腾出三间东厢房，房里收拾得很干净，没有隔墙，屋左边砌有通间大炕，全家人头朝炕边，睡在一个炕上。窗外屋檐下盘有锅灶。房东给我们准备了接风晚餐，即敦煌的特色面食“臊子面”。

新家的村名叫盐茶村冉家堡子。一起移民来的亲朋近邻也不知道安置到谁家了。这里的院子各不相连，相隔少则半里，多则几里。谁家的田地在那里，庄院就修建在田地的中间。韩家门前有口甜水井，深约丈余，用吊杆打水。门前有冬果梨、沙枣等树木，不远处有一片甘草滩和沙丘，因无人收购，挖来的甘草只能当柴烧。沙丘上可用扫帚扫出柴节和羊粪豆用来烧火做饭。

敦煌的地几乎全是水浇地,凭着祁连山的雪水浇灌,盛产小麦、棉花等作物,均是春种秋收。因为盐碱重,土质硬,地里不但要上粪、炕土,还要掺沙子。冬天必睡热炕,煨炕燃料多用干牛粪、杂草。夏季蚊子特多,好像还欺生,叮咬后既痛又痒起红疙瘩。后来,国家派农用飞机撒药灭蚊蝇,效果很好。

敦煌盛产瓜果,有长把梨、香水梨、阳关葡萄、敦煌瓜、冬果梨、李光杏(可晒杏干)、紫胭桃等。阳关葡萄(有无核白、马奶子、紫珍珠等品种)既可鲜食,又可做葡萄干,还可酿酒。敦煌瓜(有克克齐、炮弹瓜、尝蜜红、黄河蜜等)瓜味甜美,清香满口,美味无穷,吃过难忘。

敦煌是古代丝绸之路出境之起始点,名胜古迹众多。独特的敦煌文化,使它成为世界上著名的国际旅游城市。站在茫茫的戈壁滩和玉门关,仿佛看到商贾的驼队向西域迈进。站在边陲阳关烽火台,仿佛看到狼烟滚滚,听到两军厮杀的呐喊声。神奇的鸣沙山,镶嵌在沙海之中,清澈晶莹的月牙泉,身临其境,令人产生无限的遐想。

敦煌农村的房屋基本是板筑围墙或土坯砌墙,屋顶椽子坡度不大,铺上树枝杂草,抹上一两层泥。因这里雨水很少,屋顶无瓦,叫做泥平房,屋顶留一天窗,用以采光透气。

敦煌人当年的卫生习惯不好,一年四季几乎不洗一次澡,身上污垢、虱子、臭虫很多。棉衣洗时不拆开,连里带面及棉花整个泡在涝巴里,十天半月后,捞出来揉一揉就行了。让人难以想象的是,房东用鞋垫或袜子底洗净后,作搌布洗碗。

1957年,国家给移民建房安家,房屋成排,我家搬进了三间安置房。一天,龙卷风袭击敦煌,只见一股黑柱扑天盖地而来,顿时,天昏地暗,人们躲进屋里,点起煤油灯,煤油灯处只见巴掌大小一个蓝光圈,风头过后,在院子里伸手不见五指,有的屋顶被风卷走。

到敦煌安家后，我被安排到敦煌中学续读。家里距离学校10里路，不得不寄宿在学校。因无钱搭伙，每星期回家取一次馍和菜。冬天天冷，馍冻成冰疙瘩；夏天天热，馍发霉出毛，菜变馊，到伙房想要一碗下面条的热汤，还得看炊事员的脸色。

15岁那年，一天中午，在回家路过一片空旷地时，一只大灰狼伸着长舌，拖着尾巴，尾随在我身后。我害怕极了，三步一回头地往家走，狼跟随了三里地，直到对面来了人，才窜入丛林，我才长出了一口气。

敦煌的冬天很冷，我的双脚冻得裂开口子，双手冻得红明红肿，手背像个小馒头。夏天，敦煌的长腿蚊子咬得人奇痒难忍……在这样艰苦的条件下，我发奋读书，学习成绩门门优秀。初中毕业时，班主任程道一推荐保送我进入了酒泉高中。1960年，我如愿以偿地考入兰州医学院。

由于故土难离、“三年自然灾害”等各种原因，父辈们往返灵宝三四次。1960年前后，灵宝绝大多数移民返回灵宝，回来的人投亲靠友，散落乡间。父亲返回后被安置在大王大队一队，而表兄师映辰一家一直留居在敦煌。

我从兰州医学院毕业后，分配至甘肃省合水县医院，从医8年。1976年3月，我在甘肃省生活、工作了整整20年后回到可爱的故乡，在灵宝县（市）人民医院工作至退休。

我的敦煌移民印象

闫建民

三门峡水库建设距今已六十多年了，能说清当时移民经历的老一辈人绝大部分已经古去。作为1954年生的人，关于敦煌的印象也已瘦成了祁连山的月牙，脑子里只有童年朦胧的记忆。

解放初期，我家住在灵宝县城八道巷子堂门前，父母亲的工作单位是灵宝轧花厂。1956年，全家响应党和政府的号召，第一批迁移到甘肃省敦煌县城，父母被安排在敦煌轧花厂工作。迁移时我才两岁，是在火车上才学会趔趄地走路。听父母说，当时去敦煌要坐三天三夜的火车，才能到达甘肃省张掖车站，再坐几百公里的汽车才能到达敦煌县城。一路看到的全是沙漠，尘土飞扬，极端荒凉，令人心寒。脚下除了茫茫戈壁滩的鹅卵石，就是随处裸露的土地，偶尔有些小草与树木长得也是歪歪斜斜，仿佛在费力地挣扎着，似乎让人感受到生存的异常艰难。一路上几乎看不到野生动物，眼睛看到的都是灰茫茫的，加上常起风沙，一般没人敢徒步通过，来到这里你才会感受到什么是荒无人烟。

1958年夏天，母亲带我和姐姐回灵宝探亲，这时我已有记忆，依稀记得当时县城还没有被水淹，在三舅爷家停了几天。后来母亲带我们去了阳店镇的下村外婆家，晚上母亲还教我念了一首儿歌："小板头翻跟头，翻到我舅门里头，我舅说我霉、霉、霉(shun，灵宝土话)，我妈可是你屋人。"

这一次，母亲把我留在外婆家，带着姐姐返回了敦煌。1959年底，母亲带着姐姐和弟弟又回灵探亲，这次母亲回敦煌时带上了我，留下姐姐和弟弟在外婆家。

敦煌的气候条件是常年不下雨,从来没见过雪。居民住的房子顶上铺的是牧草再涂层泥。烧火用牛粪,不用烧柴。敦煌县城有多大我也说不清,只记得有个南街和北街,印象里道路很宽,建筑物稀疏,街上的人也不是很多,经常能看到藏族群众,腿上还绑有短刀。城内有两个地方很热闹,一个是敦煌剧院附近,住的居民比较多,有个四川巷居住着不少灵宝老乡。另一个地方是个集市,有露天舞台,晚上经常演电影,有时也演戏剧,周围还有摆摊的。我姑就住在那里,灵宝老乡住的也很多,可惜年代久远,这两个地方叫什么名字想不起来了。

我家当时住在敦煌县城的南街,是个独家院,有五间房子,上屋三间一明两暗,我和父母住在上屋,奶奶住在两间厢房里。我家隔墙就是南街学校,对门就是县城的电影院。学校的对面有个"关帝庙",里面塑有神像。庙门经常锁着,祭拜时才开门。

南街住的灵宝老乡很多,有两家我印象比较深。一个是大家都叫他"小陶"的,姓啥记不清了。他家有四口人,老两口和两个女儿,当时大女儿已参加了工作,老二正在上中学。小陶人缘很好,晚上常有老乡探访,在他家闲谈,我父亲常带我去他家闲坐。还有一个名叫新华的,他家距我家最近,出门转个弯就到了,新华的职业是掌鞋,有两个儿子,大的叫宝宝,小的叫双双,我和双双同龄,经常在一起玩耍。他家后来返回灵宝,住在大王镇董家村。听说双双前些年又去敦煌,向政府要他家的宅基地款,吃尽了苦头。最后,当地政府给解决了2000元,前些年去大王干店赶集时还肯见,后来再没见过。

那时,常来我家闲坐的有三个人。一个叫恩顺,在敦煌县医院工作,当时很年轻,单身,父亲就把灵宝老乡吉治学的姑娘介绍给了他。吉治学住在乡下,说媒时父亲领我第一次去敦煌乡下,吉治学住的村子不大,有成十户人家。住房的房顶搭的都是草,看着就像草房,院墙扎的都是篱笆墙,吃水井很浅,二三米深,打水用杠杆式的工具提水。吉治学的儿子和我年龄差不多,带我去村子周围玩过,总的感觉是村子光秃秃的,有点荒凉。恩顺结婚后,租了我家一间房子住,直到我家返回灵宝,他家才搬走。现在如果健在的话,应该有80多岁了。还有一个叫杨生荣的,和父亲一个单位,两人关系最好,两家经常来往。他来我家常“戏弄”我,还教过我一首儿歌:“蓝瓦瓦,笑哈哈,月奶奶,明晃晃,开开后门洗衣裳,洗的白,净溜光,打发哥哥上学堂,读四书,写文章,旗杆立到咱门上,你说排场不排场。”返回灵宝后,他家落户豫灵镇不知什么村,听说还当了村支书。1990年前后,还来过我家几次和父亲闲谈,我只见过一次。还有一个我最熟悉的老乡叫黄奎,他当时在敦煌的“九乡”工作,每次进城,总会来我家坐坐。返回灵宝后,落户在大王镇西路井村桥头后沟,和我是一个村的。黄奎是个老党员,思想先进,在村里比较有名气,大集体时代,经常来村部开会,常来我家与父亲闲谈,已经去世多年了。

父母的工作单位敦煌轧花厂在城外,我经常去厂里玩耍,最爱爬厂子里的棉花垛子。厂子里大库房很多,里面放着散棉花和轧好的棉花包子,据说西北所产的棉花都在那里加工。厂子外面有一条公路,跨过公路有一座解放军的兵营。

敦煌出名的景点是莫高窟,父亲带我去过两次。第二次去时我已经八岁,记得莫高窟共九层,我一直爬到了最高处,远望到处都是沙丘和沙山。里面的大佛是石头凿的,很高,佛的脚下有个洞,人可以从佛的右脚进去到左脚出来。佛厅里香火旺盛,烧香的人个个口中念念有词,也不知念的什么经,听不懂。记得有一个大石佛,高十多米,呈卧姿,现在称卧佛或睡佛,还有随处可见的反弹琵琶的飞天仙女壁画,色彩艳丽,曲线飞动,给人一种刚柔的激情与张扬的动感。月牙泉,我的印象是周围有很多高树,中间有一大潭水,那水清澈见底。“敦者,大也;煌者,盛也。”说实在的,初见敦煌,我根本没有体会到,这句关于敦煌名字的经典注解。好像那时人们都有种“春风不度玉门关”“西出阳关无故人”的情结。

1962年,奶奶强烈要求返灵,父母没办法,几经辗转,回灵后落户到大王镇西路井村第六组,成为普通的农民。父亲在世的日子,常听他嘴里零散地哼唱着蒲剧赵匡胤《下河东》哪段唱词:“赵匡胤困河东心如刀绞,愁的王两鬓白须赛银毫,王好比凤凰落架鸡笼来罩,又好比大鹏展翅缺翎毛……”从他的哼唱中可以听出他矛盾、纠结的心情。

现在家里盖了四间上房,两间厢房,一间车库,家里瓷砖铺地,家电一应俱全。儿子有工作有汽车,儿媳是教师,还有一辆摩托车。除了责任田收入外,我在村里租了间房,投资安装了一台辗米脱皮机,一台磨粉机,从事粮食加工。国家还给每人一年发移民补贴600元,目前全家收入在村里应该是中等偏上的水平。

黄河大移民其实是一段国家和地方经济发展的奋斗史,灵宝人民为了国家的经济发展需要,顾大局,舍小家,既饱受了迁徙的酸甜苦辣、喜怒哀乐和悲欢离合,又彰显了灵宝人民舍家弃业,远离故土与壮怀激烈的人生荣光,实在是可歌可泣。

梦回敦煌几回回

张冲波

卫广智家迁移敦煌那年他7岁。本来他家不在移民敦煌之列，都是因为他大哥的一句话。大哥卫广仁从部队转业回来被安排搞宣传工作，修三门峡水库移民时，他宣传说，移民敦煌，开发大西北光荣。他是党员又当过兵，人家问，你宣传的这么好你家去不去？他说："去嘛！"就这一句话把全家的命运改变了。

当时，移民走时亲戚们哭哭啼啼送行，卫广智趴在父亲的肩膀上，不哭也不闹，小孩子看见大人一直擦泪，他还不知是咋回事儿。

到灵宝火车站坐上车，一路向西。吃饭时一顿发一个又大又厚的锅盔馍，发一块子潼关咸菜啃着。到张掖下了火车，晚上住在一座庙里，很多泥神像，一群小孩子在神像中穿来穿去玩耍，卫广智也加入其中。第二天坐汽车到酒泉，又换汽车往敦煌走，少数民族载歌载舞迎接。在7岁孩童卫广智的眼里，跳舞的人穿的像是古戏上人穿的衣服。

到了敦煌，卫广智一家分在三危乡会宁村，安排在果园旁边的一间房子里。果园结的梨叫冬果梨，特别大，一个人吃不了。村里来了一群人，说，你是灵宝人，给我们说说灵宝话，一阵寒暄，算是认识了。

到了1960年，仓库打开分粮食，一口人分50斤小麦。一看不行了，当地人都跑新疆了。卫广智他们这些移民便呆不住了，就偷偷往老家跑，想老家的日子会好点。

在敦煌，卫广智母亲水土不服，总闹肚子疼，一直说想回。他大哥在邮电局工作时又被打成了"右派"。大哥是党员，当兵出身，办事认真,得罪了人,打成“右派”,下放到农场,被管制着。后来,一家人离开敦煌时和大哥都没见上面。

卫广智的父母领着他们兄妹五个一起走。当时,他一家人住的是生产队长院子,给人家说晚上磨面拉牲口,掩饰逃跑时的脚步声。他们悄悄开门出来,小妹“哇”地哭出声,母亲赶紧从头上拽一根针扎住妹子腮帮,吓唬一下,妹子嘴裂了裂,再没哭出声,全家人赶紧跑。

当时,从敦煌逃跑有两条路线,一条是从敦煌到安西搭车 360 里路,一条是步行 280 里到柳园搭车,卫广智一家选择走柳园。头一年发放公债,家里购买三千元,卫广智要拿,父亲说不要了。他除带上心爱的小刀、小灯泡、一截电线等小玩意,还自作主张地抽了一沓公债装上。谁知道回来后兑了七八百元,剩下的全撂在那了。

临走时,家里能扔的都扔了,被子拆开把棉花掏出来扔了,只要被套,到哪里铺下就能睡。走了 30 里路,天黑了,在人家牲口圈睡了一夜,天明找到公路继续走。在路上他们也拦汽车,过去两个拉羊皮的车没停,眼看来了一辆军车,一家人手挽手一字排开跪在地上。军车停下了,他们一个个上去,司机脱下皮大衣把几个小孩盖住,一下子拉到离柳园一百里的地方停住了。司机面带难色说道:让领导发现要枪毙的。司机把车开到距离他们一公里的地方停下,来了一个拉货的车,他们还是跪地挡车,幸好允许坐上,那辆军车才离开。他们一家人觉得那个军人真是一个大好人,救了他一家人的命。

一家人坐到柳园下车。柳园火车站孤零零坐落在沙漠深处,几间平房,两根东西走向的铁轨就是它的全部。而在此处搭车的人却不少。这天,恰好上海来了一个宣传队,在站前一片空地上跳舞演节目,围一圈人观看。卫广智的父亲忽然把老伴的帽子往下一拉遮住半个脸,压低声音悄悄说:“史建华在那检查”。当时,到处有人阻挡移民返回,灵宝就是史建华带队,阻挡移民返乡是他的任务。父亲把自己行李和上海人的行李混到一起。上到火车上以后,卫广智二哥去前边餐厅车厢吃饭,刚好碰见史建华,他厉声问,小卫你干啥?二哥说去酒泉上初中,撒了个谎跑了回来,再不敢露面。卫广智则若无其事地坐着,史建华不认识他。这时他的父亲母亲早已闻风钻到座位底下躲避了。

到灵宝火车站一下车,一家人赶紧往老灵宝县城跑。一看,家里老院子还没拆,门楼还在,只是房子被其他人住着。他们就住到东门外沙沟两间闲房子里,每天凭火车票到食堂五分钱买一个小蒸馍。父亲原来做小生意,和食堂经理还有一帮做饭的人认识,凭火车票吃了半个月食堂饭。后来换个新经理,把火车票一撕作废了。没办法,父亲又给生产队食堂说好话,吃了几天。

这时,敦煌县政府来人要求移民返回敦煌,灵宝县政府把返乡移民集中到岘山庙许家洼学习教育。那里办有万头猪场,他们边学习、边劳动,场长一脸麻子,整天阴沉着脸,还有民兵背着步枪看守。前前后后住了四个月,看到移民返敦抵触情绪太大,大王公社给各村分派接待移民任务,贺村、沟北、韩家各接一部分,卫广智一家被接到董家村,住在东沟张福星的院子里,后半截窑塌了,前半截将就能住人。

随后,卫广智的大哥大嫂也从敦煌回来了,在董家村借地种玉米。从前大哥当兵回来在县公安大队干,从董家村抓走过狄发森。狄发森原来干过土匪,现在两人碰到一块了。狄家说他大哥在看守所站岗整过人家,经常打闹得大哥住不成。大嫂金玉兰娘家是敦煌的,气得把玉米一卖一家人又返回敦煌了。

1961 年,上级发放了移民费 800 块钱,卫广智父亲在董家村买了一座院子,盖房子,全家人的居住条件才慢慢得到改善。

1990 年,卫广智凭借自己练就的炼金术到西部淘金,就在敦煌毗邻的安西县。他会炼金子,救活一个金矿,老板一把甩给他 4 万元,他拿回来修了一座院子。后来又去,跟老板说,你原来炼过的清灰渣子,叫我化验一下。人家答应,卫广智又炼出400克金子,又是4万元,弄了一座院子。卫广智西部淘金的传奇故事,很给董家村住的老城人长脸。

在安西县搞金子时,卫广智抽空去了一趟敦煌,来到他曾呆过4年的会宁村。一问他是谁,说是卫光成兄弟,人家酒、肉、扯面端上来,让他鞋一脱坐炕上热情招待。1958年的小学同学王青还把卫广智拉到家里,媳妇做好吃的待他,他们叙旧,念旧,一宿未眠,一场大醉。

60年后,70岁的卫广智对敦煌露出羡慕的口气,“国家建设大西北,当时不回来,现在就好了。现在敦煌成了旅游区,一斤葡萄卖15元,骑个骆驼都要收钱。”可是,时光不能倒流,毕竟过去的岁月只能让它过去,眼下的日子也很舒心,很好了。卫广智满意地说。

人物故事

我的移民家事

刘来运

我生于1940年,原籍灵宝县城西关街王家寨3号。1956年跟随父母移民至敦煌,至今(2018年)已62个年头。六十多年来,在党组织的教育培养下,我从一个贫穷家庭的孩子成长为一名共产党员、国家公务员,先后在村组、乡镇担任过基层领导,在敦煌县委秘书室、组织部、宣传部及信访、政研部门担任负责人,又调到金塔县任纪检委书记、县政协副主席(正县级)等职务,为党和人民做了一些工作,受到上级的肯定和好评,受到人民群众的尊重和信任。

几十年来,我始终牢记党的宗旨,全心全意为人民服务,党叫干啥就干啥,服从组织调动和安排,不为名,不为利,不争权,不谋私,干一行爱一行,干啥事都要干好;始终以共产党员的标准严格要求自己,心里装着人民群众,为群众办好事,办实事,勤勤恳恳当好人民的公务员;始终保持勤俭节约,艰苦奋斗的优良传统和作风,不贪不占,埋头苦干,永葆共产党员的本色;始终不忘倡导优良的家风,把教育子女作为自己的重大责任,让他们成长成才,在不同的工作岗位上为党和人民做出自己应有的贡献。总之,我为灵宝移民争了光,为灵宝家乡添了彩。

深深父亲恩

父亲刘耀亭,小名刘天才,1917年生于河南省灵宝县西关。自幼家境贫寒,无钱读书。9岁起给商家当小伙计,做伺候人的事。父亲忠厚老实，勤奋好学，后来当了小小的记账员。灵宝解放后，人民当家做了主人。他凭自己会记账的专长，成了一名职员、工会会员，他学习更加用心，提高很快，成为解放后灵宝县城培训的第一批商业会计。

当时，我家人口多，姊妹多，生活拮据。记得有一年，全家人染上了“猩红热”，都病倒了，全靠父亲一人工作养家。组织上为了照顾这个困难家庭，除了分给一些地主老财的财物外，将父亲从商行调到了搬运社，让其多挣一些钱。因灵宝老县城在黄河边上，陇海铁路、黄河渡口形成了天然的水旱码头和货物集散地，搬运工人的活多，收入也高。白天，父亲拉着架子车忙碌着搬运货物；晚上，他再给人家记账，一人干着两人的活，每天都是半夜才回家。虽然很辛苦，但收入高了，家里生活条件改善了。

1956 年春，父亲带头报名移民敦煌。到敦煌后，家安置在吕家庄，他在敦煌县百货公司当搬运工，后因工资低，难以养家，他便辞职回到吕家庄，和朋友一起从北湖拉红柳柴，卖钱度日。由于长年劳累，营养缺乏，积劳成疾，患了肺结核病。1959 年，经医治无效去世，时年 42 岁。其实，他是因为养活全家妻儿老小被累死的。

滴滴慈母泪

母亲黄灵仙，小名黄俊式。她勤劳朴实，精明能干，不怕吃苦，是个贤妻良母。父亲去世后，是母亲一人含辛茹苦把我们兄弟姐妹六人拉扯长大的，她是一位伟大的母亲。每当我看到母亲那饱经风霜，满面皱纹的面庞，就想起了件件往事。我两岁的时候，日本兵侵略到灵宝，父母抱着我和一岁的弟弟“跑日本”，跑到山里东躲西藏，期间不知经历了多少艰辛和磨难。

我小时候，体弱多病，面黄肌瘦，整天搭在父母的肩头。我曾得过“脱肛”的病，又被村里一条狗咬的满脸是血，又不幸患上了“猩红热”，多病多难,为了治病,母亲不知操了多少心,作了多少难。我是家里传染上“猩红热”病的最后一个,也是最严重的一个,一病就是三个月,成天打针、吃药,身体十分虚弱。由于母亲的精心照顾和护理,才使我从病痛中走了出来,又回到学校读书,并且还取得了好成绩。

母亲年过古稀后,满头银发,满脸皱纹,但仍是脚手不闲,扫院子,洗衣,做饭,甚至下地干活,什么都做。一生勤俭持家,抚养儿女的母亲于2001年病逝,享年84岁。

倔犟的二弟

二弟叫刘广运,比我小一岁多。他生性刚烈,自小就是个倔脾气。放学不回家,常常跑到涧河里洗澡,或参与打群架,大人打他,他不告饶、不争辩,或者晚上不回家,大人拿他没办法,但是,学习上很上心,成绩不错,不落人后。

1958年,他有幸招工到东北牡丹江市,学习制作水泥的技术,学业完成后,遇到“精简下放”。他无奈回到农村,当时有人讥笑他,说他不是个干庄稼活的料,把他气坏了。他不信邪,不惜力,起早贪黑,拼命学习和干好各种农活。不到一年时间,犁耧耙耱等农活样样干的得心应手,终于让人们对他刮目相看,争回了一口气。

1963年春,二弟和母亲及弟妹回到了灵宝,安置在坡头公社(现函谷关镇)店头大队(村)。“吃饭没锅,睡觉没窝”,政府给返乡移民每人100元的安家费。二弟不畏艰苦,下河滩采石,驮土打土坯,垒起了三间瓦房,全家人才有了住处。1987年,我回灵宝探亲时,他对我说:“哥,你若愿意回来,我给你要块地方,抽空把石头拉下,把地基打好,盖房子的事我一手包了”。我为他的这种倔犟的性格和真诚的兄弟情谊深深感动。

二弟的倔犟,还表现在不管干什么事都不甘落后。在大队当民兵营长、治安主任时，他工作抓的紧，要求严，各种事冲锋在前，多次受到上级的表扬。

二弟在治家上也是一把能手。他想干成的事，就是有再大的困难，都能想办法完成。现在，他家建起了六间瓦房、一座小院，有二亩果园，儿女们都成家立业，他老两口在家务着果园、农田，年收入还不错，在村里也是数得上的人家。

忠诚的三弟

三弟叫刘胜运，在我们兄妹中，他忠诚个性最突出。小时候有一次，三弟不小心将一个碗打碎了，在场的姐妹赶紧把碗片拾起来藏在一边。吃饭时母亲问起缺碗这事，谁也不肯往出说，可三弟还是勇敢地承认，饭碗是自己失手跌碎了。

三弟忠厚老实，不善言谈。他不仅孝敬老母，更像对待亲生父亲一样对待我们的继父。他常说："父亲生育了我们，继父养活了一家，应该一样孝敬对待"。兄弟们坐在一起说起老人的后事时，他毅然决然说："母亲的后事，咱兄弟们商量着办好。继父的后事由我一人包办"。他的胸怀十分坦荡。

三弟清正廉洁，全家从敦煌返回安家在店头村后，群众选他干大队会计、出纳，他一直和钱物打交道，十几年里，他从不侵占集体一分钱、一件物品，很受干部群众的信任。土地实行承包责任制后，他一心扑在自家的土地上，靠勤劳走上致富之路。他还学习甲鱼养殖技术，开辟新的致富门路。

三弟性情温顺，任劳任怨，夫妻恩爱，相敬如宾，尊老爱幼，家庭和睦，团结邻里，在村子中人缘很好。每年母亲生日时，他都张罗的很热闹，使老人高兴，家人喜欢。

贤惠的爱妻

我的妻子叫孙菊花,小名孙秋仙,生于1941年。我们是在移民敦煌的火车上相识的,后来又一同在敦煌中学读书。1958年“公社化”时,我在敦煌县委秘书室工作,她在三危乡当广播员,日久生情,相互倾慕。1960年我俩结婚,生有二男二女。

妻子生性温顺,聪慧灵巧,通情达理。结婚时,我的家里很贫穷,她从不计较,什么彩礼都不要,骑上自行车就到了我们家里,婚礼办的很简单,但她毫无怨言,从不后悔,我很感激她,对她很尊重。

我们结婚不久,在“三年自然灾害”时期,组织号召党员干部为党分忧解愁,下放农村劳动。我们商量好,都下放农村,减轻国家的负担。我们回到村里参加队里的劳动,养活自已,我还担任了大队的会计。后来,根据组织需要,我回到敦煌县委工作,她回到教育部门工作。

妻子一生从事教育工作,先后在敦煌县泾桥村、吕家庄、雷家墩小学及金塔县南关小学执教。她当民办教师多年,后来转为公办教师。在教育战线上三十年如一日,对教学工作认真,踏实,教的学生成百上千,桃李满天下。她身患高血压病,但仍坚持在教学第一线,骑着自行车照常到校教学,后来被校长发现后才劝她回家休养。2000年3月,妻子不幸因突发脑出血,抢救无效,离开人世,享年60岁。辛苦了几十年,她都坚强地熬了过来,退休后本应该含饴弄孙,安享晚年,谁知却遗憾的早早离开了人世。为此,我赋“颂菊”一首赞之:

秋菊傲霜霜难杀,秋叶似霞霞如花。
秋雨缠绵绵不断,秋月皎洁洁无暇。

年轻的一代

父亲临终前曾对我说过,他这一辈子没供我上大学是最大的遗憾。

为了不让九泉之下的父亲留下遗憾，我一边工作，一边刻苦攻读电视大学的课程，终于取得了语文类大专文凭，为我后来的工作奠定了坚实的文化基础。

我深知知识能改变命运，拥有知识能为党和国家多做贡献，因此，我更加重视和教育子女努力学习，报效祖国。四个孩子都很有出息，大女儿刘红艳考入酒泉师范，又读了酒泉师院，后来读完甘肃电大本科，为弟妹们带了个好头，现在敦煌艺术旅游中等专业学校任教，被评为中专高级讲师；大儿子刘红斌，先考入林校，后读完了甘肃农业大学的课程，现任敦煌市规划局局长；次子刘红民，考入酒泉师范，毕业后一面工作，一面完成兰州大学汉语言文学专业自学考试，获得本科文凭，现任金塔县公安局副局长；小女儿刘红玫考入北京地震学校，后在兰州大学读完本科，现在是甘肃省地震局一名高级工程师。两个儿媳和女婿都是大学本科文化，各自都在工作岗位上为党为人民勤奋地工作着，真正实现了父亲的心愿，这是我感到很欣慰的事，得到了许多朋友和相邻的赞许和称道。

双肩道义乃担承

王建民

陈兆祥是1956年三门峡水库灵宝移民迁往敦煌县的主要负责人之一。作为第一批移民大队党支部副书记、副大队长，他与大队长一道带领2100名移民前往敦煌，并作为扎根敦煌的移民干部，被安排在敦煌县委秘书室工作。

在敦煌工作期间，陈兆祥因工作、移民等问题，在“反右”等政治运动中受到误会和排挤，屡次蒙冤受辱，在敦煌县闻名遐迩，成为灵宝移民敦煌历史中一位举足轻重，值得大写特写的人。

一

1932年农历五月十六日，陈兆祥生于灵宝县城西关街一个贫苦的农民家庭。父亲家境贫寒，直到28岁时才与年仅15岁失去双亲的母亲走到一起，两人同病相怜，相依为命，为生活辛苦打拼，做点小生意，帮人打短工，尚能供他上学。后父亲受人诬陷，惨遭杀害。他高小尚未毕业，被迫辍学，与母亲和妹妹相依为命，惨淡度日。

灵宝县城解放后，他们家分了地、分了房，诬陷他父亲的恶霸被镇压，他对毛主席、共产党领导下的人民政权十分拥护，积极参加街道活动，凭着高小肄业的文化程度和聪明好学的品行，被县供销合作社招用，不久当上社里的秘书。1954年春，他调到河南省供销总社洛阳专办工作，后洛阳地委成立财政贸易工作部，被安排在部粮食科担任主办干事。

1955年三门峡黄河水利枢纽工程开建后，灵宝县城部分人将迁移到甘肃省敦煌县。县里的移民动员大会是春节后召开的，县、镇、街道大张旗鼓地宣传、动员，迅即掀起了移民敦煌报名的高潮。陈兆祥的母亲经过艰难困苦打拼，干练利落，独当一面，算得上女中大丈夫。她想既然全县城搬迁，晚搬不如早搬，当即给全家报了移民敦煌的名。但这是家里的大事，她必须要同长大成人、在外工作的儿子商量。于是给春节后回到洛阳上班的陈兆祥发了封电报，让他回家商量。作为共产党员、国家干部的陈兆祥，对党忠心耿耿，对政府的号召积极响应。回家后，见母亲已为全家报了移民敦煌的名，想到母亲含辛茹苦把自己抚养成人，老了靠的就是自己。因此，他同意与母亲、妹妹、爱人一起移民敦煌，同甘共苦。

确定移民敦煌后，陈兆祥当即赶回洛阳，向部领导汇报并办理工作调动手续。当时的财贸部部长高明山对他十分器重，每次下乡调研，总让他跟着。他对高部长与群众交谈，群众的反映、意见等细心聆听，认真记录。回来后结合上级文件精神、方针政策和高部长提出的思路、打算等写成调研报告，由高部长修改后报送地委。这样撰写材料既获得了学习机会，也得到高部长的赞许，他们配合的很默契。报上去的材料多次得到地委主要领导同志的批示，转发各县和专区机关，发挥了指导、示范作用。因此，他觉得高部长是关爱有加的好师长，高部长则觉得他心眼灵，悟性高，能力强，用着得心应手，很有前途。

高部长听了他全家移民敦煌的汇报，很是作难，既不舍得他走，又不能阻挠国家的大政方针。于是，高部长说："这件事我提出三条路供你选择，一是灵宝县城人移民敦煌，你让母亲、妹妹先去，让你爱人到洛阳来，停上一段时间，给她安排个工作，你就安家洛阳。二是你爱人一时找不到工作，生活困难，单位每月给你补助一点钱，让你度过暂时难关。三是移民敦煌是政治任务，我不能强留，你自己慎重考虑，主意由你决定。”

听了高部长的话，深深感到了他的一片好心，实在想留下来，跟着这样的好部长干上一辈子。但是，在家里已经说好，他怎能忍心让孱弱的母亲带上年幼的妹妹远涉千里，与自己两地分离呢。于是，他感谢了高部长的一片好心，说自己去意已决，移民敦煌。

在地委组织部办理调动手续时，组织部副部长张生典也对他的选择十分惋惜，并让他晚回去两天，把地委机关的工作证填写完再走。他留了下来，认真地用小楷笔把机关120多人的工作证一一填好。一些老干部对他的毛笔字赞不绝口，说这个小鬼的字写的真好。在一旁的张生典副部长只好笑笑说：“写的再好，可惜咱们用不上了”。惋惜之情，溢于言表。

当时灵宝县已安排了第一批移民的领导班子，县民政科科长马嗣忠为护送干部，城关镇党委副书记、镇长焦解书为第一批移民大队的党支部书记、大队长，另一位干部为党支部副书记、副大队长。陈兆祥到县委组织部办理干部调动手续时，县委领导听说他和全家移民敦煌，觉得他年轻有为，身强力壮，在地委机关工作过，见过大世面，工作经验丰富。于是，临时换了那位干部，陈兆祥被任命为移民大队党支部副书记、副大队长。陈兆祥对县里的任命挺乐意的，既然移民敦煌，也想在那里干一番事业，及早参与移民事务，了解移民情况，对自己也是一次极好的锻炼机会。于是，他十分愉快地接受了这一使命。

从洛阳回到家里，到农历二月初二向敦煌进发，20多天时间里，陈兆祥绝大多数时间都忙于镇上、县上开会，安排移民启程的一些准备工作。家里整理行装、变卖家具等事儿都交给了母亲和爱人，由于爱人已怀身孕，干不了重活，家里的一切事儿都由母亲承担、置办。一生吃苦耐劳，性格倔强的母亲，看到儿子整天忙的脚不着家，帮不了自己的忙，干不了家里的事，指望不上，但她从不生气，认为儿子年纪轻轻就当上了几千移民的头头，管着男女老少的事儿，在人前跑前忙后，感到很是自豪，很有面子，所以对儿子的工作很理解、很支持。儿子回家后，她总是关切地问累不累，冷不冷，吃饭了没有，好好歇歇。

1956年3月12日，农历二月二，经过紧张、仓促准备的灵宝县第一批移民启程前往敦煌。县委、县人委领导对此极为重视，下午3点，在县人民大会场召开了隆重的万人欢送大会，县里组织机关干部、职工、城关镇的群众、中学的学生，浩浩荡荡，轰轰烈烈地举行欢送仪式，为移民壮行。县委书记、县长及城关镇党委书记等领导代表县委、县人委和城关镇致了热情洋溢的欢送词。移民代表、老城街干部党兴俊代表移民致了答谢词，表达了扎根敦煌，建设西北边疆的雄心壮志。大会群情振奋，气氛热烈，场面感人，希望第一批移民给全县带个好头，在敦煌当好先遣队，迎接大批移民的到来，共同建设边疆，创造幸福美满的新生活。

陈兆祥深感自己年轻身壮，就想多挑重担，多操心思。欢送大会结束后，他一边召集各个小队的队长组织移民携家带口抓紧上车，一边陪同县里的领导到车站慰问送行。当天晚上11点多，待移民全部上车安置完毕之后，陈兆祥才和移民大队的干部们与县里的领导同志一一握手，登上车门，挥手告别，踏上了西去的征程。

当时的陇海铁路是单轨，火车行驶到一个车站就要停下来避让，因此，移民专列停停走走，速度很慢。停靠每一个车站，移民们都要下车打开水、买食品、解大小便，事情繁多，场面杂乱。作为移民大队年轻的副大队长，陈兆祥的责任心很强，一到站停车，他就下车前后巡视，与各个中小队队长互通信息，了解移民的思想、情绪、生活、健康等方面的情况，对出现的问题及时解决，当列车快开车时，他总是跑前跑后的招呼着人们上车，生怕落下一个人来。

移民专列到达张掖终点站，发生了一个突发情况。敦煌作为甘肃省的主要产棉区,地域闭塞,棉花没有病虫害。当地领导认为,来自河南产棉区的灵宝移民,有可能将棉铃虫等病虫害带来,因此,接待人员提出,要对移民的衣物、被褥进行熏蒸。但是,一列车两千多人,男女老少,成分复杂,衣物、被褥千差万别,有的质料很好,如一些人带的绸缎衣物、毛皮衣物,特别是一些老年人带的寿衣,都很珍贵,不让熏蒸。于是,发生了激烈的争执。有些移民以此为借口,说我们不去了。有的说若把我的衣物蒸坏了,我要政府赔偿……出现的这一始料未及的情况,把陈兆祥等移民干部推到了前面。他只有召集各个中小队长,开会研究对策。他说,我们既然快到敦煌,领导护送移民的任务已完成了百分之九十,不能在这个小节骨眼儿上出问题,我们要做好耐心细致的思想工作。第一,既然来到敦煌,这里就是我们的家,带来病害不光祸害人家,也祸害自己,因此,熏蒸是为了我们。第二给大家说清,对衣物、被褥的熏蒸并没有损害,若有损害,大队领导负责到敦煌后叫政府赔偿。这两点意见的传达,渐渐平息了移民的抵触情绪,解决了这一问题。

移民在张掖的古庙里和临时搭建的帐篷里住了一夜,第二天,换成了大卡车,昼行夜宿,经过嘉峪关、酒泉、安西等县,向着敦煌进发。路过安西县时,正值春耕之际,沿途看到一些当地人在风沙弥漫的田野里驱赶着“二牛抬杠”或者直接拉着犁犁地,领略了西北农业生产的原始和艰难,一些移民大为叹息,认为似乎受到政府的欺骗,被流放到荒蛮偏僻的边关。

到达敦煌县后,移民被暂时安置在县城东街小学操场上的一大片帐篷里。当天下午,敦煌县召开了隆重的欢迎大会,县委书记黄仕福、县长张福生都作了热情洋溢的讲话,表达了敦煌人民对来自中原内地移民的欢迎之情。陈兆祥代表灵宝移民致了答谢词,表示了对敦煌县委、县人委及全县人民像亲人一样接待、接收移民的感激之情。第二天一早,各个村的人便赶着大轱辘牛车来到县城接收移民。按照县里分配的方案,将移民的行李、农具和老弱幼小的人安排上车,一一接送到各个安置点。

3月19日下午,当移民送走之后,马嗣忠、焦解书和陈兆祥等移民干部和工作人员的心才落了地。从3月12日启程,他们带着2100名没有经过任何训练的移民,无组织、无纪律、无信仰,上至80多岁的耄耋老人,下有嗷嗷待哺的婴儿,坐了3天4夜的火车,奔波了2200公里,搭乘3天的卡车,在戈壁大漠颠簸了130多公里,居然没有一个人掉队、逃跑、丢失、生病或者死亡,这与他们这些护送干部、医护人员的高度负责,悉心照料,精心组织有着很大的关系。

3月24日,第二批灵宝移民在副县长崔宽心等领导的护送下赶到了敦煌。陈兆祥又投入到移民的紧张安排之中。当移民们被接走之后,崔宽心又带着护送移民的干部与敦煌县委办理交接手续,分组深入到各个移民安置点,了解看望移民的安置情况。在看望中,深深感觉敦煌县对灵宝移民的安置很认真、很在心,基本上达到了“八有”,即有房住、有热炕、有炉灶、有水缸、有食油、有面粉、有柴火、有现成的饭菜,使移民的生活有了保障,大部分颠簸了几天的移民对安排是比较满意的。

交接、慰问、看望移民等工作直到4月6日才结束。陈兆祥在护送移民工作中既锻炼了自己,增长了才干,也被大家所认识,特别是敦煌县的领导、工作人员见识了这个精明强干、成熟老练的年轻干部。崔宽心向敦煌县委的主要领导同志特意介绍了他是洛阳地委机关的干部,文化程度高,工作能力强,特别是一个很有才华的“笔杆子”。崔宽心临走时,特意告诉他被安排到敦煌县委秘书室,希望他好好工作,走好自己的人生路。

4月7日,陈兆祥向县委秘书室报到之后,想到自己来到敦煌,一直忙于移民的事,没有顾到家里,不知道母亲他们安排的如何。他查询了一下,他家被安排在九乡吕家堡村。于是问了一位县委的干部,人家说，离县城不远，五六里路。他想路程不远，现在是下午5点钟，离天黑还有3个多小时，当即请了假往家赶。

谁知，这个干部并不熟悉吕家堡，不知道离县城的距离。陈兆祥走着问着，紧走慢赶，天都黑了，一问路人，说还有十几里路，他才后悔不该晚上急着赶回家。后来，遇到一位骑着毛驴赶往九乡的人，他说自己是河南来的移民干部，想回吕家堡看看家里的安排情况。人家把他带到了九乡乡政府，正好乡里召开村干部会。会议结束后，他才跟着吕家堡村的干部回到了“新家”，已是次日凌晨两点多钟了。他看到母亲他们把家安置妥当，当天便赶回了县城，走上了新的工作岗位。

二

陈兆祥到敦煌县委秘书室上班后，秘书室的工作是四大任务，即“参与政务，掌管事务，服务领导，服务中心”。他的主要任务是服务领导，给县委书记等撰写讲话和其他材料。玩“笔杆子”对他来说本是轻车熟路，得心应手的事。因为他干了多年的秘书，并跟着洛阳地委经贸部的高部长学习，进步很快，写的材料常常受到表扬，所以对干好这个工作充满了信心。

但是不久，陈兆祥感到在敦煌县为县委书记撰写讲话材料水土不服，让他苦不堪言。敦煌县委书记黄仕福是一位1930年参加红军，经过两万五千里长征的老革命，资格很老，但文化水平不高，粗通文墨。他在开会讲话前，既不提示想说什么，稿子写好后也不审阅、斟酌，拿上就照本宣科。陈兆祥初来乍到，两眼一抹黑，对当地的环境、民情、政治、经济、生产、生活、文化、习惯等什么都不了解，领导只交待写什么会议的讲话，但讲什么内容，有什么想法却不管。他只好到处查资料、找材料、构思、谋划、撰写，虽然写的讲话材料没有出过什么洋相，引起什么麻烦，但他心里总是提心吊胆，担惊受怕，只怕写不到点子上吃不了兜着走。有一次，黄书记让他写个讲话，晚上交待，没有说什么时候用。他加班写了大半夜，没写完，想着第二天接着写。谁知道第二天一大早，黄书记要讲话稿，他说没写完呢。黄书记有点生气，说你怎么搞的没写完呢，先给我吧。拿着半截子讲话稿上了会议，他连看都没看，上台就念。材料念完了，事情却没有说完，只得从口袋里掏出个小本子，草草的说了几句就散会了。

这件事对陈兆祥的刺激很大，他觉得一个县里开大会，事先总得认真研究会议讲话，定出提纲，再让秘书去写，写好后再斟酌、修改，不能任由秘书去苦思冥想，闭门造车。他越想越后怕，越想越觉得难干。于是，他专门找到黄书记，说自己能力有限，业务生疏，秘书这个工作干不了。自己过去干财贸工作，业务熟悉，想干财贸工作。黄书记不同意，说："不行，你说干不了，我认为你能干了，干的还不错嘛"。

陈兆祥在县委黄书记跟前碰了个软钉子。当时，作为二十四五岁的年轻人，参加工作后一直顺风顺水。按他后来的说法，当时政治上很幼稚，生活阅历浅显，思想不成熟，年轻气盛，自负清高，只看到前途铺满鲜花，却看不到坎坷和荆棘。他不想干秘书工作，书记又不让走，心里很苦恼。但是初来乍到，人生地疏，连个商量的人、出主意的人都没有，想来想去就想到了张掖专区。他贸然的给张掖地委财贸部的部长茹春枫写了一封信，介绍了自己的情况，想到业务熟悉的敦煌县财贸系统工作。

一波未平一波又起。正在陈兆祥为调整工作的事情一筹莫展时，敦煌县委机关开始评定工资。他在洛阳地委财贸部工作时，职务是主办干事，相当于科级，工资是行政 22 级。在敦煌县委当秘书，是干事级别，行政 22 级已经是高套了，因此，按他的职务不能升级。这让他又窝了一肚子火。他便给洛阳地委财贸部发了个电报，让证明一下他是 1954 年提拔的科级干部，并给这里提个关于评定工资的建议。洛阳地委财贸部的证明和建议很快寄到了敦煌县委组织部，但组织部工作人员说，财贸部的证明和建议不算数，需要组织部门的。不久，灵宝的移民因琐碎小事与当地社员发生了一些矛盾，到县里来找他，让他给县领导反映反映。他向县里的领导同志汇报了这些问题，请求妥善解决。但是，敦煌县的有关领导觉得移民是找事、难缠，并没有及时解决，导致移民情绪很大，一直找他，说他把大家带到敦煌，有了困难却不管，让他左右为难。没辙，他便给张掖地委副书记吴岳写了一封信，在反映移民遇到困难和问题得不到解决的同时，也介绍了自己工作中的一些苦恼。他的信受到吴岳重视，专门指示敦煌县委按照党的有关政策处理好移民问题。后来，茹春枫因工作到敦煌时，在县委会议上传达了吴岳书记对陈兆祥工作安排的意见，并当即将他调到县委财贸部任代理部长。不久，经地委研究，任命陈兆祥为副部长，工资提为21级。对此调整，陈兆祥心里挺满意，毕竟自己干上了轻车熟路的财贸工作，再也不用在县委秘书那个岗位上煎熬了。

《道德经》曰："祸兮福所倚，福兮祸所伏"。陈兆祥在敦煌县短短的一年时间里，遇到了工作中、移民中的一些问题，在得不到妥善解决时，不得已给上级领导写了三封信，应该说没有原则性问题。但是，在老红军出身的县委书记黄仕福看来却认为是不正常的，甚至是很反感的，没干多长时间的工作就挑肥拣瘦撂挑子、要职位、要待遇，还向上级乱告状。因此，陈兆祥在县委黄书记及其他领导同志的心目中留下了不好的印象，为他后来政治生命的多舛埋下了祸根。

1957年春季，"反右"运动开始后，敦煌县委机关大院里贴出了陈兆祥的"大字报"，说他"反对县委，就是反党""闹名誉，闹地位、闹待遇""煽动移民闹事，组织移民干部'反党集团'"……对他上纲上线。陈兆祥认为，自己抛弃优裕的工作和生活条件，千里迢迢来到敦煌，人生地疏，举目无亲，像个孤苦伶仃的孩子，辛辛苦苦工作，反映的移民问题没人管，遇到的工作难题没人理，心里有苦没处说，用手中的笔杆子把肚子里的苦水向上级领导倾诉，向党组织反映实际情况，何错之有？当他辩论反驳时，因为外来移民，形单影只，孤掌难鸣，越描越黑，加之在县主要领导心中印象不佳，受到不公正处理事出有因。

1958 年 6 月，在敦煌县第二次党代会上，陈兆祥被宣布为“右派”，开除党籍，开除公职，送到距离县城 70 多里的农场“劳动改造”，每个月只发给 21.73 元的生活费。“右派”不仅使他失去了党籍和工作，而且株连到家庭。他爱人当时被招工在县食品杂货公司当营业员，生了孩子后，他把母亲和妹妹接到县城，安了新家。因他的“右派”，爱人也被单位开除。当时，他们已生了两个孩子，一家 6 口人仅凭他的 21.73 元钱糊口，实在是杯水车薪，入不敷出。

面对家庭生活的难以为继，陈兆祥找到县长张福生，提出让自己到县城自谋职业，出点苦力，挣钱养活家人。他的请求得到批准，从此，一个才华横溢、年轻有为的国家干部不得不混迹县城，偷偷摸摸地为来往于甘肃、青海、西藏的运输车队扛大包，出苦力，装卸货，挣钱养家糊口。

1962 年初，中央西北局兰州会议传达了中央“七千人”大会精神，提出对“反右”运动中被错误处理的人甄别平反。当年夏季的一天，他在敦煌街上见到了县委副书记刘孟晋，这个人在反右运动中对他斗争很尖锐，后来在“大跃进”运动中因搞浮夸、吹大话，受到处分，撤了职。出于同病相怜，惺惺相惜，刘孟晋向他透露了当年打他“右派”的内情。刘孟晋说，在县委机关党支部开会讨论你的“右派”问题时，有人说，按照中央认定“右派”的六条标准，你挨不上。但是，县委书记黄仕福说：“地委第一书记安振对各县委书记说‘你们这些县委书记若在县委找不到右派，你们本身就是右派’”。黄书记一锤定音，会场人员哑口无言，你就是这样被定为“右派”的。

陈兆祥开始向县委提出甄别平反“右派”问题。直到 1963 年 4

月,在敦煌县委扩大会议上,他被宣布平反,恢复了党籍、公职和原工资待遇,任命为敦煌县财办副主任。但最后留了一个“严重警告”的处分,理由是:“虽然给你平反了,但是你本人也有一定错误”。

三

陈兆祥“右派”平反、恢复工作后不久,被张掖地委抽调到山丹、酒泉县搞了两年多“四清”运动,担任“四清”运动工作组组长,工作卓有成效。“四清”运动结束后,1966 年 10 月,他任敦煌县委财贸口党总支书记、商业局局长。当时的商业局是由原县商业局、供销社、粮食局、工商行政、外贸、工商联等部门合并在一起的大局,业务多,工作杂,责任重,千头万绪,但对于经受了“反右”等大风大浪、大起大落锻炼之后的陈兆祥来说,他更成熟了,工作能力和魄力更强了。他把这个“大杂烩”的局分为五个股,即商业股、供销股、粮食股、人秘股、财会股,分工明确,各负其责,并一改过去局长批阅文件只写“某某股办理”的旧习,他批阅的文件既有落实的重点、指导思想,又有具体措施、要求,使经办人有所遵循,觉得这个年轻局长水平高,能力强。大家都想跟上他好好学习、工作,商业局系统的工作作风变了大样。

正当陈兆祥准备大刀阔斧,大展宏图,大干一番事业的时候,轰轰烈烈的“文化大革命”运动开始了,先是打倒各单位“走资本主义道路的当权派”。作为商业局局长的陈兆祥首当其冲,院子里贴满了他的“大字报”,翻出了“反右”运动、处理移民工作中的一些老账,对他狂轰滥炸,每天接受轮番的批判斗争。好在那时他 30 多岁,身强力壮,根正苗红,觉得自己对党忠诚,工作兢兢业业,没有什么对不起党、对不起组织、对不起人民群众的事,因此,心里坦然,想着接受群众批斗是毛主席号召的,县、局的领导们都被揪斗,自己应该正确对待。

1967 年初,随着“文化大革命”运动的发展,敦煌县形成了势不两立的两派，一派是以党政工团公检法的干部组成，一派是由敦煌中学的“红卫兵”组成，两派都想让领导干部选边站。商业局是大局，人员多，孩子多，是中学生“红卫兵”一派的支持者。作为局领导，他要团结大多数干部职工，同时，不站在“红卫兵”这一边，“红卫兵”守住商业局的大门，他连门都进不了。

1968 年 3 月，敦煌县革命委员会（以下简称“革委会”）成立后，以党政工团一些年轻干部组成的“造反派”掌了权，开始对陈兆祥恶意攻击，说对他的“右派”平反平错了，他是灵宝移民闹事的罪魁祸首，是“四清”工作组的帮凶，是镇压革命群众的刽子手等等。在那个黑白颠倒，是非混淆的年代，造反派的话就是权，就是法，使你有理说不清，有口辩不明。后来，把他和时任县委书记、副书记、组织部副部长等人关进了“保卫红色政权指挥部”，长达 8 个月。期间，经常被拉出去批斗、殴打、抽耳光、捆绑罚跪、坐“飞机”等，受尽了非人的折磨和屈辱，后被送进“五七干校”劳动改造。

1972 年冬季，县里把他从“五七干校”叫回来，参加县商业局的“整党”，让他一边劳动，一边检查自己的“罪行”。有一次，造反派让他向群众检讨，接受批判。他一下子写了 170 多页，10 多万字的“检查材料”。在群众大会发言前，他说，伟大领袖毛主席教导我们说：“好话、坏话都要听，特别是那些反对的话，要耐心听，要让人家把话说完”。接着他开始“检查”，讲了两个晚上，7 个多小时，会场上静悄悄的，没有人敢干扰和打断他。会后，群众议论说，人家把每件事都说的有根有据、有板有眼，让我们怎么批判？就这样，原本想整他的“整党”闹剧草草收场。不久，县革委会保卫部的王涛部长找到他，落实他的“罪行”。他要看定案材料，王涛说：“材料不能让你看”。他说，就是判我死刑也要让我看看判决书吧。王涛理屈词穷，便说，材料不能看，我念你把重点记一下。他根据念的重点一一记录，逐条研究，写出了有理有据的反驳理由,自己刻印、装订了10多本,通过地区一位熟人转交给张掖地区革委会及有关领导。当时,他是横下一条心,要为自己讨回公道。这些材料递上去不知发挥作用没有,反正后来县里再没有人追究他的所谓"罪行"了。

"文化大革命"期间的残酷遭遇,使陈兆祥扎根敦煌的心动摇了。为了避免母亲、妻儿在他受到冲击、批斗、蹲"牛棚"时受到牵连,担惊受怕,1971年,他把家人送回灵宝。1973年,陈兆祥下定决心调回灵宝,但是,敦煌县里一些别有用心的人还是不想放过他,声称:"陈兆祥打不倒,却给打跑了,岂不让人笑话"。调动手续推来拖去办不成,没办法,他找到酒泉地委书记王占昌。"文化大革命"期间,王占昌任敦煌县委书记,与他一同在"保卫红色政权指挥部"里蹲过,对他的为人和能力比较了解。王占昌说,你不愿意在敦煌县工作可以到地区来,任地区商业局副局长。陈兆祥说,我不是为了当官才要走的,敦煌县不让我走,是准备找机会再整我。如今,我母亲、妻子、孩子都回了灵宝,我只想回家乡,什么都不想了。王占昌见他态度坚决,言辞恳切,便给敦煌县委书记打电话,让给他办理调动手续。当年12月,陈兆祥办理完调动手续,回到了阔别18年的故乡。

1979年3月,陈兆祥到敦煌县处理他"反右"时的"严重警告"问题,敦煌县主管部门当着他的面烧毁了"文化大革命"中整理他的18本材料。他看到了当时敦煌县革委会对他的处理意见:"陈兆祥在'文化大革命'中态度蛮横,气焰嚣张,经过几年来的耐心教育,至今毫无悔改之意,因此,我们的意见是开除党籍,开除公职,送农村劳动"。据说,县里派人将处理他的材料送到地区革委会审批,地区革委会负责人看了材料后,对送材料的人说:"除了派性,你们看陈兆祥还有什么个性问题?"送材料的人说:"没有"。负责人说:"派性是不能给人家定罪的,还是把材料拿回去吧"。送材料的人纠缠说:"只要给他一个'警告处分',就算我们胜利了"。负责人说:"这是什么话,干部的处理是有政策规定的,不是随便可以给人家处分的……"摆摆手让送材料的人回去了。1979年9月,灵宝县委组织部正式向他转达了敦煌县委关于撤销他"严重警告"处分的通知。从此,他在敦煌的那段历史才洁白无瑕。

追溯陈兆祥在敦煌遭受磨难的缘由,既有当时"以阶级斗争为纲"的政治运动,也有他外来移民的身份,同时还有他本人性格方面的缺陷。1973年冬,陈兆祥调回灵宝临行前,敦煌的几位挚友为他饯行。大家对他在敦煌的惨痛遭遇总结了两个缺点,一是"直",秉性刚毅,生性豪爽,说话不看环境,不论对象,总是直来直去,实话实说,不自觉中伤害了一些领导和同事。二是"傲",自以为出身清贫,根正苗红,文化程度高,工作能力强,提拔起步早,能说会写,文武双全,自恃清高,孤芳自赏。一个外地干部凭这两条怎么能在敦煌站得住脚,发展得好?对此,陈兆祥也有同感。

四

陈兆祥回到家乡灵宝时,同样面临的是"文化大革命"的政治环境,灵宝县也存在着派性,两派为掌权斗争的很激烈。但是,陈兆祥"吃一堑长一智",成熟多了,稳重多了。他回到灵宝家乡这块土地上,没有人歧视他、排挤他,他只想干好工作,不愿参加派性争权。当年曾护送移民的副县长崔宽心已经成为灵宝县委书记,对他比较熟悉,也了解他在敦煌十多年的遭遇。因此,他从敦煌县调回来后,被任命为县农机局副局长。后来,又任县卫生局局长。虽然在灵宝县的派性纷争中,崔宽心几上几下,最终在"文化大革命"结束后被降职调离灵宝,但作为崔宽心熟悉和重用的陈兆祥却丝毫没有受到影响。

改革开放之后,国家的工作重心转移到经济建设上来。陈兆祥先后担任过县商业局局长、县计生办主任,县烟草局局长,都是重要部门的负责人。特别是计生办、烟草局都是20世纪70年代末、80年代初新成立的单位,一切从头做起,作为工作经验丰富,开拓能力很强的陈兆祥在这两个单位的初创时期白手起家,组建领导班子,招收调进工作人员,建设办公设施,事业搞的红红火火。他在烟草局工作期间,大力发展烟叶种植,使其成为灵宝山区农民增收的支柱产业。30多年来,市、乡镇和农民都因烟叶产业得到巨大的实惠。

1992年,陈兆祥在县烟草局局长的位置上光荣退休,他开始有了闲暇的时间和恬静的心情,认真回忆总结自己60年的人生经历。提起敦煌,虽然他将一生最宝贵的青春年华奉献在了那里,让他吃尽了苦,伤透了心。但是,随着时间的推移,年龄的增长,阅历的丰富,他重新认识了敦煌,那里有灵宝的移民,有自己众多的挚友,还有自己工作过的单位、同事,他把敦煌视为第二故乡,时常魂牵梦萦,念念不忘。

1979年、2004年他两次前往敦煌,很多故交和亲友对他都十分热情,甚至一些过去曾整过他的人,也心有悔悟,宴请他,与他"相逢一见泯恩仇"。他对敦煌人来灵宝办事视若亲人,热情接待,有难就帮,有求必应。20世纪70年代中期,他担任县商业局长时,物资还很短缺,酒泉军分区后勤部部长来到灵宝,请求给额济纳旗边防线上的骑兵部队收购一批红薯,他前后协调,一下子收购了4万斤并帮忙装车运走,解决了部队的燃眉之急。

1979年冬季,一位中年妇女突然来到他家,痛哭流涕地求他帮忙。原来这位妇女是敦煌人,与灵宝焦姓移民结婚,焦在敦煌县供销系统工作,曾是陈兆祥手下的干部。焦想调回灵宝,怎奈爱人是敦煌人,很难调回来。于是,焦把爱人和4个女儿先送回灵宝,安排在川口乡一个村子的破窑洞里。爱人在灵宝举目无亲,破窑洞因为秋季的连绵阴雨坍塌的住不成了。她回到敦煌,焦又逼她返回灵宝,实在没有办法才来找他,让他想办法把焦调回灵宝,支撑起这个家。提到焦姓移民的名字,陈兆祥还有印象。焦在敦煌商业系统工作,入党、任命百货大楼门市部主任都是他任商业局长时批准的。但是,在“文化大革命”中一次批斗陈兆祥时,焦突然从后面踢倒陈兆祥站立的长板凳,使其迎面倒地,摔的满脸血污……如今看到焦的爱人孤苦无靠的凄惨样子,他什么都没说,带着她找到县委组织部部长,介绍了她家的困境。组织部长说让敦煌发个商调函,给他办。临别时,焦的爱人当即给他下跪,说你真是把我们一家人救了。

1980年春,敦煌县来人联系焦调动的事,找到陈兆祥,他热情接待,并带他们到县委组织部办理手续。不久,焦调了回来,安排在苏村乡政府上班。一次,陈兆祥到苏村乡见到了焦,焦感到很不好意思。在谈到工作情况时,焦说他一直搞商业,对农村工作不熟悉,乡里安排他下乡,工作很吃力。陈兆祥给乡里的领导说了他的情况,后把他调整为司法助理。为了感谢陈兆祥不计前嫌帮助他,每年春节他都专门给陈兆祥送些核桃、苹果等土特产,两人成了好朋友。像焦这样经陈兆祥帮忙从敦煌调回来、并安排工作的人还有很多。

2004年6月,灵宝市政协整理阌乡、灵宝合并和敦煌移民的有关史料,陈兆祥被确定为特约撰稿人,专门撰写敦煌移民的历史。为此,他专程前往敦煌,查阅档案资料,采访移民,核实事实数据。后来,写出了近3万字的《灵宝移民敦煌纪实》,详细介绍了灵宝移民的起因,在敦煌的生产、生活、工作情况,也介绍了他在敦煌18年跌宕起伏的经历。这次敦煌之行,他结识了敦煌市两位钟情历史轶事的退休副市长李增茂、王渊,两人对他在敦煌的经历和影响很有兴趣,把其列入撰写对象,遂与他彻夜长谈,后又书信交流。后来,王渊撰写了《敦煌的受难者——陈兆祥》一文,李增茂撰写了《敦煌的王、陈、尚》一文,分别成书后在敦煌引起了巨大的反响,让敦煌人看到了一个客观、真实、忠诚、正直的老共产党员、老干部、老移民陈兆祥。

2006年,在灵宝移民敦煌50周年时,陈兆祥专门赋诗一首,长达百句,记述了自己移民敦煌的所见所闻,所思所想,所作所为,其中两句"一片丹心党可鉴,双肩道义乃担承",真切地表达了一位党员、移民干部对党忠诚,对工作负责,对移民关爱的沉重道义和拳拳之心。

移民带头人徐福海

张安民

早在三门峡水利枢纽工程淹没区移民启动的前一年，即 1955 年，时任阌乡县城城关镇镇长的徐福海被抽调到黄河三门峡库区建设委员会工作。显而易见，作为中华人民共和国成立后第一任地方基层负责人，他的任务将是负责阌乡县城的移民工作。

阌乡县城要拆掉？这对于老阌乡人来说，是无论如何都不能接受的。这座古老的县城，历经变迁沿革，巍然屹立于黄河南岸的函谷关西首，虽然 1954 年阌乡县与灵宝县合并，作为政治中心的光环刚刚淡去，但经济文化的长久积累，仍让老阌乡县城人的优越感丝毫未减。

怕黄河涨水？笑话。听老辈人说，历史上曾有几次黄河涨水冲过县城，但最后不都照样没事吗？况且，黄河涨水冲一次，修复一次，现在县城北边的堤防更加坚固了。黄河南岸，县境北陲，堤坝稳重，杨柳飘拂，河流无波，居民安然。啥时听说过，黄河涨水就要搬迁？

但这次，是国家和政府要在黄河上干大事了。要修三门峡大坝，建设水库。设计的水库“当出现千年一遇洪水时，水库拦洪水位为 335 米。当出现 200 年一遇洪水时，拦洪水位为 332.5 米。因此，决定库区移民高程为 335 米”（灵宝市黄河河务移民管理局 2006 年编《灵宝黄河志》）。按照这一高程线，阌乡县城是保不住了。这些，远不是老阌乡人在黄河南岸砌石扎坝那么回事了。但这些，当时的老阌乡人还不懂。

徐福海要做的，就是按照政府的指示，组织这些老阌乡县城人搬迁,搬迁的目的地在甘肃省敦煌县。

确定搬迁到敦煌,徐福海是认真而积极的,内心深处也是满意的。当时,国家规划了移民的大致去向是甘肃省,具体在甘肃省的什么地方,由移民自己选择。徐福海参加了灵宝县政府组织的搬迁地址选择考察组。他们开始当然想把安置地选在陇东地区离老家近一些的地方,但到天水、平凉一带考察后,觉得这里属山区丘陵地带,干旱少雨,人多地少,不太满意。于是稍一向西,就过了兰州,进入河西走廊,到了武威,对这里的生产生活方式进行了综合考察并与阌乡进行对照,仍不太满意。继续前行,又到了张掖、酒泉。这里牧区面积较大,他们不能想象老阌乡人怎能适应这种生存方式 ,仍心有不甘。当时铁路只修到张掖,听说再往西 700 多公里还有个敦煌,可供选择。考察组里有人觉得敦煌在嘉峪关西 400 公里,靠近新疆,地处边陲,交通不便,应不予考虑,建议就在张掖一带选择。徐福海当时在考察组里仅是普通一员,但他性格倔强,做事执着,坚持要到敦煌再看一下才甘心。最后,他们终于到了敦煌。他们完全没有想到,在漫无边际的戈壁滩深处,在腾格里大沙漠的南部,在河西走廊的最西端,竟然有这样一个绿洲。这里以农业为主,主要农作物是小麦、玉米、棉花、瓜果。这对阌乡人来说,是再熟悉不过了。而这里人们的饭食,以面食为主,馍馍、面条,也最合阌乡人的胃口了。当地政府对他们的热情接待和对移民的渴望,使他们深切地感到这里的人厚道、宽容。徐福海一下子深深爱上了这个地方。考察组成员也很快达成了共识。

敦煌,徐福海以前连听说都没有听说过的地方,将成为他后半生的人生舞台和长眠的地方。他的事业将在这里展开,他的家庭和子孙后代将在这里闯开一片新天地。这是后话了。

据徐福海的儿子徐永平介绍,听他父亲说,当时移民这项工作的基本原则是,基层党政领导负责本辖区移民的动员、组织、护送和安置工作。于是,徐福海就在阌乡县城展开了移民搬迁动员工作。

当时,阌乡县政府刚刚被撤销,在行政架构上,阌乡县城只是灵宝县委领导下的一个城关镇。镇长徐福海带领手下一班人,在简陋的办公条件下,展开了大规模的搬迁动员工作。召开动员大会,拿上纸糊的大话筒沿街喊话,用大红纸贴出了移民动员布告,设立了移民报名登记点。

但是,一星期过去了,十天过去了,没有一个人报名登记。

徐福海不是只会用一般的行政手段推动工作的。作为在解放前参加革命,经受过革命烽火锻炼的共产党员,在组织需要的时候,他太懂得一个革命者应该做的事情了:从自身做起。

自己举家迁移敦煌,这是毫无疑义的了。

当时父亲刚去世三年,徐福海作为长兄,已是一家之主。弟弟徐福林已成家另住,那就先从弟弟动员起。当然,对弟弟的动员就没有那么温和与耐心了。与其说是动员,还不如说是命令,这就有两家了。

徐福林有个结拜兄弟牛虎林,当然也认徐福海为大哥。这是徐福海动员的第三家。这个所谓的动员同样不是那样雅致,那样从容不迫,文质彬彬。他一说上敦煌,牛虎林二话没说:听大哥的,去。

徐福海的妻子孔桂英,娘家是阌乡县城的老户。嫁到郝家巷的蒋香爱是她的闺蜜,其丈夫郝随喜也成了徐福海的朋友了。于是,徐福海夫妇上门动员郝家夫妇,这就有了第四家了。

徐福海当时住在阌乡县城的西大街,与两家街坊关系很好。一家的主人叫张德厚,其兄长已去世,其余共兄弟五人,皆已成家,并有老母在堂。经徐福海动员,举家三代迁移敦煌,共 28 人。另一家的主人叫周双印,夫妇和一子一女四人,经动员,也同意迁移敦煌。

至于徐福海“动员”成功的这些家庭,各自又“动员”了多少人家,就无法统计了。

总之,1956 年春季,徐福海带领阌乡县城的移民共 318 户,1000 余人,如期到达敦煌落户,为这个沙漠和戈壁中的绿洲增添了新的生机。据敦煌旧县志记载:1956 年 3 月,河南省陕县、灵宝、阌乡三县共移民 5361 人,占敦煌当时人口的八分之一。

徐福海一到敦煌,按照迁出地和迁入地党组织达成的共识,移民在原地是什么级别,到敦煌后按什么级别安排工作和职务,他被任命为敦煌县农牧局局长。这样的安排,在给干部以充分的政治待遇和人身尊重外,也使全体移民在异域他乡人生地不熟的情况下,有个"主心骨"。徐福海在敦煌县任过农牧局长以后,又先后担任过敦煌县西湖农场场长、八乡乡长、南湖公社革委会主任、县委招待所所长、商业局长等职,60 岁时从商业局长的岗位上退休。

他一生忠于职守、廉洁奉公、大公无私、尊老爱幼、平易近人的品行在敦煌留下了极好的口碑。在南湖公社任革委会主任时,由于农村地处分散,按规定给他和党委书记每人配了一匹马,但他从未骑过,下乡工作一直坚持步行。他任县委招待所长后,对家人严格规定,任何人任何时候不准到招待所吃饭。听徐永平说,他有一次进城,到招待所找父亲说事,事说完了也到了吃饭的时候了,父亲给了他两角钱,让他到街上买了两个馒头吃。但是,每个星期六晚上回家时,他把应该吃的那份饭用饭盒装起来,用手巾包好,绑到自行车前把上,骑二十多里路程,带回来让家人吃。偶尔有吃肉菜之类的,先让老母亲吃,大米饭之类的稀罕物,让妻子和孩子尝一点。那时候,一家人都盼望着徐福海星期六带点好吃的回来让大家打个牙祭。徐永平说,那时他觉得,大米饭就是世界上最好吃的东西了。

沙洲大漠铸丰碑

李　昌

虽然年近耄耋，却仍器宇轩昂，行走健步如飞，谈吐声若洪钟。一生叱咤风云，充满传奇色彩，却被父母起了个与秉性格格不入，颇有女人味的名字。他就是移民中的传奇人物芦金玲。

一

说起当年的移民敦煌，虽然已经过去整整一个甲子，但老人仍恍若昨日，有条不紊地娓娓道来。

三门峡水库的修建，是1956年全国第一个五年计划中156项重点建设项目之一。灵宝、陕县均在库区淹没范围，涉及12个乡镇80个行政村，搬迁移民7万余人，需要分散各地安置。

1955年，灵宝县成立了"移民委员会"，抽调骨干力量组成"移民工作考察团"赴敦煌实地考察。考察团回来后，就开展了声势浩大的宣传动员工作，宣传介绍三门峡水库建设的重大意义和敦煌的情况，动员城乡居民积极响应国家号召，踊跃报名迁移。

那时候，芦金玲还是个十几岁的孩童，正上小学五年级，可胆子却挺大，他竟背着父母给全家人报了名，并私下写了申请书。当家里人得知后，生米已经煮成了熟饭，好在他们祖上也是逃荒来到这里，过惯了颠沛流离的生活，父母没有过多的指责，只是紧张地做着处理土地、房屋、家产的事宜。

1956年农历二月初二"龙抬头"那天，县政府举行了隆重的欢送仪式之后，芦金玲一家和众多乡亲同乘一列火车，踏上了西行的征程。当时送别的亲朋乡邻挤满了站台，争先恐后地扒着车窗，含着泪水向亲人们一一道别。列车缓缓开动后，车上车下的叮嘱声、祝福声、哭喊声混成了一片。“到了就来信报个平安！”“住不惯还回来”的叮嘱声此起彼伏，不少男女老少为亲人的离别失声恸哭。

列车不停地向西行驶，西安、宝鸡、天水、兰州依次消失在人们的视野中，天真无邪的孩童们好奇地嬉耍打闹，而上了年纪的老人个个心绪烦杂，皱眉不展，沉默寡言。当列车一出兰州，车窗外河西走廊贫瘠、荒凉的景象使车上的移民情绪产生了极大的波动，一些老年人埋怨声、后悔声充满了车厢，带队的领导和乘务人员只得苦口婆心地给大家做工作，稳定大家的情绪。

到了敦煌后，在原敦煌城东街小学的操场上，敦煌县政府已提前搭建了帐篷，简单的欢迎仪式后，按照事先确定的分配方案，由各乡、社、队用大轮牛车，把移民接送到各队各家。

芦金玲一家开始被分配在六号桥村一队连生录家，因这个队只有他们一家，两天后又搬到了三队边文魁的堡子里。边家庄共住进了王建良、王绍云、付宝印等移民户，二、四、五队住进了王书祥、周志德、张志俊、张连升、杨来义等家。

二

按照规定，移民每人安置费 100 元，建房补助费 200 元。芦金玲一家 6 人可领取 1800 元。如需盖房，乡政府开证明可以到县物资局领取松木椽等建筑材料，作价后从移民建房费中扣除。当时，各家都无力盖房，芦家仅领了价值 300 元的木材。20 世纪 50 年代的 1800 元钱算得上是一笔巨款，过惯苦日子的父母怎舍得把这些钱花掉。1957 年，他们用其中的 800 元钱买下了 5 队北滩边上一个旧堡子，成为移民中第一个拥有庄院的人家。

1958年,人民公社化时,胜丰农业社(现六号桥村)在6队修建了集体农舍,经过兑换,芦家又从五队搬到了六队三处8间的新院。芦金玲记忆中的1938年到1958年,他家整整颠簸了20年,才在这里有了自己的居所,体会到了“家”的滋味。此后,在母亲的千辛万苦操劳之下,3个兄弟先后成了家,过着耕有其田,住有居所,自食其力的农耕生活。

移民敦煌不到3年,还没有来得及适应当地的生活环境,就遇上了“三年自然灾害”。1958年,敦煌全县成立为一个“人民公社”,由于“大跃进”,人民公社浮夸虚报粮食产量,争相放卫星,仅几个月光景,“公共食堂”就把全县各乡、村、队的库存粮食折腾一空,出现了吃不饱、闹饥荒的严酷形势。从1959年开始,城镇口粮供应一减再减,而农村也采取了以人按天定量吃饭,从开始的一斤、半斤、四两,逐步递减。

1961年,兰州的各大院校相继解散,芦金玲从甘肃省建筑工程学校回家,看见母亲把家里能用的东西,一件件向尚有点余粮的邻居兑换米、面,来勉强维持一家8人的生活。1962年春天,他突然想到南湖同学冯新景,是河南省鲁山县的移民。听说他们那里种植红薯、白萝卜较多,他就步行几十里,来到了冯家。虽然人家的日子同样艰难,但冯新景十分仗义,费尽周折从老乡、亲戚家东拼西凑借来了40斤小麦,又从他们家里装了一大袋白萝卜干,他背回来后算是解了一时的急。60多年来,他一直忘不了救了一家8人的大恩人冯新景。

冯新景家住在南湖,偏僻闭塞,交通不便。1972年,芦金玲担任了大队党支部书记后,安排把冯新景一家落户到泾州一队,并帮他介绍对象成了家。后来冯新景回到故乡鲁山,芦金玲与他从没断过书信往来,逢年过节都要给他寄去敦煌的土特产。1990年,芦金玲专程奔波数千里,到鲁山看望了冯新景一家老小,临别时留下500元钱。用他的话说,不报恩,有愧良心。

移民到敦煌后,现实与他们的想象差距很大,单一的种植以及落后的生活方式给他们的生活增添了难以抹去的阴影,加之灾荒饥饿,先是上了年纪的老人开始后悔埋怨迁移敦煌,有的甚至产生了轻生的念头。他们的唯一愿望就是在有生之年离开这个荒凉之地,魂归故里。于是,在敦煌形成了一波又一波的移民返乡潮。

返乡潮让芦金玲一家人也产生了巨大波动,但由于家庭人口多,老的老,少的少,恐怕经不起折腾,只得咬紧牙关,坚持留了下来。如今回想起来,当初万般无奈的这步棋还是走对了。

三

移民敦煌之前,芦金玲小学尚未毕业。到敦煌之后,他开始了未竟的学业,但当时一家 7 人,自己排行老大,上完初中后,家里已再无力供养自己上高中了。当时考上中专后,国家包分配,芦金玲刻苦学习,考上了甘肃省建筑工程学校。

1961 年,当他从建筑工程学校毕业时,国家却因“三年自然灾害”,中专生不予分配,芦金玲只好回到村里参加劳动。由于有文化,在村里,他当过会计、大队文书和大队长。1983 年,甘肃省人事局下发红头文件,他以农村闲散科技人员的身份被录为国家干部。1985 年底,敦煌市筹建第二建筑公司时,他被选中,任命为经理。所谓的第二建筑公司主要是组织、管理、协调乡镇的建筑队,本是一群乌合之众。公司成立初期,包括经理芦金玲只有 7 个人,没有办公地点,没有一点家底,全凭自己打天下。

1986 年秋末,中国电影制片公司为了解决《敦煌》电影拍摄过程中日方演职人员的食宿问题,决定投资 54 万元在敦煌修建“阳关公寓”。省地市建筑行业的强手们跃跃欲试,然而他们看到招标单位提出的

“务必于明年6月15日前交付使用、拖延一天罚款3750元、提前一天奖500元”的苛刻条件后，都一个个退缩了。在敦煌这里搞建筑的人都知道，每年过了11月15日，一般的建筑工程都会因天气寒冷而停工，等到第二年春天再开工。修一座三层大楼，在这么短的时间内能否完成，风险很大。

芦金玲找到“阳关公寓”工程筹建负责人，要求承担这一工程。筹建负责人睁大眼睛望着他，投来不屑一顾的目光。因为他们是乡镇企业的建筑队，名气小，实力弱，对他们缺乏信任感。芦金玲认为，要想使二建公司在敦煌市竞争激烈的建筑市场上站稳脚跟，那就要拼，就要保质保量保时完成任务。

“阳关公寓”工程筹建负责人要求芦金玲尽快拿出一个施工方案。他立刻组织公司的技术人员，加班加点地做出了详细的施工方案，从1986年11月1日到1987年6月15日，每一天的施工进度都排列了出来。当这份施工方案送到“阳关公寓”筹建负责人那里，筹建委员会经过讨论，认为这个方案切实可行。

“阳关公寓”工程的承建合同一签订，他马上召开动员大会，抽调公司最过硬的技术人员组成施工队，第二天工程就破土动工了。

敦煌的11月已是寒气逼人、雪花飞扬的季节，而“阳关公寓”的工程却热火朝天地干了起来。为了解决冬季施工的保暖问题，他组织了大量的草袋、棉絮和篷布，每当一段混凝土浇筑成形，就立刻盖上草袋、棉絮和篷布，下面则架起几座火炉，保证温度控制在混凝土凝固需要的标准。这样一来，整个建筑工程可以说是在一个暖和的大帐篷内施工。

那年冬天，很多敦煌人发现，在偌大的敦煌城里都静悄悄的，只有“阳光公寓”工地上机声轰鸣，车水马龙，施工热火朝天。开工后的第39天，面积2000平方米的主体工程全部完工。与此同时，芦金玲又组织人力，四处联系准备好下一道工序需要的全部材料。第二年开春，

“阳关公寓”的粉刷、装潢、室内设施安装工程全面铺开。经过全体工程技术人员的日夜奋战,1987年5月25日,“阳关公寓”工程提前20天竣工。

惊人的速度和过硬的质量,使第二建筑公司成为敦煌建筑界的一匹黑马,一鸣惊人,更让工程筹建单位为之叹服。

1987年6月15日,《敦煌》电影摄制组日方演职人员准时住进“阳关公寓”,他们为在戈壁沙漠中的敦煌有这样一个舒适的生活营地感到欢欣鼓舞。为此,日本《东京时报》在报道“阳关公寓”建设速度时称:“阳关公寓”是在“仅此半年时间,魔术般的建成的。”

“阳关公寓”的提前竣工,使敦煌市二建公司名声大振,公司拿到了10000元奖金,中影公司专门赠给他们一面锦旗,上书“优质建公寓,阳关传美名”。

四

有了“阳关公寓”的样板和广告,人们对二建公司的实力刮目相看,工程项目一个个找上门来。

1987年12月,八一电影制片厂的一位负责人找到了二建公司,要求他们修建电影《敦煌》拍摄外景工程“敦煌古城”。这虽然是一个找上门来的工程,但工程仍是要求在第二年7月15日前建成,工期紧,建设面积达1.21万平方米,而且甲方提供的施工图纸非常有限,很多细节工程还需要他们根据历史资料研究设计和施工。芦金玲一看,感觉这又是一场不亚于“阳关公寓”的硬仗。

为了啃下这块硬骨头,芦金玲召开公司专门会议,动员全体管理、技术人员集思广益,各抒己见。经过反复酝酿讨论、研究比较,一个“组织乡镇小建筑队参加,承包分片施工”的建设方案终于形成了。

“敦煌古城”建设难点是东西两个高几十米,造型巍峨壮观的城楼。八一电影制片厂只提供给芦金玲一张平面图。为了完成两个城楼的建设任务,他跑遍敦煌城乡,终于找到了一个技术高明的木匠,请他做了一个一米见方的古城楼模型。凭着这个模型,芦金玲和工程技术人员一起,晚上围成一圈研究放大施工方案,白天按放大的尺寸下料施工。就这样,在没有结构图纸的情况下,硬是凭着他们的想象和创造,使两座造型精美,高大雄伟的城楼建成了。八一电影制片厂的高级美工们看后惊叹不已,连连称赞。

1987 年 7 月,二建公司硬是用 7 个月的时间按时完成了规模宏大的“敦煌古城”工程建设任务,在茫茫戈壁滩上矗立了一座古色古香的仿敦煌古城。当中日双方电影艺术家们走进这座街道纵横、店面林立,城楼雄伟,气势恢宏的“敦煌古城”时,无不欢呼雀跃,欣喜若狂。

造“公寓”,建“古城”,使敦煌市第二建筑公司迈上了发展的康庄大道。从此,找上门的工程接连不断。芦金玲抓住这一时机,但他并不是抓大的丢小的,而是大到楼房,小到厕所、围墙,只要人家让他干的他都干,而且在造价上一律比其他建筑队都低。良好的信誉,竭诚的服务,使敦煌市二建公司迅速发展壮大起来。到 1991 年,敦煌二建公司经济实力已经超过了国营的敦煌市第一建筑公司,资产总额达 397 万元,下辖 5 个直属工程队 31 个施工分队,拥有职工 2000 多人,年施工收入 2 千万元,成为初具规模的乡镇建筑联合体。公司组建以来,建设的 86 座高楼大厦全部达到合格的标准,其中 19 项工程获得甘肃省乡镇企业局“优质工程”。在敦煌市的建筑市场上,二建公司已拥有雄厚的实力和强有力的竞争力,

五

芦金玲取得的成绩是凭着自己起初学习建筑专业的基础和后来的不断学习充电,工作实践中拼出来的。他说,自己能有今天,二建公司

能有今天,离不开长期的学习,充实自己,提高自己的管理水平。经过多年的管理实践,他总结出了很多企业管理的思想,比如:“以人为本抓教育,以业为主抓培训,以优取胜争名气,以严管理创效益”。“企业是由人组成的,企业的领导人如果不尊重人、关心人、爱护人,企业就会危机四伏了”。在公司工作期间,每年的春节,他都带领公司主要领导到优秀职工家里登门拜年。同时,邀请管理人员到他家吃饭,让妻子、儿女为他们敬酒,以表示一年来对他工作的支持。

在芦金玲的办公室里,放着一摞一尺多高的剪贴本。那是他平时读书看报时,摘录和剪贴的认为对工作有用的文章、资料,涉及政治、经济政策、企业经营管理、人生修养知识等等。芦金玲说,他积累的剪贴本有 21 本,他时常对人说:“这些是我的另一个头脑,我的许多管理知识、方法就是通过它综合创造出来的”。

卢金玲办公室的墙壁上挂着一叠十六开、上面写满密密麻麻小字的纸张,每一张纸上都写着每一个月工作计划和内容。看着这一份份工作计划简明卡,就可以感觉出他的工作有多忙,他管理的事情有多细。

李定群的移民故事

雪　瑞

李定群，今年 75 岁，是一位灵宝市人民医院的退休医生。60 多年前的 1956 年 3 月，他不满 14 岁，因三门峡水库建设上马，随灵宝县城移民全家迁移到几千里外的甘肃省敦煌县。他在甘肃学习、工作、生活整整 20 个春秋。聊起他的移民往事，悲喜交集，感慨万端。

那年，李定群正在灵宝一中读二年级，因移民转学到敦煌县初级中学续读。他家在敦煌被安置在九乡盐茶村，离县城十里，不得不寄宿学校。在灵宝时就在家门口上学的他，每顿饭都能回家吃上妈妈亲手做的热腾腾的饭菜。在敦煌中学，因无钱搭伙，每星期六得回十里外的新家取下一周的馍和菜。冬天天冷，零下一二十摄氏度，馍冻成冰疙瘩，吃时需在学校伙上馏热，或在火炉上烤干。夏天馍出毛发霉，菜变馊，想喝一碗煮面条的热面汤，还要看炊事员的脸色。有个别同学因此染上严重的胃病，吐血。冬天双手冻得红肿红肿，双脚冻得肿痛发痒。夏天，长腿蚊子咬得人奇痒难忍。在这样艰苦的环境中，他依然刻苦学习，门门优秀，初中毕业时，班主任程道一提名保送他上了高中。

高中，就在离敦煌县 800 里的酒泉。他在班上担任生活委员。课余时间他把下一节课的内容预习一遍，老师上课时就更容易理解，并能发现自己不懂的问题。就此，语文老师苏世英多次在别的班级表扬他。高二时，只要你指出俄语课第几页，他便能把那一页的课文一字不漏地背下来。在中学时代，他是一个不善言谈的学生，老师上课提问时，他总是脸红、腿颤、说话结巴。一个偶然的机会，学校通知他去酒泉地区庆祝中华人民共和国成立十周年文教卫生展览馆担任讲解员,他硬着头皮撑了下来。这一次,锻炼了他演讲的能力,为他以后的朗诵诗歌、说快板、演戏,学术讲座、主持婚礼奠定了良好的基础。

1958 年,酒泉中学成了全国勤工俭学的典范,全校师生奔赴黄泥堡开荒,在鸳鸯乡挖硝,天寒地冻,夜宿帐篷内的麦草秸上,师生多受磨练,毕生难以忘怀。当年 7 月 14 日,朱德副主席和夫人康克清视察酒泉中学,兴致勃勃地参观了校办工厂,赞扬酒泉中学是“天下第一校”,并勉励大家好好学习,努力工作,更好地参加社会主义建设。

学医是他从小就有的夙愿。1960 年,李定群如愿考入兰州大学医学院。也就是这一年,他全家返回灵宝,把他一个人孤苦伶仃地留在了甘肃。时值“三年自然灾害”,大学生也得饿肚子。1963 年,他患上了病毒性肝炎,不得不休学一年。他是靠国家助学金完成学业的。在医学院,他如饥似渴地学习,上课认真听讲,下课整理笔记,并把课文编成口诀,通俗易懂,便于记忆,并自刻蜡版,印成页子,发给同学,深受大家的喜爱。学习针灸时,他勇于实践,总是先在自己身上试针,后施术于同学之小疾,疗效颇佳,当时在年级里小有名气。

他本应在 1966 年毕业,由于“文化大革命”推迟分配 2 年。1968 年 9 月,他响应毛主席“六·二六”指示,被分配到甘肃省庆阳地区合水县板桥公社卫生院工作,合水,从字面上看,一人一口水,全县 10 万人。地貌是“山大沟深嵝岘宽”,黄土高原,看天吃饭,缺医少药,条件十分艰苦。板桥卫生院原有 3 名工作人员,不久前,一位中医学校的毕业生被分配到这里,他和同学罗经良先后也来到这所卫生院。

卫生院医疗设备几无,远不如如今的村卫生所。几把用于缝合的镊子、手术钳、剪子、刀片,一只用于消毒的铝锅,注射器、针头、输液带、敷料等,都用这只锅蒸煮,就算消毒了。每位医生配有听诊器、出诊箱。因交通不便,病人到卫生院诊病的极少,全靠出诊,病家一叫就得去。

几位资格老的医生对出诊早已厌倦,一有出诊任务,院长总是派他去。不管白天黑夜、路远路近、酷暑寒冬,他背着出诊箱,夜晚手持手电筒,拄着长把小斧,常常要走一二十里路到病人家看病。在产妇炕上接生、徒手剥离胎盘、给横位死胎施行碎胎术,为患者拔牙、下颌关节脱臼复位、按摩针灸、掏栓塞耵聍、肛痔挂线……什么都干。他凭着自己温暖的爱心和精湛的医疗技术,解除了多少人的疾病痛苦。艰苦的生活锻炼了他,也赢得了群众的好评,获得了较高的荣誉。1969 年 6 月后,他多次出席省、地、县活学活用毛泽东思想积极分子代表大会。县广播站,省、县展览馆展出了他的模范事迹。

1971 年 4 月,他被调回合水县第二人民医院。院方派他到水沟大队搞合作医疗,通过 3 个月的努力,他为合水县树立起了一面旗帜,使得全县合作医疗现场会在水沟大队召开。

1973 年 7 月,他被调到合水县卫生局防疫组,半年后又被调入县计划生育办公室。当时,合水县计划生育工作处于落后状态,年终评比多年在地区是倒数第一。由于人员少,任务大,他主动要求带领计划生育小分队到何家畔公社蹲点,探索总结经验,后在全县推广,经过两年不懈努力,使合水县计划生育工作跃入庆阳地区第三名,各县纷纷派人来合水县取经学习。

李定群在家中是独子,父母年迈多病,妻子患高血压,三个孩子年幼,组织体谅他的实际困难,同意了他的请调要求。他在合水县工作 8 年,在甘肃生活了 20 年后,终于返回了原籍灵宝。

1976 年 3 月 15 日,他带着县卫生局的派遣证明到灵宝县人民医院报到。

他是“一头沉”,在单位忙于工作,还得抽空回家种地,关照父母子女。星期天,雷打不动,是属于自己的时间。一到星期六下午,总要请假,提前一小时,骑自行车回家,四五十里路,到老城的家已近黄昏。下雨天,道路泥泞,还得背着自行车行走。星期天在家忙活两晌,下午拖着疲惫的身体又得赶回单位。如果星期天不能返回,星期一早上五点钟就得起床,到单位按时上班。

1984年10月,他被蔺忠谋院长聘为县医院首任医务科科长。县医院自建院30余年以来,只有医务科设置,一直没有医务科科长。没有前车之鉴,他只好摸着石头过河。首先建立健全各项规章制度,明确各类人员工作职责和医疗护理技术操作常规。加强医、药、护、技人员的业务培训,强化三基知识训练,定期进行闭卷考试,开展医疗文书竞赛活动,实行奖优罚劣,使县医院医疗水平和医疗质量不断提高。1985年获得省卫生厅授予的"文明医院"称号,结束了全地区评比倒数第一的窘境。他在任的十年,每年全市(县)书写病历竞赛,县医院均取得优异成绩。

1986年,他创制的床头输液架,具有不占地,不搬动,灵活方便,质优价廉等特点。时任县科委副主任的杜克斌见到后大加赞赏,在医院大会上讲:"这是谁发明的,甩给他几张'大团结'!"

1987年12月,他被河南省高评委批准获得副主任医师任职资格。

1991年11月,他被评为灵宝县"七五"科学技术先进工作者。

1993年至2003年,他担任政协灵宝市第八届常委、第九届委员。

2002年,他退休后,又被返聘在灵宝市第一人民医院协助医务科加强医疗质量管理,直到70周岁时按院方规定才彻底离开了他心爱的工作岗位。

李定群用毕生的心血,塑造了一个博学多能的医学专家,在文学艺术方面也有一定造诣,是一位难能可贵的多面手。年轻时代的他,诗情洋溢,一首又一首抒情诗篇,不知拨动了多少人的心弦。他的足迹几乎遍及灵宝的每一个医疗机构,进行学术讲座,指导工作。他自学速成日语,自当老师,以白求恩医科大学的医用日语为教材,免费组织医院职工业余学习半年,使一批人晋职外语过关。他喜爱集邮,他提供的邮品“敦煌壁画”2011 年入选灵宝市邮展。2014、2015 年均被评为灵宝市集邮先进个人。他喜欢猜谜语,也自编谜语,每年正月十五,他都在单位主持灯谜晚会,活跃职工文化生活。他喜欢剪报,积累资料,总结经验,他利用业余时间,撰写医学论文十余篇,出版医学著作和文学作品 27 部,被誉为“灵宝卫生系统写书第一人”。他的两部著作分别获得灵宝市科学进步奖二、三等奖。

近年来,他被灵宝市营养师协会聘为高级顾问,并在老干部大学担任教师,在营养师协会和老干部大学讲养生,讲医疗保健知识,发挥余热,自己也乐在其中。2016 年,他在老干部大学被评为“优秀教师”。

因为移民,李定群在甘肃生活工作了 20 年,那里有他谆谆教诲的老师,有他耳鬓厮磨的同学,有他情同手足的同事和推心置腹的朋友,他热爱那片热土,他多次重返敦煌、酒泉、兰州、合水,参加聚会,探亲访友,一直和他们保持着密切的联系。他说,甘肃是他的第二故乡,那里有他难以忘怀的乡愁。

全国劳模焦长胜的移民情结

争　游

一

那是1957年盛夏的一个傍晚,焦长胜从县里开完会,回到新店乡红旗高级农业生产合作社的驻地,连水也没有顾得喝上一口就匆匆往家赶。

推开院门,妻子的房门还开着,煤油灯下,妻子正在拿着一枚相框仔细地端详着,那手不停地在照片上抚摸着。那是焦长胜在北京开会时,在人民大会堂和毛主席,还有众多的党和国家领导人的合影留念。妻子没有问焦长胜开的什么会,但她知道,一定是关于红旗社的事。焦长胜抬头望了妻子好大一会儿,问道,德稳睡了没?德稳是焦长胜的儿子,眼下正担任着新店乡党总支冯佐分支部的党支部书记。刚睡下没多大一会儿。妻子答话的同时,扭头瞅一眼窗外,儿子屋里的灯光早就灭了。焦长胜说,算了吧,明天再说。

其实,今天去县里开黄河移民动员会,儿子也去了。睡在土炕上,焦长胜满脑子还是今天会议上说的事。

二

在县里的这次会议上,主持黄河移民工作的副县长讲了很多,但焦长胜就记住了这几条。一是1955年7月,全国人大一届二次会议就做出了根治黄河的决定;二是当年的12月,河南省人民委员会就做出了黄河沿线水利建设地区移民的决定;三是 1956 年 1 月,灵宝县就召开了首次移民工作会议,并开始在县城实施动员工作;四是 1956 年 3 月 17 日,首批灵宝县移民 4100 余人已经移居到甘肃省的敦煌县落户;五是 1957 年的 2 月,经河南省人民委员会审议批准,已经开始在虢略镇筹建灵宝新县城,把灵宝县城迁往虢略镇势在必行,刻不容缓。

睡梦中,焦长胜把自己编的冯佐村地名歌诀念了一遍又一遍:西岭、王西院,桃园、柏树埝;南泉、磨湾,后河、庙前;涧水疙瘩、上浆子,鼻眼凹子、开淌子;三嶒四岭五大沟,外加金线吊葫芦。他不知道以后黄河拦洪了,冯佐村搬迁了,这些熟悉的地形地貌还能不能在自己眼前展现出它们的妖娆和淳朴,还能不能用它们博大的胸襟包容着冯佐村民,为村民的儿孙们供养着食粮和穿戴?想到此他就很伤感,就为自己心里画下的那副蓝图感到惋惜,什么玉屏金沟地,绿化老村院,竹子苇子加杂木,莲花池里栽稻谷……

和往常一样,焦长胜起了一个大早,和家人说了移民之事。

1959 年,虢略镇的新县城建设正在火热地进行中,三门峡大坝拦洪迫在眉睫。根据当时的搬迁政策,移民有三个去向,一是响应党和政府的号召,去甘肃省敦煌县安家落户;二是投亲靠友,搬迁到别的地方去居住;三是就地搬迁,从淹没区搬迁到非淹没区。冯佐大队下辖波池沿、西寨、中湾子、南崖上、北寨、南坡、南寨子七个自然村,六个生产小队,除个别有门路的户投亲靠友外,百分之九十五以上的社员还都呆在原居没有动。而投亲靠友也并非易事,得要人家大队接收才行,要不然公共食堂可没有你的饭吃。还有,不管怎样说,初来乍到一个陌生的地方,心里总觉得憋屈,不如在自家村里有理气长。眼下的问题是得赶快搬迁,具体到怎么搬迁?往哪搬迁?所有的大队干部也是一头雾水。

焦长胜决定:在南岭的苏家坡划出一片地来,作为移民新村,逐家逐户地往上搬。

事情还没有落实，就到了7月，河南省政府给灵宝县下了通知，要全国劳模焦长胜参加“中国劳动模范旅行参观团”赴苏联、东德、捷克、波兰四个国家参观访问，历时一个月。这下焦长胜可急坏了，大王公社的事可以先放放，可冯佐大队移民搬迁的事不能放，这可是牵扯到社员群众切身利益的大事。他找到了时任县委书记的郭中立，说：“我不能去，要去就让其他人去吧。”郭中立说：“这可由不得你，也由不得我，省委省政府下的通知，咱们不能违背上级的指示，去吧，手头的工作先交给别人，赶紧回家准备出发。”

二

在国外一个多月的参观学习结束后，焦长胜便全身心地投入到黄河移民工作上。

在大队班子成员会议上，他布署了具体的做法，进行了合理的安排分工。经过几个月的艰苦奋战，于1960年开春，三排20幢240间简易瓦房搭建起来了。远远望去，一排排，一行行，甚是壮观。社员们叫它幢幢房。

接下来的事情按照事先规划好的，先将波池岸、西寨、中湾子和北寨部分社员先迁移到新村，新房也是按各生产队住户人口所需，根据轻重缓急进行安排的。

可无论什么事情总会出现一些让人意料不到的特殊情况。先是从部队回来探亲的焦自兴，移民一开始，他父亲就将家人迁居到北朝村，他未婚的媳妇是冯佐村的，不想嫁到别的村子去。于是，焦自兴就找到了大队，见到当时的大队副书记焦恒春，他把情况一说，焦恒春一口回绝，说新房住户都是安排好的，你家已经迁居到北朝村，没有理由再到村里分新房住。焦自兴吃了闭门羹，垂头丧气回到家。令焦自兴没想到的是，第二天焦恒春就找到他家，说他和焦书记商量过了，对他这个在役的解放军战士,要特殊情况特殊对待,拥军优属,也是地方政府应该做的,新房已经为他们准备了两间,这几天就可以搬进去。

事情还真如焦长胜说的那样,开了这个头,就很难把得住这个门。原来居住在油磨上的焦法治、焦发春、焦开渠也属于淹没区,他们找上了焦长胜,说是要加入冯佐村的移民行列。原因很简单,油磨上的几户居民原本就是属于冯佐村的。民国三十四年(1945 年),因为冯佐村保长与北村保长发生了冲突,都要把油磨上的夫差人数顶自己保里的名额,冯佐村保长一气之下,将油磨上划归北村管辖。遇到了黄河移民这样的机会,回归故里理所当然。焦长胜理解他们的心情和处境。可眼下居住在油磨上的村民也不止他们两三家,都要加入冯佐村的移民队伍根本不可能。无奈之下,焦长胜给他们想了一个两全之策。在冯佐大队,只有南寨子属于非淹没区,只要第四生产小队(南寨子)能够同意接纳他们,也就解决了他们的移民难题。但这不是焦长胜一个人说了能算的,要经过第四生产队队长和全体社员的同意。焦长胜说,我可以跟他们队长说说,主要的工作要你们自己去做。就这样,焦法治、焦发春、焦开渠带着他们妻儿老小三十余人移民到了南寨子。

大队部搬上了南岭;学校、托儿所搬上了南岭;几个公共食堂搬上了南岭;地势低,容易被淹没的波池岸、西寨、中湾子和北寨部分社员迁进了新房。这一年的 6 月份,黄河拦洪,水位上升,淹没冯佐大队庄稼 2900 亩,导致黄河塌岸毁田 550 亩。

就在焦长胜要组织人马建造更多的简易瓦房时,原来的苏联老大哥却成了中国人的死对头,从三门峡建坝工程撤走了专家和技术人员。国际形势的急剧改变,让这位曾经旅行参观了几个国家的全国劳模开始深思自己的这些做法,是对?还是错?在他当初的心里可是遵循着苏联的集体农庄干的。原来准备的好多木料堆放在大队部的南面,原本规划好的施工现场不能开工。省政府里派来的移民督查小组住进了村子，按省里督查小组的要求，所有发放的移民款必需按要求全部发放到社员手中，以此确保移民工作的顺利进行。

三

原本在焦长胜心里规划好的集体农庄宏伟蓝图就此成了泡影。

焦长胜立即召开了大队班子成员会议，作了自我批评和检查，并宣布冯佐大队以后的移民工作，就按照河南省委督查小组的意见，把所有的移民款全部按移民社员名单发放到位，当时每个社员（包括老人、孩子）平均发放移民费用 288 元，并安排干部在南岭紧靠幢幢房的西边规划各生产队的社员宅基地，由社员自己筹划建筑属于自己的住房。对于原来已经住进幢幢房的社员，以后有权在属于自己的幢幢房地基上重新修建新居。规划做好了，社员自己建房也得有个先后顺序，队里要生产，社员要吃饭，年底要分红，不可能让社员全部去修建自己的住房，把生产耽搁了。

前面的路是黑的，你不是神仙，不可能未卜先知。焦长胜刚叹了口气，就见自己的搭档张来文（当时大王公社设第一书记，由许道隆兼任；张来文和焦长胜同时担任大王公社党委书记）领着一个人找上门来，这个人焦长胜认识，他是西官庄大队的党支部书记。张来文说话从来不拐弯子："焦书记，这是西官庄的党支部书记，你们彼此也不陌生，他让我厮跟着来，就是想和你商量一件事。有关他们大队移民搬迁的事。"焦长胜说："他们大队移民搬迁和我有什么关系，你我虽说都是大王公社的书记，也没有权力干涉他们移民迁居的实施，只能帮忙解决他们遇到的困难和障碍。""焦书记，你说得太对了，今天西官庄的书记找你，就是要解决他们移民搬迁遇到的困难。什么困难？咱们商量着给他们解决就是了。"张来文说："他们村是整体搬迁，这你知道，他们书记的意思是想把村子搬迁到冯佐村来。"焦长胜说："这恐怕不行吧，一个村子迁过来，哪可是几百口子人哩。”张来文说：“眼下他们村子还没有地方去，他们思来想去，就想到冯佐大队，说是只有冯佐这座大庙里能容得下他们。”事情来得太突然，焦长胜也不敢擅自做主，眼下冯佐大队有他们的书记、大队长一班子人，自己虽说是大王公社的书记，可也不能妄断独行。焦长胜说：“张书记，你既然来了，就不要走了，今天晚上就在村里召开大队班子会议，跟大伙儿商量一下，事情办好了，算是人家给咱们面子，事情办不好，咱们谁也不要埋怨谁。”

晚上的会议场面很尴尬，张来文把这个事情一说，整个儿会场就哑了下来，谁也不说话。尽管张来文一再强调说，大家畅所欲言，怎么想的就怎么说，这个事情我们还是要讲民主的。大家还是一言不发。张来文心知肚明，知道船在哪儿弯着哩，就对焦长胜说：“你先陪大家聊聊，我出去有个事。”

张来文一走，大家就你一言我一语地说开了，说到最后，意见归纳统一到一个问题上来，那就是土地问题，庄稼汉依赖的就是土地，眼看着黄河拦洪塌岸500多亩耕地眨眼间就没了踪影，哪一个冯佐社员也是咬指头般地心疼。整个儿一个西官庄几百口子人，全部搬迁到冯佐大队，往后的吃喝穿戴还不全靠冯佐村的土地来养活？接神容易送神难，到以后谁来打发他们走？话说到这份上，也都是掏心窝子的话。焦长胜只得让大家散了会。

这天晚上，焦长胜躺在土炕上怎么也睡不着。说实在话，他也不想把冯佐村的土地白白地拱手送人。可这是黄河移民搬迁的非常时期，是国计民生的大事，自己做为一个共产党员，一个全国劳动模范，到底该怎样做？回过头来，即使自己愿意让西官庄搬迁过来，村里那些大队干部，还有诸多的社员群众，又如何能做得通他们的思想工作？倏忽间，他想到了自己从北京回来时，周总理送给他的那件礼物。那是用红绸子布包裹起来的一个四四方方东西，当时他就要打开看个究竟，被周总理拦住了,说是回去了再看不迟。最好到有解不开的难题时再打开它。回来后,焦长胜才得知那是一套《毛泽东选集》四卷,他把它交给了老伴儿,说这可是宝贝,一定要保存好。老伴把它放在了箱子底。

焦长胜叫醒了老伴儿,取出了那套《毛泽东选集》四卷。每一次看到毛主席的书,焦长胜都会想起在北京受到毛主席接见的那场景,毛主席握着他的手说,你就是河南来的焦长胜,听说你在灵宝成立了第一个农业互助组,组织起了第一个农业合作社,干社会主义就需要你这样的带头人。听着毛主席的话,焦长胜激动地热泪盈眶,从那一刻起,他就发誓永远听党话,跟党走,做一个社会主义的好带头人。他让老伴去把儿子焦德稳叫来。他不识字,但儿子识字,儿子是冯佐大队的党支部书记,每次都是儿子读给他听。这回还一样,他要让儿子给他读一读毛主席的书,看毛主席是怎样说的。

深夜的煤油灯光越燃越亮,焦德稳的读书声气发丹田,声如洪钟:我们的共产党和共产党所领导的八路军、新四军是革命的队伍,我们这个队伍是完全为着解放人民的,是彻底地为人民的利益工作的……

焦长胜带领大队干部经过学习、讨论,大家认识到接不接收西官庄,不单单是冯佐村自身利益的问题,而是关乎着社会主义大家庭和谐发展的大事情。就这样,西官庄在大队部东搭建起了临时住所。后来,西官庄成为冯佐大队的一部分。

四

刚经过"三年自然灾害",大队的几个公共食堂都散了伙,社员开始各自在家里立厨安灶,没有麦子、没有玉米,连红薯菜叶也没有,上级开始允许社员每人从生产队里借三分的自留地,作为度过困难时期的一种应急措施。与此同时,全国各行各业党政机关开始响应党中央支援农业的号召,纷纷写申请回农村、下基层,到田间地头生产第一线,用自己的实际行动去支援农业。

大王公社机关的动员会开了两三次，报名的人却是寥寥无几。就在最后这次会议上，作为大王公社党委书记的焦长胜当场站了起来表态，他要脱离公社机关，回到冯佐村去。当天晚上，他回到家里，叫儿子代替自己写了一份回乡的申请。作为冯佐大队党支部书记的儿子问他说，爹，你真的要回来？焦长胜点着头说，回来，咱祖祖辈辈都是种地的，离开了土地，去当什么公社的干部，我还真有些不适应，冯佐村的沟沟坎坎，山山水水才是我永远的根。听爹这么说，儿子也无话可说。但他心里明白，爹如果不回冯佐来，就有可能转公，成为吃皇粮的人，这一回来，转公的事就成了泡影。还有，那就是爹回来了，他这个书记还能不能干下去？论到群众威望，说到工作能力，爹都比自己强，自己干的这个大队党支部书记这几年，好多棘手问题都是爹为他出谋划策的。如今爹要回来，而且是那样地坚决，义无反顾。焦德稳低着头，仔细听着爹说的每一句话，再把它写在稿纸上……

焦长胜回到冯佐大队，儿子自动让贤，去了沟水坡水库。摆在焦长胜面前的最大难题还是黄河移民问题。

按照大队的统一安排，每户的宅基地面积 0.6 亩，社员可根据自己的经济能力在属于自己的宅基地上选择盖瓦房或箍窑洞。刚刚从公共食堂解放出来的社员，一时还很难填饱肚皮，况且没有搬迁的社员居住地暂时还没有被水淹，他们眼下最迫切的需求是不饿肚子。至于住房，好赖有个挡风遮雨的地方就行。当初每个社员发放的 288 元移民款，大多数都用来买粮食。对于建房的选择，在没钱买木材、砖瓦的情况下，无疑只能选择箍窑洞。箍窑洞费力气，却省钱。即便如此，绝大多数社员的搬迁还不见行动。

焦长胜原以为让社员先搬迁，自己放在最后，现在看来这个想法错了。俗话说，村看村，户看户，社员看的是干部。三门峡大坝拦洪，淹没的是大家，又不是哪一个人，干部不急着搬，社员自然也不用着急。

焦长胜找到了大队党支部副书记焦正谋，交换了各自对黄河移民问题的看法，随即就召开了大队党支部扩大会议，经过研究讨论并做出了以下决议：一是凡是大队两委班子成员，没有搬迁到新村的，无论是盖瓦房还是箍窑洞，都要立即行动起来，对行动不力的免去其党内外一切职务；二是每一个大队干部要带动 5 户以上的社员参加到移民搬迁行列里来，每个小队干部要带动 2 户社员参与到移民搬迁行列中来；三是对于首批实施搬迁的社员，每户补助现金 200 元，工程实施后兑现发放。会议结束，焦长胜第一个报名，但他放弃了补助，他说把钱留给那些经济更困难的社员。在他的带动下，大队干部都参加到了首次移民搬迁的行列里来，并学习焦长胜，放弃了补助。

箍窑洞首先要做土坯，俗话叫打胡基。经济能力尚好的家，可以雇个人打胡基，没有经济能力的家也只能自己打胡基，打成的胡基从湿到干透要有个过程。况且生产队还要春种，夏锄，秋收，冬藏，到了冬闲的时节，天气冷土上冻，是做不成土坯的。时光不等人，一晃就到了第二个年头的春暖花开，冯佐村移民搬迁工作如火如荼地开展起来了。

那时候的焦长胜一家 10 人，除了他和老伴岐兰英以外，还有儿子、儿媳、两个孙女及四个女儿，都挤在两眼破窑洞和一间破瓦房里。四个女儿中有两个是弟弟焦长茂的。在民国三十三年抗击日寇时期，从一架飞机上掉下来一个汽油桶，在晚上打开铝制汽油桶分汽油的时间，意外失火燃爆，冯佐村因此丧生 10 余人，弟弟也是其中一员，后弟媳改嫁，两个女儿自然就跟着焦长胜生活在一起。

听父亲说要在新村建新宅箍窑洞，儿女们高兴得欢呼雀跃，一家人男女老少齐上阵，再加上寻找来的几个箍窑工匠，工程进展很快。家里就留焦长胜的老伴和两个小孙女，大女儿彩稳挑着担子，来回于老村和新村之间，为干活的送饭送水。看到焦长胜家对搬迁这么上心，有人就问，焦书记，是不是水又要涨上来了？焦长胜说，黄河拦洪，水位上涨是早晚的事，搬迁宜早不宜迟。

火车跑得快，全凭车头带。很快，冯佐大队的黄河移民搬迁掀起了一个崭新的高潮。到了 1964 年，冯佐村黄河移民搬迁工作基本完成。一个规划整齐，错落有致的社会主义新村屹立在了中原大地上。

移民村走出的蔬菜专家

孙宣刚

无论是花红草绿的炎炎夏日，还是料峭凋敝的严寒冬天，每天在灵宝市的大小蔬菜市场上都能看到五颜六色的新鲜蔬菜，这其中有很大一部分就来自于大王镇。当蔬菜成为大王镇的特色产品时，人们不应该忘记消失在三门峡水库库区的下北村，更应该知道因建设三门峡大坝从下北村移民到大王镇吉家湾村如今成为蔬菜专家的樊节增。

黄河岸边蔬菜村

下北村是老灵宝县城附近的一个村子，位于现在的北营村和小北村之间的低洼地带。当时村里有四个生产队，一队是河南自然村，二队是西湾自然村，三队是上场自然村，四队是后殿自然村。每队大约有200人。村子中部有一块200多亩的水浇地，因为位于黄河岸边，地势低洼，不但平坦，而且水位浅，向下挖三五米深就可见水，所以，不论是用中华人民共和国成立前用撑杆打水浇地，还是后来靠牛拉“解放牌”水车浇地，菜地浇水都非常方便。因而下北村成为当时驰名远近的蔬菜村，是灵宝县城和陕州县城以及周边村庄的主要蔬菜供应地。尽管当时的蔬菜品种只有韭菜、葱、蒜、黄瓜等，远远没有今天这么丰富多彩，但正因为少才很珍贵，村里人凭种植蔬菜日子过得比其他村要好得多。每天天不亮，村民就挑着刚收割的新鲜蔬菜送到灵宝县城、陕州城等地售卖，很快菜卖完了，带着收获的喜悦满载而归。樊节增说他的父亲樊占魁每天挑两担菜，每担100公斤左右，挑到灵宝县城批发给菜贩子,然后沿路割一担青蒿担回来压肥。冬天地里没菜可卖,他就到巘山、南朝、虢略镇一带贩葱和辣子。就这样早起晚归,每天往返四十多里地,非常辛苦,但是在20世纪50年代一担菜能净赚三五块钱,应是相当可观的收入。所以,凭着种菜贩菜,下北村家家户户的生活是比较富裕的。

移民村中创新业

1960年正月,天还很冷。当时只有14岁的樊节增正在新店小学上六年级。一次回家,听大人说上边要求马上搬迁。当时,父亲正在沟水坡修水库,回不来。他顾不得上学,就和母亲、弟弟、妹妹挑着担子,跟在生产队派来的拉大件家具的马车后边,一步步地来到吉家湾村南头,找到门上写着父亲名字的院子,即吉家湾村吉店照家为他家腾出的一间房和一孔窑。刚刚来到吉家湾村时,人生地不熟,有时不免受到另眼看待,为此,樊节增就发誓这辈子一定要活出个名堂。

1960年秋,樊节增以优异成绩考入灵宝县农业技术学校,上了一年,因为正值"三年自然灾害"时期,学校被撤,樊节增又回到吉家湾村。从此,15岁的他开始了农村的劳动生活。刚刚搬迁到吉家湾村时,不允许私人种菜,凭着多年的种菜经验,樊占魁被安排为生产队种菜。1963年时,上级政策有了变化,家里分了六分自留地,并允许各家在自留地上种粮食或蔬菜,樊家有了优势。正准备大干一场时,又因为"割资本主义尾巴",队里规定自留地只准种粮食,不准种蔬菜买卖挣钱。此后,樊占魁和樊节增一直给生产队种菜,只能挣工分。

1982年,吉家湾村的一个人在西北农大执教,他回村结婚时,听说樊节增非常喜爱在蔬菜地里折腾,于是对他说:"咱这里的蔬菜品种不行,要想种出好菜得买新的种子,要讲究科学种田"。后给他留下一本书,他如获至宝,爱不释手,每天晚上吃过饭,顾不得一天的劳累抱着书在煤油灯下如饥似渴地读了起来。接着他跑到西安买回新的黄瓜种子,在自家六分自留地里按照书上的方法,配制“营养土”和营养钵育苗,实施地膜覆盖、搭架等技术搞起了黄瓜种植。不比不知道,一比吓一跳。当年卖完黄瓜一算账,一茬春黄瓜竟然能收入3000元。父亲乐得合不拢嘴,惊叹地说:“我种了一辈子菜,也没见过这么高的产量。”黄瓜的高效益和父亲的赞许对樊节增来说是莫大的鼓舞。

1984年,村里实施了联产承包责任制,生产队将土地分到各家各户。终于有了自己施展拳脚的地方,樊节增准备大干一场。当时生产队还在地里打了一口机井,用水泵浇地更加方便了,这对于他来说无疑是天时地利,万事俱备。

种黄瓜成功之后,樊节增的下一个实验目标瞄准了韭菜。这一年,他试种了三分小棚韭菜,因为对在棚中种韭菜没有经验,想着地膜一盖就万事大吉了。谁知,韭菜得了灰霉病,几乎全部烂掉。第二年,他又试种了三分大棚包菜苗,因播种过早,收获时出现一部分包菜抽苔开花,卖不出去。两次失败,对于樊节增来说打击不小,更像是对种了多年蔬菜的他的一种羞辱。1986年冬,他带着家里仅有的几百元钱直奔北京,他要看看北京的农民是如何在大棚里种植蔬菜的。到了北京,他顾不得旅途的疲劳,就一头扎进京郊菜农的大棚里,一边看一边问一边记,丰富的蔬菜品种,科学的种植管理技术,让他脑洞大开,两次试种失败给他带来的烦恼和不快早已飘散到九霄云外。他欣喜地想,这些钱花的值,开阔眼界,长了知识。从北京回家时,他不但购买了优良菜种,而且还买了不少蔬菜书刊。

北京归来,樊节增信心大增,决定大干一场。他要在灵宝建起第一个日光温室。1987年冬,他带着两个孩子,拆掉简易棚,重新打土墙,盘炉子,架竹弓,搭塑料薄膜,撒蔬菜种子……搭棚和育苗同步进行,一切都按书上的要求和在北京学到的操作方法做。三个月后,棚子搭好了，苗也育成了。把菜苗移栽进大棚后，他就像伺候婴儿一样，天天厮守在塑料大棚里。三月下旬的一天，天气预报说晚上将有寒流侵袭，他不敢怠慢，赶紧生起火炉，打开火门，让大火烧了一个通宵。第二天，周边大部分菜苗都冻死了，唯独他家大棚里的菜苗安然无恙。正是因为这场寒流，当年蔬菜奇缺，他的三分大棚菜苗和蔬菜，竟然卖了4000元，令周围人啧啧称赞，因为这在当时可不是小钱。第二年亩产收入又达到了7000元，就像在种菜上放了一颗卫星。1988年他顺势而为，将大棚增加到一亩，将一年种植两茬蔬菜变为三茬，同时引进优良品种，配套先进栽培管理技术，当年亩产收入竟然像坐火箭一样达到了21600元，一下子轰动了全县，灵宝县委、县政府授予了他“蔬菜亩均产值全县第一”的光荣称号。

1991年他继续扩大规模，投资25000元自行设计建造了四个总面积达1.8亩的高效节能日光温室，并全部嫁接栽培越冬茬黄瓜，赶在春节前上市，从而结束了三门峡市冬季不能生产黄瓜的历史，当年创效益4万多元。

20多年来，樊节增不遗余力地从事蔬菜优良品种的引进、实验示范和推广工作，先后从中国农业科学院蔬菜花卉研究所、天津黄瓜研究所、西北农业大学、河南农业大学、美国皮托公司、法国太子公司等科研单位、大专院校引进了早丰等西红柿品种26个，新泰密刺等黄瓜品种28个，美国加州西芹等西芹品种18个，法国冬玉等西葫芦品种9个，中椒六号等辣椒品种18个，豫艺中华巨葱等大葱品种13个，特选之豇10等豆角品种9个，精选8398等甘兰品种16个，使一大批优良蔬菜品种在灵宝市安家落户，累计推广种植面积30余万亩，增加效益2亿元左右。

更令人惊喜的是，他在当年一口气拿下了四个三门峡第一：第一个种植越冬茬黄瓜；第一个种植美国西芹；第一个种植越冬茬番茄；第一个种植越冬茬西葫芦。

蔬菜致富领头雁

一花独放不是春,百花齐放春满园。樊节增一个人致富了不算啥,让人佩服的是他带动了一个村,带动了一个乡,带动了一个县,甚至带动了周边的省县。移民樊节增用蔬菜在黄河两岸的大地上描绘出了五彩缤纷的宏图。

早在 1984 年,樊节增在自家责任田里通过种菜成为当地百姓仰慕的"万元户"后,村里人纷纷效仿他种起菜来,从三五户到十几户以至到全村,大家都被他带动起来了。他成了村里人心中的蔬菜明星,他种啥大家就种啥,他咋干大家就跟着咋干,不论遇到什么问题都爱找他咨询,甚至把他当成天气预报员,村里有人戏谑地说:"节增,你把这天气预报都干了,还要老天做什么。"樊节增不仅免费给乡亲们提供优良菜种,还毫无保留地向人们传授种植技术。这一时期,从下北村一同迁移出来的樊同寅在西王村,樊炎腾在神窝村都开始在菜地里大显身手,三个人密切配合,遥相呼应,硬是把三个村蔬菜种植产业带动起来了,大王镇"三樊"的种菜故事一时被百姓们传为佳话。"三樊"也成了大王镇蔬菜产业的领军人物。镇政府经常把樊节增请到乡里搞培训,下到田头做指导,樊节增出名了,从灵宝到卢氏,从陕县到渑池,从河南到山西、陕西,各地纷纷邀请他搞讲座,做指导,传授蔬菜技术。后来,年近五十的樊节增与时俱进,苦学刚刚上市的电脑操作技术,把最新的种菜技术做成课件,拿着笔记本电脑和投影仪,无偿给豫晋陕三省的菜农传授最新的蔬菜管理技术,让农民们直观地观看和学习蔬菜管理技术。

2010 年 7 月 9 日,在苏村乡淹里沟村成人学校,一大早,学校前就围满了早早赶来听课的村民。听了樊节增的课,淹里沟村支部书记郭正贤满怀感慨地说:"老樊的水平真是高!前年,我们请他来村里指导西红柿管理方法，人家刚走进大棚，一闻棚中的气立马就知道西红柿有啥病，简直就是‘西红柿神医’。”听完课的村民看到老樊立刻围了过来，都想请他到自家的西红柿地里给好好地指导一番。

“刚下完雨，尽量不进西红柿地。我已从地里拍到有病的西红柿枝茎，大家可以在课堂上的投影仪上看仔细。”老樊亲切地叮嘱着热情的村民。

“那么为什么不进西红柿地?”一个村民问。

“这是为了防止菌毒传播！蔬菜地里一般禁止他人进入。即使自己也不准叼着香烟进地，防止将菌毒带入。整理完生病的秧苗，必须用肥皂洗干净手，然后才能做其他的秧苗管理。因为西红柿患了‘病毒病’，就像人患了癌症，只能延缓生命，不能根除，因此必须要做到及早预防!”

樊节增的课既有高屋建瓴的理论指导，又有灵活丰富的实践经验，不但贴近实际，而且风趣幽默，使教室里不时传出阵阵笑声。似夏日的凉风，吹拂在苏村原上，又如久旱的甘霖，渗进了如饥似渴的村民的心田。讲课的 4 个小时中，闻讯赶来的群众越来越多，很快就把教室都坐满了，连窗外都站了不少群众。不少村民还打电话叫来子女，让他们也听听樊节增的课。

随着知名度的提高，湖滨区、新安县、渑池县、义马市以及山西省的芮城县、平陆县等地的干部和农民纷纷上门聘请他去当技术员、作蔬菜技术指导。从 1990 年至今，他先后到河南、山西省的 8 个县市 38 个乡镇 136 个村共举办各类培训班 635 余期，培训人员 3 万多人次，培养技术骨干 1200 余名，对当地的蔬菜栽培、蔬菜病虫害防治以及新品种的引进和推广起到指导示范作用。

科技催生致富花

作为一个1946年出生的人,从20世纪90年代中期开始,他每年外出讲学五六十节,且每个课件都是自己亲手制作,从网上查资料,下载图片,发电子邮件,他运用自如。因为电脑刚上市后,樊节增就与时俱进,跑到大王一中,找到当时的校长,请求跟着学校的微机老师学电脑,经过一个星期的时间,他就掌握了电脑的基本操作技术。2004年,他花了一万多元购买了笔记本电脑和数码相机,专门用于下乡教学。他把从蔬菜地里拍到的病虫害及栽培技术的有关图片运用到讲课的课件上,在给菜农讲课时,使用投影仪和电视视频,按照不同时期、不同品种、不同技术进行分解,使得讲课图文并茂,直观明了,通俗易懂。

从樊节增这个移民身上,人们不难发现他成功的秘诀,那就是勤于学习,善于总结,敢于创新,勇于进取,面对挫折,愈挫愈奋,面对理想,坚定不移。在激烈的市场竞争中,他深深知道没有更多、更新的招数就不能走在别人前面,没有持之以恒的学习精神就不可能成为引领时代的弄潮儿。

多年来,樊节增在蔬菜种植管理的学习和实践中,还十分注重开展研究,总结经验,并把其整理成文,发表在一些科普媒体上供人们学习和借鉴。他相继在《灵宝科普》上发表了20余篇蔬菜技术方面的指导文章,作为全市蔬菜生产的技术指南。他先后培养了技术拔尖人才崔鸿滨、党建刚、樊举文、樊秋红等98人,现已有6人担任各乡镇蔬菜技术员,指导各乡镇蔬菜生产,80余人在各村蔬菜生产中发挥了示范带动作用。他的两个儿子和女儿也在他的言传身教下,分别在大王镇干店、灵宝市区、尹庄镇东车村开起了果蔬咨询服务站,为广大菜农提供优良品种、业务咨询和技术支持。女儿樊秋红创办了"宝地高山蔬菜合作社",每年销售以番茄为主的高档蔬菜3000多吨,让灵宝市100多个村庄的蔬菜销售到俄罗斯国家,以及中国香港等地区。

这些年来,樊节增承担的一些蔬菜生产研究课题,接连在灵宝市、三门峡市多次获奖。1993 年的“蔬菜丰产栽培设施技术研究”获灵宝市人民政府科技成果二等奖;1995 年“三门峡市蔬菜温室结构配套栽培技术研究”获三门峡市人民政府科技进步三等奖;1998 年“小阳畦韭菜无公害生产技术”获灵宝市人民政府颁发的科技进步二等奖;2008 年“越冬番茄三段分期结果法高产高效栽培技术”获三门峡市科技成果二等奖。2002 年获灵宝市人民政府授予的“灵宝市科学技术杰出贡献奖”。

如今的樊节增早已是名扬黄河金三角的蔬菜专业高级技师。作为大王镇吉家湾村科技大院首席专家,灵宝市农业高科技示范园蔬菜技术顾问,《灵宝科普报》顾问,中国科协讲师团成员,1988 年他先后被评为灵宝县、三门峡市劳动模范;1997 年被授予灵宝市十大杰出科技工作者称号;2002 年在三门峡市星火科技人才培训“十佳百优”中获得“十佳”优秀农村科技带头人;2004 年被评为三门峡市驻村科技服务优秀专家;2005 年被评为灵宝市科普先进工作者。尽管硕果累累,荣誉多多,但是过了古稀之年的樊节增仍然不忘初心,几乎天天都精神矍铄地奔走在田间地头,在广阔的田野里继续谱写着精彩的移民人生。

我姨曾是女社长

樊博高

我姨名叫张秀芳,生于1939年。姨的命很苦,三岁时,我的外婆因病去世,留下四个孩子,我母亲是老大,只有十岁,大舅七岁,姨三岁,小舅只有一岁。俗话说:穷人的孩子早当家。姨在人生的道路上坚强地与命运抗争,自小就吃苦耐劳,提得起,放得下,里里外外一把手。1956年腊月十九,姨从新店村出嫁到灵宝县城孙家,结婚不到一个月,姨父报名参了军,到东北松花江服役。从此,姨扛起了家庭生活的重担。

灵宝老县城坐落在弘农涧河与黄河交汇的地方,是个千年古城,秀丽古朴,号称"小北京"。姨家住在县城东大街,当时城里居民既有市民,又有农民,姨家是农民。灵宝县城的行政管理单位为城关镇,下设弘农社、建国社、新胜社和西华社四个农业社。每个社下辖好几个队,姨家在弘农社二队。姨从小聪明伶俐,思想进步,劳动积极,到婆家后更是一展身手,庄稼活、家务活样样精通,邻里关系相处和谐。由于姨表现突出,很快就被选为二队的妇女队长,后又担任弘农社妇女社长、青年突击队队长、"大炼钢铁"时的妇女营营长,"劳动模范""先进工作者""生产能手"各种荣誉奖状在家里挂了一墙。1957年,姨参加了灵宝县军属模范代表大会,受到表彰奖励。

1959年,已快建成的三门峡水库大坝,要求上游黄河两岸淹没区的村镇、县城必须尽快搬迁,这对祖祖辈辈生活在黄河两岸的每一户居民来说,从起初的沮丧、无奈、抵触到后来的理解、接受、服从,都经历了艰难的转变过程。移民搬迁的思想动员工作无疑是各级党员干部最大的，也是最艰巨的任务，姨作为弘农社的妇女社长，承担起了全社妇女的思想动员工作。对于一个家庭来说，妇女的思想通了，也许就一通百通。姨深知这个道理，她便没日没夜地走巷串户做工作，苦口婆心地讲政策，为弘农社的移民搬迁倾注了大量的心血。

搬迁初期，姨被选为灵宝县赴三门峡大坝参观团的团员，县里领导带队，各方代表都有，他们晚上从灵宝火车站坐上闷罐车，第二天天亮到达三门峡，下火车后改乘大卡车，翻山越岭，一路颠簸来到了三门峡大坝。当时大坝建设如火如荼，工地上红旗招展，人山人海，机器轰鸣，各种哨子声、号子声不绝于耳。作为一个农民，特别是没见过多少世面的农村妇女，哪见过这种阵势，她倍感新中国太伟大了！共产党太伟大了！姨说这是她对三门峡水库大坝的第一感受。可是在这里修大坝，离我们住的地方那么远，为啥非要我们搬离家园，这是姨和参观团一些人的疑惑。好像上级看透了他们的心思，在解说员的引领下，姨随着人流走进了一个大厅，里面摆着一个巨大的大坝模型沙盘。随着解说员的讲解，演示开始了，一条蜿蜒曲折的黄河被高耸的大坝拦腰截断，然后是被围堵的黄河水开始上涨，大坝上游黄河两岸的村庄、城镇都是按实际高度、实际地名标注着，随着大坝蓄水的增高，只见一个个村庄、城镇被黄河水渐渐淹没。沙盘模型演示得很逼真，犹如身临其境。啊！原来是这样。姨两眼紧紧盯着沙盘上灵宝县城的地方，真的被水淹没了。三门峡水库大坝与自己的生活确实有着密切的关系，不搬是不行的。这是姨的又一次感受，也是上级安排他们参观的目的。

回到灵宝县城后，姨和其他干部一起，不分昼夜地挨家挨户做工作，并利用大家吃食堂饭的间隙，宣传修三门峡水库大坝的意义和搬迁的政策，且以身作则，表示带头搬迁，尽快搬迁。但真正要带头，姨首先要迈过自己家里人的坎。姨家在城里居住条件和生活条件都很好，住着四合院，虽是农民，可过着跟市民一样的生活。首先婆婆的思想工作让她费尽了苦心,姨把在三门峡大坝的所见所闻一一讲给婆婆,还把领导讲的话也搬了出来,“个人利益服从国家利益”“搬迁是为国家做贡献,国家不会忘了我们”“一家搬,万家安”等等,但婆婆故土难离,舍不得辛辛苦苦攒下的房子、院子这些家业,每天以泪洗面,还说着风凉话。别人都在做搬迁的准备工作,婆婆却迟迟不动。姨就想方设法,苦口婆心地做婆婆地思想工作,终于在姨死缠硬磨的说服劝解下,婆婆同意搬迁了。他们一家卖掉了攒了上百年的家什,只留下日常用的被褥、灶具等,准备启程移民敦煌。

按照上级安排,弘农社的人是要迁移敦煌的,后来上级的计划变了,不去敦煌,改为投亲靠友,就近搬迁。姨的婆家家大人多,姨夫是大儿子,但在外当兵,鞭长莫及。姨是社里干部,既要操家里的心,又要操社里的心。自家搬到哪里,还费了一番周折。姨父的老表李恒寿家住北营村,地势高,离县城不太远,婆婆选来选去,最终决定搬到北营村。确定搬迁地点了,找来社里的马车,姨是主要劳力,一边干一边指挥着全家装好搬走的生产、生活用具,依依不舍地离开宽敞舒适的老屋,一路颠簸,来到了北营村。老表家的房子也不宽裕,给他们挤出点房子,一家人总算安顿了下来,姨住在一间原来喂牲口的房子里。北营村离灵宝县城五里多远,姨家住在北营村,还种着原来的土地,距离远了点。因移民搬迁,人们搬得四分五散,姨离开了弘农社。后来,因孩子拖累,家务缠身,就没再负责社里的事了。

姨虽然成了一个普通的农民,但却是一个很要强的人。她聪明伶俐,学啥都快,一看就会,一点就通,尤其是在绘画、布艺手工活方面无师自通,加上她吃苦耐劳,肯于钻研,做出的女红精道美观,引人喜爱,被村里人称为“巧巧”。当年在老县城住,农闲时做点小生意,家庭生活殷实。迁移到北营村,成了地地道道的农民,生活水平一下子降了下来。为了维持生计,姨一边参加生产队的劳动,挣工分,一边给人描绘门帘、刺绣枕头、鞋垫等，想尽办法挣钱，补贴家用。

姨自小喜爱学习，外婆去世后，外公组成了新的家庭，生了小孩，姨就像小保姆一样，整天忙着带弟弟妹妹，正是上学年龄的她却忙于家务，稍有懈怠，就会遭到继母的虐待。姨一天学也没上，可她求知欲望十分强烈，同龄的孩子放学了，趁他们吃饭的机会，姨拿着他们的课本，把书上的字一个个写在废纸片上，抽空学习。姨说她的记忆力很强，书上的字一看就会写。有时，她悄悄地将写好字的纸藏在身上，在干活期间或在巷子里，一碰到识字的人，姨就从口袋里掏出纸片，假装考试他，说："你认这个字吗？"被问的人不屑一顾，马上读出了这个字音，姨一听就记住了。再加上后来上了几天扫盲班，就这样日积月累，姨认识了不少字，成了"知识分子"。凭着想方设法认识的字，她曾通读了《苦菜花》《林海雪原》等名著。后来，她干过邮递员、记工员，直至当上了队里的妇女队长，社里的妇女社长。

姨家在北营村住了两年后，随着当年被安排到北营村暂住的生产队住户迁回了老城村。起初，老城村房子不够，姨一家被安排到村外西北方原生产队猪场的看护房里，离村子有二里地。我家在北朝村，我经常看望姨时，快到老城村，远远地望见空旷的田野里一间房子就像草原上的蒙古包一样孤独地矗立在那里，那就是姨的家，若和移民前住在县城里的四合院相比，真是天壤之差。但姨毫无怨言，她说，当年带头喊着"舍小家，为大家"的口号，动员大家响应党和国家的号召移民搬迁，自己搬迁后受点损失，吃点苦还会有啥怨言呢。

后来，因离村子太远，生活不便，姨和姨父在老城村北的老陇海铁路沟里挖了两孔小窑洞，全家搬了进去。再后来，老城村的排排房盖好了，给他们家分了房子，终于回到了老城村。1965 年，上级给每家移民新划了宅基地，补发了移民费，姨和姨父齐心协力，在亲朋的帮助下建成了房子，才算有了一个安稳的家。

在老城村居住下来后,姨的手艺有了用武之地。她一生养育了五个孩子,家庭负担很重,就发挥自己的聪明才智,起早贪黑、想方设法地变着花样挣钱。她从工地上捡回破水泥纸袋子,粘糊缝制好,再卖给水泥厂,挣点辛苦钱。她还曾扛着一百多斤的苹果搭火车到陕县观音堂卖给煤矿工人……尤其是姨的布艺手艺,在方圆几十里都很有名气,于是,她在村里办起了手工艺店,接收些画门帘、窗帘和刺绣的活,闲暇时,做些香包、纳些鞋垫,仅每年的端午节,她做的香包、香囊都能卖上几千元。2005年,姨做的手工艺品在参加三门峡市民间工艺品展览时,受到人们的青睐。三门峡电视台的记者采访她时问道:“你这手艺跟谁学的?”姨自豪地说:“没跟谁学,自己琢磨着做的!”在场的人都对她夸赞地竖起了大拇指。2009年,姨的工艺作品在参加灵宝市举办的“新凌杯”民间工艺品大赛中获得二等奖。

姨已近八十高龄了,她一生养育了四个女儿、一个儿子,现都已成家立业,过着平安祥和的生活。儿子和母亲一样,心灵手巧,吃苦耐劳,在灵宝市区办了一家制衣厂,小有名气。子女都很孝顺,经常把二位老人接到城里小住,以享天伦之乐。姨现在每月领着国家发的移民补助费,再做些工艺品卖点钱,日子过得舒心惬意。我每次看望姨时,她总是那样的乐观,总是说;“真没想到,现在还能领移民费,赶上好时代了!共产党真好!”

创业历程

宁家人的住房梦

赵有维

在灵宝迁徙敦煌且能久住下来的屈指可数的移民中,他们都有自己的梦想和追求——当公职人员,追求着全心全意为人民服务,或者担任大队、生产队干部,带领社员大干苦干改变村里面貌。而宁家两代人最大的希望就是有自己的住房,但实现这个并不远大的梦想,却经历了许多曲折,其中的苦衷令人唏嘘,取得的成就令人赞叹。

一

宁喜禄生于灵宝县城西关。县城里有一段石板路,因年长月久,铁轱辘车碾出的两道车辙格外醒目,人称此处为轱辘巷子,灵宝县城解放前,宁喜禄和轱辘巷子里的康凤英结婚了,1949 年后相继生下长子宁天锁、次子宁青锁和女儿宁云霞。

宁家大院子分为前后院,家里开有醋坊,在老父亲宁玉瑞的指导下,小两口酿醋自己卖,全家人日子过得滋滋润润的。

三门峡水库开始兴建后,县城的人需要搬迁。1956 年 3 月 21 日,宁喜禄、康凤英带着三个儿女登上了西去的列车。到了敦煌后,他家被分到吕家堡乡漳县村,住在刘家大院一间四面透风的土坯房里。

宁喜禄是个争强好胜的人,住下时间不长,他便用移民安家费买了本村陈家的两间房子。宁喜禄长长地舒了一口气,在敦煌终于有了自己的房子。他家也成了当时移民中第一个吃螃蟹者。

谁知好景不长。住了两年后,此处被辟作公社园艺场,住户们要全部搬迁，宁家又搬到了黄渠公社清水大队新建的居民点。该居民点是社员突击盖的一排排土坯房，简陋不堪。其中，四间房产权划归宁家，算作对宁家的搬迁补偿。

然而，简陋的居民点没有学校，宁天锁需要到常丰村小学读书。谁知没读几天他便不去了。宁喜禄问道："农村里对成年人都在扫盲，你小小年纪便不上学了，长大后没文化怎么办？"宁天锁说："上学路那么远，我不去了！"好说歹说，宁天锁还是辍学了。

新居民点里吃水难，行路难，打的粮食少。考虑再三，宁喜禄决定再搬一次家。经多方打听，现场勘踏，常丰大队杨家的院里有间土房闲置着，院里有一户移民、两家老户。经中间人说合，没掏几个钱便住了进去。在敦煌三年间，宁喜禄便搬了三次家，饱受了颠沛之苦。

寄居杨家之后，几经比较，还是漳县村住房条件更好些。该村紧靠县城，经济上比较活跃，村民文明程度高，全家人一商量，表示愿意重回漳县村。

1959 年秋后，宁喜禄找到漳县大队党支部书记和大队长，说愿意回来，他们表示欢迎。于是，宁家就这么转了一大圈子之后，又返回到最初的居住地。在不断搬迁中，宁家生下了三子宁灵锁、次女宁春霞。

二

1970 年，21 岁的宁天锁光荣地参加了中国人民解放军，驻守新疆叶城县。当兵期间，有两件事让他刻骨铭心，一是 1973 年，51 岁的父亲宁喜禄病逝；二是 1975 年 10 月，他与七里镇公社白马塔大队的一女子结婚了。

1976 年 4 月 12 日，宁天锁退伍，安排到县拖拉机站当锻工，钉马掌、驴掌，翻砂制作炉子、铁锅等，他样样活儿干得得心应手，屡屡被评为劳动模范。

1980年,宁天锁回村参加生产队劳动。此时,队里活泛了,人们可以到县城搞副业、搞运输了,加之当年小麦、玉米、棉花大丰收,年终分红时每个劳动日领到2.24元,较刚来时的一个工日只值五分钱不知增长了多少倍。

实行土地承包责任制时,宁天锁家分到四五亩地、一辆架子车、一头大驴和一头小驴。夫妻俩起早贪黑,挥汗大干,打的粮食吃不完,棉花卖了好价钱,日子好似芝麻开花节节高。

后来,宁天锁在大院子里栽树,在田间地头栽满了梨树、桃树、杏树,挂果后挑到城里大都卖上了好价钱。村民们称他是个"植树迷"。然而,他的心结只有他的妻子知道,为了在自己手里圆父亲的住房梦,他心里憋着一股劲,广植树木,暗暗地为盖房准备木料呢!

三

1983年,宁天锁又是村里第一家在责任田里盖房了,且一次盖了九间房,全是土坯墙,内外四壁刷得白白的,木梁坡椽上履瓦,青砖铺地,在村里鹤立鸡群,十分耀眼。村民们大惑不解,说道:"天锁家只有两个女儿,盖这么多房子不知道是干啥的!"

过了两年,他又在宅院后面的责任田里盖了8间房子。至此,原有的老房子加上后两次盖房,他家前后大院里共有房屋22间。人们说,宁天锁钱多得没处花,成了只知道盖房的呆子。

宁天锁说,其实盖房并没有花多少钱,土坯是自己打的,梁檩、坡椽、门窗木料用的是自家的树,盖房只付个工钱,算总账只花了万把元。

谁也没有料到,几年后,敦煌成了全国著名的旅游城市,举世闻名的月牙泉、莫高窟游人如织。从1987年起,一些外地来的打工者、本地寄住户开始在这里租房,每间每月180元,后来涨为200元。宁家的房子成了"香饽饽"。两个女儿先后出嫁后,宁天锁老两口住在前面几间房子里，其余房屋对外出租，还开了家私人旅社，天天有收入，一年可挣3万元以上。

此时，人们才醒过神来，说："原来宁天锁是个眼光长远的精明人！"

于是，漳县村人相互调整责任田，在院子前后纷纷盖房，天锁的弟弟青锁、灵锁当然不甘人后。灵锁还在临街房屋开办了麻将娱乐室、茶社、对外租赁建房脚手架，收入也不少。近年来，随着敦煌市区不断扩建，已与漳县村连在了一起。漳县村南临敦煌的一条东西大道，西临硬化的主村街，北部村后已盖起了高高的居民楼，漳县村已与敦煌市融为一体。宁家人的住房梦又该做得更美妙，更远大了。

章家油坊的变迁

亢建宁

1956 年阌乡老县城搬迁时章仁礼 19 岁。那时，他家住在县城外东南方向一里多称作"章家磨子"的地方。这儿面积不大，四周小河环绕，俨然一块世外桃源。章家有十多人，六七亩水浇地，种植着蔬菜、水果等作物，特别是有水磨、轧花、油坊等机械和半机械化设备，雇着 10 多个工人，磨的面粉、榨的油，供应着县城和附近 10 多个村子。

移民迁建

1959 年夏天，阌乡城的居民基本上已完成了搬迁，但"章家磨子"因为地势略高，章仁礼的父亲章胜杰面对祖上传下来的偌大家业，他不愿一下子抛弃，就一直在经营着。章仁礼是独子，先是在县城上学，初中毕业后在化肥厂上班，干的是拉架子车运送化肥厂的活儿，和农民一样挣工分。后来，他与一块上班的姑娘孔玉玲结了婚。

1960 年夏天，黄河水淹没了县城，城中的居民除迁移敦煌外，其他的早已搬到了离老县城五六里远的新村，他们家一直没有搬。1961 年正月的一天早上，他们一家子几十口人起床后，看到满院子都是水，院外面也是水，人已无法从大门出去。最后只得在前来救援的工作队员的帮助下，在院墙地势较高的东北角上扒了一个豁口，让人出了院子，坐上木船撤离了"章家磨子。"

章胜杰一家属于迁移最晚的几户，迁建村的安置房早已分配完了。章家只好把吃饭睡觉的家当，用毛驴车和架子车拉了几车，暂时住在王家岭亲戚家的房子里。由于他家一直不同意搬迁,偌大的家业没有被国家收购,所以没有获得补偿。因此,所有的房屋、机器设备全部被洪水淹没,工人全部回了老家。

艰难创业

从原有的万贯家产,一下子变得一穷二白,章胜杰没有怨天尤人。在王家岭住了两年后,他们举家又迁移到阌乡村。家里的主要劳力只有章仁礼和父亲章胜杰。妻子孔玉玲虽然算一个劳力,但上要照顾有病的婆婆,下要照顾 5 个年幼的子女和一个未出嫁的小姑,因此家务活忙起来,常常挣不上工分,一家人忙到年底总是入不敷出。章仁礼因为有文化,还会木匠手艺,先后干过生产队的队长、保管,也做过牲畜买卖经纪人。

改革开放后,土地承包到户,章仁礼的 5 个子女也长大成人,劳力增加了,虽然解决了温饱问题,但子女结婚都要花钱。1983 年,村里的油坊要承包,因为章家有经验,并且章仁礼还曾在村里的油坊干着。要承包,他成了最合适的人选。然而,面对 6000 多元的巨额承包费用全家一筹莫展。最后不得不狠下心卖掉了驴和带犊子的母牛,又借遍了亲戚朋友,才算交齐了承包费。

有了油坊的设施,附近十里八乡的人们都拉着车子,推着自行车,来这里加工油料。章仁礼 20 岁的儿子章彦平成了磨坊的小老板,当时从收秋到年关的三个多月,只要机器不出故障,一天二十四个小时不停机,除章家的老少齐上阵、轮流值班外,还雇用了 5 个人。当时一个国家干部月工资也不过百十块,但章家给工人的工资是每天 15 块。章家也挣得盆满钵满,没出两年,就还清了全家所有的欠款。

后来,章家又添置了轧花等设备,业务更多了。1986 年冬天,正值轧花高峰,机器出了故障。与他们一河之隔的山西省解州有修理厂,能修理轧花机。章彦平便带着 75 多公斤重的机器零件,冒着凛冽的寒风坐船横渡黄河,又翻越中条山,到了解州,修了一星期,总算修好了机器,当他来到河滩准备渡河回家时,却因种种原因渡船停渡了。于是,他又辗转两天绕道到风陵渡,当时,过省界要有证明才能放行,章彦平出门没有带介绍信,像难民一样在大桥下徘徊想招。后来,看到一个故县镇高柏村贩卖牛马的老乡,赶紧上前说明了情况。老乡有贩牛过河的证明,就这样,在老乡的帮助下,才回到了家。

那时,因交通不便,通讯不畅,章彦平出门在外,一走多日没有消息。章仁礼和妻子天天提心吊胆的,生怕有个三长两短。直到儿子回来,全家人心里的一块石头才落了地。

走上小康

章家油坊干了七八年,章仁礼的五个子女也都先后成家立业,20世纪90年代后,灵宝的苹果产业处于上升发展时期,棉花的种植面积逐渐减少,轧花和榨油的业务越来越少了,章家把油坊转包了出去。章彦平投资4000多元买了辆二手的四轮拖拉机,忙时犁地、拉粪,闲时搞运输,风里来雨里去,效益很好,一台车子一个人,便可养活全家。

1988年前后,章家也和灵宝的农民一样,种了五六亩苹果树。1990年到2000年的10多年间,是灵宝苹果的高峰期,也是价格最好的时期,章彦平家仅苹果一项每年可净收入三四万元。有了存款,他们把家里的旧房全部推掉,一次盖了10间新房,住在宽敞、明亮,干净、舒适的新房子里,章家的老少都很高兴。后来,家里又添置了农用三轮车、小汽车和其他现代化的电器,只要城里人有的,他们一样也不缺。想出远门,往东5公里就是郑州到西安的高铁站,还可以开着私家车直接就近到连霍高速入口,直达目的地。

用章仁礼的话说:“现在的社会呀,各个方面都挺好的,种田不交税还有补贴,60岁以上每月还给发养老钱,这在历朝历代都没有过,我们很满足了。”

返乡创业的杨项法

苏旭升

由于母亲的身体原因,1964年春,移民到敦煌的杨项法放弃了一家人在甘肃酒泉市的市民户口,放弃了稳定的收入和安定的生活,带着老婆、孩子返回了家乡灵宝老城村。

杨项法过去从来没有摸过农具,干农活对他来说显然不行。外出做生意,他没有任何的经验,当时也不允许。

“你不是会修自行车吗?”望着心急上火的男人,他的媳妇突然想起了这门手艺。一语惊醒梦中人,对呀,村子里的自行车不是挺多的吗,可是自行车修理部却没有一个。这个主意不错,办个修理部,生意会不错的。在酒泉工作期间,妻子是骑自行车上下班的。有一次,妻子的自行车坏在了半路上,当推着自行车回到家时,天已经完全黑了下来,街面上修理自行车的早就收摊了。明天怎么上班去呢?看着妻子着急的样子,杨项法说,我来看看能不能拾掇拾掇。

那辆“飞鸽牌”自行车是与妻子购买的结婚纪念品,他希望妻子骑着自行车能够像鸽子一样,轻盈如飞。今天,妻子骑车时为了躲避岔路上跑过来的几个孩子,自行车的前轮撞在路边的一块大石头上,前轮辐条断了两根,断了的辐条又把前轮的泥瓦撑子绞断了,链条也从链盘上掉了下来。

20世纪60年代生产的自行车都随车赠送有维修工具包,杨项法是个喜欢动脑子的人,他看着自行车故障,找出维修包里的工具,一个故障一个故障的修,很快就把车子修好了,没有耽误妻子上班骑用。这次,妻子知道了他有修理自行车的技术。对于妻子的建议,杨项法想了想说,这个事情,我还需要找队上说说,看队上同意不同意。

他找到生产队长说:“队长,我的身板怕是做不了庄稼活,可是一家人需要生活,总得要有个营生吧。不知道该怎么办?”没有等有点犯难的队长发话,杨项法又继续说道。“你看这样行不行,每月我给咱们队上交三十元钱,算是我的劳动日工分,队上该给我分什么就分什么,怎么样?”

队长说:“你疯了吗,你从哪里每月弄来三十元钱呢,别逞能了。能给队里每月交钱,全队人都会感激你的,我带头给你烧香啊?你在说梦话吧,你到底准备干什么呢?”。他说:“不要管我从哪里来钱,你能够做主就行了,现在就签个协议,我先给队里交一年的钱吧!我要办个自行车修理铺”。

那个年代,一个青壮年劳动力每个劳动日10分,年终平均10分分不到八分钱。杨项法能一下子先交三百六十元钱,这对生产队来说可不是一笔小钱。队长很快同意他办修理铺,与他签订了协议,生产队给他提供了一间临路的土木结构房,作为修理铺的门面。

刚开始,杨项法只会简单的自行车修理,补补车胎、紧紧辐条、换换闸皮、接接链条。如果谁的自行车需要给车圈焊裂缝,或者修理变形的三角大架,他就没有什么办法了。看着人家推着坏了的自行车修不好推走了,他心里很不是滋味。

为了尽快熟悉自行车的全部修理技术,他一边修理,一边从书店买来《自行车修理指南》《机械维修入门》等书籍,学习掌握各个零件的性能。后来,他逐步添置了电焊机、切割机、抛光机,又购置了一台二手车床,使维修设备上了一个大台阶,维修的项目更多了。一次,村里一台拖拉机抛锚在路上,司机急得满头大汗,队长让杨项法去修理一下。

队长说:“你是村里唯一的修理工,这台老爷车今天就靠你了。修不好的话,今天上午我们俩就都吃不上饭了。”杨项法到现场后先熄灭了拖拉机的发动机，待发动机慢慢凉了以后，他爬到拖拉机下面，用榔头这里敲敲那里敲敲，细细捉摸起来。不一会，他找出了毛病。是连接的四个螺丝断了。换上新的螺丝后，拖拉机运转如常了。周围的社员们见他那么快就把拖拉机修好了，大家惊叹道：项法，你真行！

从那以后，杨项法的修理技术和名气越来越高了，使老城村周围十里八乡人们的自行车、独轮车、架子车及生产队的各种机械出了故障都来到他的门市部修理。

修理部的生意一天比一天红火起来。杨项法每月按时给生产队交钱，手里的钱也慢慢多了，他先是把修理部的房子进行了翻修，对大小工具不断更新换代，家里的住房也先后翻盖了多次，一次比一次高大气魄。村子里的人看在眼里，羡慕在心里。

1984 年，在做通妻子的思想工作后，杨项法把老城村的修理部交给了大儿子经营，他只身一人跑到灵宝县城开辟更大的市场。

这年 6 月的一天，在灵宝县燃料公司大楼下，一阵鞭炮声中，杨项法的修理部正式开业了！他能吃苦，善学习，肯钻研，为人和善，凭着娴熟高超的自行车修理技术，在灵宝县城将会开创出更大的事业。但他也许不会想到，在县城的维修生涯，是他人生的一个新挑战。

20 世纪 80 年代初期，灵宝县城的摩托车慢慢多起来了，时不时开过来的“铃木 125”“嘉陵 100”“建设 80”，让杨项法动起了脑筋，必须尽快熟悉摩托车修理，开发这一修理业务。

他凭着扎实的维修技术和对机械研究的经验，只用了一个多月的时间，就把为了学习修理技术而买回来的“嘉陵”摩托车研究得通透了。他除了吃饭睡觉搞维修，业余的时间都泡在那辆“嘉陵”上，主要研究、琢磨摩托车的发动机、制动、油路、电路等疑难问题。只要一有空，他就开始摆弄，直到把每一个零件的结构以及零件相互间的连接都牢牢记在了脑子里。后来，他把招牌换成了“项法车辆修理”，主营业务加上了“摩托车等机动车”。那个年代,除了国营修理厂把机动车修理牌子挂在门口外,整个灵宝县城没有一家私人修理部敢挂这种招牌。

“你能够修理摩托车?不会把我的车‘瘸子弄成跛子’吧。”一天下午,一个质疑的声音从修理部门口飘了进来。忙碌中的杨项法抬头看了一眼男孩,说:“你的摩托车有什么问题,小毛病半个小时就可以骑走,大问题明天早上来取”。他仔细检查了摩托车,发现车子摔得太重了,前大灯和右侧转向灯坏了,脚蹬子也断了。他说:“车灯坏了,换新的就行。脚蹬子没有替代品,也没有配件,我给你先焊接一下,能用”。这是他在灵宝县城修理的第一辆摩托车,经他精心修理后,车主很满意,他颇为得意了一阵子。

在县城修理部,杨项法不论白天黑夜,刮风下雨,只要有人找他修理,他满口答应,第一时间赶到车辆跟前,并以最短的时间、最快的速度处理解决故障。县城的修理同行们都赞叹说:“老杨是县城第一家摩托车修理部,现在成了维修摩托车的‘大师’了。”

县城的人多,摩托车多,出现故障的机会就多,许多单位的摩托车也在杨项法的维修部修理,客户相对稳定,他的生意便滚雪球般做得越来越大,他不得不扩大了修理部的店面,雇用了两个学徒。用他的话说:“只要开了门,就能把钱挣。”

20世纪80年代后期,挣了钱的杨项法在城关镇涧东村买下了宅基地,盖了两层楼。那个年代,一个乡下农民能够在县城站得稳脚已经相当不容易了,而他不但在灵宝县城站稳了,并且买下地皮,盖起房子,生活得很好。不得不说,杨项法凭自己的技术和胆略,抓住了修理自行车、摩托车这一历史机遇,赚得满碟子满碗,成为移民中日子过得很好的人。

后来,在老城村,乡邻们在教育孩子时,往往拿杨项法做教材:“看看人家杨项法,爱学习,爱钻研,有了技术什么时候都用得上,能过上好日子。”

赵冠英的四次建房

郭兴华

赵冠英是大王镇老城村人，生于 1931 年 9 月 9 日，耳聪目明，完全没有人们想象中耄耋老人的样子。他中等个子，走路稳健，思维敏捷，谈吐清晰。他说：“我活到现在，身板硬朗，无灾无病，得益于我的心态。爱学习，不保守，肯出力，有担当，爱替别人分忧，宁可吃亏，也不贪占便宜；集体的光荣，就是我的光荣”。

老人膝下三儿三女，都已长大成人，另立门户。他和老伴居住在老城村临街的一个小院里。上房是坐北朝南的三间两层小楼房，临街是平房，全是砖混结构，粉刷一新，贴着白色瓷片，铺着地板砖。谈起敞亮舒适的房子，老人说：“这是我从老县城搬迁后第四次修建的房子”。

一

1959 年春天，三门峡大坝开始蓄水，老县城已经开始进水。前三批迁往敦煌、虢略镇新县城、大王干店以及投亲靠友的人们早已搬走了。他是第四批，先说是迁往敦煌。后来，却搬到老县城东南两公里的老城村，建村的时候叫“基建村”。搬到基建村，房子不够住，他家就在一个土埝上挖个坑，用玉米秸秆围起来，这是他移民后第一次修建的“房子”。春寒陡峭，黄河上刮来的风吹的玉谷秆“嗖嗖”发响，祖母、父母和他新婚不久的妻子共五人在窝棚房里度过了搬迁后的第一个春天。

那时候，祖母常挂在嘴边的一句话是：“住的好好的，修什么大坝，拦什么洪,多美的灵宝城竟然泡到水里了”。老人家的思维还没有从她原住的老县城东大街里仁巷五号小崖上那个殷实而温暖的家里走出来,她在惋惜被水淹没的小阁楼、大房子,四齐桌子五斗橱。丢心不下素有“小北京”之称的水旱码头和灵宝县城街道的繁华景象。她怀念着糖馍、浆饭、脂油饼、凉粉、煎包、猪头肉等花样繁多的美味小吃。

赵冠英是一位复员退伍军人,是共产党员,他知道国家要治理黄河,变害为利,搞水力发电,做的是大事。因此,水库淹没区的人都应该为建设新中国舍小家为国家,搬一家为大家。于是,他劝祖母,劝邻居,做了很多人的思想工作。

二

一个多月后,村里“排排房”建得差不多了,给每户分了一两间。“排排房”说是房子,其实太简陋了,就是用木柱子支撑,搭个屋顶,没有前后左右的围墙,也没有隔墙,不安装门窗。于是,各家找一些木板、草席、秸秆之类的东西,自行隔开。一家人住进去,虽然简陋,但比起“窝窝棚”要好多了。这是他们搬迁后住的第二代房子。赵冠英说:当时,大家都不适应搬迁后的生活,很多人还是有怨言。我和他们不一样,很快地适应了,为生产队、大队和乡亲们跑前忙后,先后在生产队当过“记工员”、保管、生产队长,还在大队担任迁建会计。村迁建安置款125万元就是我分发记的账。那时候走的是集体化道路,大家每天劳动记工分,生产队钱、粮、物也得有人管,每年的生产安排要有人统筹。我当过兵,在部队学了文化,立功入党,后来复员回乡。大家看我干活肯出力,不怕吃苦,又不贪占小便宜,干什么肯动脑筋想办法,爱替别人分忧解难,所以推荐我当了干部。

赵冠英和他的同时代人一样,是从苦难中走过来的。他回忆说:“生不逢时,碰上了战乱年代,十多岁时就跟着大人‘跑日本’。父亲带着一家人跑到了五亩乡走马岭村一位干亲家里。在那里住下后,我在村子上学。父亲当时在五亩乡田粮管理处工作,为人热情仗义,所以颇受欢迎。后来买了三亩薄地,攒了一些家底。当时,国民政府频繁派捐,到处抓壮丁。1948 年端午节那天,不到 17 岁的我被抓了壮丁。我不忍心让大人去当兵,我想自己也不小了,既然被抓了壮丁,干脆就去当兵。"

赵冠英被分配在国民党部队 84 师 251 团一营三连,后来随部队到了渭南、西安、宝鸡、四川等地。在四川延庆,师长率部起义,他便成了解放军的一员。后被选入川北军政大学警卫通讯连,不久,加入了共青团,参加土改工作队,在一次剿匪战斗中立功,光荣地加入了中国共产党。

他说:"我当移民村会计的功底是从部队学来的。在那次剿匪总结会上,首长认为我思想活,办法多,立了功,就推荐我参加了连队的军委会。军委会一是核算司务长的账目,二是负责广播、出黑板报等。我就是这时候学习会计记账的。解放后,我在大王信用社和面粉厂当会计,用上了在部队学的东西。"

三

"排排房"住了不到半年,老城新村规划好了,各家各户都在自己的宅基地上盖新房,这是赵冠英第三次建房。他说:"我家的宅基地就是现在这个院子。当时,盖的是土木结构的房子。打土坯,挖地基,木工活、瓦工活,乡亲们你帮我,我帮你,干得热火朝天。""打土坯是男劳力的事情。打土坯时,先在下边垫一块平整的石板,放上木模子,模子里撒点柴草灰,把土装在模子里,双脚踩平,用杵子夯结实。一个人一天能打 500 块,两人合伙能打一千多块。盖房子用的木料和砖瓦石料要从老县城往上拉。木料、砖瓦是从老房子拆下的。运送这些材料,用架子车运,要上两里多长的陡坡,要多人合伙。大件的房梁屋架要十多个人抬着往上运。”

“那时候很重人情,别人家盖房子不去帮忙,心里总过意不去。我家建房,男女老少来的不少。男人干的是力气活、手艺活,女人负责做饭、打杂。连吃饭用的小桌凳都是从邻居家借来的,随便做出个四个菜。大家一起吃的有滋有味,说说笑笑。”

20 世纪 60 年代,基建村重建家园,占了不少土地,耕地面积逐年减少,大集体时,生产队夏秋两季粮食产量不高,社员生活标准很低,到了春夏之交不少人还要借粮食渡荒。

看到这种情况,担任生产队长的赵冠英,急群众所急,想社员所想。他对大队干部说,要让社员富起来,必须发展集体经济。于是,村里让他牵头办起了加工厂和面粉厂。

爱动脑筋,能想出办法的赵冠英,在干村加工厂时,生意搞得红红火火。加工厂有磨面、粉草、轧花、榨油等机械加工设备,效益不错,大队的集体积累越来越多。村里有钱后,打了两眼 60 多米的深井,供人畜饮用;整修了道路,开通了灵宝到老城(后来改名)的乡村班车。后来,家家户户通了电,盖起新学校,盖起舞台,修建了大队部,移民村的生活也一天比一天好起来了。

四

改革开放以后,老城村迎来了发展的好机遇。老城人毕竟有经商的经验,文化积淀深厚,文化人多,思想活跃。一部分人凭祖传手艺做起了生意。卖凉粉的,烧醪糟的,做浆饭的走出了老城,走出了灵宝,走进了周边大小城市。老城的石子馍、烧饼夹肉成了豫西的名吃;老城羊肉馆还开到了郑州、北京;老城的厨子赫赫有名,做出的梅菜扣肉、米粉肉、八宝饭味道独特,闻名遐迩。

后来，随着改革开放的不断深入，老城村在海外的侨胞、台属纷纷回国探亲祭祖，带回了亲情，带回了新的生活理念，更带来了雄厚的资金，为老城村的经济发展注入了新活力，使走出去的老城人更多了。在外开饭店的，跑班车的，搞运输的，办公司的，各行各业的能人层出不穷。每年流入本村的资金源源不断。早已出名的灵宝大枣名气也越来越大，枣农的收入加上黄河滩涂种的大豆，户均年收入大都在数万元，甚至十万元数十万元。

2007 年，赵冠英推倒了土坯房，修建砖混结构的小楼房，这是他的第四次建房。如今，村村通工程硬化了村与村的道路，三灵快速通道、209 国道、连霍高速、郑西高铁和在建的运宝黄河大桥都从村边通过，为村民外出提供了极大的便利。移民每年每人 600 元补助，使他家有能力建起了楼房。这次盖房，用的全是机械化，挖地基有挖掘机，运料有三轮车，装卸用叉车，上料有上料机、搅拌机、起重机，既省人又省力。想想当年建房的情景，看看现在这个场面，真正感觉到了社会的发展和进步。作为建设三门峡水库的黄河移民，想想那时吃的苦，受的累，做出的牺牲也很值得。

吃苦耐劳建家园

张冲波

1960 年 9 月,三门峡水库蓄水搬迁时,家住灵宝县城权把巷的刘翠英,已经结婚三年了,她在缝纫组做衣裳,爱人张崇澄在加工厂打铁,两个手艺人没有随队搬迁后靠其他村子,“把箱子都捆好了准备走,被挡住了。”他们就近搬到老城村八合巷十队。

急搬迁难处多

城里的东西是生产队的马车给拉上来的。车走的快,人还没到,东西一卸就走了,一片乱遭遭。刘翠英家捣辣椒的石窝丢了,老婆婆抱孩子在邻居家转悠时看见了,她说是她家的,人家说是人家的。老婆婆说:“我人老几辈都用着,边沿上打个豁,掉一小片。”邻居才放口:“这是你的给你。”

那天,刘翠英在老城街上正走着,水呼哧呼哧就上来了,她外奶东西多,在后沟窑里搁着,她帮忙背去了,眼看着水在上涨。

搬迁上来以后,没有柴火烧,粮食不够吃,生产队收玉谷,人人腰里偷偷别一圈玉谷穗子,家家户户用石窝捣捣吃。大人舍不得吃,捣捣叫小孩吃,连皮捣碎烧成米汤,吃得甜香。

刘翠英那年冬天跑十里外的五帝村剜白菜根背回来,近处人早把白菜叶子拾光了,把白菜根削一削煮煮吃。她早上泡一碗酸滚水喝,一下子到天黑才回来,中午就是胡乱啃块冷馍吃。

刘翠英还过黄河跑山西买蔓菁叶子,一元钱一斤叶子,三元钱一斤根,背一大包袱回来。二三月青黄不接,苜蓿长上来了,她和村里几个妇女结伴坐船过去,遇见一大块苜蓿地,手脚麻利赶紧拽,把夹袄一脱包起来。这时远远看见一个人走过来,她们以为是逮人的,就往船跟前一路小跑,谁知是个过路人,虚惊一场。她们把苜蓿倒到船上,折回身再去拽。拿回家洗净上锅做苜蓿蒸菜,蔓菁根煮煮调一碗叫小孩吃。

忆往昔岁月美

谈起老县城印象,81 岁的刘翠英如数家珍,倒背如流。从火车站下车的人,经西门进来从她家门前大巷过,隔壁是广播站,对面是保险公司,房后是西城墙,过去是庙门前。到她门前过去是南巷子,又过去是醋和巷,再过去是戏园子、南城门。南城门桥口上卖饭卖吃食,很热闹。小井在南城门东边,用水担一勾一桶水。水好喝,桥头卖饭的都用那水,水面离地面有一人深。小井过去是省师附小。从她家巷子向北走一段路是监狱。监狱过去是史家巷,到西门出。过史家巷走南城门,再过去,靠西边八合巷,东边轱辘巷。八合巷过来是二合巷,过去就是窑门前,再过去就是南城门。南城门里靠东是小学,她娘家哥就在这上过学。

谈起灵宝故城,刘翠英又是一番感叹:在城里美,大街小巷电灯照明,在家懒得洗头,出门就是理发店。想吃想喝卖啥的都有,南城门底下,牛肉墩子,烧鸡翅膀,鸡腿,卖油茶啥都有。

南城门长长一截子,摆的都是吃食,城东是运动场,二月八会、四月八会非常热闹,人多,会大。还有学生运动会,四外村人都来看。县城有东城门、南城门、西城门,就是没有北城门,说是挡河北来的狐仙。结婚不叫出西城门,有讲究,西城门是被枪毙的人出的门。

树信心建家园

刘翠英两口子白天生产队里干活挣工分,夜里电灯泡吊在门脑上干自家的活。老伴打麻绳,卖车网绳,老婆婆纺一斤棉花四块钱,她踏缝纫机做一件衣裳五毛钱,一夜不眨眼,过年人家等着要穿。生产队队长路过,打趣地说:“你这一个灯没有枉点,照着三个人在挣钱哩。”

冬天夜里,一家人都呼呼大睡,刘翠英还在缝纫机上做活,挣点活钱供在几个孩子上学。她说自己没文化不识字,一定让孩子上好学,将来有出息。踏乏了靠住机子打个盹,但把腿冰得疼,至今落下一挨住缝纫机腿就疼的毛病。

那年夏天,刘翠英在麦场打了整整 40 天麦子,走着路都瞌睡眼睁不开,白天夜里连轴转。老婆婆烧开水,两个儿子抬着到打麦场,让干活人喝水解渴,生产队给发两个油馍吃。为吃这两个油馍,小孩子争先恐后抬水去。

刚搬上来,刘翠英一家 8 人住两间半房子,那间房子前半截是她家的,后半截是邻居的。大儿子没处住,在生产队保管室住。后来,在村外看守机井,一年四季睡岭根的机井房里。

刘翠英家邻居是个五保户,后来病死了,她花 200 元买下人家半间房子,还把住队干部和生产队队长请到家里吃了一顿饭。做了两摊子饭,没有两个饭桌,外间坐一桌,内间炕上铺个包袱坐一桌,盘着腿将就着吃。生产队长说,翠英你行,驻队干部从来不去谁家吃饭,你都能叫来。

再后来,刘翠英写申请批院子,四间房子打楼板的石子都在水瓮里淘净捞出,沙子是用自家毛驴从河滩拉上来,粉墙是老伴和儿子干的。别人家一间房子花一千元,她家只需八百元。亲家母很高兴,逢人便说:打灯笼找不下第二家盖新房娶媳妇的。

肯吃苦有前途

每到冬天，西岭头下割苇子，一斤卖五分钱，大队给每个人二分钱。别人嫌冷，冰凌冻多厚，不愿意挣这个辛苦钱，刘翠英两口子拉上架子车就去了。怕陷进泥里，用苇叶把鞋绑住，站在水里，割完了苇子，腿出来冻得红红的。刘翠英一年早早做个棉裤子，到水里一出来赶紧穿上，把腿捂一捂，腿出来就像红纸。

割好苇子，还要装上架子车拉到焦村去卖，一路上坡，十分辛苦。有一年，由于用力过猛，刘翠英怀孕 7 个月的小孩生下来了。一路拉着绳吃着馍，都没有坐下来歇一会儿的功夫。有时把苇子拉到火车站装车，出老城村天还不明，回来到村子天早已黑透了。

张崇澄会漏粉条，他们把红薯打碎榨出淀粉，刘翠英从井里绞水，大孩二孩抬水，白天绞水人多水浑，总是夜里绞水。井很深，绞一桶水费死的劲。漏成粉条后，再拉上架子车到 30 里外的阳店集上卖，十冬腊月早出晚归。

手艺人名声好

张崇澄是个多面手、能人，给村里人盘锅头、盘炕、盖炕枣房，山墙塌了做山墙，还给人家裱糊屋子，一天弄的一身泥一身汗的。会这手艺，那时候却是白干的，给人帮忙，落一个助人为乐的好名声。

张崇澄还会修理打麦机、铡草机，打麦机跑哪个生产队，他就跟上去，打麦场打麦，他在机子跟前盯住，哪里有故障及时处理，能多挣点工分，多混几顿饭吃。

大集体生产年代，农村经常压红薯面条吃，没有一点油，用辣椒水、蒜汁一浇，香喷喷好吃。张崇澄琢磨做了个压面机，村里人到饭时来她家，掂来事先蒸好的热腾腾的面，放那热热一压，端回去全家吃。排一溜行挨号,你家压毕我家压,自家的先捂在锅里别揭,待别人家压完了,最后是自己的。

刘翠英、张崇澄两口子干活肯吃苦,挣工分多,不管谁当队长,一年到底她家总能多分粮食多分钱,没有当过透底户。她家房后是个巷道,保管经常喊:澄哥,卸化肥。他便赶紧前去,多干活多得工分。

打机井,夜里需要看护机器,搁在他家门前,张崇澄停一会出去看一下,最后非得坐到机子跟前看一夜,怕人家偷走个零件落埋怨。冬天雪下多厚,他都能在门前坐一夜。

好日子都是奋斗出来的。刘翠英两口子凭着自己的老实忠厚,吃苦耐劳,踏实能干,乐于助人,日子慢慢的越过越好。如今,儿女各自成家立业,二儿子大学毕业后留在省城工作。一家人又获得了黄河移民补贴,他们感到晚年的生活非常幸福美满。

姜中田的搬运工生涯

张冲波

1959年灵宝老县城搬迁时姜中田在上小学,那年他13岁。父亲姜家臣原籍南阳镇平县,母亲任清芝是阳店镇马泉寨人。后来他在娄下上初中,由于父亲患病,他接替父亲拉架子车,在灵宝搬运社干了8年。后来,先后在县机械厂、化肥厂、百货公司工作,职业是汽车驾驶员。2008年,在灵宝大酒店退休。目前,他经营着婚庆车队。

解放前,姜中田的父亲在码头当船工。1953年转入县城搬运社,开始推小车,后来拉架子车。年龄大了,60多岁后,干不动了,他接替父亲干。姜中田拉架子车,装卸火车,背200斤大包,从早背到晚,肩膀都磨出了血。老年队干活一月100元工资,在青年队卸煤一个月200元工资。

灵宝老县城是标准的水旱码头,有黄河渡口,有火车站。搬运社在西关杈把巷。老城迁移拆房子,五湖四海分散了。老城移民都很苦,有挪岭上的,有后靠山上的,有搬虢镇上来的,还有迁移敦煌又返回的。灵宝几乎哪个村子都有老城人,撒棉花籽一样。

搬运社人最初推独轮车,运粮食,运轧包棉花,很讲究推车的姿势,绊带的挂法,还有车轴必须是硬木头。就像马车社赶马车,讲究鞭子的装饰,鞭把的好看,鞭梢的花哨,以及马鞍子的搭配,笼头的大小。

搬运社当时有11个小队,每队18人。姜中田刚出学门,身子骨嫩,装卸盐扛着200斤大包,肩头磨出血,脊背出汗,背起来越疼越想扭,越扭越疼,汗水浸的,盐颗蚀的,真是流汗又流血。有时还运战略物资,比如松香、战备棉。古巴糖运过来,抓紧入库,还是政治任务。装卸20吨古巴糖,100公斤大袋,摞起两层楼高一垛,刀裁一般整齐。

当时落后,样样都是架子车拉,后来发明简易车,土造的柴油机车,老是冒黑烟。再后来接了五辆“嘎斯车”,最后发展到两辆5吨“凌河车”。搬运社200来人,来自五湖四海。搬运社人能吃苦是有了名的,风里雨里来回跑,职业病是双腿青筋突出,静脉曲张,小腿肚子青筋蹦老高,风吹雨淋闹的。女人心疼男人,帮忙“拉偏梢”,有时喊半大孩子在后头推架子车。

搬运社有个师傅王小秋,是个硬汉,无论背大包上站还是下站,脚踩担板,一步一稳当,大包压肩,弓背仰头,双手托角,动作规范标准,只是脸盘被汗水弄成了花花脸,紧闭嘴角,目光坚毅,颇有范儿,可惜当时没有留下照片,一个标准的装卸工光辉形象,颇像电影《红旗谱》中的朱老忠,很是硬气。

搬运工也会苦中作乐,拉空车吼几嗓子,多是八大样板戏里的台词。也有人会说快板,把搬运工的酸甜苦辣编进去。

搬运工苦,数九寒天拉化肥。火车站限时,后头赶着,扎紧腰带,起早贪黑干。起早摸黑两头不见日头,孩子长多大了还不认得爸。后来在火车站货场投放40个拖拉机拉货,实行军事化管理,和附近村子的人竞争,想办法挣钱。张正新当社长时还办过第三产业,开拉面馆,解决待业青年就业问题,吃喝拉撒睡都经营。经常搞家访,每个人送个暖脚壶,因为老职工年轻时,就靠两只脚板下苦力,脚受大“症”了,老了脚上毛病很多。

后来,县搬运社变成灵宝县第一运输公司,是存活时间最长、安置人员很多的集体单位,每个职工退休后能领到2000多元的退休工资。

姜中田在阳店火车站卸火车时,省军区招运动员。1969年6月12日,他被选上,在山西晋城集训一年,后来被安排在灵宝县化肥厂。当时，河南有个独立师，驻扎在灵宝，师长姓梅，见过姜中田打篮球，想要他，但化肥厂不放人，没去成。

“文化大革命”时，姜中田因父亲的历史问题，被拉到十字街上批斗。刚把他拉到台上，被球队两个队员见了，说咋能把运动员拉上去斗呢？下来下来，才把他解了围。

姜中田的父亲解放前在灵宝干过县长，许多人知道他的底细，尤其是搬运社内部职工，因此，一遇到政治运动就批斗他。姜中田的身世是很显赫的，他的父亲1946年在灵宝当县长，但他从小过继给了膝下无子的姜家臣。亲生父亲为什么这么干，主要是看上姜家臣妻子的一件惊天举动。那一年，有人陷害姜家臣，趁人不备在他家床铺下放了一包大烟土，被缉私队搜查出来。当时贩卖大烟，窝藏大烟都是死罪，老实巴交的姜家臣被投进大牢。姜妻知道后，第二天跑到县衙说这件事情与男人无关，是她自己干的，她愿意坐牢挨枪子。后来，案情真相查清，姜中田的亲生父亲被这义薄云天的刚烈女子的举动折服，决定把不满周岁的小儿托付给这对贫贱夫妻。

姜中田觉得，现在身体好，与当时干搬运工、打篮球都有关系。那时候，他曾与人打赌，他体重119斤，能背10袋面粉约450斤，背得起可挣两块钱。当时21岁，他说自己能背起，井字形，四袋一层，最高一层两袋，他背起了，赢了两块钱。那时在火车站卸煤车，30吨高边车，八个车皮，一人一个车皮，谁不帮谁忙，两个小时必须卸完，车等着挂车，他总是很早完成卸煤任务。

他现在背一罐煤气不费多大力气就上楼了，80斤米袋、面袋胳肢窝一夹就走了，这是锻炼练就的基本功。2011年5月13日，当时64岁的姜中田开出租车，有人搭乘去豫灵，半路上遇上打劫，刀架到他脖子上，他用手硬把刀子折成弯弯子，那人最后下车跑了。当时脖子上割了个伤口，手上夺刀的伤口缝了6针。

退休后的姜中田,爱跟老同事们在一起喝酒怡情。他早早掂一壶水出门,有事就干,没活就歇,享受着大片的闲暇时光。

姜中田感慨道,一生很不容易,从老县城搬到新县城,从拉板车的移民小子混到领取退休工资的老工人,这得感谢党的好政策,国家的好制度。

焦增锁的“三起三落”

梁仙婷

焦增锁一辈子也忘不了2009年12月31日这一天。

这是冬日里一个难得的晴好天气。不远处的这条日夜奔流着的黄河，此时就像一位颇有素养的老者，踱着不紧不慢的步子缓缓地向东走去。岸边整齐地结了一层薄薄的白色冰带，仿佛是给大河镶了一层亮闪闪的银边。上午的阳光均匀地洒到河面上，浑浊的河水便折射出无数点的粼粼波光。河滩上，焦增锁悠闲地在他的滩涂养殖场踱来踱去，静静地看着鱼塘里游动着的条条大鱼，醉心地盘算着经年的好收成，一切都显得那么安详。

上午十时许，黄河陡然躁动起来，流量不断加大。继而上游的洪水挟裹着杂物和冰凌席卷而来，排山倒海地向下游奔去，大如房屋的冰块相互碰撞摩擦，发出嘎嘎的巨大声响。河水漫过河堤，肆无忌惮地冲向岸上的芦苇荡、树林、鱼塘、鸡舍、鸭舍、猪圈、房屋……转瞬间，这片充满生机的稠桑滩涂已是一片汪洋。被冲击到河岸边的冰凌越来越多，堆积起来竟有两米多高，那边高地上站着的人群里，哭喊声、唏嘘声、议论声交织在一起……

由于上游管道泄漏，大量原油流入黄河，上游泄洪排污，导致这突如其来的洪水，让焦增锁的养殖场遭到了灭顶之灾。

老焦眼睁睁看着自己熬尽心血经营的养殖场在即将收获丰厚的回报之时，被这场黄河冰洪毁于一旦。亲人们的无望哭声让他犹如万箭穿心。这场损失竟高达300万元！300万元，这对于土生土长的农民来说无异于天文数字。致命的打击让他束手无策,一度陷入了崩溃和绝望的边缘。回想起之前创业的艰辛曲折,更是欲哭无泪……

一

焦增锁是20世纪50年代末的黄河移民。

移民那年,他还是个呀呀学语的孩子。在政府和村干部“舍下自己的地,救助几个省的人”的劝导下,全家人一咬牙便赶着牛羊离开了祖祖辈辈居住的黄河岸边,集体搬迁到村后的土塬上,也就是今天的新稠桑村。还有一部分搬迁到了今天的东古驿村和西古驿村。

老焦是稠桑大队张家嘴村11组村民,生于1958年春。1974年7月,老焦出了函谷关第一中学的大门后,就投师于三门峡市一位老兽医,潜心学习兽医专业知识和技术。1976年10月出师后,就在西阎乡桃花营村开了家兽医诊所。老焦的医术精湛加上收费合理,一时间,诊所的生意门庭若市,忙的时候一天能看200多头牲畜。

老焦的兽医院整整火了八年。或许是累了吧,他改行的念头越来越浓烈。

由于三门峡大坝降低蓄洪高度,老稠桑村大面积被水淹过的荒滩便裸露在蓝天之下。这些荒地常年被野草覆盖,闲置着实在可惜。刚好这时候,国家一系列的退耕还林政策颁布出台了,这大片滩涂要对外承包。

慑于黄河的威力,害怕土地被大水淹了,村民们推推让让就是没人敢要。经再三思忖,老焦找到村干部们进行协商,承包了村里的700亩树林和1000亩河滩地。合同的内容是:承包费一次性交清,其他自负盈亏。700亩树苗栽上了。他又领着人割了芦苇荡里的芦苇,种上了大豆。他带领家人们,汗珠子摔八瓣地劳作着。往往是天亮时分别人刚到地头,老焦地里的活儿就干完了。第一年,老焦种黄豆收入了40

多万元。除去飞播治虫等费用净赚30多万元。初见成效,这让老焦喜出望外。

黄河每年都会涨水,冲掉一些土地,稠桑人把它叫“黄河打岸”。老焦的承包地也被打掉了300多亩。但由于地块面积大,加上黄河水冲刷过的土质非常肥沃倒也影响不大。老焦种的黄豆籽粒饱满且油分大,都被山东的炼油厂提前订购了。

常言道,天道酬勤。几年下来,老焦种的豆子,合起来竟收入100多万元。

老焦膝下有一儿一女,儿子长得特别帅,女儿长得很清秀,用灵宝土话形容为“儿清女俊”毫不夸张。儿子名叫焦江辉,高中毕业后成为了一名光荣的解放军战士,在部队又被军校录取,转业后供职于市某检察部门。再后来辞了工作,回家帮父亲经营水产养殖场。

2008年的一天,焦江辉对父亲说:这么大地块,咱们不如养鱼吧。发展养鱼业也是老焦在心里酝酿了许久的一个打算,父子俩不谋而合,说干就干,老焦拉上妹妹、妹夫、妻弟一干人马,看地形策划鱼塘的位置,估算鱼塘的数量,多方筹集资金,叫来了挖掘机铲车,又是挖鱼塘,又是买鱼苗,又是收购鱼饲料,又是盖房,同时顺便增加了鸡鸭养殖,忙得不亦乐乎。

一切都进行得非常顺利,当年的鱼儿长势喜人收获在望,一大家子人的笑容挂在脸上。可谁也没防备,突如其来的冰凌洪水竟使他血本无归,老焦被这当头一棒打蒙了。

二

老焦是个乐观的人。用他的话说:权当是“河里捞了水又冲了”。

冰灾之后,老焦振作精神收拾了残局,决心重整旗鼓从头再来。在村干部的帮助下,老焦从镇上贷款50万元,他自己又筹集一部分资金进行生产自救。第二年鱼塘又重新恢复了往日的生机。

2010 年的 11 月份,老焦的水产养殖基地又遭水灾突袭。大水上来后横冲直撞又冲垮了一多半鱼塘,损失 60 多万元!亲戚们纷纷打退堂鼓放弃不干了。老焦却没有气馁,咬咬牙继续干。这次他又通过房产抵押贷款 100 万元,进一步扩大了鱼塘面积。

2011 年的 7 月份,突如其来的一股龙卷又风袭击了老焦的渔场。房顶被风撕开,三分之一的鱼塘被摧毁。此次又损失了 15 万多元。

三年三场自然灾害的反复袭击,让老焦百思不得其解。三起三落,是时运不济吗?或者是老天真的要和我过不去?说来也可笑,大概是"病急乱投医"吧,无奈下他竟然和朋友拜会了一位"高人"。按照"高人"的指点,老焦竟然在滩地上盖起个一座小庙,庙里祭拜着几尊大神。

2011 年 10 月,老焦又贷款 200 万元,与周围农户合作,以儿子焦江辉的名字命名,成立了灵宝市江辉水产养殖专业合作社,老焦自己出任董事长。合作社由最初的 6 人发展到 80 人。该基地也是当时灵宝最大的水产养殖基地,基地以养殖黑鱼为主,同时,鲤鱼、草鱼、鲫鱼也作为套养品种。同年 11 月,他又建成了一座冷库,用来存储小鱼和鱼饲料。

多数人养鱼图简单省事都是使用鱼饲料,老焦养鱼喂的是新鲜的小鱼儿。依傍着黄河这样得天独厚的有利条件,黄河渔民打捞上来的小鱼儿又新鲜又便宜,才 1 元钱一斤,全部都让老焦给收购了。购买来的鱼饲料 5 块钱一斤,鱼儿不爱吃还价格高,人吃了饲料鱼又不放心。6 月 3 号前后,黄河进入鱼汛期,那时候的天气已经很热了。他总是每天半夜三点出发,赶到了河边收购渔民打上来的小鱼,四点钟装车,五点回返。因为稍晚了鱼就会发臭。为了以防万一,他收鱼的时候框子里都装着冰块,装一层鱼,铺一层冰,一点都马虎不得。

养黑鱼成本高。一个冷库能存 25 万公斤的小鱼,一个月要收购回来 500 多万公斤。鱼塘的鱼在 7~9 月份基本上都食用的是冷库鱼。最后一个月,因为快要冬眠了,鱼的食量加大,一天要吃掉一万多元的小鱼。冷库的建成,让老焦在养鱼成本上又节省了一部分资金。

2012 年之后的几年,鱼塘每年产量达 10 多万公斤,连年下来产量稳中有升。老焦养殖的黑鱼以肉质细嫩口感筋道而闻名,产品远销山西太原,甘肃兰州,河南郑州,湖北武汉等大中型城市。每年毛收入 170 多万元,净利润达 80 多万元。

初夏的黄河滩是美丽的。远远近近连成片的芦苇和野花在微风里摇曳着相映成趣。芦苇梢上新冒出来了乳白色的串串芦花,而鱼塘就在片片芦苇的怀抱中。清悠悠的水下,黑鱼们花背肥脊,一群群悠闲自在地游弋着,享受着阳光的温暖。老焦从滩上走下来,坐在鱼塘边的石头上点上一支烟,美美地吸了一口,一个大胆的计划又在他心中萌生了。

2012 年,老焦先后又从山东微山县引进种鱼 150 对,建立了标准化水面温室大棚 15 个,面积达 2700 平方米,并高薪从山东聘请技术人员 5 名,开展黑鱼人工繁育试验。

在国内,高纬度的地方搞黑鱼繁育技术是一道特别的难题。因为还没有人搞成功过。这些技术员待了一年之后仍然没有搞出来,培养出来的鱼苗宝贝似的养着,放养后总是 100%的死亡率,技术员们后来都一个个垂头丧气地离去。老焦实在是不死心,干脆自己来做这个试验,就不相信它有多难!

他白天晚上待在繁育棚里不出来。反复实验,反复测温,反复换水,第一拨鱼苗终于放养成活了。这让老焦欣喜若狂,激动得几个晚上都睡不着。

鱼苗的繁育成功意义深远:一是它填补了黑鱼在北方不能繁育的

空白。二是自给自足，老焦再也不用奔赴外省购买价格昂贵的鱼苗，为公司节省了一大笔资金。三是可以吸引其他养殖户来这里购买鱼苗。之前购买别人的鱼苗是每尾 5~7 元，最便宜也是 3 元。这一池子鱼苗几百万尾，这次老焦赚得盆满钵满。

三

老焦是个好心人。

稠桑村的人都知道，老焦的养殖场工人当中有两个“憨子”。其中一个名字叫张如江，另一个叫胡强。

2012 年，老焦的水产养殖场从村里找寻工人时，就盘算着把村里的困难户给扶持起来。

张如江有 30 岁左右的样子，是稠桑村三队的苦命娃。父亲很早时候去世了，母亲半路上又得了半身不遂，他又有癫痫病，家徒四壁一贫如洗。老焦从本村招工时，首先想到了这个苦命的孩子。

胡强，是苏村乡偏僻小村子里的人。因贫困其父母离异，没人管他，就流落到了稠桑村的姐姐家。胡强也有点弱智，天天吃了饭啥都不干满村转悠。老焦留下了胡强，安排他干一些喂鸡喂狗除草等一些简单活儿，管吃管住还给胡强办了一张工资卡，所得的工资按月打到卡上。

2012 年 7 月末的一天，老焦开车去一个朋友的场子去转悠，突然发现路边的草丛边躺着一个人。这人满脸泥土，浑身上下邋遢不堪，他见到老焦下车了，爬起来又扑通跪下磕头作揖，要求老焦收留他。这着实把老焦吓了一跳。

年轻人名叫李东，曾在西安打工。前些天他从西安上车回商丘，在车上不幸被小偷偷走了钱包和车票，由于无钱购下站的票被赶下了车。身无分文的他实在没有办法了就沿着高速路一直往东走，走了两天才到这个地方,饿极了才从出口下了高速公路打算讨点饭吃,不料到了这个地方实在走不动了,两眼一黑就晕倒了。

听到这里,老焦连忙喊叫大门里面的朋友让他收留了李东或者给他点饭吃。没成想这位朋友上上下下看了几眼李东的样子,压根儿就不想收留。老焦当即让李东上了自己的车,加大油门开到他的养殖场,先让他洗脸吃饭。李东狼吞虎咽地一连吃了五个馒头,喝了三碗汤,把老焦看的眼睛酸酸的。接着,让他到洗澡间洗了个热水澡,又拿出自己的一套干净衣服让他换上。这才看清李东白白净净的竟然像个书生。

老焦问他若是想回家的话就给他拿上路费回家,第二天即可和家人团聚。李东却表示不想回家,要求留在这里,过段时间再做回家的打算。按说老焦这里的工人早已满员了,完全不用再招人的,看着李东一脸期待的样子,老焦心软了就把他留了下来。

李东在这里干了近两个月,到了十月,大部分鱼儿将要进入休眠期不再喂食,场里实在没活儿干了,李东才要求回家。老焦拿了3000元钱作为他的工资和路费并亲自开着车送他上了火车。临走时李东感动得满眼泪水,他哭着说:若不是好心的焦叔叔,他还不知道还要受多少罪!这次走后,一定再回来看望自己的救命恩人焦叔叔!

2014年,灵宝市大河水产有限责任公司正式挂牌运作。注册资金3000万元,老焦担任董事长。它和江辉水产养殖合作社的场址一个东北一个西南遥遥对望。同样利用的是黄河的滩涂资源,占地300余亩,水面面积达190亩。新建了标准化鱼塘39个,孵化池子36个,厂房40间,面积达1000平方米。冷库2座,库容量达到400吨。运输车5台……还是以养殖黑鱼为主,兼养鲤鱼、鲶鱼和鲫鱼。

目前,大河水产有限公司是河南省三门峡地区最大的水产养殖企业之一,主要以生态养殖为基准,一直以绿色、健康、环保为基本发展理念,在市委市政府的大力支持下,已经成为一个集生产、供应、销售为一体的民营企业。

2011年,老焦又在黄河滩创建一家渔家乐。

2013年,他又在灵宝市区开设了一家舒来喜鱼火锅店,采取“公司+基地+鱼户”的产业化经营模式,形成了产、供、销一条龙的服务运作模式。公司不断开拓市场,形成了集水产养殖,休闲娱乐,餐饮服务为一体的综合性企业。

2016年,公司养殖占地总面积达到800余亩,拥有标准化鱼塘78个,水域面积40万平方米。

2016年3月份,老焦又开始尝试龙虾养殖。龙虾养殖实验场占地150亩。相比较黑鱼来说,龙虾更容易养殖,一年投资几年受益。龙虾主要以吃草为生,附加一些鸡肠、鸭肠之类的饲料。每年能出三茬成品虾。每斤龙虾售价20~30元。冬季则价格可蹿升至60元左右,产量可观销路很好。

四

2012年老焦的养殖基地被农业部评为健康养殖示范场,市级农业产业化龙头企业。2013年又被农业部评为省级无公害养殖基地。其中黑鱼繁育技术填补了长江以北黑鱼人工繁殖技术的空白。

在荣誉和成绩面前,老焦从没有改变自己质朴的农民本色。养殖场里面的活儿多,老焦抓起啥工具都能干。夏天,他经常把上衣一脱,光着膀子和工人一块儿下塘干活。他平易近人,宽仁大度,和工人们同吃一锅饭,同住简易房,从不认为自己钱多了就摆出一副高高在上的老板架势来。老焦为人随和的风格,赢得了村里人的交口称赞。

老焦的儿子江辉,前些年经人介绍交了个商丘的女朋友,二人彼此很投缘。姑娘是商丘市一个富商的掌上明珠,聪慧美丽、落落大方。二人经过一番爱情长跑,终于走进了神圣的婚姻殿堂。媳妇进门之后通情达理，一家人相处得很融洽和谐。目前，小两口在郑州发展，正在筹建着一个大型的瑜伽会所。

位于灵宝市第二人民医院西边的解放市场是市区最大的农副产品交易市场。上下三层的商业楼里人流如潮，熙熙攘攘。老焦的黑鱼门店就开在这里。

年关将近，笔者走进店里。只见顺墙边一溜儿排开四个大鱼池子。里面有黑鱼、鲫鱼、草鱼、鲶鱼、白鲢、花鲢等。顾客摩肩接踵，老焦的妻子和妻弟正在忙碌地卖鱼、杀鱼、收钱……

不见老焦。

问及忙着收钱的焦嫂子，嫂子笑了：那不是，来了。

回头一看，门口停着一车鱼，我们的焦大董事长，正和一个人抬了一筐鱼，笑眯眯地走进来了……

豫西蔬菜第一村

郭跃刚

下北村是黄河岸边一个原居住着1500多人的美丽村庄，随着三门峡水库的建设，在声势浩大的库区移民搬迁中分散迁移到了各个村，使这个延续了数百年的村庄不见了踪影。

时光回溯到1959年秋天的一天清晨，正在熟睡的樊守琦突然被村里四五个妇女的哭喊声惊醒。他不知出了什么事，一咕噜翻身起了床，一看，浑黄的水已经漫涌进了屋子。于是，他快速喊醒一起睡在屋内还在梦乡的人们，出了屋喊来黄河测量队的大船把他们救了出来。

原来紧邻黄河的下北村人们迁移走后，三门峡大坝正在建设，大坝还没有建成截流蓄水。当时，大王公社特意组织一个生产队，在下北村肥沃的耕地上种植蔬菜，供应大队里的食堂。那时在搬迁的下北村住有一个黄河测量队，他们经常到蔬菜队买菜，樊守琦在蔬菜队里当会计，与黄河测量队的人打交道多，比较熟悉。这次险情，要不是他联系黄河测量队的运输船前来快速救援，后果真不堪设想。

下北村原由四个自然村组成，南边的村叫河南，北边依次分布着西湾、樊家台、后殿三个村。年已85岁的樊守琦原住在樊家台，现在住在大王镇党村。他介绍说，20世纪50年代末，下北村被称为“陇海大队”，老陇海铁路从村南穿过，也许是为赶时髦，把村名改成了陇海大队，北临黄河与山西省芮城县隔河相望，东与冯佐村接壤，西与北村交界。

下北村大部分耕地是黄河滩地，土质肥沃，灌溉便利。由于水位高,村里各户在自家院里打井就可供人畜饮用,村民除了种植粮食,还种植蔬菜。村里种的蔬菜主要销往灵宝县城和陕州城,卖菜全凭人背肩挑。为了赶集卖上好价钱,总是一大早天还没亮,就挑着蔬菜赶往城里。中华人民共和国成立之初,当时一担蔬菜卖了后可以挣 3 至 5 元钱,效益很好,因此,下北村几乎家家都种菜,村里人的生活比较富裕。

1957 年春,三门峡大坝工程开工后,下北村属于淹没区,村里的人被动员安排移民,按照当时的安置方案,河南自然村迁移到重王村,后殿自然村迁移到西王村和神窝村,樊家台自然村迁移到西王村老虎沟和党村,西湾自然村迁移到五帝村和吉家湾村,下北村或陇海大队的老名字都不存在了。

据老移民樊玉昌回忆,迁移到重王村的河南自然村村民 1960 年后,个别人留恋故土,又搬回了原村,在老陇海铁路两侧自己打窑洞居住。后来,三门峡大坝开始拦洪,水位上来后,铁路沟的窑洞就住不成了,这部分人便在重王村北 3 里处的高地开始箍窑洞,建新房,建了一个新村。1995 年村子更名为小北村,成为大王镇的一个行政村。目前,小北村人口有 500 多人,耕地 400 多亩。近年来,国家扶持移民村,拨专款修路、打机井,改善了村里的生产、生活条件,一些村民在种植粮食的同时,种起了大棚菜,生活日益富裕。

樊守琦老人说,樊家台村迁移到党村的有 460 人,当时分散居住在各家各户腾出来的窑洞和房子里。他们家弟兄多,随着一个一个长大成人,住的地方就显得紧张了。后向村里申请了宅基地,全家人起早贪黑,用人力一担一担地挖土,挖成地坑院,打了 9 眼窑洞,解决了住房问题。随着家庭经济的发展,后来把地坑院的窑洞套箍了一下。进入 21 世纪,又在原来的地方盖起了砖混结构的房子。

搬迁到党村的 78 岁移民亢坎牢老人回忆说,当年移民搬迁走后,水库没有蓄水时,房子都闲置在村里,他当时是大王中学的教师,就带着学生到村里拆房子，为学习筹集建筑材料，现在大王中学西院的部分房子就是当时拆下来的木料建起来的。为了安置下北村的移民，党村的干部和群众做出了很大的贡献，他们不讲价钱，以兄弟般的情怀为搬迁的460位移民腾出了房屋、窑洞和耕地，使他们的生活得到安置。近年来，黄河移民管理部门拨出扶持资金，为党村解决了安全饮水、耕地灌溉和道路建设等问题，使该村的面貌发生了喜人的变化。

下北村移民搬迁后，由于村里有种植蔬菜的传统，传承下来了一些蔬菜种植技术和传人。神窝村的樊炎腾、西王村的樊同寅、吉家湾村的樊节增成为种植蔬菜的能手和优秀代表，在大王镇及灵宝被人们誉为“蔬菜三樊”。樊炎腾凭借种植蔬菜，在20世纪80年代成为率先富裕起来的“万元户”，被一时传为佳话，后来，他作为优秀农民技术人员，先后当选为灵宝市政协委员、副主席。樊同寅在蔬菜种植上也获得了显著的经济效益，成为大王镇的蔬菜种植技术带头人。最有成就的是樊节增，在蔬菜种植上大胆引进新品种，乐于试种，善于钻研，是灵宝市第一个引进并试种成功大棚越冬黄瓜、越冬美国西芹、越冬西红柿和越冬西葫芦的人，是他让灵宝及三门峡市的人在冬天吃上了新鲜的青菜。他不仅自己的菜种的好，而且免费给乡亲们提供优良品种，把种菜技术毫无保留地传授给四邻八乡的群众，先后在尹庄镇、五亩乡、朱阳镇、阳平镇、豫灵镇的一些村及驻军传授推广蔬菜种植技术，带动了全市蔬菜种植业的大发展。他因此先后获得灵宝市、三门峡市劳动模范荣誉称号，任灵宝市大王镇生产办公室顾问，被聘为中国科协农村实用技术讲师团成员，获得高级农技师的职称。

樊节增是一位优秀的种菜能手，还将自己的女儿樊秋红培养成为新一代蔬菜种植专家。樊秋红高中毕业后就跟着父亲学习种菜技术，并参与各种蔬菜新品种的引进、试验、示范与推广工作，2008年3月，她创建了灵宝市宝地高山蔬菜专业合作社，出任理事长，合作社拥有豫西一带26个有着蔬菜种植特殊条件的乡镇，涵盖110个行政村156户蔬菜种植专业户，组成了强大的实验、生产、储存、营销队伍。一些专业户在高山上栽培的露地西红柿凭着优异的品种、独特的风味、丰富的营养，成为专供广州、深圳、香港等城市超市及西餐厅的高档菜品，部分还出口到美国及欧洲一些国家。如今，她还担任灵宝市设施农业研究所的副所长，先后获得三门峡市蔬菜生产先进工作者、三门峡市劳动模范、河南省先进农产品经纪人、河南省“三八红旗手”等荣誉称号。

目前，樊节增所在的吉家湾村，家家户户种蔬菜，全村1000多人经营着1000多个蔬菜大棚。被誉为“豫西蔬菜第一村”。

因为三门峡水库的兴建，下北村人被分散安置到各村，虽然村庄消失了，但是，下北村人的种菜老传统、老技艺，钻研奋斗、吃苦耐劳、与时俱进、开拓创新的精神流传了下来，将成为下北村一笔丰富的精神财富和遗产传承后世，受到了人们的尊敬的和崇拜。

新村风貌

杨震故里著华章

王福寅

站在豫灵镇杨家村杨震大道古朴典雅的汉雀门楼前向南望去，湛蓝的天空下，牛头塬披着绿色，在秋阳的照耀下，仿佛牛安然俯卧静静地反刍着，俯视着眼前的村庄和熙熙攘攘的人们。横跨杨震大道之上的连霍高速公路车流滚滚，东来西往。郑西高铁线上一列动车风驰电掣，呼啸而过。杨震大道旁的银杏树葱葱郁郁，紫荆树花团簇拥，太阳能路灯杆上古色古香的“杨”字灯笼，像一个个迎宾的列兵，引导着路人向南前往“杨震祠”。大道两边整齐簇新的民居沐浴在秋阳里，静谧安详。这就是充满勃勃生机的杨家村。

杨家村历史悠久，据传说，东汉著名的“关西夫子”杨震曾在此校书、讲学。20世纪五十年代修建三门峡水库，村子几经迁移，历经凤凰涅槃式的重生，经过几代人的艰苦奋斗，使这里变成了一个环境优美，富裕文明的社会主义新农村。

移民敦煌

杨家村在中华人民共和国成立之初隶属阌乡县阌底镇，紧临老陇海铁路。村子辖杨家，南寨，东、西泉里，李家，东、西张家和东、西堡头等9个自然村。陇海铁路南迁后，阌底火车站周围的村民居住地被称为老车站村，也归了杨家，这样算下来，杨家村下辖10个自然村。1955年5月，国家决定修建三门峡水库，杨家村及各自然村都位于水库淹没区，需要迁移。按照计划，将分三批移民到甘肃省敦煌县。在广泛宣传，做好思想工作的基础上，采取干部党员带头，群众自愿报名，乡政府审查批准的程序，第一批批准了120户600余人移民甘肃省敦煌县。

当时的村设立为小乡的杨家乡农协主席、党支部书记杨存水和南寨乡乡长陈闹狮带头报了名，并担任了杨家乡移民敦煌的带队。当时按照自然村大小和人口多少确定移民名额，大自然村安排十几户，小自然村如东、西泉里，安排五六户。据杨家村9组87岁的移民王公水回忆，当时他所在的西泉里村有4户16人移民敦煌。他家是人口最多的，有8人。到敦煌后，他家被安置在窦家敦村，参加生产队的集体劳动。后来，他由于有文化，被安排到敦煌县税务局工作。1960年，他的父母、妻女随着移民返迁潮返回了灵宝。随后，他"啥都不要了"，也返迁回来了。同村王寿来一家，到敦煌后，父母相继逝世，葬于敦煌。他与王公水一同返了回来，后投亲靠友落户在陕西省潼关县港口镇十里铺村。郑青江当时是独自一个人，到敦煌后在当地找了对象，成了家，便安家落户留在了那里。王福寿一家去时是夫妻儿子3人，回迁时又添了一子，4人。回来时先在外村居住，1962年搬回本村落户。

今年67岁的退休教师李生金，移民敦煌时5岁。父亲李春虎是党员、生产队长，带头报名迁移敦煌。他记得从阌底火车站坐上移民专列走了三四天才到甘肃省张掖市，然后又坐公共汽车，颠簸了两天才到敦煌。沿途都是戈壁滩，荒无人烟。全家去时是6人，祖父母、父母和他弟兄两个，被安置在离县城30里的闸坝庙村。当地地广人稀，住得很分散，两家之间距离1公里左右。安置的住房都是现成的农家小院。刚开始两年，敦煌的生活水平是比较好的，到了1958年"大跃进"时，浮夸风盛行，他们的生活水平急剧下降，出现了吃不饱的问题。加上移民们一时生活不习惯，水土不服，特别是敦煌的风沙大，蚊虫多，让人一下子受不了。有些移民就觉得还是老家好，于是就想返回老家。一时间返乡潮在移民中蔓延开来。从1959年上半年开始，就有人开始返迁。当时敦煌、灵宝两地政府对移民返迁采取劝阻、堵截、遣返等措施，想稳定迁往敦煌的移民。有的人竟往返了三次，每次都被劝阻回去。他们一家最后一次是趁天黑离开村子，风餐露宿步行百十公里，赶到安西柳园镇，搭上汽车到张掖，再扒上火车到灵宝。因是偷偷跑回来的，户口、粮食关系、党团组织关系全都没有。杨家村按政策不予接收，他们只得投亲靠友到黄河对岸的山西省芮城县郊区暂住了一年多。1960年，返回杨家村时还是不被接收，就又暂时栖息在堡里村，先是借住在废弃的生产队库房、饲养室等房子里，后用补发的返迁费在姆珠峪买了几间瓦房居住，这一住就是十六年。1976年，他们一家才返回了杨家村，开始时在牛头塬下打了两孔窑，第二年盖了瓦房。直到2002年，才搬迁到李家自然村居住。

后来，移民情况有了变化。杨家村只向敦煌迁移了一批移民后就再没有迁移了。从1956年到1965年的10年间迁往敦煌的绝大多数移民都因各种原因先后返了回来，有的是直接回到本村，再撵都不走，再劝就是不回，直到后来移民政策改变。有的是先落脚在其他村，如堡里村、程村乡的迁建村等，后又想方设法迁回本村。有的是落户在外村后再也没有回来。只有个别的移民或因老人逝世葬于敦煌，或因自己、子女在敦煌参加了工作，成了家，扎根落户在敦煌。也许因为杨家村移民敦煌返回的比较集中或典型，据移民老人说，1963年，敦煌县委副书记刘孟金还专门来到杨家村，动员规劝移民返回敦煌。但因移民吃了不少颠沛流离的苦头，怎么劝说都不愿再返回，刘孟金只得遗憾地离开了杨家村。

毋庸讳言，因受当时国家经济条件的局限，特别是1959年后的“三年自然灾害”，给移民工作造成了很大的被动和影响，再加上当时干部在执行政策上的“左倾”思潮和僵化教条，让移民对敦煌产生了一定的恐惧。一些移民为了返回灵宝，在数千里的旅途上辗转奔波，颠沛流离，给他们的家庭、生活、身心造成了很大的影响和伤害。杨存水和陈闹狮，一个是杨家乡的农协主席、党支部书记，一个是南寨乡乡长，当时都对党忠诚，工作积极，威望很高。他们当时积极响应党和政府的号召，带头报名移民，动员家庭成员、家族成员、周围群众移民，到了敦煌后与群众一样吃住，一样参加生产劳动。在移民要求回迁时，他们还得做群众的思想工作。在绝大多数移民包括他们的家属都强烈要求回迁后，他们才不得不回来。杨存水回到杨家村后因党组织关系未能转接，变成了一个普通的老百姓终其一生，但没有半句怨言。陈闹狮带头，与哥哥两家移民敦煌，又积极做群众思想工作，完成了上级分配的移民任务。一些群众对他有意见，在他回迁时，就有人不同意他在本村落户，几经碾转，只有他的哥哥落户本村，他后来落户在堡里村，至死未回到本村。听一些移民老人讲述当年的情景时，他们泪眼盈盈，言语迟缓，仿佛又回到了当年动员的场景：大会、小会、党团会、群众会、妇女会、家庭会、亲戚会；黑板报、大标语，“一人搬，万人安”“搬一户，救万户”。广播、口号、歌谣，“支援边疆，移民光荣”“祁连山下大平原，党河两岸好庄田；每人五亩水浇地，小麦棉花堆成山……”。出发时的场景：怀里抱着祖宗的牌位，背着包袱，携妻拉子，在敲锣打鼓，载歌载舞声中，在乡亲们、领导们的挥手中，眼含热泪，一步三回头登上西去的列车。还有长途跋涉的颠簸，满眼戈壁大漠的荒凉，黄沙漫卷的惊恐，蚊虫肆虐的无奈，亲人异地故去的悲伤，逃回后不被接收的窘境，辗转外乡寄人篱下的凄凉……无不令人唏嘘。尽管发生了这些，但老人们在讲述这段经历时，没有一人表现出对当时党中央的埋怨和对国家政策的怨言，反倒是在感叹中淡然地说，那时，国家穷，经济也困难嘛，毛主席和国家领导人都勒紧裤带过苦日子哩还说我们，表示了很理解，很淡然。总是说那些都过去了，过去了，现在好多了，好多了。

后靠迁建

1959年11月,三门峡大坝建成蓄水。因为改变了原计划,水位只在320米至325米,远低于设计的350米。因此,除已向敦煌迁出的移民外,杨家村计划的第二批、第三批移民敦煌的不再迁移,变为内迁后靠,就地安置,迁建新村。

迁移之前的杨家村地势低洼,年年都遭遇涝灾。1960年三门峡大坝建成蓄水335米时,从鸡子岭、双桥河口的北寨村北至杨家村的黄河滩全部被淹,由于北寨村时任党支部书记刘纪康带领村民在村北修了一道高渠堰挡住河水,杨家村才未被淹。现在高渠遗址就在万杨公路旁清晰可见。杨家村的一处水泊子水面基本与黄河水面同高,平时积水排不出去,造成内涝,大片土地被淹。逢雨水多时,积水进院入户,家家户户都得用锅碗瓢盆接漏水、排涝水,一些民居因常年雨水浸泡,墙体裂缝,屋顶漏水,几近倒塌。村边的土地就叫"老水地",意即地里老有水。记得有一年种小麦,地里水排不出去,泥泞得人进不了地,只好趁稍干点儿把麦籽撒到地里。

按照要求,在大坝蓄水前杨家村及各自然村必须迁建完毕,还必须迁建在海拔360米以上的地方。从1958年下半年开始规划修建迁建村,按照灵宝县移民委员会和阌底公社的规划,第一次移民迁建点选在故县公社冯家原的山珍村,随即平整土地,打土坯。后政策有变,不再出村,迁建村选在东、西泉里村南的小塬上,又开始平整土地、打土坯做准备。后又考虑小塬上地势高,坡陡,出行很困难,又放弃这个迁建点。就这样反复斟酌半年多,最后定在原村南牛头原下寨子城东西坡地为迁建点。1958年下半年选迁建点的同时,开始登记旧房、人口。1959年起边拆边建,到1960年,东、西堡头,东、西张家,杨家,李家全部迁出,安置在新建的"三湖村"。南寨村,东、西泉里村因地势稍高,1960

年以后才迁建。车站村在杨家村最北边，则迁往豫灵街，即如今的豫灵镇政府南北。按时间要求，克服一切困难，人拉肩扛，边拆边建，在豫灵街建成了老车站迁建村，但是，老车站村虽迁移在豫灵街，但编制仍归杨家村，现为该村的第一、二村民组。在豫灵村虽然按人口给老车站村人分了地，但因为老车站原来的土地肥沃，因此至今仍耕种着老车站的土地。车站村当时移民敦煌的 10 余户 50 余人，回迁后基本上都安置在豫灵街。

到后期，为了加快老村拆迁速度，赶在三门峡大坝蓄水前拆迁结束，村里的旧房子便来不及细拆，用绳子拉倒，木料抢拆抢运，那边抢建，砖瓦就不要了。新建的安置房，没有院子，俗称“排排房”，用于安置移民来的人们。

76 岁的退休教师李丹桂，说起移民迁建，虽笑容满面，却感慨万千。“我这一辈子啊！盖了六次房。每次盖房，都叫人脱一层皮。先是老村迁建，住在排排房里，刚开始还是按一家人口多少分配，后来建房速度慢，再加上移民敦煌的返迁村民，房子不够用，就一家分一间，一家数口人挤在一起。到 1963 年，又盖了一些新房才得到缓解，排排房才固定到户。那时大集体居住，吃着食堂的大锅饭，一起生产劳动的日子，现在回忆起来，觉得虽然清苦，却也充满乐趣。”

“1967 年，国家允许私人建房，给每家批宅基地，让建农家院子，我在村最西边，就是后来的西堡头，用国家补助的钱，又借了一部分，盖了三间瓦房。能建新房搬出去的都想方设法出去了，留下的人家则把排排房子进行了改造，国家也给予补助。一下子缓解了村民的居住问题。”

“第三次盖房，是弟兄们分家。我搬出老院子住到生产队的饲养室。第四次是在 1984 年，因居住在牛头塬根，耕地在老村，成天上坡下坡，拉上拉下的，人畜摔伤跌残时有发生，生产生活极不方便。各生产队就在各自的耕地上搭个庵子便于农忙时暂住。后来看水库水不再涨了,才陆续从牛头塬根搬到老村。第五次是我先在西堡头坡底盖了三间土木结构瓦房,后来又搬迁到关路南盖房。第六次是在万杨公路修通后,路基高于路南的民居地基,雨水排不出去,一部分人就又拆了房抬高地基重建,我家则搬到路北重新建房。"

其实,当时村里人从牛头塬根迁移到老村址还有个原因,就是不再内涝了。1956 年到 1970 年,陇海铁路改线,阌底火车站被撤销。北边有一关路壕,与路并行,向西经西堡头可排积水至黄河。所谓"关路",因东接函谷关古道,西达潼关,是崤函古道的一部分。后来黄河水位下降,河滩地露了出来,内涝积水排进黄河,村里新增了大面积的耕地。20 世纪 70 年代中期,高压电通到杨家村。1975 年,为了彻底改变内涝问题,村里组织劳力,由党员马发民带领成立"农业学大赛"青年突击队,利用冬闲时间靠人畜力完成了排水沟(又称退水壕)这一工程。从杨家村老村开始挖了 2000 多米隧洞,在黄河南岸开挖深 10 米宽 10 米的沟槽,隧洞建成后,又铺了一条通往河滩地的大路,一举消除了多年来内涝的难题,使村民到河滩耕种更加便捷轻松。当时人们还编了一段顺口溜赞颂这一壮举:"五七农校通了电,轧花榨油很方便;排水沟,长又宽,往北直通黄河边。"

"但愿这辈子不会再盖房了。"李丹桂老人对于屡次搬迁盖房,长出了一口气,好像是把这辈子的辛苦全部吐了出来,轻松了,舒心了。他那笑谈一生艰辛坎坷,乐观豁达的生活态度也深深地感染着村里人,对这位年逾古稀、仍耳聪目明身板硬朗的老人肃然起敬。

邓生富是 1939 年生人,曾任杨家村"迁建会计"十年。虽已是 80 岁的老人,但精神矍铄,除对一些具体数字记不起外,对当年迁建村子的情景还记忆犹新。当年迁建结束后,他经办的账目经省县公社三级审查和交叉审计,无一差错。他说,尽管当时后靠迁建时间紧,任务重,村里组织建设，群众夜以继日地抢建，建设的“排排房”一家人分给一间房屋，面临的是人多地少房屋少，但群众都能理解，觉得这样的安置比中华人民共和国成立前没有房子住强多了。邓生富还保存着1960年元旦请潼关县摄影师拍的宜家（泉里村），王家（西泉里村），李家村，杨家村，东、西张家，东、西堡头等八个村迁建前的老村村貌的照片，虽然已近60年，图像已显模糊，但照片保存完好，作为历史影像资料，弥足珍贵。他说，就保存这一套照片了，留个念想，也是个史料。可惜的是那十年间的工作笔记本和“迁建会计”账册，在几次搬家过程中失散了，要不然，把那笔记本一翻，十年的迁建史就清清楚楚了。

扶持发展

60多年前三门峡水库移民的奉献和牺牲，换来了黄河的长久安澜。伴随着祖国的繁荣富强，国家开始对移民进行补偿，支持基础设施建设，改善移民的生产生活条件，使他们及后代过上幸福安康的生活。

从移民搬迁开始，无论是移民敦煌的，还是后靠迁建的，国家、省、县各级政府根据当时的财力和移民远近、难易等实际情况，本着“国家不浪费，移民不吃亏”的精神和“节约、实际”的原则，从1956年到1965年移民迁建安置期间，或按人口，或按实物财产，在不同时期实行不同的办法、标准给予补偿。如移民敦煌的村民，灵宝县标准是每个人支付安置费200元、其他经费600元。同时，根据每户家庭房产评价后给予补偿，由移民工作队接管拆除，用于建新房的材料。小物件能带走的带走，带不走的自己变卖；对树木根据种类、树龄、木质等评价补偿；甚至坟茔迁移也按每个15元进行了补偿。

从1949年建立杨家村党组织以来，原党支部书记为杨存水、张效俊、赵丙申、姚生祥、杨生哲、马建军和现任支部书记王生财等，一届一届接力赛，团结班子成员，带领全体村民苦干、巧干加实干，对上争取政策扶持,对内艰苦奋斗,一步一个脚印改变着全村的生产生活面貌。

1965年,因为迁建的“三湖村”地势高,离耕地远,人畜饮水靠车拉人担,生产、生活都很不方便。时任大队党支部书记张效俊,为了改变这一现象,邀请专家设计,组织人员外出考察,购置水泵、水管等器材,在张家坡底打深水井一眼,在寨子城建一座小型水塔,铺设自来水管网,村民张英才、李福泰等管理这一供水设施认真负责,任劳任怨,使李家,杨家,东、西张家,东、西堡头的村民第一次用上了自来水。

20世纪70年代,时任大队党支部书记赵丙申,积极向上级申请,多方筹措资金,时任大队党支部委员宜福勤负责具体建设和管理,建起了杨家大队“机房”,后改为五七农校。五七农校有农业科学研究试验站,设有磨面机、碾米机、粉碎机、油坊、豆腐坊、铸造厂、修配厂、机床加工厂、理发店、裁缝店、卫生室、养猪场、砖瓦窑等,是豫灵社队一级创办最早的集体工业副业和农产品加工场所。对发展壮大集体经济、增加集体收入、方便群众生活发挥了巨大作用。

2006年国家有关水库移民扶持政策实施以来,通过改善村民生产生活基础设施和产业扶持开发,增强移民的“造血功能”加上移民补助、社会保险等政策的落实,使杨家村的生产生活条件得到极大改善,收入也大幅度提高。

2006年开始,国家对移民按每人每年600元连续补助20年,并为该村2008~2017年的移民扶持规划提供专项资金942万元,用于全村农业水利基础设施和村庄田间道路建设。

2010年,村党支部书记王生财和三委班子为了实现村民“生产致富、生活幸福”的目标,筹划建设“黄河移民避险解困工程”项目。2013年申报,在省市各级政府和移民管理部门的关怀支持下,2015年获批,并于当年开始实施。该项目先后投资4377万元。首先是完善基础设施,投资150余万元,修建环村道路4000米;投资200万元,硬化村间巷道8000多米，村里大小道路硬化总里程达20多千米，极大地方便了村民出行。在村主次巷道安装太阳能路灯100余盏；投资100万元，新打机井12眼，铺设地埋管道3万米，解决了全村的土地灌溉问题。投资260万元，打200多米深水井3眼，水质达到矿泉水标准，铺设了自来水管网，直接将环保优质的饮水输送到每家每户，解决了1500多户的人畜饮水问题。

其次是发展特色产业助民致富。2016年，为了发挥杨家村种植蔬菜的传统技术，利用本村沙土、黄土、黏土混合的独特土质，在黄河移民部门的支持下，投资1300万元，建起蔬菜大棚68个，完善了配套的道路、水电、路灯设施，聘请外国蔬菜种植专家和农业科研院所教授免费培训村民，有26户农民承包种植大棚蔬菜，使种菜能手有了用武之地，也使常年在外打工的村民回村凭种植蔬菜增加收入。同时，将村里的贫困户人员安排在大棚蔬菜基地打工，获得稳定收入，保障了基本生活。南寨组陈宽芳一家四人，父子残障，村里安排他们打扫蔬菜大棚区道路，每月有了固定收入，家庭生活得到改善。张家组张学忍，68岁，十多年前因女儿遭遇车祸，精神受到刺激，后来一直认为事故处理不公不断上访。村干部在做了大量细致的思想工作后，将其安排在蔬菜大棚打工，有了工作和收入，从此罢访息诉，安心生活。

如今，每个大棚年收入3万元左右，管理好的能达到4万元。南寨组村民陈玲玲，听说村里建起了蔬菜大棚，辞掉外地打工工作，回乡承包大棚种菜，既照顾了家庭老人和孩子，又挣到了大钱。她苦学大棚蔬菜种植技术，很快便成为行家里手，平时还把她的种植技术传授给其他户。在她的带动下，杨家村大棚蔬菜红红火火，效益很好。想承包一个蔬菜大棚还抢不到手哩！

村里把近三年的承包费200多万余元，除了用于平时的基础设施维护外，又投资建起新的大棚，扩大种植规模，让更多的村民有了致富的门路。

2016年村里引资建起一座1000立方米的冷库,用于反季节蔬菜的存储,使村里蔬菜种植产业链条又拉长一截,更加配套增值。

2017年,杨家村又争取到“灵宝市产业扶贫基地”项目,建立豫灵镇温氏养鸡杨家养殖小区。该项目属于温氏养殖到户增收产业扶贫计划,与贫困户签订合作协议,订单养殖。申请专项扶贫资金168万元,总投资205万元,建设1000平方米的养殖大棚7个,总占地面积51亩,规模达7万只,年出栏肉鸡可达21万只。带动贫困户30户,帮助其脱贫致富。平时的基础设施维护、环境卫生管理等,还可安排20余人就业。目前已硬化道路500平方米,水电等配套设施已完工,大棚基本建成,正在培训养殖户,将于2018年10月开始生产。

在党的富民政策指引下,杨家村民敢想敢干敢闯,积极投身到发展经济的浪潮中,在豫灵镇、灵宝市等地创办了一批企业,在繁荣地方经济,增加就业,服务社会,回报家乡等方面做出了积极的贡献。村民张丑娃、陈永让、孙建明就是其中的代表。张丑娃,2000年在豫灵镇创办了黄金大酒店和黄金宾馆,提供就业岗位200余个。2014年,为了回报家乡,筹资1700余万元,成立“杨家农林合作社”,发展现代农业。开发牛头塬,建设水、电、路等基础设施,改善了牛头塬上3000余亩坡地的交通和灌溉,栽植核桃2450亩,又引进花椒、油牡丹等经济作物,探索经济林及苗木栽植繁殖,林下种植、养殖等立体循环经济模式,通过流转2500多亩土地,带动100余名村民务工创收。陈永让2008年在豫灵镇创办凯伦大酒店,成立矿业公司,事业越干越大。孙建明1993年创办明辉超市,2001年拓展到灵宝市区,2004年成立明辉商贸公司,安排就业人员230余人。

幸福生活

杨家村因“三鳝书堂”而闻名,传承了重视文化教育的优良传统,即使以前家庭再贫穷,对子女的教育从不轻视。在20世纪70年代,杨家村是豫灵镇唯一一个设有高中班的村,所以,杨家村村民的文化水平在三省交界镇村中是首屈一指的。

2012年村里对小学进行了升级改造,投资150万元,新建教学楼一栋,改建了师生食堂,学校教学设施达到国家二类标准。2015年9月,杨家小学更名为杨震小学。

2015年,村里自筹100多万元,总投资400余万元,建设占地10多亩的全市村级首家公办幼儿园——四知幼儿园,解决了全村学龄前儿童的幼教问题。对于贫困家庭的留守儿童,村里给予生活费补助,建立留守儿童关爱项目计划,定期与外出务工的父母联络通话、视频交流等,以利于儿童的健康成长,其父母也安心在外工作。为了留住优质师资,提高教学水平,村里安排专车每周接送老师。四知幼儿园建成开园以来,教学水平在豫灵镇名列前茅,该园教师宜静在三门峡市幼教比赛中获得冠军,后代表三门峡市参加河南省幼教比赛又获得亚军。

杨家村是个大村,为了解决6000多村民的看病远、看病难问题,在灵宝市黄河移民管理局、市卫生局、豫灵镇政府的支持下,加上村里自筹资金,总投资600万元,在杨家村建起了豫灵镇卫生院杨家分院,医疗设施配套,医护人员齐全。同时与三门峡市中心医院合作,结成送医下乡协作单位,为本村村民提供了优质的医疗服务。

建设和保持干净整洁的村容村貌,改善农村人居环境,建成三门峡市文明村是杨家村的奋斗目标。为了保持环境卫生,每年投资十多万元,安排6名环卫人员清扫巷道,安排一辆铲车清运垃圾。村党支部还组织党员志愿者服务队,不定期开展环境整治,村民也积极参与。同时开展文明卫生组、文明卫生巷创建评选活动，使全体村民广泛参与，大人小孩共同创建。创建活动开展以来，从乱倒乱泼乱画、各家自扫门前雪到把垃圾送到定点垃圾池、垃圾箱，村民卫生习惯日益改变。2013年购置常绿苗木，绿化美化村庄，大路两旁，房前屋后，花木葱茏，三季有花，四季常绿，环境卫生面貌大大改善。

弘农杨氏形成于东汉，杨氏文化由来已久。以杨震“关西夫子”“三鳝书堂”“四知先生”的历史典故最为著名，杨家村就注重做好杨震这篇文化、旅游大文章。1994年，在海外华人、杨氏后裔的资助下，重修了杨震祠。1999年、2002年、2005年海外杨氏寻根拜祖团在此举行过祭祀活动。2002年，市里成立了“中国灵宝弘农杨氏文化研究会”，计划建设“三鳝书院”景区，对于推动弘农杨氏文化研究，弘扬“四知”廉政传统，凝聚民族精神，促进地方旅游，建立杨氏家规家训家风等方面进行策划、实施。在杨氏文化的熏陶下，杨家村英雄模范人物辈出，足迹遍布祖国各地。如宜家村的抗美援朝志愿军烈士宜长举；20世纪50年代带头修建“方庠渠”的河南省劳动模范邓雅量；1979年荣获河南省“忠诚人民的教育事业辛勤三十载桃李满天下”荣誉的教育工作者张英杰；一生致力于杨家村教育事业，事迹被载入“灵宝教育风采录”的模范教师、优秀校长、优秀党员李丹桂等等。

2005年，村里将1700米的杨震大道加宽取直，直通杨震祠，并且在杨震祠南面的牛头塬用柏树栽植成一个巨大的“杨”字，成为杨家村和杨氏文化的重要标志。投资1800余万元，对杨家、李家组1170人的302户民居升级改造，统一规划建设，既解决了村民生产生活的不便，又促进了村容村貌的改观。

2007年修建杨震文化广场，建设村文化大院800平方米。2016年新建美丽乡村大舞台，与杨震祠、杨震小学、四知幼儿园、豫灵卫生院杨家分院等构成杨家村文化教育卫生中心区。每当夜晚，文化广场灯火通明,各类健身器材上老人小孩争相锻炼,跳广场舞的人们伴着欢快的音乐翩翩起舞。每年农历三月十九的龙王庙会,吸引十里八乡的民众,商贾云集,各项群众活动如广场舞大赛、戏剧演出轮番登场,文化卫生科技“三下乡”、一年一度的“好婆婆”“好媳妇”“致富能手”等评比活动依次展开,热闹非凡,使杨家村呈现出物质精神文明建设的新风貌。

2018 年,村里引资修缮了水库,加固堤坝,修建道路,架设水电照明设施,疏浚泉眼,扩大水面,投放鱼苗,建成一处休闲垂钓的场地。

如今的杨家村,一年四季都有迷人的风景,精彩的故事:春天,桃花红,杏花白,风景这边独好;夏天,村庄绿荫掩映,田园五彩缤纷,景色迷人;秋天,农特产满坡满地,香飘关路两边,映红了牛头塬;冬天,冰天雪地,温室大棚里吐蕊争艳,草莓红艳欲滴,蔬菜郁郁葱葱。2017 年全村人均收入达到 12000 元。

说到杨家村这些年翻天覆地的变化,离不了村党支部的战斗堡垒作用和 92 名党员的先锋模范作用。村支部书记王生财说,每次召开党员民主生活会,都教育党员,只要你没有私心,光明正大地为群众服务,群众的心气儿顺了,自然就理解、支持、参与村里的各项工作,我们的工作也就能顺利开展。“只有群众意见少,才证明我们的工作干得好”!

谈到村里未来的发展,王生财说,现在村里已发展花椒园 3000 余亩,每亩年收入 8000 元左右;黄花菜种植 1500 多亩,每亩年收入 7000 元左右;芦笋种植也有一定规模,村里还准备兴办农产品加工项目,既解决村民的增收问题,又拉长产业链条,提高产品的附加值。

同时,以杨震祠文化中心为依托,把杨家村打造成集大棚水果蔬菜采摘、农家乐、廉政文化教育基地等多元化的乡村休闲观光旅游胜地。

谈到国家对移民的扶持和现在的幸福生活,李丹桂说,我这几十年的六次盖房过程,实际上就是我们国家改革开放、国力增强、民生改善的一个缩影,我们都是国家繁荣富强的移民扶持政策的受益者,感到十分地荣幸和欣慰。村民杨枝若老人还编了段顺口溜表达自己的感激之情:“高铁高速头上过,家家户户新院落。夜晚路灯闪闪亮,日光大棚富了我。积水不再成灾祸,政府待我真不错。”

初秋的傍晚,杨震文化广场上已是乐声阵阵,笑语盈盈,三五成群的村民正前往广场。太阳能路灯发出灿烂的光亮,照亮了干净宽阔的杨震大道,照亮了家家户户的院门,照亮了乡亲们幸福的心房。几经移民搬迁的杨家村正在感受着眼下的收获与富足。这里蕴藏着春的艰辛耕种,夏的勤奋管理,还有阳光的普照,雨露的滋润……

杨家村的明天将更加美好!

上北村到北村的演变

张跃刚

北村原来叫上北村，北临黄河，坐落在黄河边上，与老城村、后地村相邻。全村约有1500人，分别居住在上北村、东寨、西寨、东窑、西沟、老君洞等12个自然村里。过去的北村自然条件优越，因地势低洼，土地肥沃，水源充足，种植业发达。东滩以种植蔬菜为主，号称"聚宝盆"。北滩以栽植果树为主，称为"摇钱树"。村边有百亩莲池，荷花竞放，清香扑鼻，效益很好，是个"鱼米之乡"。加之临近县城，一担担新鲜蔬菜担到灵宝县城、曲沃街去卖，价高好销。许多村里人学习厨师和食品加工，到县城食堂和食品加工厂工作。虽然劳作辛苦，但村里人的生活过得富裕殷实，有滋有味。当年上北村是通往函谷关的必经之地，传说老子走到此地，看到风景优美，空气清新，在一眼窑洞中还居住了一段时间，因此，千百年来，人们把该窑洞称为"老君洞"。

三门峡黄河大坝的建成，结束了黄河三年两决口的水患，使下游两岸人民得以安居乐业。但位于库区淹没区的村子需要搬迁。上北村及其他自然村都在搬迁之列。上北村因地势较低，属于塌岸区。1960年上级政府采取"统一规划，个人自建"的方针，使全村整体搬迁上移到现在的村址，并改名为北村。当时国家的搬迁政策是按每人补助300元人民币，用建筑材料抵补。村民先是在规划的土地上箍窑，后来随着经济条件好转，逐步改造成砖混结构的平房。几度建房搬迁，家家都有一把辛苦泪，户户都有一部创业史。

在搬迁的那个年代里，物资匮乏，经济拮据，村里人都是勒紧裤带建房、生产、生活，一分钱掰成两半花，过了近20年的苦日子。党的十一届三中全会后，党和政府高度重视三门峡水库移民的安置和生活问题，实施了开发式移民扶持方针，制定了一系列有利于移民发展生产，提高生活水平的政策，让村民深深感到了党和政府的关怀和温暖。

为改善移民群众的生产生活条件，从20世纪80年代开始，灵宝市黄河移民管理局共为该村打机井18眼，起初每口机井补助10000元，后来每口机井补助15万元，累计起来，这些年为北村搬迁移民打机井，解决用水问题投入资金至少180万元左右，使全村耕地基本上实现了“水浇地”，农业生产实现了稳产高产，村民生活也用上了安全清洁的自来水。在解决出行方面，累计补助达600万元，修筑田间、巷道混凝土路15公里。村民说“如今村里一个样，巷道平直又宽畅，上地水泥路面通，夜晚路灯明晃晃。”从2007年开始，国家又给每位村民每年600元的移民补助，期限达20年。全村20家低保户，每人每年国家扶持2600元左右，全村每年扶持款约10万元以上。

现在的北村共有505户，人口约2000人左右，土地面积1300亩，农民人均年可支配收入在6000~7000元。贫困户仅有2家。主导产业以果树栽培、蔬菜种植、牲畜养殖、工艺柳编、食品加工为主。

站在村中大道上，放眼条条村巷，可以看到绝大部分村民住的都是一二层砖混结构的房子。据村党支部书记介绍，现在家家上地干活有三轮车，出行有摩托车，出远门有小汽车，据不完全统计，全村目前已拥有汽车70部。

北营村的移民故事

苏旭升

北营村是一个仅有200多户人家的小村庄，村里宽阔平坦的混凝土路两边是一排排的居民平房，有的还是两层的楼房。路边的排水渠用水泥浇筑而成，笔直、干净、通畅。每户院落的门口都栽种了常绿树木，茂盛、鲜绿。“这都是20世纪移民搬迁时统一规划的，一排排的院子，一家一院。当时，我还参与了规划的呢！”村里的原党支部书记王建华老人介绍说。

一提起当年的移民搬迁，老人的精神头一下子兴奋起来。他介绍说，我们村叫北营，是和南营村相对应的。历史上，南营和北营是老灵宝县城的驻军营地，因在县城的方位，分为北营、南营，它们就像一对展开的翅膀，保护着坐落在黄河之滨的灵宝县城。

中华人民共和国成立之初，曾有村民在村东头挖出过一块石碑，上书“关道驿路汪家营，万历24年”，也就是说北营村过去又叫“汪家营”，与此相对应的南营村过去叫“亢家营”。

北营村的姓氏主要有汪、田、李、申四大姓。村子紧邻黄河，站在村北的城墙上，放眼望去，一条黄龙自西北向东南蜿蜒而来，时而袒露宽阔胸怀，广纳地气；时而扭动纤纤腰姿，曼妙倩幻。每年四五月份，对岸山西省黄河北岸边，十里杏花白，中间黄河金黄，婉转曲折，黄白缤纷的色彩，让人目不暇接，妙不可言。

令人欣慰的是，上天眷顾北营村。黄河在村北的一片宽阔水域形成了一个天然的码头，因为地理位置的优势，形成的两个码头都能够靠岸，而且冬不结冰，夏洪水不扰。无论是重船还是空船，无论从哪个码头到哪个码头，往返的船只，纤工们只要拉一趟逆水就行了，顺流的一趟就交给河水了。

北营村人依托码头，从对岸的山西贩卖食盐，运到灵宝县城，甚至通过灵宝火车站运到外地，再把从外地运到灵宝火车站的日常生活用品贩运过河，卖给晋南一带。自古以来，北营村人凭着黄河码头一直过着衣食无忧的生活。

"从现在的村子往北走1000米，就可以看到搬迁前的老村了，原来的驻军营墙还有部分遗留了下来！"王建华老人指着前方说。

其实，王建华老人是一个不简单的人。他初中毕业后，先后在尹庄农业技术学校、河南省科学技术训练班进修学习，后分配到灵宝县科委工作。20世纪60年代初，在国家遭遇"三年自然灾害"时期，党和政府号召全社会支援农业生产第一线，王建华积极响应，回到了北营村，成为一个农民，参加农业生产。

作为拥有文化的人，王建华先后担任过村里的会计、党支部书记等职务。在改革开放，落实政策时，他本可以找组织恢复自己的工作，但他觉得农村很需要自己，就没有找过任何人，放弃了回到县科委工作的机会，安居农村。

"那就是当年的驻军营墙，搬迁以前的北营村就在墙的那边。"顺着王建华老人手指的方向，我们看到一条长长的土堆墙，营墙周围是庄稼地、枣树园。搬迁前的北营村，周围是老营房的营墙，村里的东、西两个寨子以及南场都在营墙之内。西寨子是一个生产队，大约40户人家，东寨子是两个生产队，有80多户人家。南边城墙根的一段叫南场，零零星星地住了40余户人家，组成了一个生产队。四个生产队近500人被营墙保护着，在封闭的营墙上只开了东、西两个门，既安全又顺畅。

旧北营村东西宽约600米，南北长近1000米，村子占地80余亩，除耕地外，实际只有30余亩地用于住人，居住条件相当拥挤。“我当时的家就在北营东寨的村中间，全家五人，五间土木结构的瓦房，黄土夯成的围墙，虽然低矮些，但是也宽敞明亮。父亲身体不好，弟弟年龄小，20世纪60年代初，刚刚结婚的我便成为了家庭的顶梁柱。”王建华饱含深情地介绍着自家的情况。

国家确定修建黄河三门峡大坝，紧临黄河的北营村虽然地理位置高一些，还有营墙的保护，但是，松软的黄土怎能够经得起河水的浸泡冲刷，一垛垛一块块的营墙不时倒向黄河。因此，北营村被确定为塌岸区，村子必须整体向南搬迁到1000米外的高处。

1959年，随着三门峡大坝水位的上涨，村子里的砂石坝顶不住了，黄河水边的西岭塌陷了，稍远一点的东岭也摇摇欲坠。当时灵宝县城的弘农社又安排县城两个生产队的村民暂住北营村。在居住条件极其紧张的情况下，北营人以博大的胸怀接纳了两个生产队的人，谁家有空房就腾出来，村里还安排他们参加生产，队里还给他们分粮分钱。据老人介绍说，当年，北营村几乎家家户户都有县城人插门入户居住过。直到1963年前后，县城的人们才陆续搬出北营村，安排到老城村，或投亲靠友远走他乡。

1960年开始，北营村民陆陆续续进行了南迁。新村规划的居民院落，一排一巷，一户一院，整整齐齐，宽敞大方。政府的移民补助费分三次发放，刚开始，是根据家庭居住的原住床铺数量发放的，后来按原房产数量予以补助，再后来又按家庭的人口数进行了补助，每人补助203元移民搬迁补助。

拿到补助费的居民采取自拆自建、乡邻亲朋互助合作的方式，拆掉老房，拣出木料，挖出地基石头，用架子车拉到新村。在规划的地基上建房，用老房子的木料、砖瓦、石头重新加工后，新改成一排排的新房。如果石头不够用了，就到老县城挖废弃的房子地基。那时，老县城已浸入水中,只有涉浅水去挖,挖到一块石头后,便可以顺势找到一座房子的基石了,可以挖到大量的石头。木料不够,就动用移民补助费买一点。人手不够用,雇用安徽、豫东的一些灾民,只要管三顿饱饭,每天工钱给五角钱就行了。就是在这样的条件下,新村的房子一天天盖了起来。1967 年年底,全村搬迁完毕。

说起王建华老人的住房,他说,我现在的院子就是当时搬迁时分给的宅基地,房子的主要结构是在移民时建成的五间土木结构的大瓦房,宽敞明亮,比起搬迁前的老寨子,住着要舒服得多了。后来,我重新翻新了土木瓦房,建起了砖混结构的平房,比那又好多了。"

说起后来村里的变化,据他介绍,1977 年,县里在黄河滩修筑水泥浆砌大坝 700 余米,一下子改善了当时抽水井一遇到黄河涨水,就会被侵蚀溃塌的问题,在大坝内建成群井汇流抽水站,扩大了水地面积近千亩。同时,又修建了护岸工程近千米,保证了农田耕地的安全。

1987 年,县黄委会投入 10 余万元,新打机井四眼,满足了耕地的浇灌。2006 年再次投入 40 余万元,在黄河滩新打 80 米深井四眼,铺设地埋管道 3000 余米,保证了 800 多亩黄河滩地的节水灌溉,群众年增加收入 40 余万元。

在村里的建设上,县黄河移民管理部门先后两次拨款 60 余万元,硬化了村里的主路、主要巷道以及生产道路,共计 3500 余米,大大改善了村民的生产、生活条件。

早在 1987 年,治黄部门就给北营村投资安装了自来水。2010 年又新打机井一眼,对原饮水设施进行了更新,人畜用水安全充裕丰盈。近年,市黄河移民管理部门又送来绿化树苗、太阳能路灯,在村里搞起了绿化工程、亮化工程。如今,随着村里经济条件的不断改善,几乎家家户户都翻新了住房,住上了宽敞明亮,贴了瓷片的大平房,好几家还盖起了小别墅。村里建有医疗卫生室、村民活动中心和健身娱乐设施,保障了村民身体健康,丰富了村民的业余文化生活。

现在,北营村村民除享受每人每月 50 元的移民补助费外,其他的收入呈多元化趋势,在种地、养殖的基础上,村民把时间和精力放在了务工、经商、运输、承包工程等方面。家家户户都有摩托车,全村的汽车、拖拉机、三轮车 160 多台,大班车就有 8 辆,家家日子过得都很舒坦。

谈及村里未来的发展,王建华说,现任村两委已经做出规划,将发挥北营村紧临黄河滩涂和高速公路、高速铁路交通便利的区位优势,大力发展种植、养殖和运输业,同时要将村里剩余的土地流转承包,发展农业集约化产业,让村民的幸福路越走越宽,生活越来越有盼头,日子越过越红火。

美丽的后地村

荀好望　樊博高

大王镇后地村，是一个古老而又辉煌的村庄，这里有数千年人类活动的邢家庄遗址；这里有李自成的驯马场；这里走出了为人民翻身求解放纵身跳崖的壮士谢逢；这里走出了全国劳动模范杨罗弟；这里曾被国家农业部确定为“美丽乡村示范村”；这里又是20世纪50年代黄河库区移民村，具有深厚的底蕴，光荣的历史和丰硕的成果。她像一颗璀璨的明珠，镶嵌在黄河南岸。

后地村南依铁岭，北濒滚滚黄河。三门峡大坝未修之前，后地村由四个自然村组成，自西而东是西滩、中滩、东滩，一字排开。往南一里是邢家庄。西滩以焦姓、谢姓、亢姓居多，中滩为村部、学校所在地，东滩以李姓、张姓、赵姓居多。邢家庄为荀、高、樊、杨四大姓的居住地。全村共有800多人。因村子位于老灵宝县城的背后（北边），故名后地村。

后地村地理位置优越，原陇海铁路从村子与县城之间穿过，村里人去县城需跨越铁路。后地村民以农耕为主，主要经济作物为枣树。据史料记载，后地村的大枣曾作为贡品，供清代皇宫，慈禧太后曾食用产自后地的灵宝大枣。俗话说，“靠山吃山，靠河吃河”。后地人除了农业，每年有一半时间是到黄河捕鱼增加收入。每年黄河发大水，全村男女老少齐出动，到河边捕鱼，拾鱼，拾鳖，捞河炭（水里冲的煤块），捞河柴（水里冲的树木、树枝）。妇女们和小孩则在河滩上拾鱼，一晌能拾几竹筐。捞的河炭、河柴使家家门前有柴垛，烧不完的河炭则挑到县城去卖。每遇汛期，捞炭捞柴的不但有本村人，附近十里八村的农民也赶来打捞，犹如赶集上会，人山人海，热闹非凡。

20 世纪 50 年代，农村成立的高级社极大地调动了农民的生产积极性，再加上风调雨顺，大枣连年获得丰收，不但价钱高，而且出售快，年终分红(钱)时，每个工日可分 2.3~2.6 元，一个壮劳力，每月可挣七八十元钱，当时的工人、教师每月工资才 30 多元。后地村的富裕程度当时在灵宝县首屈一指。因此，当时村里曾有不少在外工作的人都辞去公职，回乡当农民。

三门峡黄河大坝修建后，后地村大部分成为淹没区，被列为首批移民的村子，提出了三种移民形式。一是整村后移，二是分散插移到离黄河较远的非移民村，三是移居到千里之外的甘肃敦煌。

后地村的西滩、中滩、东滩因地势低，属于淹没区，邢家庄地势较高，属于塌岸区，虽也受到影响，但可以暂不搬迁。移民工作从 1955 年底开始启动。1956 年春，首先动员村民移往甘肃敦煌。当时，听说移居到“千佛洞”名胜古迹的敦煌县，同时是为国家做贡献的，村民们积极性很高，都踊跃报了名。第一批走的为先遣队员，感到很骄傲。他们被誉为后地村八百口农民的“好儿郎”，披红戴花，受到了村民的敬仰和羡慕。

后来由于政策的变化，第二批计划迁移敦煌的移民改为迁到大王公社王和大队。1959 年底，三门峡水库建成准备蓄水。经过协商，西滩第一生产队和第二生产队 200 多人迁移到王和大队，受到了王和大队干部群众的热情接待，将移民逐户临时安置到村里有富余房子的村民家里。同时，王和大队的干部全力以赴，组织人员搭建简易房，制作床板，千方百计解决移民的居住问题。接着又调整土地，安排生产，使迁入人员有地种，有饭吃。另外，除外迁到敦煌和王和村的移民外，个别户投亲靠友，分散迁移到周围的非移民村庄，使他们的生活都有了着落。

在第一批、第二批移民搬迁走后，还有400多人需要迁移到地势较高的邢家庄，这样一来，使本来就不大的邢家庄被迁移的村民挤得满满当当，原居民将能住的地方全部腾了出来，就连牲口棚里住的都是人。这样还是不能满足，有的人就在枣林中搭建简易住房，用土打墙，用席子搭棚，就算安了家。简易房透风漏雨，几代人挤在里面，生活十分艰苦。村民们平静的生活虽因修大坝而被打破了，但他们心里是亮堂的，他们知道自己的付出是为了什么，“一人搬，万人安”是支撑他们战胜困难的力量，觉得能为社会主义建设做点贡献，再苦再难心也甜。

1960年9月14日，三门峡大坝下闸蓄水。第一次拦洪水位332.8米，后地村的农田和枣林全部淹没。当时正值“三年自然灾害”时期，国家、集体经济都非常困难，移民的建房问题更是困难重重。在大队党支部的领导下，克服各种困难，在新选的村址上自力更生，重建家园。

后地村的新村建在旧村南两公里的高地上，距邢家庄约200米。1961年春，在国家移民款的资助下，移民们用原始的方法打土坯，建瓦房，形成了东西长3550米，南北长4000米的移民新村。

1965年，黄河库区水位逐渐平稳，大量滩涂地裸露出来，村民每年至少可种一季豆子或玉米，初步解决了吃粮问题，实现了温饱。经过修建、改造，增加了新的住房，使村民基本实现家家有房住，尽管是几户同居的大杂院，但总算安下了家，人们和谐相处，其乐融融。

改革开放以来，随着党和政府各项移民政策的落实，黄河滩涂的开发，枣园的发展，经济收入增加，后地村群众的生活水平不断提高。富裕起来的人们都将原来的土坯房换成了砖混结构的平房、楼房，街道规划整齐，大街小巷统一硬化、亮化、美化。村民生活不断改善，高档家具、现代电器一应俱全，交通工具不断更新，私家小汽车已由奢侈品变成了普通的代步工具。

在后地村兴盛发展的过程中，原来迁移到敦煌和王和村的移民，以及迁往其他村的移民大部分陆续返回来了，使后地村不断扩大，人口增加。后地村村民热情地接收他们，一视同仁，为他们解决了诸多实际困难，使他们融入新的生活之中，成为后地村的一员。

几十年来，党和政府及黄河移民管理部门给予后地村极大的扶持，先后投资1000多万元，在后地村西滩岸边修建护堤坝1000多米，硬化道路30多公里，打机井67眼，进行自来水改造，保证了村民生活用水，人人享受每年600元的移民补助金，使后地村的生产、生活水平得到了进一步提高。

如今，后地村的百亩荷塘、千亩枣林、千亩鱼塘已成为休闲农业的新亮点和农民增收的新增长点。整洁的村容村貌成为美丽乡村的标志，村民富裕的生活已成为小康村的代表。这一切，后地村的移民心里很清楚，是党和政府移民政策惠顾的硕果，是后地村移民艰苦创业的成果，是新时代中国特色社会主义制度优越性的结果。

铁岭塬下移民村

郭兴华

穿过灵宝市区的弘农涧河，一路向北，流入黄河。在弘农涧河东岸，一道土塬伴随着河流由南向北，这就是铁岭塬。铁岭塬北端高耸的塬头下，弘农涧河东岸有一个村庄叫沙坡村，隶属于大王镇。沙坡村南依铁岭塬，北眺黄河水，全村13个村民组，550户人家，2298人。

沙坡村一纵一横"十"字巷道位于村庄正中，纵的那条南北水泥主巷道从铁岭塬下直通三灵快速通道。"十"字巷道交叉处便是村子最热闹的地方，这里有几处门店，卖些生活用品、农资化肥等。村子南头的自然村叫小塬上，北头的叫高家滩，中间便是沙坡新村。三个自然村浑然一体，错落有致。

村子主巷道两旁，一排排砖混结构的平房或楼房排列整齐。从一家家巍然耸立的贴着瓷片、光洁铮亮的红色门楼就足以看出村民的富庶生活。村中巷道和通往田间的生产道路全部硬化。枣树环拥着村庄，村庄淹没于枣园中，每年农历七八月间，红枣挂满枝头，满村飘荡着枣香，使其成为乡村生态游的景点之一，吸引很多的城里人来这里游玩、尝枣。

明代著名的吏部尚书许进就出生在沙坡村，在任期间，功业卓著，清正为民。他有八个儿子，其中老二、老三和老八也先后官至尚书，因此，"一门四尚书"指的就是许进父子四人，在当时被传为佳话。在村民眼里，吏部尚书是天大的官，因此，也称许进为"许天官"。沙坡村现有许、秦、高、张、南等几大姓氏，许姓就是许进的后代。现在村中保留的许家大院，建筑风格古朴，四檐八滴水的房屋仿佛还在显示着当年许府的风光与尊贵。附近的梁村、北朝村、五亩、焦村等乡村散落着许姓人氏三四千人。

沙坡村曾经历过两次搬迁移民。第一次是1960年三门峡水库移民，第二次是1967年躲避滑坡隐患的老村搬迁。

三门峡大坝建成拦洪后，沙坡村淹没区和塌岸区需搬迁的有三个整队及一个生产队的部分住户，从1960年开始，急需要搬迁的是北头的十二队高家滩，有170多人。往南的二队和十三队，两个队也属整体搬迁，大约300多人。三队有四五十人需要搬迁。除个别户在外村投亲靠友外，大多户都在老村东崖上建新村安置。

高家滩有三个居住点，北崖、高家崖、秦家崖，有水浇河滩地近千亩，每年种小麦、玉米两茬庄稼及棉花等，收成较好。加之离县城近，也有开棉花店、油坊的做着生意，生活富足殷实。搬迁时，他们起初被安置在小塬上黄家沟村，分散挤住在十一队住户的窑洞里。后来，拆掉老村房子，在小塬上盖起了四十间"排排房"，算是安住了家。

搬迁后的高家滩人生活生产出现了两大困难，一个是住在小塬上的黄家沟村，种的地却在六七里的老村周围，人们往往是早上早早地赶到地里劳动，中午在老村里没有被水淹没的老窑里将就吃一顿饭，下午继续劳动到晚上才返回排排房，耕作十分不方便。第二个困难是生活用水问题，吃水要到五里长的沙坡下面的河滩里挑水，给生活带来很多的不便。因此，高家滩人在小塬上住了不到两年，又申请往下迁。上级经过实地调查，同意了他们的要求，就再拨付一笔安置费，在枣园中批了宅基地，让他们重建家园，就是现在的高家滩村。1964年底，高家滩新村基本建成，全是土木结构的瓦房。移民们从小塬上搬了下来，虽然缺吃少穿，生活艰苦，但是比起住在小塬上上地劳动和吃水困难，在这里好多了。

二队和十三队等住户,被安排在村中庙下三条土埝上打窑安置,共打三排窑洞。但是,这里是沙质土壤太不牢固,掏的窑洞还没住进去,有的就垮塌了。于是,村里重新申请,在新村址批地建房,对村民进行了二次安置。据时任移民会计的秦正芳说,他们的搬迁靠的是自力更生,团结互助,因此,吃的苦更多,受的累更大,真是一言难尽。

1966 年春,沙坡村南塬上的人们在刮风天常常听到异常的“呼啸”声,上报省公安厅后,派人下来实地调查,原来是土崖裂了很多的缝隙,大约二三寸宽,风吹入缝隙中摩擦发出的声音。时任大王公社书记樊虎娃实地察看后,立即和时任村党支部书记徐定江说:“赶紧搬村,如果土崖滑坡,全村人就有可能埋在里面”。于是,南塬上村又进行了一次搬迁。

提起往事,徐定江老人感动地说,我们沙坡村真是要感谢党和政府,尽管修建三门峡水库,我们牺牲了很多,贡献很大。但是,我村库区移民的人口当时不到全村人口的三分之一。后来,上级把我们村定为移民村,给我们的政策是优惠的,黄河移民管理部门对村里的扶持力度也是很大的。从 20 世纪 80 年代后期起,先后给村里架设供电线路 7000 余米,安装变压器 14 台,打机井 12 眼,铺设管道 12000 多米,灌溉农田 2000 多亩,并使家家户户通了电,用上了自来水。硬化村中道路 6000 米,铺垫沙石路 2000 米,方便了村民出行与耕作。又为村里建起了 680 平方米教学楼,改善了办学条件,确保适龄儿童全部就近入学。改造危房 10 多间 200 多平方米,为贫困户解决燃眉之急。近几年,投资 32 万元,帮助村民优化产业结构,改良、发展优质枣园 1200 亩,新建蔬菜大棚 100 多个,发展露地大蒜 800 亩,沙坡村蒜苔在三门峡地区已创出了品牌。发展养殖专业户 100 余个,生猪年存栏 500 多头,牛、羊年存栏都在 200 头以上。村里大力发展集体经济,加强精神文明建设,被评为“三门峡市级文明村”“河南省小康村”。

如今,沙坡村的村民深深感到,作为黄河库区移民,自己付出了一些代价,保证了下游人民的长治久安,做出的贡献很值得,很光荣。作为移民村,国家给予了大力的扶持,又享受了经济补助,心里很欣慰,很满足,很高兴。

兴衰变迁杨家湾

王院华

一

三门峡水库大坝没有建设的时候,陕州城至潼关这一段黄河,平时河面宽阔,水流平缓,是一段天然的黄金水道,承担着货物、人流东西航行和南北摆渡的重任。俗话说:天下黄河九十九道湾,九十九道湾里有九十九条船。在陕州至潼关的这段航程中,有一个著名的河湾,黄河水在这里形成了一个很大的漩涡,使东来西往的船只必须在这里转上一个大弯才能继续前行,因此,来往于陕州城、灵宝城、阌乡城和潼关城之间的漕运船只,都要到这个河湾里顺着河水转上一个大弯,稍作停歇,或装货,或卸货,或上下人员,然后扬帆继续启航。这个河湾因而得名"扬湾",久而久之,人们将其叫成了"杨家湾"。得益于这一港口优势,每条船都要停歇,使这里成为了繁忙热闹的渡口码头,集聚的人越来越多,有开店的,装卸货的,拉纤的,开船的,以及在河边土地上种庄稼的,慢慢地形成了一个人口众多的繁华村庄——"杨家湾"。

杨家湾村的历史很悠久,虽然称作"杨家湾",但与杨姓却没有多大关系,过去全村有2000多人,主要是张、王、蔡、赵、牛五大姓,其他姓氏的人口只有一两户。老村子周围有着坚固的城墙,城墙的四个角都有用砖垒起的角楼,村里人称为"魁星楼"。城墙又厚又高,把村里护卫得很安全。据村里72岁的秦一文说,他记得城墙顶部有两米多宽,老式的牛拉木轮车可以在城墙上行驶。城墙有五个城门,除了南北西各一个门外，东城墙有大东门、小东门两个城门，城门都有专人看管，按时开关大门，使村里十分安全。之前，杨家湾村不仅有水运码头的优势，村里的土地面积也很大，有9000多亩土地，虽然都是沙土壤的旱薄地，但面积大，使村里人能够一代代地繁衍生活下来。村里的张家是最有势力的大家族，经济实力雄厚，清代时曾出过几个大官。在村里有着前后几个院子相连的大宅院，全是砖木结构的大房子，飞檐挑脊，雕梁画栋，十分宏伟豪华。据今年82岁的村原党支部书记侯金锁说，老辈人传说，张家在清末时有人在京城曾任高官，慈禧太后那年躲避八国联军从西安返回北京时，还专门到杨家湾住了一夜。后来，村里还传下来慈禧太后下榻时用过的床。这些都说明，杨家湾不仅是一个古老的村子，也是一个很有名的村子。

二

杨家湾村虽然离黄河很近，但地势较高。三门峡水库大坝建设时，库区移民搬迁的标准是海拔335米以下，杨家湾村因为在这个高程以上，因此起初不是移民村。但是由于紧邻黄河，1960年水库蓄水后，上涨的库水天天冲击着杨家湾村的河岸，吞食着村里的耕地，一段一段的耕地坍塌于库中，直接威胁着村里人的生活和安全。据侯金锁说，1963年6月时，村里一位张姓村民在黄河岸边的油坊里打油，中午休息时睡在离河岸不远的一座抗日战争时期修建的碉堡上，不料突然塌岸，他和碉堡一起掉入水中，直到几天后他的尸体才在一个沟里被发现。水库的连续塌岸，严重威胁到了杨家湾村的安全，村干部向上级反映，经过逐级多次请示、汇报，直到1967年才确定杨家湾村为三门峡水库塌岸区，需要搬迁到新的地方安置。

俗话说："一辈子搬家三辈子穷"。对于杨家湾村来说，村里的搬迁更是"天时地利人和"都靠不上的时候。据说，三门峡水库大坝设计建设时,并没有考虑到塌岸的问题,只是规划将335米高程以下的村子全部搬迁,清理库底。由于水库建设期间正值“大跃进”“人民公社”及遭遇“三年自然灾害”时期,国家经济极度困难,能勤俭节约的就想尽办法节约每一块铜板,所以对后来的塌岸问题几乎没有列入移民规划。到了20世纪60年代中期,塌岸越来越严重,且不是一两个村子的问题,而是水库沿岸一批村子,反映问题的村子很多,便引起了各级党政部门的重视。但是,各级移民办因1965年黄河移民的各项事务基本处理结束,都相继解散了,再加上“文化大革命”开始了,各级党政部门开始瘫痪,找来找去,一直没有哪个部门或哪一级党委政府出面负责。推来推去,总算县里和公社答应了,杨家湾村必须搬迁,全村向后靠,建设新的村子。村里搬迁时,据说上级先拨给4个生产小队的搬迁费,其他小队的搬迁费陆续再拨,就这样,村里的人开始搬迁。但后来,随着“文化大革命”运动越来越激烈,搬迁的事没有人管了,后续的搬迁费就没有了下文。当时的大队只有根据上级拨的搬迁费“尽铁打镰”,以平均每人108元的搬迁费组织群众搬迁,不够的资金自己想办法解决。经过了两年多时间,杨家湾村除少数极其困难的几户人家没有搬以外,绝大部分都搬到了新村。由于搬迁费太少,村里人的搬迁吃了很多苦,受了很大的累。

秦一文当年正是20岁的大小伙子,对村里的搬迁记忆犹新。他说,当时搬迁的时候,老村里的房子需要全部拆除,把拆下的木头、砖瓦、石头、门窗等运到新村,盖新房子时候用,家具等所有能够带走的都要想法带走。可是,说着容易做着难,当时缺乏运输工具,村里的架子车很少。东西怎么搬?小的东西提过去就行了,大的家具就需要几个人抬。盖房子用的木料、砖瓦都是靠人力搬运的,为此,村里人可没有少吃苦受累。秦一文家五人,父亲、母亲、弟弟,他和刚结婚的媳妇。当时盖房子全凭土,先打房子四周的土墙,上面再用土坯补上。除了木料、砖瓦外,其他就是黄土和水了。院子里的黄土有的是,但新村里只有一口水井,大家都在盖房子,争先恐后地用水和泥,一口井从早上打水打到晚上都歇不住。白天排不上队,只好利用晚上挑水了。晚上,井边等着挑水的队伍还是排成了长队,父亲、他和弟弟排着队等待,直到排到跟前,挑了三担子水后才得以歇息。那时,老房子拆了,新房子没有盖成,就在院子里搭个窝棚临时住着,挡挡风寒。新房子盖好之后,根本等不得房子干透,赶紧在里面盘上火炕,用柴火使劲烧,烧干了炕,把所有的家具搬进去,人也急急地住进了新房子。虽然房子有些潮湿,住着很不舒服,但总比住窝棚强多了。秦一文盖房子的经历就是全村人家的缩影,大家都是这样艰难地走过来的。

因杨家湾村是整村搬迁,新村址是本村的土地,村子向南迁移了2.5公里远,建起的新村仍叫杨家湾。对于别的黄河移民村来说,搬到新地方后,要想种原来黄河滩里的地距离必然远了,种地很不方便了。但杨家湾恰恰相反,因为村里的土地大部分都位于原村子的南边,村子向南搬迁后,种地更近了,更方便了。村子北边的土地塌岸损失了很多,剩余的耕地南北窄,东西长,长达5公里左右。因此,在规划建设新村的时候,为了方便耕种土地,把村子分成了两个村,西边的村子叫“西点”,安置了离耕种地近的8个生产队,东边的村子叫“东点”,安置了离耕地近的6个生产队,大队部、小学、戏台等公用设施则建在两个村之间。迁移到新村的宅基地院子南北长度是统一的,皆为27米,宽度则按家庭人口多少确定,东西宽10米到15米不等。村中巷道大巷子宽10米,小巷子宽5米。新规划的村子比起原来的老村子,东西南北巷子横平竖直,宽阔平坦。时至今日,虽然村里人在搬迁中吃了不少的苦,但是对新村的规划改变了老村里又窄又弯的巷子的旧貌,感到很满意,很方便。

杨家湾的耕地虽然宽阔,但全部是贫瘠的沙土地。三门峡水库建设时，一些淹没村如西古驿村没有了土地，西阎公社就从杨家湾村拨了1000多亩土地给了人家。后来水库塌岸，又使村里损失了2000多亩土地，村里只剩余了6000多亩土地。当时搬迁时，村里有2450人，起初，土地少了，瘠薄旱地，靠天吃饭，辛苦干一年，凑合能吃饱个肚子就很不错了，有时遇到干旱之年，挨饿也是常有的事。

后来随着改革开放，土地实行了联产承包责任制，村里开始自己打机井，后来，黄河移民管理部门扶持打机井，使旱地陆续浇上水了，生产条件得到了逐步改善，粮食收成也好了起来。村里种的玉米一亩地可收500多公斤，收入六七百元。种的西瓜和棉花，一亩地收入三四千元，使村民的生活水平逐渐得到了提高。

三

进入新世纪，杨家湾村在村党支部、村委会的带领下，因地制宜，扬长避短，大力调整农业种植结构，利用村里土地面积大、沙质土壤的实际，发展芦笋、黄花菜等特色经济作物，走出了一条强村富民的新路子。

2002年的时候，刚刚担任杨家湾村党支部书记的牛好斌一直在琢磨着在村里发展什么产业，能让村里尽快走上富裕的路子。一个偶然的机会，他听说黄河对岸山西省永济市的农民利用沙土地种植芦笋，效益很高，一亩地可以收入八九千元。说者无意，听者有心，他觉得村里的土地条件与永济差不多，紧邻黄河，都是沙土壤，人家能种，效益那么好，我们也可以发展，提高土地的产出效益，增加村民的收入。于是，他立即与村干部商量，并带上村组干部跑到永济市蒲州镇考察学习。在那里，他们看到当地群众发展芦笋效益确实很高，大部分人都致了富。参观考察让他们大开了眼界，感觉找到了发展本村经济的新的突破口，当即决定在村里引进芦笋种植，发展高效农业。

虽然杨家湾村适宜种植芦笋，但是前些年，村民们曾被一些引进的所谓新品种药材、花木等蒙骗过。总是开始时说效益多么高,高价买了种子后发展,却赚不了钱,甚至还会赔钱。吃一堑长一智,村民对引进新品种,种植新作物都很谨慎了。因此,村组干部再动员,响应的村民寥寥无几。没办法,村干部们决定自己带头先种,是赔是赚自己先试试,只有试验成功了,赚钱了,现身说法再在村里推广。于是,村党支部书记牛好斌、村委主任秦光平带头在自家的责任田里试种芦笋。经过辛勤管理,第二年春天,从 4 月 20 日起,芦笋开始采收,首次采收了一个月,每亩收入 3000 多元。从第二年开始,每年采收 3 次,每次一个月,每亩收入六七千元。“每亩六七千元,这可比种粮食、西瓜、苹果强多了”。耳听为虚,眼见为实,看到村干部试种的芦笋赚了钱,村民才真正认识到了芦笋的高效益,村民们议论纷纷,都想发展。村里特有的土壤和气候条件,使长出的芦笋,笋节长,颜色鲜嫩,品质特别好,且一次播种,可连续采收多年。2003 年,全村一下子就发展了 3000 亩,几乎家家都种植了芦笋,最少的种一二亩,最多的种三四十亩,当年年底一算账,平均每亩收入 6000 元,村民总算尝到了芦笋的甜头。

杨家湾的芦笋产业发展起来了,为了提高芦笋的产量和品质,从 2005 年开始,村里又组织村民到山西永济参观学习,改良品种,实行最新的科学种植方法。后又邀请山东省曹县、河南省农科院的专家和技术人员前来指导和培训,传授先进前沿的栽培技术和改良经验。后来又从法国引进抗病力强、产量高的 301 阿特拉斯、309 阿特拉斯、大马斯、V26 等优良品种,大大地提高芦笋种植的品质和效益。杨家湾村不仅自家发展起了芦笋这一产业,而且辐射带动了周围的祝家营、大字营、雷家营、东吕店、西吕店等村发展起了芦笋,使西阎乡把其作为全乡调整农业种植结构的突破口,发动鼓励在全乡有条件的村普遍种植。2006 年,西阎乡全乡芦笋面积发展到 1 万多亩,成为乡里的一个支柱产业。

栽下梧桐树,引来金凤凰。西阎乡芦笋种植业大规模发展后,促成了加工业的成龙配套。经过乡里的招商引资,使远在西班牙的一家食品加工业对这里的芦笋原料产生了浓厚的兴趣。西班牙纳瓦拉食品工业有限公司是欧洲的一家著名老牌食品公司,有着百年的历史,且是一家上市公司。该公司管理和技术人员通过对以杨家湾村为主的芦笋种植业考察后,对这里的自然环境、种植面积、芦笋品质、交通条件十分满意。2007 年,由纳瓦拉食品工业有限公司投资的“灵宝宝励浩食品工业有限责任公司”在杨家湾的土地上开工建设。项目总投资 7240 万元,占地面积 6.6 万多平方米,于 2009 年 4 月建成投产,共拥有管理和工程技术人员 150 人,工人 1500 人。主要产品为芦笋、甜椒、豆芽等食品罐头,年可生产芦笋罐头 1 万吨,其他蔬菜罐头 5000 吨,主要出口到西班牙、德国、加拿大等国家。该厂是目前国内芦笋加工行业规模最大的、生产设备最先进的企业,年出口创汇 1009 万美元,约合 6000 多万元,为当地缴纳税款 400 多万元。宝励浩食品工业有限责任公司的兴办不仅使村里的芦笋就近销售,而且可以安排村里的部分劳动力,特别是女工,每年在 4 月至 7 月的生产旺季,杨家湾村有七八百人在厂里打工,一些妇女既可以就近在厂里做工挣钱,又可以下班后照顾老人和小孩,村里人感到十分方便和满意。

如今,在杨家湾村,不仅仅只主打芦笋这一个支柱产业,村里大力发展了黄花菜、葡萄、桃、柿子等小杂水果,使村里的经济结构更加合理,经济效益更加提高。村委主任秦光平掰着指头算了一下,目前,全村有 7500 亩土地,现种植芦笋 3000 多亩,黄花菜 2000 多亩,桃树 300 多亩,葡萄 300 多亩,柿子 100 多亩。通过两大支柱产业,三个小杂水果,走活了村里经济一盘棋,村民的收入连年攀升。据统计,2017 年村里农民年人均纯收入 7000 多元,在西阎乡是农民人均纯收入最高的村之一。芦笋发展后,村民的收入提高了,从 2008 年开始,村里掀起了改善居住条件的热潮，几乎家家户户都拆了旧房盖起了新房，现在村里基本上都是砖混结构的房子，与硬化一新的宽阔平坦的街道珠联璧合，相映生辉，呈现出了社会主义新农村的崭新风貌。

杨家湾村作为一个黄河塌岸的移民村，虽然起初很少享受到国家移民政策的扶持。后来，在灵宝县治黄工程指挥部成立及改为黄河河务移民管理局后，都把该村作为移民村在政策、资金、物资等方面给予了大力的扶持。据村党支部书记牛好斌说，20 世纪 90 年代，县治黄部门先是投资给村里打了 8 眼机井，解决了大部分土地的灌溉问题。前两年村里在修路、整修巷道时，治黄部门扶持了 30 多万元，大大地改善了村里的基础设施。近年来，村里积极向上级申报有关支农项目，得到了各级政府部门的关心和支持。前几年，实施“村村通”工程时，市交通部门扶持修通了乡里到村里的 4.5 公里的水泥路。2016 年到 2017 年，市里对村里农业综合开发项目扶持了 724 万元，使村里新打了 13 眼机井，硬化了 7.3 公路里的田间道路，这几年通过各种项目扶持，使村里的交通要道、田间道路、巷道等硬化的里程长达 30 多公里，土地实现了田园化，道路宽阔平坦，绿树成荫，渠道纵横，滴灌水管遍布田间，既实现了随时浇灌，又减轻了人们的劳动强度，使芦笋、黄花菜、桃树、葡萄、柿子以及粮食等作物旱涝保收，各项生产呈现出了现代化农业的雏形。

2007 年，国家对大型水库移民实行连续补贴 20 年的政策，杨家湾村的 2826 人都有资格每年领取 600 元的补贴，他们终于与黄河移民一样享受着同样的待遇。如今，杨家湾村村民的生活条件发生了巨大的变化，除了家家住着砖混结构的新房子，家里电视、冰箱、空调、电脑、手机、洗衣机等电器一应俱全。据村委主任蔡光平说，近两年全村新购小轿车的户很多，村里原来宽敞的街道几乎停满了小轿车。他数着户数算了一下，他所在的第 10 村民小组就有 28 辆小车，另一个组算了一下也有20多辆,这样算下来全村14个村民组1000多户,估计要有300多辆小车。

四

近年来,杨家湾村在发展经济的同时,十分重视村里的精神文明建设。在黄河移民管理部门等支持下,村里多方筹资,先后投入70万元资金,修建了村文化大院,盖起了舞台,建起了篮球场、乒乓球场,添置了体育器材,还建设完善了党员活动室、图书室、妇女康检室、综治办等,使村里文化娱乐设施的硬件齐全。2015年秋,村里新建了卫生室,配备了齐全的医疗器械,拥有两名专业医生,有效地解决了村民们看病难的问题。

杨家湾村两委班子传承着老干部们一心为民、团结协作的光荣传统,进民家,听民声,解民难,同心同德,为民服务,切切实实做实事,办好事,深受群众的信任和尊重,连续十多年获得灵宝市"五好党支部"的殊荣。在村两委的带领和影响下,全村和谐稳定,邻里团结,和睦共处,小事不出组,大事不出村,很少有大的纠纷,更没有上访问题和刑事案件,成为西阎乡最团结和谐的行政村。2015年,村委组织带领村民用了一个多月的时间,动用铲车、钩机等机械设施,拆除老旧建筑,打扫环境卫生,清理陈年垃圾,修剪树木花草,安装路灯,使得巷道村貌干净整洁,焕然一新。当年,杨家湾村获得"灵宝市美丽乡村示范点"殊荣。

杨家湾村文化底蕴深厚,群众性文化活动丰富。从清代开始,村里就有锣鼓队,创造了古老独特的旋律和节拍,通过口口相传,手手相授,一代代流传了下来。如今锣鼓队表演时,人员着装整齐,阵容强大,鼓点优美,步伐一致,别具一格。20世纪60年代,杨家湾村成立有村剧团,排练过许多剧目,既有古装戏的《十五贯》《窦娥冤》等,又有现代戏《红灯记》《智取威虎山》等,不光在本村演出,还到邻村邻乡演出,风靡一时，闻名遐迩。

深厚的文化基因被传承了下来，如今，生活幸福美满的村民们对文化娱乐活动更是趋之若鹜，项目愈加丰富多彩。从前些年只在元宵节时要社火、划旱船、舞狮子，到近年来妇女们夜晚扭秧歌、跳广场舞，男人们打篮球、乒乓球、下象棋，使村里健康向上的文化体育活动此起彼伏，常年不断。为了树立良好的村风，村里每年在“三八国际妇女节”时除了开展文化娱乐活动外，还开展“好邻居”“好媳妇”“好婆婆”“好妯娌”和“五好家庭”评比活动，弘扬主旋律，激发正能量，树立好村风，丰富了精神文明建设的内容，杨家湾村已获得“灵宝市级文明村”称号，正在创建“三门峡市级文明村”。

如今的杨家湾，生产发展、村民富裕、村容整洁、乡风文明、团结和谐，就像是黄河岸边的一颗明珠，散发着独特的魅力。

阌东村今昔

刘春龙

阌东村，是紧邻高铁灵宝西站和310国道旁的一个村庄。说到阌东村，不能不谈阌乡县。阌乡，旧县名，隋置县，1954年并入灵宝县。打开《辞海》，查到"阌"字，特指阌乡县，是阌乡县地名的专用词。阌乡县城曾经是一座古老的城池，它南依秦岭，东靠函谷关，西连潼关，是古时兵家必争之地，也是贯通东西的陇海铁路、郑西高铁、310国道、连霍高速公路的交通大动脉，还是商贾云集、货物繁阜的聚散地。据老人们讲：阌乡县孔夫子庙前有多棵大柏树，大的两三个人都抱不住。这些历经风雨的大柏树见证了阌乡县城的悠久历史。由于三门峡水库拦洪蓄水，如今的老阌乡县城已经淹没在黄河河道中，唯有城东南的残垣断壁回忆着她的昔日繁华，诉说着县城居民的搬迁历史，述说着后人们的幸福生活。

一

黄河三门峡水利枢纽1960年底基本建成并开始拦洪蓄水，水库最高蓄水位达到332.58米高程。老阌乡县城属于淹没区，需要整体搬迁。阌乡人积极响应国家号召，迅速开始了移民行动。移民共分为三支：一支自愿迁居敦煌县，有上千人；一支迁居阌东村，有七八百人；一支移民迁居现址阌乡村，有一千五百人左右。

管志兴，1931年出生，原住在阌乡县城东关街。1956年3月，作为共青团员的管志兴和爱人孙灵花积极响应移民号召，成为第一批搬迁敦煌的移民。去敦煌时,国家将老房子折价补偿,每个坟头也补偿60元。老管说:1956年至1957年,老阌乡县城东街分两批共移民110多户300多人。迁到敦煌的移民,被分散地安置在当地居民的老房子里,国家给每人补助200元住房费。因打得一手好算盘和娴熟的记账技巧,老管被安排到敦煌县税务局任会计,爱人在县百货公司上班。1967年,他们全家返回灵宝。老管讲,返回灵宝主要有几个原因:一是那里的地理环境、气候条件、生活习俗和灵宝相差较大;二是产生故土难离的情感。当时百分之九十的老阌乡人返回灵宝。返回后,当时的县迁建办继续给乡、村拨款,资助返乡移民建房。从敦煌返回阌东村的四五十户群众全部建设了新院落,老管还被村里聘请为迁建办会计。如今,老管的两个儿子,一个是养羊专业户,一个是莲菜种植专业户,都过上了幸福的生活。

现任村支书席小运是1959年出生的,和阌东村的建村同龄。当时,他们家就是由阌乡县城东大街搬迁过来的,家里8人分了三部房。席小运说:1959年搬迁时,时任村支书是郭三娃。当时由村里统一组织,在村中央集中建设安置房,建设6排房,每排36间,共216间。移民们被安顿在整齐的土木结构的房子中,基本能满足居住条件,就是没有院落,吃水也比较困难。除移居敦煌的群众外,老阌乡县城东部的七八百人全部搬迁了过来。群众称呼这里为东迁建村,即现在的阌东村。历经了近60年的变迁,仍有一排当年修建的土坯房坚强地站立在村中央,默默地见证着时光的流逝,见证着移民们的发展变化。

二

搬迁到阌东村后,为了改变村里的落后面貌,历届村班子展开接力赛,不断向上争取项目资金,齐心协力,重建家园。县乡两级政府和移民局给予了大力的支持,先后建成了一批基础设施,有效地改变了群众的生产条件,提升了群众的生活水平。阌东村由昔日贫穷的小村庄,发展成为较为富裕的大村庄。

搬迁之初,为了解决群众的吃水困难,村里新打了两眼机井,将水引到每个生产组,解决了群众的吃水问题。村里又建起了一级和二级抽水站,解决了部分农田灌溉问题。从 1973 年开始,全村群众就开始免费吃水。由于时间久远,管道破旧损毁严重,2006 年,市移民局投资 20 万元新打两眼机井,建设 300 立方米水柜一个,全天二十四小时供水,进一步解决了全村人畜吃水问题。

因修建高铁灵宝西站,车站附近的三四十户群众进行了二次迁移。2008 年至 2009 年,村里对移居村西巷的这部分群众门前的道路先行整修,硬化巷道 2680 平方米,修建下水道 1000 米。2014 年,市移民局又投资 90 余万元,对全村其他所有道路全部硬化,家家户户门前修建排污管道,彻底改善了群众的居住条件。

2015 年,市移民局投资 10 万元,在村中铺设地埋管道,配套机井建设,全村有 2000 余亩耕地得到灌溉。2016 年,市里又投资 70 万元,打了七眼机井,全村 3000 多亩耕地全部变成了水浇田。

1996 年,村里投资建设了舞台和学校。2006 年,村里自筹资金 20 万元,建起了新村部,又在舞台前安装篮球架和健身器材,完善了文化活动中心设施。通过丰富多彩的文体活动,丰富了群众的精神文化生活。

三

阌东村,绝大多数是白沙土质。搬迁之初,村里大部分是旱地,种植常规农作物小麦、玉米、棉花等。小麦亩产二三百斤,玉米亩产三四百斤,棉花亩产籽花一百五十余斤,又适逢“三年自然灾害”时期,群众的生活比较艰苦。为了改变现状,村里组织群众在黄河滩地大力种植紫穗槐，当时家家户户用紫穗条编篓子出售，阌东村成了远近闻名的副业村，群众的收入得到有效改善。

位于黄河滩边的鼎湖土沃水甜，阳光充足，这里长出的莲藕比别处的多两个孔，俗称“九孔阌莲”。它的特点是瓜大质好、肉细且白、甜脆清香、营养丰富，而且是“藕断丝不连”，即使生吃也清热泻火、爽口利痰。“阌莲”是历代皇家的必选贡品。近年来，阌东村大力发展阌莲种植，亩均收入可达万元左右。盛夏季节，当你漫步碧波万顷的莲池，清风徐徐吹拂，婀娜多姿的莲花仙子露出粉红的笑脸向你含笑致意，竞相斗艳的出水芙蓉令你流连忘返。传说中的莲花姑娘和白生的爱情故事至今还流传在阌乡人们中。阌莲在增加群众收入的同时，也成了市民休闲旅游的好去处。2007 年，《九孔阌莲的传说》还被命名为市级非物质文化遗产。

由于老阌乡县城文化基因深厚的缘故，这里的群众接受新生事物比较快。该村在 20 世纪 90 年代大力发展苹果产业的基础上，近几年，又大力发展优质小杂水果。村会计王福东说，该村发展沪太葡萄 300 余亩，胭脂红柿子 100 余亩，红不软桃子 300 余亩，黄花菜 200 余亩，亩均收入五千到一万元。该村还有 20 余户群众建设香菇生产基地，规模达到 50 万袋，每年户均增收四五万元。全村的年农业总产值达两千万元，家家户户盖起了平房，生活富足。

除农业外，该村发展运输业 5 家，购置运输车 8 台。其中席高中一家四人，跑运输买车两辆，又买了面包车和小轿车各一辆，是有名的运输专业户。目前，全村四分之一的家庭购置了小车，小车达到 100 余辆。夏季的夜晚，在灵宝西站的高铁广场上，有二三十家夜市摊点，吸引着过往行人驻足品尝，已经成为高铁广场一道亮丽的风景线。这里经营的大多数是阌东人。

在为群众办实事方面，村里坚持常年为群众免去水费；每年投资 3

万元让群众免费收看有线电视；资助教育，每年对考上一本、二本的大学生分别奖励五千元、两千元，累计奖励30名大学生；每年春节前，为70岁以上老人每人发放老年补贴50元；同时开展了好媳妇、好婆婆评选活动。如今的阌东村敬老爱幼、邻里和睦蔚然成风。80多岁的管志兴老人激动地说："现在的吃穿行用全部变了模样，党的政策就是好啊！"

采访结束时，我对村支书席小运说："阌东村的变迁得益于村里有个好班子，有一支好队伍。"然而席小运却说："我们村的变迁得益于我们有一批好群众，有一批好党员，有4+2民主集中制的好机制，遇事与党员和群众商量着办。同时打铁也要自身硬，当支书以来，我们村始终坚持零招待，没有报销一分钱招待费。"

60年斗转星移，60年持续发展，如今的阌东村，已经由搬迁初期七八百人的一个小村庄，发展到1600余人的富裕文明的大村庄。便利的交通、富裕的生活、和谐的民风述说着移民村的变迁。我相信：沐浴着党和国家政策的阳光，勤劳、朴实、自强不息的阌东人在全面建成小康社会的征程中，一定会谱写出更加辉煌的篇章！

难忘乡愁

何育森的传奇人生

姜志亮

他是个精明人，却不认识自己；他是个能人，却和周围的人们格格不入；他是个怪人，不当工人当农民；他在哪里都是“外地人”，也是唯一将全家四代人的户口三次迁入敦煌的灵宝黄河移民。

——题记

谜一般的身世

他不知道自己姓什么？叫什么？祖籍在哪里？父母亲是谁？甚至年龄是多少岁？生日是哪一天？

拿出他的身份证，出生日期一栏是1943年12月28日，可第一代身份证却是1942年3月3日。他说：“那都是胡乱填的。”

有人说他是高干子弟，也有人说他是中央领导的孩子。街坊邻居们却说：这两种说法都有可能。

他的身份最早可以追溯到1947年灵宝县城第一次解放。那年的9月12日，陈赓、谢富治兵团奔袭函谷关，解放了灵宝县城。他就是在那一天出现的。

听灵宝城里的老户人说：那天半夜里响起了一阵子枪声，国民党的守城军队全都开溜了，天明开门一看，街道两旁全都是熟睡着的解放军。半晌午的时候，城里响起了集合号，一转眼工夫，解放军就全都没影儿了。不久，人们就发现了一个三四岁的小男孩儿在街上哭。有邻居说:他亲眼看见,清早的时候,一个女解放军战士抱着这个孩子,那个女战士戴个破旧的八角帽,留个剪发头,背上背着个大斗笠……

之后,他就被城里一家姓何的人家收养,起了个小名(乳名)叫何引弟,长大后叫何育森。

何家是富户,住在城里南关药王庙街52号,是个闹市区。家里深宅大院,有一大院带木楼的房子,临街还有座两层楼,一楼是大铺面,经营着日用百货及日杂用品。前铺后院,位置好,货品齐全,人会来事儿,生意也红火,每天都有大把大把的进项。

偌大的家业,可偏偏人丁不旺,代代单传。何引弟的名字就大有深意,期盼着他能为何家招引来小弟弟,使何家人丁兴旺起来。何育森进何家时家里只有三人:奶奶,父亲何杰子,还有一个大他三四岁的姐姐何翠玲,邻居们都说她是从亲戚家抱养来的。家里的大事小情全由奶奶一人说了算,老实憨厚的父亲只有服从的份儿。

说起他父亲的妻子,也是一个谜。

村里人说:人还随和,也很精明,就是不会生育,也和婆婆总合不来,被她婆婆给撵走了。也有人说那个女人是个地下工作者,干练利落,本来就不是这小庙里的菩萨,临解放时人家找组织去了。究竟是何根底,谁也说不清。

何家眼看着就要断香火了,凭空掉下来个宝贝蛋儿。老奶奶喜不自胜,待若己出,吃饭、睡觉、上街、遛弯、守摊、走亲戚,整天拉着他像个小尾巴似得形影不离,一对空奶头一直把他吊到十多岁。

后来,三门峡修建黄河大坝,灵宝城成了淹没区,何育森全家移民甘肃敦煌。他从中原搬到了大西北,优裕的小市民一下子变成了艰辛的小农民,长年累月面朝黄土背朝天,过着土里刨食的日子。

可谁也想不到,20多年后的1969年夏天,“文化大革命”正搞得“如火如荼”时,有两位解放军战士找到了他,说是调查他的身世。声称是上边派来的,从北京出发,是按线索追到灵宝,又从灵宝一路追到敦煌来的。

奶奶和父亲一见来人,吓得手足无措,脸色都白了,慌忙把他拉进小屋里。三个人统一了口径,坚决不承认,一口咬定何育森是父亲何杰子亲生的儿子,生在灵宝,也长在灵宝,说他是“拾来”的纯属谣言。

那年秋天,何育森的岳父又从潼关家中捎来消息,说是解放军又从灵宝追到潼关岳父家里,专程调查何育森的身世,要他到西安去一下,并给了他西安的地址。

何育森这次学聪明了,他没有告诉家里任何人,一个人偷偷地坐火车到了西安,按照地址正在满街寻找时。可不成想,奶奶仿佛从天而降,突然从西安大街上冒出来截住了他。二话不说,劈头盖脸打了他一通耳刮子,拉着他扭头上车返回了敦煌。

摸着火辣辣般疼痛的脸,想想奶奶对他的亲,何家人对他的好,何育森茫然了。他在心里暗暗发誓:只要何家还有一个人在,我就不再寻找我的亲生父母。

牵狗少年

何家不缺钱,缺的是人。

何育森进了何家,就如同掉进了蜜糖罐儿,全家人都娇着他,惯着他,捧着他,宠着他,吃最好的,穿最好的,在他身上花钱从来就不心疼。长到十几岁的时候,都上完小了,什么家务都舍不得让他干。他整天游手好闲,无事可做,反倒和家里的一条大黑狗交上了朋友,给它起了个亲昵又好听的名字叫“ 小巴”(方言,即最小的孩子),整天喂它好吃的,训练它叼着东西玩儿,牵着它逛街遛弯,形影不离。

1956年的春节,在何育森的记忆里是不可磨灭的。大街小巷都在说“敦煌”,说“移民”,高音喇叭天天从早广播到晚,从节前开始就有人卖家里的旧东西。

姐姐何翠玲正是花儿一样的年龄，入了党，又是街道上的团支部书记，工作积极，热情很高，样样工作都走在前头。移民工作宣传一开始，她就给全家报了名。接着，又动员她的未婚夫一家也报了名。后来，又做通了潼关何育森未婚妻的工作，三家人便一起报名移民敦煌。

既然报了名，就要早做准备。在很短的时间内，精明的奶奶就处理完了铺面里的商品和家里的家具。政府也对家里的房产做了价，门面房每间80元，院中的房子每间50元。

农历二月初八庙会刚过，移民们就带着从庙会上买来的日常用品上了车，还有人带着杈把、扫帚。

奶奶将家里值钱的东西装了两大木箱托运，又将随身衣物包成包袱，他们四口人每人一份。当送行队伍敲锣打鼓将移民们送到火车站时，何育森牵着的大黑狗"小巴"却被挡在了车下不让上火车。

何育森急了，哭着说："不让大黑狗上车，我也不走了。"好说歹说，何育森拉着狗缰绳哭着就是不松手，送行的干部见说不通，也就答应了。他牵着狗，和奶奶、父亲、姐姐一起，挤上了大闷罐子车。车上没有凳子，大家都靠坐在各自的行李上，啃大饼，喝开水，想心思，侃大山……

因为移民到不齐，火车竟然在灵宝站上停了两天。大人们都心事重重，对前途充满了忧虑与惶惑，何育森却无所事事，只知道牵着大黑狗跳上跳下地玩儿。多少年后，每提及此事，何育森总是骄傲地说"我是河南移民中唯一将狗带上火车的人。"

闷罐子车开开停停，沿途车站不断送来大饼、锅盔和热水，人们往往也要下车去方便。三天后，火车开到了陇海铁路的终点站张掖，在街上的党校里住了一夜。生活安排得很好，吃的是面条、锅盔和牛舌头一样的大饼子。何育森觉得很新鲜，也好吃，便敞开肚皮吃了个够。

第二天,开来了一长溜苏联产的斯塔大卡车,每车坐20多个人,车队一路颠簸着驶向敦煌,中途在酒泉中学还住了一夜。没想到当车队开到安西,离敦煌只有100多公里时,突然刮起了沙尘暴,车队走不了了。因为是突发事件,事先没有生活安排,移民们只好自己解决吃、住问题。好在大家都带有大饼子和行李,都吃住在车上,没有人下车。

可是,大家看到茫茫戈壁滩上,风起之处天昏地暗,黄沙漫卷,飞沙走石,伸手不见五指。环顾四野,前途未卜,汽车在这条坎坷蜿蜒的土路上似乎永远也开不到头……祖祖辈辈生活在灵宝城里的人哪里见过这阵势。大家都不说话,人人都在想心思,有人开始想家了,大声吆喝着要回灵宝,有人开口发牢骚骂娘,也有人小声地哭哭啼啼。以至于几十年后,人们调侃那些爱哭的老乡时,总是说他们"出了嘉峪关,两眼泪不干"。

沙尘暴又整整刮了一夜,直到第二天太阳泛红的时候才停歇。汽车又开动了,下午两点钟,终于到了敦煌城里,大家的吃、住安排在敦煌县的会议大厅里。因为人太多,东街小学的操场上也搭满了大帐篷。

颠簸了好几天,大家都疲惫不堪。晚上的饭是几天来大家吃得最好的一顿,拉面条外加大饼子,尽饱吃。晚上,睡在铺着茅草的大会议厅里,一家人挤在一起一点也不觉得冷。可是,人们还是睡不着,都忐忑不安地想着心事,两眼一抹黑,人生地不熟的,不知道明天会将自己分到什么地方去,也不知道接下来等着他们的是一种怎样的生活。

次日早上,各个村里的大轱辘牛车都到了,广场上排起了一大溜。按照名单,灵宝移民被分在了县城周围的会宁、胜利等几个高级农业社。何育森牵着大黑狗"小巴",和全家人一起被分在了胜利农业社(窦家村)六队,借住在当地人的两间门房里。

村庄离城里只有5里路程,交通、生活都很方便。农业社按时给移民们供应面粉,村里人也亲热地来串门,送来了不少的咸菜和萝卜等,使这些举目无亲的灵宝人感到了早春时节的一丝暖意。

几天后，托运的行李到了。不幸的是，两只大木箱变成了一只，怎么找也找不着另一只，且丢失的那只木箱里放着家里最值钱的东西，让何育森的奶奶牵肠挂肚，心疼了好多年，也唠叨了好多年。

何育森牵着的那只大黑狗“小巴”成了全家人的骄傲。后来混熟了，奶奶和敦煌的街坊邻居们唠家常时，不止一次地和她们开玩笑：“你们连火车都没见过，连我家的‘小巴’都不如，它都坐了几千里火车呢！”

何育森的奶奶手里有钱，不久，就在窦家村里买下了六间大房子和半个大院落，又添置了些家具和生活用品，总算安下了家，似乎光景并不比当地人差。

姐姐何翠玲因原来在灵宝就是干部，工作积极，移民工作中又有不凡表现，被安排在敦煌县委工作，很是荣耀。父亲被农业社分配在果园里，负责全农业社水果的收藏与销售，也是个人人眼热的活儿。

果园面积很大，是村里的主要经济来源，可村里识字的人几乎就没有，父亲在灵宝本来就是开店铺的，识字不少且又能打会算，在这个岗位上是再合适不过了。奶奶在村里一边下地劳动，一边做家务，还时时记挂着在城里上完小的孙子何育森。忙是忙了点儿，可孩子们有出息，她脸上就光彩，人前人后总是把头抬得高高的，说话底气也很足。

1958 年“大跃进”开始了，全国掀起了“大搞工业、大炼钢铁”的高潮。可大上工业项目需要大批有知识的人才，县里搞了几次大招工，敦煌的当地人几乎就找不到几个识字人，这一下灵宝移民可占了大便宜，识字的年轻人全都招工进了工厂，拿上了粮本，端起了“铁饭碗”，当上了人人羡慕的工人“老大哥”。

何育森的父亲何杰子在“全民炼钢”的“大跃进”中，因为有文化，善经营，在公社组建的煤矿上当了矿长，他努力勤奋，心眼活泛，干出了成绩。后来，又被调往敦煌青砖厂当厂长，可性格古怪的何杰子不知道哪根筋搭错了，就是死驴拉不上套，死活不愿再当什么领导，自告奋勇，当了砖厂的一名炊事员。

“不当厂长当伙夫”这件事被灵宝移民老乡作为趣闻轶事，在茶余饭后议论了好多年。

返回灵宝

姐姐何翠玲是个思想上进、工作热情、从不考虑个人得失、永远把党和国家利益放在第一位的热血青年。她思想单纯，积极上进，到县委工作不久，就主动要求到基层去，到最需要的地方去，到最艰苦的地方去。于是，组织就安排她到敦煌县贸易公司当了中层领导，后来，又调到七里镇贸易公司当主任。

她干一行爱一行，从不分上班下班、分内分外，从不计较乡下和城里，也不在乎节假日，干起工作来不要命，身上有一股永远也使不完的劲儿，工作上的成绩一个接着一个。组织上有意培养她，推荐她到张掖财经学校去进修，毕业后，又把她调回城里，安排到敦煌县土产经理部当了会计。

1962 年国家困难时期，粮食紧张，人人饿肚子，吃饭成了天大的问题。眼看着城里养活不了那么多人了，国家便号召干部、工人、城市市民积极行动起来，下放农村，支援农业生产。

何翠玲积极响应国家号召，决心为国分忧，“我们也有两只手，不在城市吃闲饭”，再一次表现出了一个年轻共产党员的坚强党性。她苦口婆心，做通了丈夫的工作，第一个报了名。从此后，她永远失去了国家干部和城市市民的诱人身份，把户口迁到农村，下放到街道，当了一名普通的街道主任。

就在当年，她的孩子不幸夭折，思想受到了打击，整天闷闷不乐，伤心落泪，抑郁烦躁，精神似乎也出了问题。全家人都坐卧不宁，在回乡潮的推动下,一家人便强拉着她返回了灵宝。

灵宝城已经拆迁,老家是回不去了。全家人遂被县里安置在大王乡贺村,何翠玲在家休养了一段时间后,精神慢慢好了,便担任了村里的妇女干部,一直生活到现在。

粮食越来越紧张,人们的裤带越勒越紧,一天两顿连稀糊糊都喝不饱了,树皮、野菜和碱菜(戈壁滩上的一种野草)籽就成了主食。

眼看着移民们一家家都返回了灵宝,路上满是成群结队返回内地的人群,一户户移民的大门都上了锁。特别是姐姐走后,奶奶也坐不住了,一天到晚心里空落落的。

当时何育森在敦煌中学上学,正面临毕业。他学习好,思想上进,是学校里出类拔萃的好学生,很受老师们的器重,他还当着班长,又是学生会干部,上高中是没有任何问题的。他也想继续上高中,毕业后当工人,当干部,端上"铁饭碗"。可奶奶的话就是"圣旨",她做出的决定更是不容置疑的。

姐姐出嫁后,家里就剩下他们祖孙三代三口人。房子、财产、农具、日用品全都是身外之物,奶奶牙一咬,心一横,扔掉了房子和全部家当,带着他们爷儿俩,坐汽车,倒火车,一刻也不停地回到了灵宝。

老家连同整个灵宝县城都已经被滔滔黄河吞噬了。奶奶带着他们,暂时投靠在陕县西沃村的亲戚家,后又搬到了辛店村,住在了村里的空房里。何育森已经长大成人,学是上不成了,便和父亲一起在辛店街上摆地摊,做小生意,生活还过得去。在这里,何育森与从敦煌一起返乡的未婚妻举行了婚礼,组成了家庭。小两口恩恩爱爱,全家人也其乐融融。

灵宝政府对返乡移民的再安置是厚道的,人性化的。不久,何育森一家四人就被安置在虢镇公社(尹庄镇)前店村落了户,并领到了800元钱的安家费(每人200元,即80元安家费,120元小件农具费),一方木材的购买证和费用。

坎坷的人生经历磨砺了何育森坚毅的意志，也塑造了他倔强的个性。他年轻气盛，遇事好较真，对谁都不服气，一副满不在乎的样子。但很快就发现自己和村里人根本就合不来，在他眼里是当地人欺生，总用异样的眼神看待他这个外来人。他觉得这里并非久留之地，心里隐隐的有一种“此地不留人，自有留人处”的期待。

恰在这时，邻近的刘村缺少识字人，刘村的大队干部想让他去生产队当会计。正瞌睡着凭空掉下一个大枕头，双方一拍即合，他二话不说，就带着全家人在刘村落了户。

他所在的刘村生产队基本上是一个大家族，外人要融进去是很难的，更何况他也知道自己根本就不是那块料。队长的弟弟当生产队会计已经多年了，哪有他这个外来人的份儿，再说他也不敢接着个茬儿。大队干部只好让他先当记工员，有机会再说。

记工员也是实权派，直接掌握着全村劳力的经济命脉。“工分儿，工分儿，社员的命根儿”，在当时，那可是人人眼热的岗位。可他不久就和生产队长为工分闹僵了，因为他就是死活不愿意为干部的关系户多记工分。

得罪了队长，就等于得罪了全村人，记工员自然是干不成了。静下来后，他觉得自己活得特别累，特别憋屈，感到自己越来越孤立，处境越来越困难，越来越觉得他这个外来人在村里低人一等，处处受歧视。

再赴敦煌

1966年，“文化大革命”开始了，村里开始闹起了两派。眼看着大家高高兴兴地参加组织，开会、游行、呼口号、戴红袖章、批斗走资派、保卫毛主席，何育森这个外来户被冷落了，被孤零零地排除在“轰轰烈烈”的大革命之外，格格不入，他感到了空前的无奈和孤独。

他思来想去，反正自己在哪儿都是个“外来人”，倒不如在敦煌更好些,敦煌虽然苦点,可心里是踏实的。哪里黄土不埋人,为什么非要吊死在这一棵歪脖子树上。于是,他便在第二年,将奶奶和父亲先留在刘村,毅然决然地登上西去的列车,带上自己、妻子和两个儿子(一个5岁,一个2岁),一家四人又折回了阔别六年的敦煌。

常言说:人走茶凉。又道是:物是人非。

当他一家人再次回到敦煌,来到窦家村时,他又一次感到了“外来人”的无奈和无助。

离开敦煌已经好几年了,奶奶原来在窦家村买下的6间房子已经被邻居(村里原来的生产队长)一家占用了,他没有了去处,成了一个彻底的无产者和流浪者。敦煌县政府真好,仍承认他这个敦煌人,随即将他们安置在离城30多里的转渠口公社转渠口大队,住在生产队的空房里。

直到1969年,何育森与妻子苦干了两年,盖了新房,过上了正常的生活,才将奶奶和父亲接到身边,把他们的户口再次从灵宝尹庄公社刘村大队迁到了敦煌转渠口村。

何育森是个能人,也是个精明人,骨子里似乎有一种与生俱来的机械修理天赋。他有文化,又好钻研,能看懂极其复杂的机械图纸。机械修理,他一看就懂,电器操作,他一摸就会,是远近闻名的“大能人”。可他倔强,耿直,认死理,不服气,看不惯周围有些人的“势利”“嫉妒”“盼人穷”,也不服气有些人的投机钻营、见风使舵。他往往是心直口快,一开口就得罪人,和街坊邻居的关系处理得一团糟。

没有识字人,村里就将唯一的技术活儿交给了他,安排他管理大队的钢磨子。他是个不安分的人,利用工作之余又搞起了修理铺,购置了电焊机,修理自行车、架子车和农机具。技术越练越精,名气越来越大,自然钱也没少挣,可他认为那是凭本事挣的钱,挣得心安理得。这期间,妻子又给他生了三个孩子,生活负担越来越重了。

后来,不知怎么他被水库发电站的领导看中了,出高工资让他到发电站干机器维修。这一下正中下怀,他可以远离村里的是是非非,在外随便揽活,每月给生产队交上一二十元钱,村里给他记满月工分。

半年后,电站领导见他技术好,人耿直,单位也离不了,就让他填表格,转正当工人。可他就是一根筋,坚决不同意。他心里算了一笔账:一旦转了正,每个月就只能领二三十元钱的死工资,在生产队里就没有了工分,这如何能养活奶奶、父亲、妻子、五个孩子这一家九人。倒不如现在这样舒坦,天马行空,独往独来,哪里挣钱多就在哪里干,不愿干了,随时拍屁股走人,既自由又实惠。

何育森就这样,像风中的一棵大蓬草在社会上到处漂泊着,游荡着,终于等到了改革开放的那一刻。

党的阳光照亮了祖国的山山水水,改革开放的春风吹暖了敦煌大地。国家的政策改变了,经济活泛了,何育森终于可以名正言顺地大展身手了。

他把目光投向了内地。1989 年他筹措资金,在陕西省潼关县与朋友合伙,开办了百货门市部,成为灵宝移民中第一个"吃螃蟹"的人。在开办门市部的 5 年里,他仍没有放弃他的机械修理技术,不断地与朋友合作,到各地揽活,承包维修机械。先后到洛阳中国人民解放军外国语学院承包维修过空压机、柴油机,在陕西潼关、河南灵宝的故县河西林场、豫灵金矿等地承包维修过空压机、柴油机、发电机、凿岩机……

何育森终究是个小人物,也没干出什么轰轰烈烈的大事。在改革开放的最初几年里,他虽闯荡内地,几番折腾,但终于没能暴富起来。不久,他遂返回家中,就再也没能出来。

回家后,因村里已经分田到户,老人又年迈;孩子们要结婚,既要用钱,又要盖房子,负担越来越重;家里人口日益增多,事情日益繁复;又发生了几次大的变故,先是大儿子车祸遇难,妻离子散,后来二儿子又卷入一场官司而身陷囹圄,17 年后才得以脱灾成家……不顺心的事一件接着一件。作为一家之长,儿多拖累,分身乏术,浑身本事的他硬是被淹没在阡陌田畴和琐碎的家长里短之中,一直扮演着“田舍翁”和“家翁”的角色。

生活,就是这样的残忍。

难忘乡愁

寒来暑往,斗转星移,世事果如浮光掠影,60 多个春秋一眨眼便过去了。

如今的何育森早已两鬓斑斑,他四世同堂,儿孙绕膝,全家已经有 20 多人了:二儿子夫妻两人,皆在外地打工,收入也还过得去;三儿子把家搬到了城里,开了个超市,又买了几辆车跑运输,也是有儿有女有孙子的人了,儿女都已成家,孙子在县里的驾校当教练;四儿子在家种地,儿女双全,又买了小车,小日子很滋润;小女儿生活在城中村里,家庭美满,生活也顺心。

尽管他们全都是农民,生活在社会的最基层,没有一个人端“铁饭碗”,也没有一个人“吃皇粮”,所有人都领着国家发放的黄河移民补助款,可他们都很争气,生活得很踏实,也都心安理得。

眼看着儿女们一个个都成家立业,过起了有滋有味的小日子。操劳了大半辈子,呵护着一个个孙子孙女们翅膀也都长硬实了,两鬓斑斑的何育森和他的老伴儿,却很知趣地过起了毫不洒脱的“二人世界”。

和当地人比起来,何育森老两口算得上“穷人”,现在还享受着国家的“低保”,可他依然很知足,很释然。他身子骨硬朗,能下地干活,能自食其力,生活无忧,还能像年轻人那样骑着电动车满世界地疯跑,暂时还不需要拖累儿女们。唯一让他纠结不下的,仍是他那谜一般的身世,他不愿意当一辈子“外地人”,也不愿意“糊涂一辈子”,可他不知道这辈子还能不能弄清楚自己究竟是谁？还有那六间被邻居强占去的大房子，现已变成了敦煌闹市区的门面房，还是原来的老样子，可价值在百万元以上，他不知道还能不能要回来，也不知道他现在究竟该找谁？提及此事，他不禁潸然泪下，痛哭失声，伤心得像个大孩子。

追忆往昔，他极自豪地总结了自己的人生：无愧于何家，也无愧于国家。他一辈子含辛茹苦，任劳任怨，把人口寥落的何家发展成了人丁兴旺的大家族；为了"建设大西北"，他扎根敦煌，安家敦煌，把自己的一生全都交给了敦煌，也把奶奶和父亲埋在了敦煌的戈壁滩上……

六十年的磨砺，六十年的坎坷，六十年的变化天翻地覆。六十年的雨雪风霜，岁月熏陶，已经把何育森塑造成了一个地地道道的敦煌老人。

但是，永远不变的是他的乡音、乡情、乡思和乡愁……

如今的他早已年逾古稀，依然性情淳朴，爽快耿直，说话粗声大气，穿着不修边幅，可他的内心却是赤热的：他常常凝视着的方向是东方；最爱说的地名是灵宝；最爱听的方言是豫西话；最爱看的戏是蒲剧；最爱吃的是烧饼夹肉和老碗羊肉汤；最多的梦境是黄河、灵宝老城和老院……家乡的山水融入了他的血脉，老家的记忆嵌入了他的灵魂。

尽管老家只有姐姐这么一个亲人，同学和朋友也很难找寻，街坊邻居也早已断了联系，可他几乎每隔一两年都要回一趟灵宝。

住在灵宝的旅馆里他睡得特踏实；呼吸着灵宝的空气他感觉特带劲儿；吃着灵宝的饭菜他觉得特香甜；走在灵宝的大街上他感到特自信；看一场灵宝的蒲剧他觉得特过瘾；在灵宝洗个温泉澡他感到特舒坦；做一个儿时的梦他会笑醒……

在灵宝的日子里，他总爱呆呆地站在家乡的街头，凝望着熙熙攘攘、匆匆来去的人流，沐浴着喧嚣的声浪，陶醉在温暖的乡音里……

一抔黄土寄乡愁

姜志亮

深秋,敦煌的戈壁滩上西风正劲,衰草枯黄,一片萧瑟苍凉。

亢结绪披麻戴孝,搀扶着年迈的老母亲,带领着一大群白衣白孝的兄弟子侄们,默默地站立在父亲的坟前,任凛冽的风沙肆虐地翻动着坟墓上的白幡,心中愧疚难当,脸上泪水横流……

今天是父亲"攒山"(乡俗:即安葬的第三天,将坟墓培土攒 cuan 高)的日子。三天前,作为家中的长子,在父亲弥留之际,他却在四百公里外的酒泉师范学校的考场上,未能见上父亲的最后一面,这蚀骨痛心的内疚将终生折磨着他这个"不孝之子"。

他虔诚地为父亲的坟墓培上了新土,在周边垒上一圈砖石。最后,面向着太阳升起的方向,他从怀里掏出一包黄土,抖抖擞擞地将它撒在了父亲的坟头上。这是在当年迁移动身时,父亲从灵宝老家的小院里带来的一捧土,在全家人的眼里,它就是家,它就是根,它就是灵魂深处那个最神圣的精神寄托……

人们的思绪像一条无形的飘带,早已随着漫野的西风,越过无边的荒漠,穿越广袤时空,飘向了四千里外的那个魂牵梦萦的灵宝老家......

一

亢结绪的家在黄河边上的灵宝县城,住在建国街醋和巷,全家是菜农。父亲亢振清是街道的农会主席,灵宝南关街唯一的农业社主任,还侍弄着城边上的二亩水浇菜地;母亲在家相夫教子,是传统的贤妻良母;三个孩子中亢结绪是老大,上着初中,两个弟弟大的上小学,小的上幼儿园。一家五口,父慈子孝,殷实温馨,是街坊邻居们羡慕的“革命家庭”。

1955年的年末岁尾,年轻的共和国政通人和,百废俱兴。伟大的共产党带领全国人民,奋发图强,在短短的五年里,成功地医治了战争的创伤,胜利地结束了抗美援朝战争,圆满地实现了第一个“五年计划”,千千万万“翻身做主”的人们过上了幸福的新生活,灵宝城里的人们都向往着美好的远景,沉浸在无限的喜悦中。

一个爆炸性新闻更搅动得人们夜不能寐:为了黄河安澜,根治水患,落实毛主席“一定要把黄河的事情办好”的指示,国家要以举国之力兴建三门峡黄河大坝。为配合“黄河第一坝”的建设,灵宝沿黄一带的灵宝县城、阌乡县城、阌底镇、盘豆镇、阌乡镇及一些低洼村庄,被划定为黄河库区的淹没区。

灵宝县城要搬迁,县城里的人要移民了。

灵宝人的恋家是出了名的,宁可在家为民,也不愿在外当官,因此就有了“灵宝人干不成大事”的说法。更何况去的是“蛮荒之地”,古代罪囚们充军的地方。人们骨子里“宁可东去一千(里),不愿往西挪一砖”的理念根深蒂固,大家表面上不说,心里都纠结着,观望着,也期待着。

为了号召大家积极报名黄河移民,全城上下展开了前所未有的政治动员,提出了“一人搬,万人安”“搬一户,救万户”“开发西北,建设边疆,支援三门峡水库建设”等口号。从县里到街道到机关、工厂、村庄、学校大会开,小会讲,五色标语贴满了街头,高音喇叭日夜不停地广播……

安置移民的措施主要有投亲靠友、整体靠后迁移、县内安置和移民敦煌几种。特别是对移民敦煌的人们要求非常苛刻,必须政治可靠,思想积极,自愿报名,没有任何历史问题和不良表现,还要经过组织审查批准。

政府一声令下,成百上千的共产党员、共青团员、积极分子潮水般地涌向了各单位的报名处。作为街道的干部,城市贫民,历史清白,解放后党依靠的群众骨干,什么时候都不能落后,亢结绪的父亲亢振清便带头报了名,列入了第一批移民行列,并被指定为移民小队长。

亢结绪听父亲开会回来说:咱们灵宝是河南省的上等县,上级指示一定要将河南移民安置在甘肃省最好的地方,生活上绝不能低于灵宝的水平。经过灵宝代表团对甘肃省 37 个县逐个考察,咱们要去的敦煌县是甘肃省最富裕的地方,被誉为“塞北的小江南”,当地人说话咱们都能听得懂,庄稼种植品种和灵宝基本上一样,气候条件和灵宝也差不多。

实践告诉人们:听毛主席的话,跟共产党走,永远不会错。亢结绪全家人和移民们的心情一样,凭借着“翻身农民”对党、对国家朴素的信任与忠诚,凭借着“舍小家,顾大家,支援国家建设,开发大西北”的虔诚心态,感到既新鲜又好奇,都猜测着敦煌的模样,谋划着今后的生活,沉浸在对美好未来的憧憬中……

1956 年的春节过后,节日的气氛尚在,移民工作便进入了实质阶段,人们的心情开始沉重起来。

县里和街道开始对移民的房子进行登记、评估、赔偿,每间房屋和铺面赔偿 80 到 100 元钱。紧接着,便通知各家各户领取移民补助款。随即,街头就出现了变卖家具和大件农具的狂潮:一街两行,一眼看不到头的全是旧家具、旧农具、旧生活用品,且价格都极便宜,简直就是大甩卖。一口大水缸几毛钱,一个大木箱一块多钱,一个大立柜几块钱,一辆架子车十几块钱,锅碗瓢盆,铁锨镢头,犁耧磨耙……应有尽有,给钱就卖。

离动身的日子越来越近了。母亲整天忧心忡忡,却也日夜不停地收拾着可携带的衣物、农具和生活用品。虽说穷家薄业,可居家过日子什么都离不了,母亲是坛坛罐罐、瓶瓶包包什么都舍不得。在父亲的再三劝说下,含着眼泪扔掉了大部分,可锅碗瓢盆、衣物被褥、书籍文具,锄头镰刀,铁锨镢头,还是装了几纸箱,包了几包袱,捆了几大捆。亢结绪倒是“少年不知愁滋味”,与同学们高高兴兴地憧憬着新生活,蹦蹦跳跳,悠哉悠哉,嘴里唱着歌儿,一副很期待的模样。

时光好快,离家的日子很快就到了。

父亲是移民小队长,负责着第一批移民行李列车的押运任务,不能与家里人同行。临行前,将家托付给了母亲和16岁的亢结绪,反复叮嘱他路上要看好行李,照顾好母亲和两个小弟弟。最后,父亲脸色凝重地从院中抓起了几把土,小心地用手帕包起来,慢慢地揣进怀里,又在外面重重地按了几下,动作谦恭而僵硬。亢结绪清楚地看到,父亲的手颤动着,眼里滚动着泪花。

农历二月初二这天正是“龙抬头”的日子,整个灵宝城沸腾了。

大街小巷挤满了送行的亲属、朋友和群众,各机关单位、各学校都组织了送行队伍,人们敲锣打鼓,燃放鞭炮,像欢送亲人上前线,更像是欢送英雄们去远征。

亢结绪俨然一个小家长,带着母亲和两个小弟弟,每人一个小包袱,装着随身的衣物、被褥和常用药品,还有母亲熬夜烙下的几个大烙饼。

他们一出家门,就被拥挤着汇入了移民队伍的洪流中。人人脑子里一片空白,木然地被人流的潮水簇拥着往前走,耳边满是送行队伍的口号声、锣鼓声和鞭炮声。欢送的队伍一直把他们送到火车站,又送上一节节的大闷罐子车厢。

火车就要开动了。车上的移民都挤到列车的门口,依依不舍地再看一眼祖祖辈辈生活着的这块美好的家园故土，眼中满含着留恋的泪水。

故土难离，家园难别，乡愁难忘，亲情难分……

亲戚朋友、街坊邻居们拉着他们的手，含着眼泪，含着哭声，送上礼物，送上钱和粮票，一遍遍地祝福，一遍遍的握手，一遍遍地叮咛，一遍遍地嘱托：

“路上保重啊，衣服穿厚点！”

“照顾好孩子，别冻着了！”

“照看好行李啊，车上睡觉灵醒点！”

“缺啥少啥，来信，我们给你寄去！”

“实在不行，就回来啊，别硬撑着！”

……

“呜”！一声汽笛，火车徐徐开动，感情的大门瞬间被打开，车站上顿时卷起了人潮的狂涛……

黑压压的人群疯狂地追着火车，哭着，喊着，跑着，叫着……车上车下，满眼是挥动着的手臂，满耳是呼儿唤女喊爹叫娘的哭喊声……

二

西安、宝鸡、天水、陇西、定西、兰州、武威，山丹……赴敦煌的专列一路向西，风驰电掣般飞驰着，一座座城市被抛向车后。越走越陌生，越走越荒凉，一连几个小时看不到村庄和人烟，看不见生命和绿色。离家越来越远，人们的心也越抽越紧……

移民路上的安排有条不紊，井然有序，整列火车就像一个温暖的大家庭。副县长崔宽心带队送行，每个车厢都安排有带队干部照顾大家，在不停地做着鼓动工作。每隔一段就会停车让大家下车方便，沿途车站会按时送来热腾腾的大饼和开水。亢结绪一路上照看着行李，照顾着母亲和弟弟,一点也不敢大意。

青年人倒觉得挺新奇,大声地说着笑话,有人还即兴朗诵起了诗歌:

二月二,龙抬头,
我们坐着大铁牛,
咣当咣当往前走,
一直往西不回头。
……

谁也没有想到,这首随口吟咏的“顺口溜”,竟然被在敦煌的灵宝人口口相传了几十年,成了移民们怀念家乡、寄托乡愁的歌谣和怀乡曲,一直传唱到现在。

列车开了四天四夜,在太阳将要落山的时候到达了陇海铁路的终点站——张掖火车站。

下车以后的景象一下子把大家惊呆了:天寒地冻,冷气袭人,漫野风沙,一片荒凉。目击之处,房屋低矮破旧,街上冷冷清清,人们三三两两,衣衫褴褛,瑟瑟缩缩在墙根晒太阳。即使十七八岁的大姑娘也蓬头垢面,衣不遮体,光身子穿着件脏兮兮的破棉袄,两条腿冻得红明红明的,看见来人慌忙转过身子去……当年的大西北贫穷、落后,和家乡的反差太大了。人们对前途充满了深深的忧虑,有人开口粗鲁地骂娘,也有人开始暗暗地抹眼泪。

当地的接待人员非常热情,帮着人们提行李,招呼大家到就近的学校里休息。刚走进大教室,当地人就送来了大饼、馒头、大桶的热水和稀饭,使大家从心里感到了一丝早春时节严寒中的温暖。当晚,大家打开铺盖卷,就住在铺上了茅草的教室里。

第二天早饭后,学校里开来了数十辆解放牌大卡车,人们依次排队上车。车队继续向西,经过酒泉、嘉峪关、玉门、安西…… 一路浩浩荡荡，又经过四天四夜，顶着严寒，穿越料峭的风沙戈壁，在太阳泛红的时候，终于到达了敦煌县东街小学。

在学校的操场上，举行了简单的欢迎仪式后，灵宝的移民们被分到了敦煌的市区周围，分别被大轱辘牛车拉向了各个村庄，少数人被分在了杨家桥乡（现在的鸣沙镇），是敦煌县条件最好的一个乡镇。在陕县、鲁山、杞县、灵宝等诸县河南移民中，灵宝移民是最幸运的。

亢结绪一家被分在了胜利高级农业社（现在的窦家墩村），离城仅一里之遥，生活十分方便。特别是全村 80 多口人，竟有 300 多亩土地，还有 40 多亩果园，群众生活非常富裕，和家乡差别不大，母亲感到很满意。

一走进借住的农家小院，他们就被浓浓的暖意深深地感动了。整个院落收拾得干净整洁，墙角里堆放着大捆的柴禾；屋内窗明几净，清清爽爽；灶上冒着热气，桌上放着面粉，炕上崭新的被褥，伸手一摸竟然热乎乎的……事后，他们才知道，他们住的是全村最好的房子，炕上的新被褥是村里一对新婚夫妇结婚时的嫁妆。

几天后，押运行李的父亲回家了。为了照顾亢结绪在城里上中学方便，按照亢振清的意见，社里又将他们家移到了离敦煌城仅一桥之隔的地方。因为他父亲在灵宝是农会主席，被安排在胜利高级农业社任副主任（相当于现在的副村长）。亢结绪在城里的敦煌中学上学，弟弟在城内小学上学，母亲和村里人一起下地干活，一家人各得其所。

在这段日子里，他们一直生活在节日般的气氛中，享受着特殊的待遇。灵宝的领队干部到家里走访，询问情况，解决困难；村里的干部们经常里嘘寒问暖，排忧解难；街坊邻居们也不时常常来串串门，家长里短，细话桑麻，说得最多的话是“天下农民是一家”“热烈欢迎灵宝亲人”“翻身农民心向党”。

为了迎接这些来自内地的城里人，当地政府出台了一系列优惠政策,使他们倍感温暖。移民们吃的米面,政府按时供应,旱涝保收,当年绝不挨饿;为了让移民们学会做敦煌的饮食,适应敦煌的生活,村里派出做饭能手为移民家庭义务教做敦煌饭,直到教会;移民到村后休息半个月,农业社照记工分;因为移民们是从 3 月份才到敦煌的,按工分分口粮是会吃亏的,当年的移民口粮按全村人平均数分配。在之后的岁月里,移民们一旦和当地群众发生口角和摩擦,当地的干部首先批评的一定是当地人,这已经成了一种“潜规则”。

在移民安置费上国家是不惜代价的。当时干部的工资基本上是人均每月 30 元钱左右,国家为每一位移民安排了 500 元的移民费用。其中每人 100 元的安家费,200 元的购房费(政府掌握,只准买房,不用不给),100 元的救济费(统一掌握,救济用),100 元的路费。

既然要祖祖辈辈在敦煌生活下去,就不能永远地寄人篱下,一定要有自己的房子,更何况还有国家的购房款呢。亢结绪全家人商议后立即行动,敦煌的房子和灵宝的价格差不多,他们便买下了当地地主的三间大上房。房子很气派,四梁八柱一十二根檩,外加一个近一亩地的大院子,总共才要 450 元钱,后又在村里买了三间空房,花了 180 元钱。全家 5 人,按政策最多可以领到 1000 元的购房款,可他们据实上报,只领取了 630 元钱,倒觉得心安理得。

不想,二十年后国家落实移民政策,又将剩余的 370 元购房款一分不少地补发给了他们。

三

落户不久,各种意想不到的问题和困难纷至沓来,这些来自灵宝县城、阌乡县城、盘豆镇、阌底镇等地祖祖辈辈生活在城镇里的人们,立刻就失去了生存上的优越感,在大自然严酷的考验面前变得脆弱不堪,纷纷做起了逃兵,成群结队地返回灵宝。

20 世纪 50 年代的敦煌,冬天来得特别早,也特别冷。当地有句俗语“霜降霜降,火盆上炕。”是说每年的十月中旬,天气就会变冷,家家户户就要生火保暖了。十一月大地封冻,气温低达零下二十八九摄氏度,凛冽的寒风一刮就是四五天,沙尘四起,天昏地暗,呛得人喘不过气来,沙粒打的人满脸生疼。大风过后,满屋子都是厚厚的一层尘土,灵宝人哪里见过这种气候。有顺口溜说:

敦煌好,敦煌好,
风多雨少蚊子咬,
车大牛小拉得少,
一年四季穿棉袄。

敦煌村庄里各家各户的院落都非常分散,房屋都盖在田间地头,大都离有一定的距离,相隔一里地半里地很正常,三里二里的也不稀奇。而且是一户一庄,一户一院,单门独户,互不相连,村民们彼此间也很少联系,和灵宝人好群居扎堆、串门聊天的乡土民情截然不同,使移民们精神上有一种被隔离的感觉,自然而然地产生出前所未有的孤独感。

敦煌人的主食是面条,一日两餐。农民一般早上天亮出工,12 点收工吃饭;下午 2 点下地,晚上 7 点下晌吃晚餐。一日三餐,吃惯了馍菜汤的灵宝人哪里受得了。更何况灵宝人吃不惯敦煌人用发酵粉蒸的馒头,可从灵宝带来的酵子因水质不同,一蒸馍就发酸,生硬不堪,根本啃不动。

敦煌古代叫沙洲,它的四周被沙漠和戈壁滩包围着,可敦煌的庄稼地上却偏偏缺沙,土地极易板结。为了改良土壤,每年在上粪的同时,还要给地里掺上大量的沙子。

在每年的十一月上冻前,要将来年种小麦的土地耕犁浇水,上冻后往地里拉粪掺沙。开春后种小麦,俗语说“早上惊了蛰,下午用耧别”第二年三月惊蛰时,地皮稍微开冻,便摇耧播种小麦。小麦的根往下扎着,下边的冻土消融着。天气转暖,小麦快速生长。七月份小麦成熟,开始收获。

祁连山流下来的雪水中携带着大量的泥沙,淤积在水塘里和低洼处。人们要用大铁锤砸开厚厚的冻沙盖,挖取下面的沙子,用牛车拉到地里。拉沙时节,为了让耕牛充分休息,农民们往往是凌晨四点敲钟下地,早上九点收工吃饭,下午三点下地,七点天黑收工。天寒地冻,拉沙人往往是身上、鞋上、铁锨上全是厚厚的一层冰。晚上还要开会到很晚,四点又要干活。见惯了"日出而作,日落而息",很少种过庄稼的灵宝城镇移民,谁见过这样的阵势,受过这样的"症"。

敦煌人抱团,有"好丫头不出村"的婚俗习惯,村里的亲戚关系盘根错节,正如一首民谣中说的"敦煌人的亲,扯扯蔓(一种根系发达的野草)的根"。全村人几乎都是亲戚,灵宝人得罪不起任何人,也很难真正地融入他们。作为村里的"少数民族",长时间孤独地游离于人群之外,谁都会感到压抑和孤独。

最要命的是"三年自然灾害"时期,再加上苏联"老大哥"翻脸逼债,全国进入了困难时期。

1960 年挨饿时,生产队每五天发一次口粮,每人每天只发半斤粮,最后减到了三四两(十六两秤)。没有蔬菜,没有副食,还要出工干活,谁也受不了。

亢结绪的母亲又生了一个小妹,全家六口人。母亲每次都要将领回来的面粉和麸子用报纸包成十包,每包吃一顿。她要将这少得可怜的面粉和麸子掺上榆树皮、野菜和碱菜(沙漠中的一种野草,夏天生长,冬天结籽)籽,煮成一大锅糊糊,先让父亲吃,然后是亢结绪,最后才让弟妹们吃。挂在她嘴边的一句话是:"我宁愿把自己饿死,也不能把我们家的老大给饿死!"

为了一家老小,母亲只吃野菜、榆树皮和碱菜籽,从不吃带粮食的糊糊。到后来她满脸绿色，身上浮肿，几乎成了一个绿人，看着都让人心疼。

由于信息不通，人们只知道敦煌挨饿，岂不知全国都一样，各地的人们都在饿肚子。

生活上的磨难激起了人们的乡愁。在敦煌的灵宝人坚持不住了，开始大规模地返回灵宝。老乡们纷纷劝说着亢结绪的父亲亢振清：

"回家吧，与其饿死在敦煌，还不如饿死在灵宝，饿死在灵宝，还能进老坟；饿死在敦煌，就真成孤魂野鬼了。"

"回家吧，留下来的没有几个了，他们都是市民，月月有工资，吃粮靠国家，咱们比不上。"

"回家吧，你看留下来的，那一个不是参军、招工、提干、上大学后分配了工作的，人家有保障，不挨饿。"

"回家吧，人家留下来，是因为与敦煌人结了儿女亲家，有了靠山。咱们算什么！"

"回家吧，村西头的那一家留下来，是母亲埋在戈壁滩上，他们没法回去了。"

"回家吧，回到灵宝后，国家还发安家费，发口粮，比这儿强多了。"

……

不管乡亲们如何劝说，亢振清总是不紧不慢地解释说："你再看看咱们灵宝、阌乡、陕县这些河南各县的带队领导，哪一个回去了？我是社主任，大小也是人前头的人，要听党的话，要听组织的话。我是带着一大帮人来敦煌的，等到我带来的人都走光了，我才能走。要不，对不起组织，也没脸见我带来的人！"

眼看着灵宝老乡一家家都回乡了，移民的房子里空空荡荡。亢振清依然坚守着他的信仰，他是翻身农民，只能听党的。他爱灵宝，也爱敦煌这片热土。在他的心目中做人是要有一点精神和气节的，更何况同在蓝天下,哪里的黄土不埋人!

他仍尽职尽责地履行着副社长的职责,尽心尽力地忙活着农业社里的集体生产。他把家乡棉花管理中“脱裤腿”“打花稍”“掰花芽”等整枝打叉的先进经验在村里大力推广,有效地提高了当地的棉花产量。

回灵宝探家时,他收集了很多蔬菜种子。结合敦煌的土质和气候条件,改进栽培技术,将灵宝的西红柿和刺黄瓜引进敦煌,栽培成功,推广开来,使家家户户都吃上了鲜黄瓜、西红柿,极大地丰富了人们的“菜篮子”和“菜盘子”,深受当地群众的欢迎和拥戴,大家都亲切的叫他“亢黄瓜”“亢柿子”。

四

亢结绪是个学习刻苦、性格豪放、理想远大、意志坚毅的青年。在学校,他是成绩优秀的“好学生”;在家里,他是父母亲心中的“好儿子”;在村里,他是人见人夸的“好小伙”。1960 年困难时期,他不忍心让家里人忍饥挨饿过苦日子,正在上高中的亢结绪毅然决然地离开学校,他心疼自己的父亲和母亲,更心疼年幼的弟妹,他要肩负起家庭生活的重负,独自去闯荡人生。他想通过自己的努力,干出一番事业,来改变自己的命运,也改变家庭的命运。

他在青海绵羊育种站育过羊,在村里当过会计。1964 年,他凭藉着扎实的基础考入了酒泉师范学校高中制师范班,一年后毕业,在孟家桥公社当上了一名小学教师。端上了“铁饭碗”后,他努力地工作着,把学校当作自己的家,把学生当成自己的孩子,用满腔的赤诚报效着敦煌的父老乡亲,报效着脚下的这一方热土。

工作之余,爱好文学创作的他难忘乡愁,积极收集河南移民在敦煌的素材,积累资料,决心创作一部反映河南移民生活经历的长篇小说。

可谁又能想到，就是这样一位有着文学梦想的青年，命运之神竟然如此苛刻，使他的人生之路上充满了坎坷、泥泞与荆棘。

1965 年，就在他一年的教师试用期即将结束，将要转为正式公办教师的时候，敦煌的“四清”(清思想，清政治，清组织和清经济)运动开始了。有人举报了他三大问题：

一是收集反党资料，创作反党小说。特别是《惠煌河畔的母女》一文中，有移民母女暗夜里在戈壁滩上找羊时的一段景物描写，原文是“夜很黑，远处狼在叫，近处狐狸在哀鸣。”被说成是影射、污蔑共产党领导下的中国社会政治黑暗，豺狼当道。说他“利用小说反党，是阶级敌人的一大发明。”

二是他在村里当会计时，贪污了村里的二斤棉油和五十斤面粉。实际情况是：为了群众少挨饿，他暗地里和县棉花加工厂管理员商议好，以每斤棉籽八分钱的价格，从加工厂买回 1200 公斤棉籽，打成油分给了社员。管理员当时提出要二斤棉油和一袋面粉，他和队长就照办了。为了保住管理员的公职和名誉，亢结绪只好自己一口承担了下来。

三是说他在给社员分配承包果树时，每个社员少收了五角钱的承包款，是挖了社会主义的墙角。此事基本属实，可那是和队长商议过的。

“四清”工作队收缴了他的小说素材，审查后作出了“材料没有问题”的结论，并将小说素材当众销毁。贪污问题令其全额退赔，包括少收群众的果树款(他和队长每人一半)，对他工作上作出了“延长试用期一年”的决定。

1966 年，史无前例的“文化大革命”开始了，两派内斗，对方无限上纲上线，对他“利用小说反党”一事揪住不放，继而进行残酷的批斗和迫害。1970 年，敦煌革命委员会虽口头上“以四清工作队结论为准”，澄清了他的政治问题，却作出了“停止转正，回农村劳动”的处理决定。

随即便被下放到原籍三危公社窦家墩大队当了农民。

在当时,这样的决定对一个家庭来讲,仿佛晴天霹雳,简直就是塌了天。一个人人尊敬的人民教师、国家干部,转眼间就变成了村里的农民,失去了工资和“铁饭碗”,还被街坊邻居看作“阶级敌人”。全家人在村里都受到了歧视,低人一等,抬不起头来,亲戚朋友见了面也冷漠得形同路人,就连走路都要避着走。

突遭劫难,众叛亲离……亢结绪把眼泪和委屈咽到肚子里,承受着常人难以承受的压力和打击。

他是一个执着的人,从骨子里对党和国家有着一种执着的信任,他相信乌云遮不住太阳,总有一天,组织会还他清白的。因此,在这样恶劣的政治环境中,他没有自暴自弃,没有怨天尤人,也没有产生过返回灵宝的念头,他执着地坚守着……

1978 年 11 月,“四人帮”被粉碎后,“文化大革命”结束,国家开始“拨乱反正”,纠正“冤假错”案。亢结绪终于被恢复公职,平反昭雪了。拿到平反通知的那一天,他百感交集,把自己锁在了屋子里,再一次伤心地哭泣了好长时间。他为逝去的青春和归来的清白而哭泣。

雨过天晴,云开雾散,蒙冤多年,一朝洗雪。甩掉了精神上的枷锁,亢结绪的人生又步入了坦途。

随即,他被安排在郭家堡中学教书。1979 年水淹敦煌后被调入教育局负责救灾工作。1980 年又考入张掖师范学校(河西大学)进修。

1982 年进修毕业后,他被调进市里,受命一个人去创办敦煌县广播电视大学工作站。

亢结绪感到一身轻松,他终于可以放开手脚大干一场了。

他先后办起了电大汉语言文学班,党政干部专修班,法律班,医疗班……一门心思地投入到了教学工作中。他一个人白天晚上连轴转,没有节假日,又要招生,又要辅导学生,又要组织教学,还要维护设施,值班护校……他身上有一股使不完的劲儿,多少次上门辅导,几乎摸熟了所有学生的家门。六年中,他辅导了汉语言文学、文艺概论、历史等十多门课程,夜以继日,呕心沥血,为敦煌的社会主义建设培养了一大批德才兼备的专业人才。

细算起来,他培养的学生如今已遍及各地,有省政协的秘书长、办公室主任,有地区人大主任,有 5 人当上了副书记、副县长,有 80 多人当上了科局级领导干部,还有更多的科技人员和业务骨干……真可谓桃李满天下。

他付出了辛劳,收获了成功,也赢得了社会的认可和人们的尊敬。从 1985 年起,亢结绪担任了敦煌市第三、四、五届政协委员,直到退休。

五

如今的亢结绪早已退休,赋闲在家,成了一位年近八十岁的古稀老人。经过了人生的大起大落,他依然精神矍铄,神清气爽,心理很阳光。

说起往事,他记忆犹新,滔滔不绝,往昔的磨难都成了今天骄傲的回忆。谈及移民敦煌的得失感受,他感触良多,而最让他引以自豪的莫过于他的五个子女和一大群孙子们:

大女儿亢灵芝,甘肃省中医学院毕业,现为敦煌市中医院副主任医师;

儿子亢进,大学专科毕业,现任莫高镇副镇长;

二女儿亢红梅,兰州医学院毕业,现在七里镇医院工作;

三女儿亢冬梅,兰州医学院毕业,现任敦煌市国土局办公室主任;

小女儿亢春梅,毕业于甘肃广播电视大学和北京广播电视大学(进修),曾担任敦煌市电视台主持人,现任敦煌市图书馆副馆长。

大孙子王博宏,中国科学院博士研究生;

二孙子亢敏睿,在黑龙江中医药大学读大三。

另外几个孙子,都正在读初中或念小学,且个个都是聪明活泼的好孩子,都是亢结绪的"开心果"和"宝贝蛋儿"。

这一切,应该归功于他的言传身教,归功于他的祖训家风。

时间真是个神奇的东西。经过六十多年的风风雨雨,坎坷磨砺,亢结绪变了,由一个风华少年变成了一位宠辱不惊的老头儿,变成了一位知识渊博的学者,变成了一个地地道道的敦煌人……

但,永远未变的是他的乡音和乡愁。

每隔几年,亢结绪都要回一趟灵宝。尽管那里已没有了他的亲人,同学和朋友也大都已经过世,街坊邻居们也早已星散四方,难以觅寻……但他还是要到家乡走一走,看一看,哪怕是站在家乡的土地上,远远地望一眼灵宝老城的方向,心里也觉得热乎乎的。电视上偶尔看到灵宝的新闻,他也会见人就说,激动上好几天。

他还给我讲了一个河南老乡的故事:

敦煌街上住着一对从河南来的移民夫妻,男的叫孙继良,市五金公司干部,老家在河南杞县,来敦煌前在三门峡地质队工作。妻子秦慧霞,市民,灵宝县城南关街人。2013 年,68 岁的妻子患了癌症,夫妻俩难忘乡愁,商议着再回一趟老家。他们从杞县返回后,到洛阳上了火车一路向西。当火车到达灵宝时,两人觉得家乡已经没有亲人了,下了车也无处可去,就犹犹豫豫着没有下车,一直回到了敦煌。当年妻子病危,临终前,她内疚地含着眼泪,反反复复地对丈夫说:"我们当时为什么不下车,即或是站在车站上,远远地望一眼灵宝城也好啊……"

六

2016 年,是灵宝人移民敦煌 60 周年。清明节那天,年已 77 岁的亢结绪再一次踏上了家乡的土地,跪在了爷爷奶奶的坟前。他自知已是暮年,夕阳西下,再回灵宝的可能将会很渺茫,禁不住老泪纵横,失声痛哭。他发誓:有生之年,只要是还能爬得动,就一定要再回灵宝,为爷爷奶奶上坟!

这就是乡愁,亢结绪们的乡愁,令人纠心纠肺般的乡愁!

夕阳下的老人

姜志亮

深秋的敦煌,夕阳灿照着绿树掩映的农田和村庄,四野里一片静谧与宁和。

从市区往北15公里,有个转渠口乡阶州村,村里的农家小院里,住着94岁的陈桂荣老人。她便是健在着的灵宝黄河移民中年龄最大的一位。

夕阳晚照下,已是风烛残年的老人,斜躺在轮椅上,白发飘拂,岁月的沧桑和坎坷的阅历在她脸上留下了深深的印记。她说话已经很吃力,思维却异常的清晰。

真是人生若戏。她的一生,就像是一出跌宕起伏的大戏。

她清楚地记得,他的家住在河南省的灵宝县城里。丈夫曾全章是菜农,还做着小生意;她在灵宝打包厂(灵宝花纱布公司)当拣花工;女儿曾凤来上着小学。一家三口,生活殷实而甜蜜。

1956年春天,为了三门峡黄河水利工程,为了"建设祖国大西北",作为厂里的先进典型,她带头报了名,与丈夫、女儿一起,毅然离开了家乡,离开了她工作着的灵宝打包厂,汇入到移民敦煌的洪流之中,把家安在了敦煌县第九乡(陇西桥村)。放弃了国家工人的身份和"铁饭碗",无怨无悔地当起了农民。那一年她34岁。第二年(1957年),她在敦煌生下了儿子曾建强。

六十年前的敦煌树木很少,防风林带还没有成型,气候异常恶劣。春天里,沙尘暴一刮就是好几天,飞沙走石,天昏地暗;冬季里,天寒地

冻,冷到零下二十八九摄氏度;盛夏里,热得人心焦,蚊子又特别多,不用马粪烟熏根本就睡不成觉。移民们编了顺口溜:

敦煌三大宝,
车大牛小拉得少,
蚊子还要把人咬,
黑了睡觉马粪燎。

"三年自然灾害"时期,全国粮食紧张,加上苏联"老大哥"逼债,更是雪上加霜。敦煌的日子根本过不下去,一天三顿榆树皮、碱菜籽、妈妈菜拌着面粉吃,喝着稀糊糊,还要一天三晌下地干活。到了后来,竟然连稀糊糊都喝不上了。

眼看着生活不下去了,便在1960年的冬天,等到生产队年终决算后,卖去家中值钱的东西,一家四口又返回了灵宝。这也许是她觉得一生中最后悔最内疚最对不起组织的一件事。

她忘不了回乡的日子,灵宝老城被黄河淹没了,家也没有了。他们只好投亲靠友,住在川口乡史家窝重家坡村头的破窑洞里。没有户口,也没有安置,吃饭没有着落,生活十分艰难。全家人一直在城里,在平原上生活着,从来没有在山区里待过,翻沟越岭非常不习惯,挑水时常常把水桶滚下沟底。看到生活如此艰难,有一次,5岁的儿子曾建强竟然发火了,用稚气的声音学着大人的口气大声喊叫着:"×他妈,咱们回敦煌!"

全家人吃惊地都笑了,笑着笑着又都哭了……

1961年夏天,无奈中四口人又两手空空地回到了敦煌,遂被安排在转渠口乡阶州村落了户。一家人省吃俭用,相濡以沫,日子一天接着一天往前走,一直走到现在。

光阴似箭,日月如梭。六十年的时光一瞬而过,不知不觉中她已成了一个完完全全的敦煌人,一位年近期颐的老人。她也知道自己已经行将就木、去日无多,可人到暮年,却偏偏爱怀旧。老伴去后,她才知道最难打发的是时光,还有那日复一日的漫漫长夜。她整天把自己泡在过去的回忆里,静静地,反思着也在总结着自己的人生。

坎坷的移民岁月丰富了她的人生阅历,给她留下过太多的悲伤,也带来过无尽的欢欣和希望。

老人心里明白:是她把全家搬到了敦煌,把女儿带到了四千里外,把丈夫永远地留在了戈壁滩上,也把自己的大好年华奉献给了这片异乡的黄土地……她时常在心里反反复复地问自己:这一切,值得吗?

老人的心里还时刻牵挂着另外一家人,那是她的弟弟赵随年一家,弟弟也已经是坐在轮椅上的80多岁的老人了,就住在同一个村里,相隔着好几里路。当年,是她动员弟弟全家来敦煌的,两家人同时迁移,又一同返回灵宝,再一起迁回敦煌……1959年,弟弟在敦煌参了军,在中蒙边境当了5年兵。复员后,他当过乡里的会计和辅导员,1969年回到村里务农,虽也儿孙满堂,生活丰裕,两家人来往也频繁。可步入桑榆晚景后,她更觉得故土难忘,亲情难分,对弟弟有一种巴心巴肺的牵挂。

更让她不能释怀的是:弟弟的父亲赵清山多次穿梭于灵宝和敦煌,最后一次在返回敦煌途中,竟然因浮肿病死在了火车上,埋葬于柳园车站,后来坟墓被毁,成了孤魂野鬼,至今连个烧钱化纸的地方都没有了……这一切,她不知道弟弟会不会在心底怨恨她这个同母异父的姐姐。

她清楚地记得:是在改革开放以后,敦煌的变化才一天比一天大,村里的日子一天比一天富,家里的光景一天比一天强,移民们的心情也一天比一天好……

岁月磨砺,时光荏苒,老人的心底早已像枯井一样的平静和沉寂,像高天上的白云一样闲适和坦然。

昔日的往事都成了模糊的记忆,身边的世界似乎越来越淡漠,唯有家乡仍让她魂牵梦萦。每当看到家乡来人,她总是激动得坐卧难宁,寝食不安。从灵宝老家带来的所有老物件都没了踪影,那本编号为第67665号的《中华全国总工会会员证》则成了老人唯一的珍藏。那上面清晰地写着:

姓名:陈桂荣;年龄:32岁;住址:六和巷;服务部门:灵宝花纱布公司;职务:拣花工人;服务地址:二马路二号;入会年月:1949年7月30日。

那暗红色的小本本,从灵宝到敦煌,跟了她一辈子,如今却成了老人唯一的念想。在老人心里,那就是家乡,就是组织,就是她青春的记忆,心灵的守护,精神的寄托,情感的归宿……

傍晚的微风吹拂着温馨的农家小院,夕阳给宽大的屋宇涂上了一层金辉,后院的羊群里传来了"咩咩"的羊叫声。看着儿子收好了《会员证》,老人的思绪又拉回到了现实中。

老人的儿子曾建强很争气,高中毕业后被招聘到乡里农科站,成了一名农业科技人员。

孙辈们个个也都是好样的,让她自豪不已:大孙子把家搬到了敦煌城里,小日子过得很甜蜜;孙女在敦煌电信局工作,一家人生活很顺心;小孙子大学毕业后,成了国家的公务员,家庭很美满——多么和谐的一个大家族啊!

如今,老人很知足:亲人绕膝,子孙满堂,殷实富足,幸福安康。人生若斯,一世还有何求!

人生一世,草木一秋。老人已到了得失不计、宠辱不惊的年纪,可看着敦煌的变化,她还是从心里感到欣慰与自豪。她深深地知道:这变化与灵宝移民的无私奉献分不开,也有她自己的一份功劳。

有人说她:"你是中华人民共和国成立前参加工作的,若不来敦煌,是要享受离休待遇的,弄不好就是国家离休干部,最起码也应该是离休工人。拿着高工资,享受着全额公费医疗,逢年过节有单位慰问,小病小灾有人看望,还有护理费,就是百年以后吧,子女们还可以领到十几万元的安葬费……”

也有人问她:“来敦煌后悔不后悔?”

沐浴着暖融融的晚霞红晖,老人没有回答,她抬头看了看天边的落日,又看了看这殷实的农家小院,面对着身边的孩子们,她会心地笑了。那灿烂的笑容,像极了天边那抹绚丽的晚霞……

豫西风情播敦煌

姜志亮

敦煌历来为丝绸之路上的重镇，是国家历史文化名城。

敦煌也是个典型的农业县，它位于河西走廊的最西端，周边被大面积的沙漠戈壁所包围，属暖温带气候。年降雨量只有39.9毫米，而蒸发量却高达2400毫米以上。日照充分，昼夜温差大。特殊的地理环境和气候条件，铸就了当地人们粗放的农业种植模式和粗犷的生活习俗。

20世纪50年代，随着灵宝移民的大量涌入，这一切都在悄悄地发生着变化。他们这些拥有时代大情怀的人们，把敦煌作为第二故乡，在这块异乡的土地上，艰苦创业，挥洒青春。同时，他们也把豫西地区优良的文化理念、先进的耕作习惯以及淳朴的民俗风情一同带进敦煌，融入到人们生产生活的方方面面，有效地提高了生产效率，改善了当地群众的生活质量，改变了传统的乡风民俗，为敦煌的社会进步、经济发展、文化繁荣做出了不可磨灭的贡献。

一

60年前，尽管敦煌这块沙漠戈壁中的天然小盆地光照资源丰富，土质肥沃，灌溉条件好，但终因闭塞和落后，仍然沿袭着传统单调的农业种植方式，重播种，轻管理，甚至只播种不管理，望天吃饭，农作物品种少，产量一直不高，经济效益较低。主要农作物只有棉花、小麦、玉米等，也种有少量的西瓜、甜瓜、蔬菜。

灵宝移民到了敦煌以后，依然采用着家乡精耕细作的耕作方式，把田埂地畦整得方方正正、平平整整，除掉田中杂草，打碎大土坷垃。在棉田里和田埂上套种一些玉米、绿豆、黄豆、芝麻等。在小麦种植上，改交叉播种为行播，改善了通风透光条件，改变了农业种植结构。既提高了土地的利用率，一熟变多熟，又提高了农作物产量，增加了经济收入。

老城移民师映辰第一个将架子车引进敦煌，被庄户人家视为人见人爱的“香饽饽”。它有效地降低了劳动强度，提高了劳动效率，成了当时农村里先进的农用运输工具，和“车大牛小拉得少”的大轱辘牛车形成鲜明的对比，彻底结束了大轱辘牛车在敦煌城乡一统天下的局面。

盘豆镇移民将豫西的木制织布机和纺织、印染技艺带进敦煌，因为布幅宽，速度快，操作简便，劳动强度低，织出的布质地细密，花色品种多，深受当地妇女的欢迎，比当地妇女织得又粗又硬、布幅又窄、色彩又单调的土布强多了，很快就被推广应用，彻底淘汰了当地的老旧织布机和纺织技艺。

敦煌人以面条为主，每天少不了拉条子，却很少吃蔬菜，冬天里只有酸白菜，常年里大多吃的是腌制的整颗咸韭菜。人们不善于种菜，菜田里蔬菜品种也不多，一年四季白菜、萝卜、韭菜、大葱就那么几种。灵宝人以馍、菜、汤为主，顿顿离不开新鲜蔬菜，生活舒适惯了，刚开始根本不习惯。渐渐地，移民们将家乡人爱吃的凉粉、凉皮、浆面条等日常小吃的制作在敦煌推广开来，不成想当地人也爱吃，便有人在敦煌街上开起了小饭铺，专门做这些小吃，也因此赚了不少钱。

后来，在移民们回乡探亲中，将家乡的蔬菜种子带到敦煌，就有了西红柿、圆茄子、刺黄瓜、丝瓜、冬瓜、大辣子、脆皮甜瓜、南瓜等多种蔬菜瓜果，增加了蔬菜品种，改善了饮食结构，丰富了“菜篮子”和“菜盘子”，提高了生活质量。

阌乡移民从家乡带来了“三白瓜”籽，在敦煌种植成功。这种西瓜白籽,白瓤,白皮,个大皮厚,含糖量高,口感特好,一个能长几十斤,且产量高,特耐储存,成熟后能放好几个月不变质,特别适合敦煌人“西瓜泡馍”的饮食习惯,比当地拳头大、碗大的传统小西瓜强多了。一经推广,就被大面积种植。

老城移民亢振清将家乡棉花管理中“整枝打叉”“打花稍”“脱裤腿”的先进经验在村里大力推广,加强了棉花的田间管理,控制了棉株疯长,使棉花通风透光,结桃多,落桃少,棉铃大,棉絮长,有效地提高了当地的棉花产量和质量,为生产队增加了集体收入。

他还将灵宝的西红柿和刺黄瓜引进敦煌,栽培成功,推广开来,使家家户户都吃上了鲜黄瓜、西红柿,极大地丰富了人们的“菜盘子”,深受当地群众的欢迎和拥戴,大家亲切地叫他“亢黄瓜”“亢柿子”。

陕县移民杨理发将圆茄子、芝麻成功地引进敦煌,获得大面积推广。他又将家乡的红薯、花生在敦煌栽培,因气候、土质等因素,虽已成功,但产量不高,未能推广开来。

在如今的敦煌,无论是闹市区里的高档酒店、小酒馆,还是乡下的炒菜馆、大排档、农家乐,菜谱上都有一道引以自豪的招牌菜——茄辣西,当地人津津乐道,被誉为美味佳肴。其实,说白了就是将茄子、辣椒和西红柿三样蔬菜在一起清炒,装盘后,确也色泽鲜丽,美味爽口。究其始末,这不能不说是我们豫西移民的一大贡献。

二

敦煌县虽说缺雨缺雪,但绝不缺水。

20 世纪 50 年代,敦煌县的地下水位很高,平地里两三米就能挖到水。还有祁连山绵延不断的雪水,通过党河日夜不息地流向四面八方,滋润着域内的农田和村庄,在原野上形成无数的池塘和水洼,一年四季有用不完的水。

可是,人们的生活用水却要到村外的水塘里或是低洼处的水坑里去挑,路远不说,且泥沙很多。人们在水中洗衣洗脸,牛羊也常常出入其中,也很不卫生,挑回家后需要沉淀澄清后才能饮用。

灵宝人很不习惯,便在院子里开始打井。井很浅,只有两三米深,一半天功夫就能挖成。这一下,解放了劳动力,完成了一次用水革命。人们喝上了干净水,不用再到远处挑水了,最重要的是彻底改变了人们的卫生习惯和庭院环境。用水方便了,人们讲究了,穿着干净了,屋内整洁了,庭院变绿了。后来到了20世纪70年代,陕县移民韩云回乡探亲,看到了邻居家里的压水井,他灵机一动,看到了商机,便把豫西地区的压水井技术和设备引进敦煌,使家家户户用上了压水井。给群众生活带来了极大的方便,他也从经销设备配件中获得了几十万元的利润。

当时的敦煌人受环境条件限制,衣服、被褥、床单全部都是自己用棉花织成的白色粗土布。灶膛大都不用烟囱,烧火用的是红柳树枝、刺芽子、干牛粪、骆驼粪等,烧锅做饭时烟熏火燎满屋子烟,衣物、被褥及所有东西都被熏成了灰黑色。当地人不知道洗被褥,长时间不拆洗,根本看不出本来的颜色,衣服也长年累月不换洗,汗渍积累,脊背上都结成了厚厚的硬甲。屋里院外,人们也不大收拾,凌乱不堪,厚厚的一层尘土。人们长时间也不知道洗澡洗脚,甚至好长时间不洗脸,一点也不懂得讲究卫生。特别是有人留着大胡子,穿着羊皮袄,龌龊腌臜,老远都能闻着一股刺鼻的怪味。用当地人的话说,天天都是风沙天,到处都有沙土飞,洗了也是白搭,一会儿功夫又脏了。

灵宝移民热爱生活,恋家也爱家。他们来了以后,天天洒水,把庭院里打扫得干干净净,拾掇得清清爽爽,再栽上枣树、苹果树、梨树、石榴树等,搭上葡萄架,种点花花草草,防风遮阴,既美观又温馨,还有水果吃,使小小的庭院充满了生活情趣。

移民们用从家乡带来的风箱烧火做饭,用家乡的传统盘炕技术将灶膛与炕连接起来形成火炕,砌上烟囱。不但做饭时厨房里不再烟熏火燎,节约了柴薪,省去了每天晚上烧炕的麻烦,又自然而然地解决了冬天里全家人晚上睡觉的取暖问题。更重要的是,厨房、堂屋、房间及整个屋内居住环境焕然一新,变得干净了,亮堂了。

妇女们更是讲究,她们按照家乡的乡风民俗和生活习惯,把院落和屋里收拾得有条有理。从老家带来的织布床单、被褥洗得干干净净,铺得平平展展,叠得方方正正。厨房、灶台经常擦洗,整洁如新,桌椅板凳也擦得起明发亮。她们天天洗脸,饭前洗手,时常洗澡洗脚,洗衣晒被。下地干活时扎上裤脚不进沙土,收工回家后,先用鸡毛掸子掸去身上的灰土,然后洗手洗脸再进厨房做饭,干净利落,倍感清爽。

出门进城或是走亲戚,都要换上新衣服、新鞋袜。特别是妇女们,大襟白衫黑裤子,圆口黑鞋白袜子,搭配得格外得体,白衫袖口再挽上一圈,装个手帕,别个发卡,就显得特精神,特时尚,也特讲究。

妇女们做饭时戴上围裙,小饭桌上摆上盐罐罐、醋瓶瓶、辣碟碟、蒜碗碗、小勺勺之类,一家人坐着小马扎,围着小炕桌一起吃饭,家长里短,细话桑麻,说说笑笑,其乐融融。

灵宝移民逢年过节,或是娶媳妇嫁闺女,或是小孩过满月,都要提前好多天打扫屋子,拾掇院子,还要贴对联、剪窗花、挂门帘、糊灯笼,欢天喜地,亲戚来往,既增添了生活情趣,又营造了热闹、喜庆气氛……

先进的事物总是有着强烈的感染力,它能穿透时空、地域和民族的隔膜,彰显出异乎寻常的辐射力和影响力。这些灵宝移民司空见惯的日常生活习俗,对敦煌人却震动很大。他们一开始还觉得挺新奇,挺麻烦,可天长日久,潜移默化,这些进步的乡风民俗和良好的生活习惯慢慢地影响了他们,感化了他们,改变了他们的乡俗理念和生活习惯,也被他们所接受,所效仿,所提倡,所应用。

三

文明礼貌是灵宝人的传统美德。敦煌人到灵宝移民家里来串门，同辈们会热情地打招呼。例如说“老李，你来了，屋里坐。”小辈们会称呼他“老李叔，您好”，孙辈们会称呼他为“老李爷爷”，既礼貌，又亲切，人情味儿很足，就像一家人似得。

可灵宝移民到敦煌人家里去聊天，不管是同辈、儿辈还是孙辈，全家几代人众口一词，一律称呼你为“老李”“老赵”或“老何”。听着冷冰冰的，既别扭又伤面子，有一种公事公办的官场味道，让我们的灵宝移民觉得很不舒服。

再比如问路，我们灵宝移民会很礼貌地称呼人家说：“大叔，麻烦你问一下，去××怎么走？”

可敦煌人问路，根本不用称呼，直接打招呼：“吠，去××咋走？”且“吠”字发音很重，声音很大，用以唤醒对方，引起注意。这种方式使灵宝移民很不习惯，也闹出过笑话。说是一灵宝移民娶了一个敦煌媳妇，带回灵宝探亲。问路时一声“吠”，把路边一老头儿吓了一大跳，逃跑似地扭头便走。

灵宝移民这些文明礼貌的言行举止，久而久之，就渐渐模糊了东西地域文化上的鸿沟，影响了当地群众的语言习惯，在整个灵宝移民和当地居民当中营造了文明礼貌的大氛围。

由于距离遥远，各种因素的制约，灵宝和敦煌两地的文化理念、文化素质、文化水平和教育程度差异较大。

我们的移民全部来自于灵宝城镇地区，有着较高的文化素质，相当一部分人都识字，青年人多数都受过学校教育，和敦煌文化教育落后，学校少，整个村找不到识字人的情况形成了明显对比。

移民到村后，大多数识字的移民被安排到重要的岗位上，很多人当了会计和村干部。在后来的“大办工业,大炼钢铁”运动中,敦煌急需一批知识人才,充实到工业生产第一线。灵宝的青年移民发挥了优势,只要是识字的,大都被招了工,成了拿着粮本、端着“铁饭碗”的国家工人。年龄较大的,也都成了当地集体企业的行政骨干或业务技术人员,为敦煌的建设和发展奉献了各自的知识和才华。

灵宝县的教育水平在洛阳地区乃至全省是出了名的,据说当年灵宝一高招生考试,计划招生 200 人,可学区内数学成绩考满分的学生竟然有 300 多人。我们的移民学生到敦煌后,无论是初小、完小、初中还是高中,大多数都成了学校里品学兼优的好学生,受到了老师和同学们们的器重,班干部也大都由移民学生来担任。

1956 年,随着豫西移民的大量涌入,使西域重镇敦煌的城乡人口由三万四千人很快变为了四万三千人。更重要的是,改变了当地的知识结构,冲击了当地群众传统的文化理念,加快了敦煌文化教育事业的发展速度。在那个特定的历史时期里,灵宝移民在敦煌的经济建设、政治建设、文化建设和社会建设中奉献了他们的青春和赤诚,付出了心血和汗水,做出了无私的贡献。

文史集萃

关于根治黄河水害和开发黄河水利的综合规划的报告

国务院副总理 邓子恢

（节选自一九五五年七月十八日时任中华人民共和国国务院副总理的邓子恢，在第一届全国人民代表大会第二次会议上的讲话。）

各位代表：

现在我代表国务院作关于根治黄河水害和开发黄河水利的综合规划的报告。因为这一规划所涉及的不止五年，它的第一期工程就需要到一九六七年才能完成，所以需要作为第一个五年计划以外的单独的问题来讨论。

黄河问题是全国人民所关心的。黄河是我国第二大河，从青海的约古宗列渠发源，流经青海、甘肃（包括原宁夏省）、内蒙古、陕西、山西、河南、山东等省区，在山东利津以东入海，全长四千八百四十五公里。黄河流域的面积，按自然地理的观点计算（以地面的水是否流入黄河来划分流域的界限），是七十四万五千平方公里。我们在这里为着经济统计上的便利，仍按过去习惯，把黄河所经青海省、甘肃省、内蒙古自治区原绥远省部分、陕西省、山西省、河南省、山东省的全境，加上同黄河密切相关的河北省的全境，都算作黄河流域的范围。黄河流域是我国历史的发源地和文化的摇篮，在一个长时期内是全国政治和经济的中心。据一九五四年统计，黄河流域共有耕地面积六亿五千六百万亩，占全国耕地面积百分之四十；其中，小麦播种面积占全国的百分之六十一点七,各种杂粮播种面积占全国的百分之三十七至百分之六十三不等,棉花播种面积占全国的百分之五十七,烟叶播种面积占全国的百分之六十七。黄河流域的地下富源有煤、石油、铁、铜、铝和其他大量矿藏。在黄河流域各省区,工业正在迅速发展,许多新的工业城市和工业基地正在建设中。

黄河流域还有一项非常重要的资源,这就是黄河水系本身。根据近几十年的水文观测资料,黄河的多年平均水量约为四百七十亿公方(立方公尺),虽然只约有长江的多年平均水量的二十分之一,但是只要充分利用,却可以把灌溉区域扩大到一亿一千六百万亩土地,在这个灌溉区域内可以使粮食增产一百三十七亿斤,棉花增产十二亿斤。在黄河水量得到适当的调节以后,黄河在青海贵德以下直到海口还可以通航。黄河的水力尤其宝贵。黄河河源比海平面高出四千三百六十八公尺,仅从青海贵德以下每年能发电一千一百亿度(千瓦时),对黄河流域的工业发展以至整个国家工业化和电气化事业有伟大的意义。黄河由于地形优越,大多数水电站的造价都比其他地方低廉;至于发电成本,可以低到等于目前我国火力发电成本的十分之一左右。

但是黄河目前的状况还不能做出这样伟大的贡献。虽然黄河流域正在发展为巨大的工业区,黄河的水力发电却完全没有开始。黄河沿岸的灌溉区现在只有一千六百五十万亩,而且在大部分地方设备陈旧,不能保证灌溉的需要。黄河上现在没有现代化的航运,只在个别的互相隔离的河段上通行载重十吨至七十五吨的木船以及皮筏。不但如此,黄河还常常成为黄河流域以及全国的一个大威胁。

在黄河流域,除严重的水害外,还有中游地区的水土流失的严重危害和整个流域的严重的旱灾。

黄河流域由于旱灾、水灾和水土流失,农业生产受到很大的损害。这些损害在解放以后虽然有了减轻,但是由于人民政府在短期间还不可能对黄河流域实施大规模的有系统的改造自然条件的计划,黄河流域的农业生产还是遭到一些特殊的困难。黄河流域的谷物播种面积虽约占全国的百分之三十八,却因为每亩粮食产量平均只有一百二十多斤,在水土流失严重地区只有几十斤,所以粮食产量只占全国百分之二十八左右。消除黄河的各种灾害,增加黄河流域的谷物产量,是解决我国粮食问题所应当采取的重要措施之一。

那么,现在我们在黄河问题上的任务是什么呢?

根据以上所说的黄河的资源和灾害的各方面情况,我们的任务就是不但要从根本上治理黄河的水害,而且要同时制止黄河流域的水土流失和消除黄河流域的旱灾;不但要消除黄河的水旱灾害,尤其要充分利用黄河的水利资源来进行灌溉、发电和通航,来促进农业、工业和运输业的发展。总之,我们要彻底征服黄河,改造黄河流域的自然条件,以便从根本上改变黄河流域的经济面貌,满足现在的社会主义建设时代和将来的共产主义建设时代整个国民经济对于黄河资源的要求。

为了在黄河的干流和支流内并在黄河流域的地面上控制水和泥沙,需要依靠两个方法:第一,在黄河的干流和支流上修建一系列的拦河坝和水库。依靠这些拦河坝和水库,我们可以拦蓄洪水和泥沙,防止水害;可以调节水量,发展灌溉和航运;更重要的是可以建设一系列不同规模的水电站,取得大量的廉价的动力。第二,在黄河流域水土流失严重的地区,主要地是甘肃、陕西、山西三省,展开大规模的水土保持工作。这就是说,要保护黄土使它不受雨水的冲刷,拦蓄雨水使它不要冲下山沟和冲入河流,这样既避免了中游地区的水土流失,也消除了下游水害的根源。

从高原到山沟,从支流到干流,节节蓄水,分段拦泥,尽一切可能把河水用在工业、农业和运输业上,把黄土和雨水留在农田上——这就是控制黄河的水和泥沙、根治黄河水害、开发黄河水利的基本方法。

当然,依靠手工业的技术不可能在黄河上或它的支流上修建水库和水电站,依靠个体农民的力量也不可能进行大规模的水土保持工作。这里需要现代的科学技术知识,需要国家的大量投资,需要广大群众的支持,需要政府和人民、工人和农民的通力合作。因此,采取这种方法在过去的时代是不可能的。

黄河综合利用规划包括远景计划和第一期计划两部分。远景计划的主要内容,首先就是所谓"黄河干流阶梯开发计划",也就是前面所说的在黄河干流上修建一系列的拦河坝,从而把黄河改造成为"梯河"的计划。这一计划拟定由青海贵德上游龙羊峡起,到河南成皋桃花峪止,按照河流的特点,把黄河中游分作四段来分别加以利用。第一段从龙羊峡到甘肃金积县境的青铜峡。这一段河道穿行山岭之间,河身的坡度很陡,水力资源很丰富,而新的工业区域正在迅速发展,所以需要着重利用水力来发电,同时可以利用水库来防洪和灌溉。第二段从青铜峡到内蒙古自治区的河口镇。这一段两岸是山谷间的平原,土壤肥沃,但是缺少雨水,河道开扩,坡度平缓,宜于通航,因此这一段主要的任务是发展灌溉和航运。第三段从河口镇到山西河津的禹门口。这一段黄河进入山西、陕西两岸的峡谷,河道坡度很陡,但因地质条件和地理条件的限制,不能修建大的水坝和水库,只有在上游调节流量的大水库建成以后才能利用水力来发电。第四段从禹门口到桃花峪。这一段从禹门口到陕县两岸是黄土原地,河道开阔;从陕县到孟津是峡谷地带,是控制黄河下游洪水的关键地段,又同山西、河南、陕西的工业区都靠近,因此这一段的主要任务是防洪和发电;从孟津以下基本上是平原,河道平缓,可以设坝灌溉附近的重要农业区。根据初步设计,在上述黄河中游的四个河段准备修建适应于不同条件不同任务的拦河坝四十四座,另外在黄河下游也准备修建用于灌溉的拦河坝两座,共为四十六座。

根据详细的勘测和周密的研究，黄河干流阶梯开发计划选定在陕县三门峡地方修建一座最大和最重要的防洪、发电、灌溉的综合性工程。三门峡在陕县以东和著名的“中流砥柱”以西，河心有两座石岛把河道隔成所谓“人门”“神门”“鬼门”的“三门”。由于河道窄狭，河底都是坚固的岩石，便于修建大型的水坝。计划中的坝高九十公尺左右，拦阻河水的水位可以高出海面三百五十公尺。被拦阻的河水由陕县上溯到潼关以北临晋和朝邑的黄河两岸，潼关以西临潼以下的渭河两岸和大荔以下的北洛河两岸，形成巨大的水库。它的容积达到三百六十亿公方，仅次于世界最大的古比雪夫水电站的水库，等于我国现有较大的水库丰满水库（一百亿公方）的三点六倍，官厅水库（二十二亿七千万公方）的十六倍。它的面积约为二千三百五十平方公里，比太湖（二千二百多平方公里）还大些。此外，在青海的龙羊峡、积石峡（黄南蒙族自治州）和甘肃的刘家峡（永靖）、黑山峡（中卫）也将修建大型的综合性工程。其中刘家峡水库容积可达四十九亿公方。

由于三门峡水库容量非常大，由于有了黄河支流的拦泥水坝，特别是由于有了黄河中游的水土保持工作，三门峡水库至少可以维持五十到七十年或更长的时间。到了那时，由于其他的一系列措施，黄河水害已经可以大大地减轻。至于三门峡水库淤浅后在发电、灌溉、航运方面发生的困难，都比较容易解决。

河水既然被拦河坝拦蓄起来，形成巨大的水库，通常都不可避免地要淹没一些原有的居民区，因此需要这些地方的居民为着大家的利益，也为着自己的长远利益，迁移到其他地方。刘家峡水库因为面积比较小，那里的人口也比较稀，只要迁移两万七千人。三门峡水库由于需要拦蓄的洪水流量特别大，在拦蓄的水位达到三百五十公尺的时候，就需要淹没耕地二百万亩，迁移居民六十万人。当然，这同黄河泛滥、决口所造成的损失，是完全不能比较的：泛滥、决口要造成生命的损失，财产的损失更无法计算;迁移由于是在人民政府领导和帮助下有计划地进行的,政府保证移民在到达迁移地点以后得到适当的生产条件和生活条件。因此,过去在修造水库或开放蓄洪区、滞洪区的时候,当地的居民都能够服从社会的需要和政府的安置,顺利地完成迁移或临时迁移的计划。但是一次迁移六十万人终究是有许多困难的。同时在水库开始工作的初期,水位并不需要一下子就抬高到三百五十公尺,而只需要抬高到三百三十五点五公尺。因此,初期只需要迁移二十一万五千人,其余居民,可以根据需要在以后十五年到二十年内陆续迁移。毫无疑问,这些迁移的居民将受到被黄河灾害威胁的八千余万人民的最大的感激,而政府则将努力保证他们在迁移的时候不受损失,并且帮助他们在到达迁移地点后尽快走上安居乐业的道路。

三门峡水库和水电站,拟定在一九五七年开始施工,一九六一年完成。三门峡下游支流的水库,也拟定在一九六四年以前完成。但是为了防备在这些工程完成以前发生比一九三三年更大的洪水,还必须在下游采取一系列的临时防洪措施。因此,在今后几年内,需要继续加高加固下游的河堤,加强并扩大滞洪区的设施,并继续加强防汛工作。

为了实施黄河综合规划的第一期工程,初步估算需要投资五十三亿二千四百万元。其中:三门峡水库和水电站十二亿二千万元(包括移民费用,下同),刘家峡水库和水电站四亿一千六百万元;输电变电设备五亿元;南洛河、沁河、伊河防洪水库三亿零四百万元,下游临时防洪措施二千七百万元;修建灌溉系统八亿零七百万元,修建灌溉用的三座干流水库二亿八千一百万元,两座综合性的支流水库一亿五千六百万元;保持水土措施七亿三千二百万元,支流拦泥水库六亿七千六百万元;航运设备二亿零五百万元。这是一笔很大的投资。但是这笔投资是完全值得的。第一期计划完成后,仅仅从灌溉方面说,每年就可以增产粮食五十四亿七千万斤,棉花四亿斤,这两项增产的价值,每年达到八亿五千六百万元，十年就是八十五亿六千万元，大大超过了十五年投资的总值。再从发电方面看，三门峡和刘家峡两座水电站每年可发电九十八亿度（初期可发电六十六亿度），且不说这样大的发电量对生产的发展有多大的贡献，只是电的售价本身，如按目前售价约每度六分钱计算，就值五亿八千八百万元，十年的收入也超过了十五年投资的总值。应当指出：三门峡和刘家峡水电站的造价都是特别低廉的。水电站建筑所需要的混凝土量和土石方量，如果分摊在所发的每千度电上来计算，则三门峡每千度电所需要的混凝土为零点三五七公方，土石方为零点四四六公方，刘家峡每千度电所需要的混凝土为零点二三二公方，土石方为零点三二五公方，而古比雪夫水电站每千度电所需要的混凝土为零点八公方，土石方为十五点六公方。如果把三门峡工程投资的三分之一和刘家峡工程投资的二分之一算作发电成本，则三门峡每度电的成本只有三厘三毫，刘家峡每度电的成本只有二厘三毫，而目前我国火力发电的平均成本却是每度三分。很明显，第一期计划的完成，在航运方面也将产生巨大的经济效益。何况第一期计划根本解决了黄河的水灾问题，只是用于防汛的费用就可以省下每年两千万元，由此而避免的人民生命财产的损失和由此而取得的各方面的利益，更是不能用数字来表明的了！

我国人民从古以来就希望治好黄河和利用黄河。在实行送走水、送走泥沙的治河办法同时，控制水、控制泥沙而加以利用的想法，古时也早有人提出过。例如公元前七年，西汉的贾让就曾向当时的皇帝汉哀帝提出了一个没有被采纳的建议，要在现今河南浚县附近的黄河北岸修筑三百余里的石堤，堤下多设水门并修渠，“旱则开东方下水门溉冀州，水则开西方高门分河流”。我国近代的水利学者李仪祉，首先指出了从中游着手治河的必要，并提出过在中游防沙的两种方法：“一是防止冲刷，以减少其来源；二是设置谷坊，以堵截其去路。”他们的理想只有到我们今天的时代,人民民主的毛泽东时代,才有可能实现——当然是在高得多的水平上实现。国民党政府在一九四六年请来的美国顾问雪巴德、萨凡奇、葛罗同,在他们所作的“治理黄河初步报告”中,虽然承认水土保持工作的重要,却认为“以之推行于整个区域而生效,需时或将数百年”。这不能不叫人想起周朝的人早就说过的话:“俟河之清,人寿几何!”但是现在我们不需要几百年,只需要几十年,就可以看到水土保持工作在整个黄土区域生效;并且只要六年,在三门峡水库完成以后,就可以看到黄河下游的河水基本上变清。我们在座的各位代表和全国人民,不要多久就可以在黄河下游看到几千年来人民所梦想的这一天——看到“黄河清”!

各位代表:由以上的说明可以看到,根治黄河水害和开发黄河水利的综合规划,同我们所正在讨论的整个社会主义建设计划的其他项目一样,确是一个伟大的计划,确是我们全国人民值得为它来艰苦奋斗的计划。

为了实现这一规划,当然首先需要政府各有关部门即水利部、燃料工业部、地质部、重工业部、机械工业部、农业部、林业部、交通部、铁道部、科学院和其他有关方面的共同努力。这一规划的第一期计划中,还有许多项目需要进一步的勘测和研究来确定。已经确定的工程项目需要开始进行设计。由苏联担任设计的三门峡工程,我国的有关部门必须负责供给设计上所需要的资料,并积极进行必要的施工准备工作以及水库区移民的准备工作。为了实现水土保持的第一期的要求,各有关部门应当积极指导地方人民政府定出具体的计划并加以正确的实施。

但是为了实现这一规划,不仅仅需要政府的努力,还需要全国人民的努力。毫无疑问,全国人民将在人力上、物力上、财力上坚决地支持这一伟大计划的实施。黄河流域各省区的人民,将在这一计划实施的过程中做出最大的贡献。甘肃、陕西、山西三省农民,三省的省、县、乡各级人民委员会,三省的共产党和各民主党派、各人民团体的各级地方组织的工作人员,对于水土保持计划的执行负有最重要的责任。我们相信,他们为了自身的利益、本地方的利益和全国人民的利益,一定能够把他们的责任充分地担负起来。三门峡水库区和其他水库区的居民,本着"一户搬家,保了千家"的美德,也将按照政府的指示实行迁移,积极帮助这一根治和开发黄河的伟大计划的实现。

黄河规划的拟定,说明我国的水利事业正在迅速前进。中华人民共和国成立以来,在水利方面做了不少的工作,得到很大的成绩,其中如根治淮河和荆江分洪的工程尤其规模巨大。黄河的综合规划,由于对全流域的防灾、发电、灌溉、水土保持和航运各方面都作了通盘的计划,更加显示了河流在整个国民经济的发展中的伟大作用。我们不但要根治和开发黄河,而且要根治和开发长江以及其他重要河流。关于长江的规划将在第一个五年计划期间收集资料,在第二个五年计划期间制定规划并逐步地着手实施。

在全国工人、农民、知识分子的一致支持下,我们一定能够征服黄河,征服长江和其他河流,使它们为我国人民的利益服务,为我国人民的伟大的社会主义事业服务!

国务院根据中共中央和毛泽东同志的提议,请求全国人民代表大会采纳黄河规划的原则和基本内容,并通过决议要求政府各有关部门和全国人民,特别是黄河流域的人民,一致努力,保证它的第一期工程按计划实现。

全国人民代表大会决议

这是中华人民共和国全国人民代表大会“关于根治黄河水害和开发黄河水利的综合规划的决议”，于一九五五年七月三十日第一届全国人民代表大会第二次会议通过。

一、第一届全国人民代表大会第二次会议批准国务院所提出的关于根治黄河水害和开发黄河水利的综合规划的原则和基本内容。并同意国务院副总理邓子恢关于根治黄河水害和开发黄河水利的综合规划的报告。

二、国务院应采取措施迅速成立三门峡水库和水电站建筑工程机构；完成刘家峡水库和水电站的勘测设计工作，并保证这两个工程的及时施工。

三、为了有计划有系统地进行黄河中游地区的水土保持工作，陕西、山西、甘肃三省人民委员会应根据根治黄河水害和开发黄河水利的综合规划，在国务院各有关部门的指导下，分别制定本省的水土保持工作分期计划，并保证其按期执行。

四、国务院应责成有关部门、有关省份根据根治黄河水害和开发黄河水利的综合规划对第一期灌溉工程负责进行勘测设计并保证及时施工。

为实现根治黄河水害和开发黄河水利的伟大计划而斗争

河南省副省长　史向生

这是河南省副省长史向生一九五五年九月一日在河南省第一届人民代表大会第三次会议上所作的报告。这个报告曾于一九五五年八月三十日由河南省人民委员会第九次会议通过。

主席，各位代表：

我完全拥护吴芝圃省长传达关于第一届全国人民代表大会第二次会议的精神和决议，并同意赵文甫、邢肇棠、贾心齐、齐文俭四位副省长的各项报告。现在，我代表省人民委员会向大会作关于"为实现根治黄河水害和开发黄河水利的伟大计划而斗争"的报告。

第一届全国人民代表大会第二次会议上通过了"关于根治黄河水害和开发黄河水利的综合规划的决议"，并责成政府各有关部门领导全国人民一致努力，保证根治黄河的第一期工程按计划完成。这是中国人民在中国共产党领导下，为我们和我们的子孙万代谋福利，向自然进军的一个极其伟大的计划。这个计划正如人民日报社论所指出的"集中地体现了千百年来我国人民的愿望，也给今天正为祖国社会主义建设事业而忘我劳动的全国人民带来了巨大的鼓舞"。在整个计划内包括彻底征服黄河的远景计划和第一期计划两个部分。远景计划的基本内容是：从青海贵德县龙羊峡起至济南泺口止的黄河干流上，修筑四十六座拦河坝，拦蓄水流和泥沙，已达到充分利用黄河水利资源的目的。为了拦阻泥沙和洪水进入黄河，增加工农业生产，还计划在中游许多主要支流上修建水库，在黄土区域五十八万平方公里的面积上，进行大规模的水土保持工作。这个计划的实现，将要改变黄河流域的面貌，不仅是数千年来未能制止的水灾问题将要得到根本解决，而且把水害变为水利，使黄河为人民造福，在广大地区内可以灌溉农田一亿一千六百多万亩，根本解除了旱灾威胁，每年增产粮食一百三十七亿斤，棉花十二亿斤，可以发电二千三百万千瓦，每年能发电一千一百亿度，可以把黄河改造成一条优良的河道，五百吨拖轮由海口直达兰州。这个伟大计划的实现，对我国社会主义的工业化和电气化，对黄河流域社会主义农业和交通运输业的发展，均有极其伟大的意义。对河南来说，特别是黄河在我省横贯全省，地处黄河中下游，水利、土地资源丰富，人口众多，而且计划内容的主要工程多在我省。因而，这一伟大计划的实现，对我省国民经济的发展和全省人民幸福生活的远景意义更为伟大。

但是，实现上述规模宏大的计划，需要几十年的时间。为了首先解决黄河防洪和其他迫切问题，规划中制定了比远景规划更详细更周密的第一期计划，要求在三个五年计划期间，即从现在至一九六七年完成。

第一期计划规定，在黄河干流上建筑三门峡、刘家峡两座综合性的巨大工程，建筑青铜峡（甘肃）、渡口堂（内蒙）、桃花峪（河南）三座壅水坝，在泾河、渭河、无定河、延水、汾河、灞河、伊河、洛河、沁河等重要支流上修建水库，在黄河中下游各灌区修建与整理渠系工程。与上述工程同时，在水土流失最严重的地区山西、陕西、甘肃三省约二十万平方公里的面积上进行水土保持工作。第一期计划总投资为五十三亿元，完成上述工程将能解决防洪、灌溉、发电、航运等各项迫切要求，并为根治黄河打下良好的基础。

第一期计划在河南境内有下列各项：

第一、整个规划中最重要的工程就是修建三门峡水库和水电站。三门峡在陕县下游二十二公里的砥柱山附近。这里由于河道窄狭,河底都是坚固的岩石,是建筑高坝的优良地点。计划拟定在这里修建一座高九十公尺左右的拦河混凝土大坝,水库容量达三百六十亿公方。利用这样巨大的水库可以把陕县千年一遇的三万七千秒公方的特大洪水降低到八千秒公方,而这八千秒公方的流量完全可以经过山东境内狭窄的河道安然入海。在黄河缺水时期,可以把下游的最低流量一百九十七秒公方调节到五百秒公方,可以灌溉河南、河北、山东三省的广大农田,在第一期计划内拟先行灌溉粮田两千一百万亩。可以在下游水库内通行轮船。这项工程的总投资,初步计算为十二亿二千万元,一九五七年正式施工,一九六零年可以拦洪,一九六一年全部完成。

伊河、洛河、沁河的综合规划和水库工程。伊河、洛河、沁河是黄河三门峡以下的主要支流,也是黄河洪水主要来源之一。据苏联专家计算,三门峡以下至京汉铁路黄河铁桥段的千年一遇的洪水为两万五千秒公方,其中绝大部分为伊河、洛河、沁河所汇入。因此第一期计划规定,结合三门峡的修建,还须在伊河、洛河、沁河修建水库工程。此项工程完成后,下游的防洪问题就得到了彻底解决。当然这些水库还可以发电、灌溉、供水,为当地的工农业服务。现在伊河、洛河、沁河的综合规划工作正在进行。在第一期计划内,也将在这些支流上选择一处或几处适当地点修建防洪水库。

桃花峪壅水坝和灌溉工程。桃花峪在京汉铁路黄河铁桥上游三公里处(荥阳境)。在三门峡水库工程完成后,为了从黄河引水灌溉河南、河北、山东三省广大农田,在这里修建一条长达六千三百七十公尺的拦河坝。这座坝南接邙山,北接黄河大堤,可以把水位抬高三点五公尺。坝的南端,修建两座渠首闸,南闸长四百九十公尺,进水量六百三十秒立方;北闸长六百七十公尺,进水量八百五十秒立方。渠道布置方面，在南岸，由桃花峪南至周口，东至鹿邑，这个广大地区内，修建一道总干渠，五道大干渠，包括贾鲁河、惠济河、涡河等流域。在北岸，由渠首闸，西至京汉路，东至津浦路，北至德石路的广大地区内，修建三条总干渠，包括天然文彦渠、金堤河、徒骇河、马颊河、卫河、滏阳河、老漳河等流域，有的是利用原有河流，有的是另辟新渠，建筑成庞大的渠道网。上述工程完成后，就可以把黄河的水送到豫东、豫北、运西（山东西北部）、冀南等广大地区，灌溉农田四千三百五十八万亩。其中，只第一期计划，我省就可以灌溉农田近一千万亩。

水土保持工作。根据根治黄河计划要求，在我省黄河干支流流域（包括豫西、豫北山地）约两万多平方公里的水土流失区，必须大力进行水土保持工作。发动群众，加强领导，做出方案，有计划有步骤地因地制宜地实行农、林、牧、水（水利）相结合的措施，防止水旱灾害，发展山地生产，改善人民物质文化生活，以达到减少或停止水土流失，堵绝泥沙进入黄河，保证根治黄河计划彻底实现的目的。

根治黄河水害和开发黄河水利第一期计划完成后，对全国国民经济建设具有极其重大的作用。对我省来说尤其有直接的巨大的利益。

首先，从增加农业生产上看，在历史上河南的水旱灾害是很严重的。从清末到现在，我省在一八七六年至一八七九年（清光绪二年至五年）、一九二零年、一九二九年和一九四二年曾发生四次大旱灾，造成了赤地千里人民大量死亡的灾难。水灾在河南也同样威胁着全省人民的生产与生活。黄河、淮河的洪水和内涝都常常淹没广大的乡村与城镇，特别是黄河泛滥是历年河南广大地区闹水灾的祸源。由于黄河泛滥把泥沙淤积到各地，就造成邻近黄河的河道淤塞和地形的改变，因而招致其他河流泛滥和内涝的灾害。最显著例子就是淮河的许多支流被黄河淤塞后，造成淮河的严重灾害。封丘、延津、长垣等县的内涝灾害也是属于同样的原因。由于河南处于黄河由山地进入平原的上首，黄河的决口泛滥就特别频繁而严重。我省是饱受黄河灾害最严重的省份,有史以来,河南沿黄人民就与黄河灾害进行过长期斗争。据历史记载,三千余年中黄河决口一千五百多次,大改道二十六次,其中发生在河南境内的占很大的数量。国民党统治的二十余年中,黄河在河南就泛滥了十几年。这些频繁的水灾不仅淹没了广大的农田,而且常常毁灭整个的城市与乡村。例如一六四二年(明崇祯十五年)洪水冲进了开封城,全城三十七万人就死了三十四万人,几乎全城覆没。特别是一九三八年国民党扒开了花园口造成了人为的黄河大改道,不算安徽、江苏,仅河南就淹没豫东二十余县广大农村与良田,死了三十二万五千余人,其他牲畜、财产更无从计算。这是亘古罕有的一笔大血债。西华县宋岗乡合作社王富春在座谈根治黄河的报告时回忆说:"黄水没来时,咱村有八十口人,黄水来了,咱村死了三十六口人,死绝三户。"这种灾祸现在回忆起来还是十分惨痛!解放后我们河南人民在中国共产党和人民政府领导之下,大力进行了修堤防汛工作,扭转了国民党统治时期黄河经常决口的险恶局面,取得了解放以来没有发生决口的胜利,成绩是很大的。这是全省人民顽强斗争的结果。但是,我们现有堤防的标准还只能防御百年一遇的洪水,即两万五千秒公方的洪水,比百年一遇的更大洪水,依然是我们的严重威胁,特别是在三门峡水库工程没有完成以前,为了防御更大洪水,保证不决口、不改道,还必须在下游采取一系列的防洪措施,继续加固堤防,扩大滞洪区的设施,并继续加强防汛工作。但历史证明,依靠堤防是不能根本解决黄河问题的。因此,根治黄河修建三门峡水库和伊河、洛河、沁河等水库工程,不但把陕州以上三万七千秒公方的特大洪水以及伊河、洛河、沁河可能同时发生的两万五千秒公方的洪水减低到一万秒公方左右,这就可以使洪水安全地通过河南、山东长达七百多公里的河道流入渤海,解决了黄河几千年来解决不了的水灾。而且三门峡水库,把水蓄起来,把泥沙拦住,改变了黄河洪水很大(三万七千秒公方)、枯水极小(一百九十七秒公方)、泥沙特多、只能为害不能利用的条件,转而使黄河为人民造福,在广大平原上充分利用黄河灌溉农田。规划中拟定在河南、河北、山东三省灌溉农田七千多万亩,其中在河南境内的就有三千二百九十余万亩,几乎占整个灌溉(面积)的一半。第一期计划河南约为一千万亩,其中豫东为八百余万亩,武陟、获嘉八十万亩,伊河、洛河流域四十三万余亩,人民胜利渠扩大三十七万多亩。整个规划中,河南在拟定的三千多万亩灌溉工程完成后,仅这一项就可以增产粮食约四十亿斤,这对国家粮食供应和改善人民生活将起巨大作用。如果一口人平均按每年食用四百斤计算,那么这些粮食就能供应一千万人一年的食用。而且在灌区内要同时修建排水系统,内涝灾害完全可以避免,比如封丘、延津、中牟、通许、睢县等地的内涝就能得到根本解决。再加上根治淮河和利用淮河灌溉与小型农田水利的发展,我省就能够在广大地区解除水旱灾害,克服靠天吃饭农业生产不能稳定的状态,保证年年丰收。这不仅对河南人民有巨大利益,而且是有力地支援了国家社会主义建设。

其次,就发展工业上看,三门峡水电站是巨大的水利枢纽,是河南、山西、陕西三省大电力网的核心。电力的利用不但每年能节约几百万吨煤炭,减轻了国家运输的负担,同时,在这广大地区内工农业及交通运输业都可得到廉价的电源,每度电的成本为三厘三毫钱,等于火力发电成本的十分之一左右。由于电力的广泛应用,不但为促进社会主义工业化和巩固工农联盟创造了有利的条件,并为将来电气化打下了基础。特别我们河南的工业过去是很落后的,现在国家正在河南境内进行大规模的工业建设,将来都能得到充分的电力供应。这对我省新工业城市建设、工业的迅速发展和农业机械化将起十分巨大的作用。

再次,就发展交通运输上看,三门峡水库完成后,黄河的泥沙大大减少了,枯水流量增加了,黄河河槽就能刷深,河道就能稳定,加上航道整理工程,黄河就可以分段实现航行五百吨拖轮的计划,也就是载重一百万市斤的拖轮可以在黄河下游航行,基本改变了黄河的航运面貌。同时,在三门峡水库内和灌溉用的总干渠,都可以利用它们航行轮船。黄河北岸利用卫河,南岸利用贾鲁河或其他河流,将来黄河、长江、淮河、运河、卫河五大河流的联运也成为可能。这些内河水路运输的发展,将使郑州和其他城市成为水陆运输的枢纽。

第一期计划的实现,为我们河南人民带来了巨大的福利。就只根本解决了水灾一项,就有无穷的好处,不仅我们的生命财产不再受洪水威胁,今后还能够把过去世世代代为修堤和防汛付出的无法计算的人力和物力转入到农业生产方面,这更不是用数字所能表明的,何况每年还可以节省近千万元的修防费用。同时,河滩内的耕地可以保收,沿河荒地可以开垦变为良田。此外,对城市工业用水、水库内养鱼、水库周围造林等,都有很大的经济效益。这种史无前例的创举,改造自然,造福人民,与过去黄河历年危害我省、人民遭受无穷损失是一个鲜明的对比。所以根治黄河,变害为利,不仅是全国人民千百年来的愿望,而且也是河南人民千百年来的愿望。这只有在中国共产党、中央人民政府和毛主席的英明领导下才能变为现实。

为了保证实现这一伟大计划,特别是在河南境内的第一期计划,我省全体人民动员起来,不仅要以实际行动做好根治黄河的各项支援工作,表示我们对全国人民代表大会根治黄河决议的衷心拥护,而且还要担负起根治黄河工作中我们应担负的艰巨而光荣的任务。

做好三门峡工程的支援工作。三门峡工程是我国社会主义巨大的工程建设,对根治黄河有决定性的意义。苏联政府已同意担负这一巨大工程的设计。现在三门峡的勘探设计工作正在紧张地进行,施工的准备工作就要开始。三门峡工程规模之大,在我国水利建设中史无前例。为了保证完成这一工程,我省人民负有重要的责任,我们必须在中央统一领导下,把治黄的伟大任务担当起来,做出最大的贡献。一定做到:需要的干部和工人我们要保证抽调;需要的粮食、蔬菜、煤炭等生活资料,以及沙、石、砖、瓦等建筑材料,我们要保证供应;施工所需的铁路、公路和桥梁的修建,各项物料和生活资料的运输,我们要大力协助;对工地和水库区一切设备和标志要保证安全,防止坏分子和反革命分子的破坏活动。总之,要和支援国家其他重要建设一样,不论人力、财力、物力,需要我们办理的,我们都要准时做好,以保证工程的顺利进行。另一项支援三门峡工程的重大任务,是迁移水库区内居民的工作。大家都知道三门峡水库是很大的,仅次于世界上最大的苏联古比雪夫水库,等于我省正在修建的南湾水库的四十个。这样巨大的水库,迁移一些水库区内的移民是不可避免的。三门峡拦蓄水位达到海拔三百五十公尺时,水头高八十五公尺,需要淹没耕地二百万亩,迁移居民六十万人。但在水库开始工作的初期,水位是不需要抬高到三百五十公尺的,因此,初期只需要迁移二十一万五千人,其余在以后十五年到二十年内陆续迁移。在第一期需要迁移的二十一万五千人中,我省陕县、灵宝等县境内邻近黄河的居民,共有四万九千人需要迁移。这些地方的居民为了根治黄河,也为着自己的长远利益,需要迁移到其他地方,政府要事先做好周密的准备工作,有计划地有步骤地妥善地领导迁移区内的人民进行迁移,一定做到在迁移时不受损失,在到达迁移地点后得到应有的生产条件和生活条件,尽快地走上安居乐业的道路。这些迁移的居民,将要得到移居地区居民的欢迎和帮助,同时,也将受到被黄河灾害威胁的下游八千余万人民的最大感激。为了做好上述工作,应首先做好迁移区与准备迁移地区的周密的调查工作,依据调查材料,做出迁移计划。其次,要把根治黄河的重大意义与对居民迁移的政策和计划,认真地进行宣传教育,使迁移区的群众都彻底了解全国人民的整体利益与自己的长远利益是一致的,发扬中国人民“一户搬家,保了万家”的美德,自觉地服从政府的迁移计划,以保证三门峡工程的顺利进行。再次,要建立移民机构,在中央统一领导之下,进行迁移居民的准备工作。

支援伊河、洛河、沁河水库工程和我省境内第一期的灌溉工程的勘测设计工作。遵照国务院分工的规定,担负起我省在设计施工方面应该担负的各项任务,保证及时施工。这些巨大工程的完成,对解决我省水旱灾害,保证农业增产,有重大的作用。同时,也为我省编制全省长远的开发水利的规划提供了便利条件。因此,我们应该积极地搜集资料,集中力量,训练干部,以保证这一工作的顺利进行。

在三门峡和伊河、洛河、沁河水库未完成前,下游修防和临时防洪措施工作,仍然是我省一项极为严重的任务,也是支援黄河治本极为重要的工作。如果我们正在修建水库的时候,黄河在下游发生了决口改道的灾害,不仅对根治黄河有直接影响,而且两岸广大的农田、城镇和人民的生命财产,必然遭受到巨大损失,影响社会主义建设。何况我们下游的堤防,虽然已较国民党统治时期强大了许多倍,但标准仍然不足以防御特大洪水,堤身内部隐患尚未彻底肃清,由于土质多沙和历史上筑堤时没有经过基础处理,整个大堤还存在着难以克服的弱点。因此,对三门峡和伊河、洛河、沁河水库的将要修建,不仅不应引起我们的任何松懈麻痹情绪,相反的更应提高警惕,努力做好大堤加固和临时防洪措施工程。这些工程必须按照中央水利部五年计划的规定,动员全省人民,保证按期完成和提前完成。同时,要大力做好防汛护堤工作,特别是当前的防汛工作更有严重的意义。因此,防汛队伍的教育训练,堤防的修补,防汛器材料物的保管,洪水到来时的防守,滞洪区和滞洪口措施的准备,均应在各级党委和人民委员会领导下,妥善进行,以保证不决口、不改道的任务胜利完成。

伊河、洛河每一公方水含有六公斤的泥沙,其他河流也有类似的情况,这些泥沙是来源于该河流域暴雨时地面的冲刷,冲刷的结果,不仅使土壤变瘠,大大影响当地的农业生产,而且是黄河闹水灾的根源。同时,还会影响水库的有效使用年限。因此,我们为了配合根治黄河和当地农业增产,应该把水土保持工作,列入我省长期建设计划。根据根治黄河水害和开发黄河水利的综合规划,在国务院各有关部门的指导下,制定我省的包括黄河和淮河流域的水土保持工作分期计划,首先是第一个五年计划和第二个五年计划期间内的计划。各级人民委员会务须在各地区立即搜集资料,加以分析研究,因地制宜地制定组织与技术措施,规定计划指标与完成步骤,动员广大群众,保证按期执行。

各位代表:根治黄河水害和开发黄河水利的综合规划,是一件综合性的伟大的建设事业,也是我国人民的伟大的社会主义事业服务的一个伟大的改造自然的计划。这个事业是光荣的,这个任务是艰巨的,我们相信在中国共产党领导和全国人民的一致支持下,在苏联慷慨无私的援助下,一定能够征服黄河,胜利地完成这一历史任务。黄河对我省来说,过去是首受其害,今后将要首得其利。我们的好景已摆在眼前。为此,号召全省工人、农民、知识分子和广大干部,为了我们自己的利益,全国人民的利益,为了幸福的将来,必须动员起来,为胜利地完成第一期计划和远景计划而斗争。

河南省第一届人民代表大会第三次会议关于支持根治黄河水害和开发黄河水利的决议

（草案）

本次会议听取和讨论了史向生副省长关于《为实现根治黄河水害和开发黄河水利的伟大计划而斗争》的报告，一致表示同意，并决议责成省人民委员会动员全省人民，在人力、物力、财力各方面大力支援根治黄河第一期计划在河南省境内举办的各项工程，特别是三门峡水库工程；注意做好水库区居民的迁移安置工作；同时在三门峡及伊河、洛河、沁河等工程完成前仍应继续努力做好防汛工作，保证根治黄河水害与开发黄河水利的伟大计划胜利实现。

一九五五年九月八日

河南省慰问移民代表团甘肃省分团敦煌县慰问小组工作总结汇报

（一九五六年七月十七号）

第一部分　群众生产情绪和安置情况

（一）由党政领导亲自动手，做好一系列的充分准备工作。任务具体，安排周到，投入生产迅速。因此生活上、生产上、生活用具上，对移民感动极强。一提起安置工作，移民们对当地政府和群众赞不绝口。如第七乡张振胜的母亲（原来思想有点落后）说："毛主席领导的真好，我60多岁了，从来没有见过，这里的群众对咱外地来的人就像一家人一样。"再如第七乡冯道子说："就是亲哥兄弟也不过如此嘛！"敦煌政府不但为移民分得了土地，还准备了房屋。如第七乡4个生产社的统计移民52户213人，住房子221间，每人平均1.013间。生活上现在全吃小麦，生活困难户一般救济两次，每人发安置费12元，早已到户。

（1）安置分布情况：3月21号至4月6号的13天内，顺利安置移民1639户6835人。根据居住特点，采取分散安置，以行政区划11个乡，除第六乡未安置外，其余10个乡均作安置。

（2）物质准备：房内有炕、有席、有桌、有箱，桶内有水，锅内有饭，灶前有柴。总的来看，住的、吃的、用的都非常周到。

（3）党团员、干部、烈军属、教员、学生等基本上得到待遇和安置。如第四乡移民干部小组长以上的38人，现在脱离生产12人，乡政府2人，高级社办公室2人，乡供销社3人，县政府1人，现在培养对象20

人。总的来看,团结教育使用基本达到满意。

(4)团结生产较为亲密,生产情绪高涨。移民到乡后一般4至7天投入生产,宣布一律为新社员,自留地与老社员相同,边安置边生产,鼓励他们的生产积极性,提出的口号是:“一年够吃,二年有余,三年富裕。”这个号召鼓励了移民的积极性,有95%的移民生产安心,成绩显著;5%生产成绩不大。在移民代表大会上据第五乡统计,共移民180户,代表团了解的统计143户,1500分以上的6户,1000分以上的22户,600~800分的93户,400~500分的14户,300分的6户,30分的1户,还有1户没有挣1分的,每户平均工分1125.6分。由于积极劳动,在群众中树立了榜样。如第八乡12队灵宝移民贾森味,全家6口人,父亲60多岁,妻子30多岁,弟弟12岁,妹妹14岁,小孩子1岁。其父亲主要是在家看小孩子,并以他抽空(孩子睡着时)在门边前整棉花,现在已挣工分600分,全家已挣工分2400多分,老人开荒6.5亩,已种大糜子,社内估产今年秋季可产6石多(2400多斤),并且攒下柴3000多斤,解决了烧柴问题。第九乡龙西桥社移民薛长乐,保墒抢种棉花,一人拉磙子一天挣48分。总之在生产战线上出现了许多先进事迹和模范人物。如第一乡苏家堡社端阳节时评模,全社共选17个模范中,27户移民中就有5个模范。第九乡一个社的统计8个民校教员中就有6个是移民,8个记工员中就有3个是移民。在团结方面,如第四乡移民张海江和当地户王陈友团结较好,王知道张没菜吃,就主动给张种好交给他。王的女人生了小孩,张就照灵宝习惯送红糖一斤和几尺花布,张的女人还悉心侍候了产妇一个月,从此两家越发团结了。尤其是第一乡苏家堡社当地群众给移民家家送羊,叫将来食用。当地人杨成福还给移民杨积德家送去了一头拉磨驴。

(二)成绩的主要来源:

(1)党的英明领导,原则具体。当地党政干部积极领导,采取了有效措施，完成了任务，团结了群众。

(2)群众积极支持，思想发动，觉悟提高，执行政策，完成了光荣的安置任务。

(3)组织力量，深入工作。由于干部艰苦努力，贯彻政策，依靠群众，走群众路线，因此执行了党的政策，完成了任务。我们的慰问任务同样是在党政的积极领导下取得成绩的。

第二部分　慰问成绩和经验教训

慰问团由10人组成，甘肃3人，敦煌县2人，河南代表5人。慰问任务10个乡1639户6835人。6月26号开始，7月14号结束，历时19天时间，体现了河南和甘肃两省党政的意图。

(一)步骤与方法

步骤：第一步，向当地领导说明来意、介绍情况、表明态度，协商工作方法，分工负责，接待慰问两天半。第二步，到乡入户进行慰问。我们6月28号到乡，7月9号结束，历时12天。第三步，政府召开县移民代表会议，7月9号开始，13号结束，时间3天半，这对慰问工作顺利进行起着一定的作用。估计这次会议对促进团结、搞好夏收生产也起着一定作用。

慰问的方法是：接待慰问。代表团于6月26号到县，移民听说后，非常高兴，很多人寻找代表团反映情况。我们一边研究工作，一边接待移民，还设了接待慰问室。接待慰问室共安排了4个同志，负责接见移民106人。其他同志登门慰问136户458人。另外召开了各种座谈会。据5个乡的统计，5天时间我们分片集体慰问26次、1061户1407人。我们代表团这次一共慰问移民1237户，占移民总户的75.4%强。总的说来，达到了家喻户晓，人人皆知。

(二)通过慰问解决的问题

(1)安定了生产情绪,鼓励了移民的生产积极性。方法是针对群众的思想状况,传达了省、县党政领导的关心、支持和鼓励,肯定了移民的成绩和牺牲精神,鼓励他们树立克服困难的决心和信心。

移民们纷纷反映:不靠天吃饭,土地多,产量高;政府安置得好,当地的群众忠实可靠;麦子、煤油、食盐价廉,群众最为满意;吃水、烧柴、生产方式上不太习惯;是否再来移民,财产该如何处理;该县是甘肃省最有前途的县,在言语方面也懂;主要问题是老婆们想女儿,媳妇们想见娘家妈。

我们对这些反映出来的问题逐一进行分析,解释教育群众,进一步安定他们的思想情绪,收效较大。如第五乡的移民翟文时说:"想家是普遍的,真正要回去是个别的。政府批不准,回家路费是有困难的,只有晚上做梦回家吧。"妇女们思想问题较多,不少人因为想家眼里常流泪水。还有些人经常去赶集,想多打听老家的消息。移民女社员习文英说:"我原先也准备明年二月回家一趟,现在想想自己的思想不对头。今后我要安心生产,带动妇女来报答党对我们的关怀。"第四乡苏治和最初报了300个劳动日,后来只准备做250个。通过我们的慰问、教育以后,他表示一定要好好劳动,一定要挣够300个劳动日,作为自己对党的献礼。第一队有3个妇女带病参加劳动,准备挣下钱,明年二月回家。她们参加座谈会以后都说:这一回把咱回家的想法打消了,咱都要立足敦煌,努力生产,为祖国建设多做贡献。至于回老家嘛,慢上几年再说吧。

(2)加强团结,建设敦煌,进一步树立了克服困难的信心。

在第七乡73个移民群众参加的座谈会上,大家的发言都很好。张合说:"咱到这儿以后,当地的干部群众对咱都很尊敬,咱们的言语行动也很客气,大家一起劳动也很自然,但个别人的思想有些别扭,有人说怪话这儿有三死:气死、蚊虫咬死、冬天冻死等。说河南宣传的不全面,将我们哄来了等。我看他们的思想根源是一切从个人利益出发,不考虑国家大事。”移民张振胜说:“说怪话谁也会说,总之这都是思想不对头。今后再不要说怪话了,要互相尊重,两好搁一好嘛,这才是团结的好办法。”

大家一致认为建设边疆自己有责任。进一步说明敦煌县发展前途,安定他们安家立业思想。根据移民反映,敦煌县优点多、缺点少,大家共同说,本县是关外最好的一个县,生产、生活、人情、语言,特别是该县的工业,前途都很好。苏凤义的父亲说:“现在谁也不想离这个县了,比着共产党、毛主席的决心,咱这个困难算啥?战胜困难越多,成绩才越大。”但群众思想觉悟不一样。刘胜保说:“你前几天不是说,今年10月不来移民,明年2月就向后转嘛。提高群众的思想觉悟,树立战胜困难的决心不是容易的事情,咱们要努力干到明年。代表团下一次再来,我们各方面都会比现在好得多。”

(3)克服政治麻痹情绪,提高阶级警惕性。如第七乡移民冯道子说:“我们要注意各种不良思想动向,严防阶级敌人捣乱破坏。”

(三)在这一段工作中的主要体会是:

(1)在当地党的领导下才能完成工作。(2)贯彻党政对他们的关怀,结合实际思想,给予启发其觉悟。(3)说明当地群众对他们的关怀和诚恳帮助(避免思想误会),误认河南是亲人,当地有偏心。

在这段工作中的主要教训:

指导思想不明确,和当地干部团结差,因此造成思想隔离,造成应处理的工作被动。如四、五、七乡干部发现此问题主要表现在开移民会、干部会议,当地干部皆无参加,移民和当地干部同会场表现冷淡。这种表现没有得到及时解决,相反的还加以同情,多是会前和会后与干部协谈。因此不但工作被动,而且移民和当地群众思想团结仍有距离。这个教训应吸取,今后改进工作。

问题与建议。

本县安置工作是成功的,移民在各方面提不出什么问题,移民普遍反映到党政和当地群众对他们的照顾。

存在问题。

(1)重视了生产领导、生活照顾,忽视了政治思想教育。因此当地干部与群众和移民群众思想上都有不同的看法和说法,不利于团结和工作。当地干部反映移民难领导,爱提意见;移民群众反映当地干部作风不民主,提意见怕报复;移民干部说咱是有职无权。今后加强团结是经常的政治教育任务,来加强团结搞好生产。

(2)利用党团员积极分子力量不够,因此他们对系统领导有意见。有的团员两个月没有过组织生活,有的党员反映不如将我的帽子摘掉等等。开会后给予教育和解决,把他们的力量利用起来。

(3)生产与生活的问题。生产上主要发动妇女差,当前移民对当地的主要农具使用不习惯,干重活工分低,财物管理有意见。技术交流要求领导经常进行总结交流,肯定成绩,使他们做到心中有数。生活上存在的问题有以前的老问题,如吃水、烧柴、推磨,政府虽已采取了措施,但磨子太少,磨面困难。为磨面还引起一些人之间不团结,移民反映应当把风车在当地进行推广等。

(4)安置上当前主要问题是:由于条件的限制,人多房子少,两三辈人合铺,个别房子有危险,门窗不全,为房子不睦,今后要加强教育和解决。个别干部的安置不合适,应在乡肯定成绩的基础上认真贯彻党的政策,解决干部安置上的遗留问题。现在移民要求把建筑房子的地点做出具体规划,使他们做到心中有数,以便安排经济,将钱用对地方。

(二)对河南的建议

在这次移民中,有的地方政治动员工作不够全面,财产处理工作被动,因此移民有不少意见。吸取主要教训是:政治动员要作全面宣传,财产处理要适时,价格要公道,这是达到移民高兴起身、安置生产的有利基础。

(三)几个要求

加强干部民主作风,克服强迫命令,提高阶级警惕,严防敌人造谣破坏,团结自己,孤立敌人。对于家庭遗留人员,未婚妻要求政府协助动员。对今后的移民,政府要将财产处理好,途中保管好,适合当地的农业用具要多带些,以适合生产需要。要求手工业技术人员,如铁匠、木匠、医务人员,要有计划地进行安排,以适合移民的需要。

我们认为,移民对河南所提的要求和建议,对今后的移民工作提供了思想上物质上的基础和保证,其中的教训也成了下次移民的经验。总之,我们要努力做到,提高工作质量,改进工作方法,争取移民满意。

四千移民迁敦煌

陈兆祥 李留群

从古到今,世世代代,含辛茹苦,繁衍生息的老城人民,艰苦创业,置下了田园,修建了房舍,生活逐渐有了起色。特别是解放后,家乡经过土地改革、镇压反革命、抗美援朝“三大革命运动”的政治教育,群众的思想觉悟迅速提高,人民翻身真正做了国家的主人,幸福生活像油和面一样,真是比蜜还甜,像芝麻开花节节高。

1952 年,伟大领袖毛主席在视察黄河时,发出了“要把黄河的事情办好”的伟大号召。1955 年 7 月,在第一届全国人民代表大会上,通过了《关于根治黄河水害和开发黄河水利的综合规划的决议》。1956 年,党中央为了根治黄河,为亿万人民造福,决定在灵宝县以东的陕县与山西省平陆县交界的“鬼门”“神门”“人门”三岛处修建三门峡大坝。这样一来,黄河南岸的陕县、灵宝、阌乡、潼关、渭南一带将成为淹没区。仅灵宝段库区将淹没历史古城灵宝县城一座,耕地 7300 余亩,塌岸毁掉土地 3100 余亩,陇海铁路及洛潼公路改线占地将近 3100 余亩。

1955 年,灵宝县城关镇组建了移民安置地考察团,派出了城关镇干部周敏学、时喜乐等同志前往敦煌考察,听取敦煌县委同志的情况介绍,分赴一些乡村考察,走访了当地部分群众,了解当地生产、生活情况。先后十来天,考察团认为:敦煌适宜小麦、豆类作物,特别是棉花种植,用祁连山积雪融化的水生活灌溉,每年只浇几次水就会有好收成,还盛产瓜果蔬菜,当地人民生活习惯与灵宝差别不大,说的话基本上能听懂,唱的也是灵宝人爱听的秦腔,说明敦煌的确是理想的移民安置之地。

1956 年春节后，于 2 月 12 日至 21 日，先后两次召开了有移民任务的乡镇书记、乡长、治安主任、团支部书记、农业社社长、妇代会主任共 450 多人的骨干动员大会，由县委书记、副县长、组织部部长等领导为群众做动员报告，提出“一人搬，万人安”“搬一户，救万户”“开发西北，建设边疆，支援三门峡水库建设”等口号，掀起了群众踊跃申请和自愿报名的高潮。当时报名 1212 户 5325 人，除年老体弱及孕妇外，批准外迁的 4100 人。

原灵宝县的机关干部、家属、厂矿企业及部分市民迁往城南四十多里的虢镇新城，灵宝各乡镇有重要亲朋的安置一部分，其他人员一律迁往敦煌。眼看三门峡大坝越建越高，移民迫在眉睫，人们不走不行了，便把家中的硬件家具、桌椅床柜、农用家具、锅碗瓢盆等日用品，堆满一街两行，随便贱卖或抛弃。老城移民于 1956 年 3 月 17 日、21 日，4 月 4 日分批乘闷子(火)车前往敦煌。

1956 年 3 月 17 日第一批移民，灵宝县城关镇党委副书记、镇长焦解书为首批移民大队的党支部书记兼大队长，陈兆祥是首批移民者之一，并兼任党支部副书记、副大队长。

由于是第一次移民，灵宝县委、县政府领导极其重视，在人民大会场召开了万人欢送大会。县委书记张文英，县长刘子民及城关镇党委书记杜有道等同志都致了热情洋溢的欢送词，城关镇干部党兴俊代表迁往敦煌的移民致了答谢词，并表示扎根边疆，建设西北的雄心壮志。会场慷慨激昂，群情振奋，场面十分感人。

移民启程那天，火车站人山人海，有亲友送行的，有呼儿唤女的，有喊爹叫娘的，动情的哭喊声连成一片，亲人啊，我们什么时候再能相见。逝去的先辈们，你们安静地躺在故土，作为后辈的儿孙们定会逢节遇令，回来悼念你们。汽笛拉响了，火车头放出了一股灼热的蒸汽，车轮哐当哐当声由慢到快,车上的人挥手高喊,车下的人飞速追赶,眼泪模糊了双眼,流湿了前襟。火车驶过大桥进入 12 号涵洞,向西北方向奔驰而去。

火车行驶了四天四夜,西行至张掖市(陇海线只通到此),改乘卡车。在行程中越向西行,越荒凉,途经乌鞘岭车站时,看到当地一些中老年群众蓬头垢面,面带菜黄色,站在料峭的寒风中,伸出肮脏的双手,向移民乞讨,大家情绪异常波动,两眼掉下了热泪。还有十七八的大姑娘,不穿裤子,穿着一件大半截子的小棉袄,两条腿冻得起明发亮,哆哆嗦嗦前来讨要吃喝。西出嘉峪关,一望无际的戈壁滩,狂风怒吼,飞沙走石,大家的心一下凉了下来。又是几天的颠簸,终于到达目的地——敦煌。

第二天,敦煌各村村民赶着牛车前来接人,移民被安置到离县城三五里,十多里或者二三十里的村庄。牛拉着大轱辘车缓缓向前移动,日偏西时,终于到了新家。村子不大,三五户、七八户就算一个居民点,房屋简陋,屋顶不撒瓦,可能是敦煌常年很少下雨的缘故吧。这里的地理环境,气候条件,生活习俗都与老家大有不同,经济收入也差距较大。大家都想,既然从几千里外的河南迁到敦煌,有党和政府的领导,有敦煌人民及各方迁来的移民,只要大家坦诚相处,相互协作帮助,难关一定会渡过,搬迁的宏伟目标"一年安家,两年有余,三年致富"一定会实现。

灵宝移民敦煌概况

张　仓

灵宝县属于三门峡水库淹没区，淹没耕地7.3万亩，塌岸毁地3.1万亩，加上陇海铁路改线、洛潼公路改线共损失耕地12.3万亩，库区及塌岸移民5.4万人，移民和铁路改线共拆毁房窑5.9万间（孔），淹没古老文明的县城两座（灵宝县城、阌乡县城）、名镇两处（盘豆、阌底）。

修建三门峡水库是全国人民代表大会的决定，是党中央国务院的重大决策，灵宝人民积极热情地支持了这一工程。1956年1月，河南省人民委员会作出决定，三门峡库区向甘肃省敦煌县移棉农7000人，其中灵宝分配移民4000人。灵宝县于2月成立了移民委员会，抽调30名干部专搞移民工作。于2月15日至21日先后两次在灵宝县城和阌乡两地召开了有移民任务的城关、阌乡、盘豆、阌底等乡镇书记、乡长、治安主任、团支部书记、农业社长、妇代会主任共450余人的骨干动员大会，由县委书记、组织部长、副县长等领导分别作了向敦煌移民的动员报告，提出“一人搬，万人安”“搬一户，救万户”“开发西北，支援边疆，移民光荣”的口号，并宣布了对移民财产处理的各项政策，会后又由乡、社干部深入到户宣传动员，在做好思想工作的基础上，共报名1212户5325人，除年老体弱及孕妇外，批准外迁的4000人。为了有计划有组织安全到达安置区，登车前进行了移民编队工作，每列车为1大队1200人，每300人为1中队，每100人为1小队（1车箱）。每大、中、小队设正副队长各1人；每个大队设有总务、宣传、保卫、医务4个组。于3月12日至18日先后两批迁移敦煌，登车前组织学生和职工隆重欢送。火车从灵宝经过4昼夜西行至张掖市(陇海线当时通此)下车,然后换乘汽车行了3天到达安置地。

敦煌县党政领导对移民十分关怀,成立了移民安置委员会,提出开荒生产、开发西北、支援三门峡水库建设的口号,要像亲人一样接待移民,移民到后要有住房、有灶、有柴。全县11个乡,除南湖乡未安置移民外,其余都安排有灵宝移民。当时敦煌县4万人,灵宝籍移民去的干部、教师均就原职。

当地群众热情欢迎,为移民建房、腾房,并到百里外拉柴90多万斤,县拿出3万尺布票和絮棉解决移民困难,群众编的顺口溜是:“只见男女头裹巾,便知河南老乡亲。腾房拉柴又垒灶,热情接待喜相迎。”当时灵宝去的男人头上扎白洋肚毛巾,女的头围方巾,标志明显,当地人一见便知是河南人。到4月6日,移民安置结束。灵宝籍移民到后第3天便下地干活,改变了当地卫生条件和习惯,推广了内地先进生产技术,不断提高文化,带去了内地特产,有老太娃的三白瓜(白皮、白瓤、白籽)、西红柿、黄瓜,“三白瓜”当时还上了中央新闻电影。“灵宝三大宝,棉花、苹果、枣”,生活水平较敦煌高,加之生活习俗不同和20世纪60年代“三年自然灾害”时期,后移民思想动摇,经过3次迁返,到1964年绝大多数移民返回灵宝原籍,至80年代尚留有灵宝籍移民50户250多人。

三门峡水利枢纽工程及其库区移民简况

石　耘

1955 年 7 月 30 日，全国人民代表大会一届二次会议通过决议，批准国务院所提出的“关于根治黄河水害和开发黄河水利的综合规划”的原则和基本内容，决定修建黄河三门峡水利枢纽工程，这是万里黄河上修建的第一坝。

1956 年 8 月，黄河流域规划委员会邀集河南、陕西、山西、甘肃四省和内务部、水利部、农业部的领导召开会议，研究有关移民计划、移民经费、建立移民清库组织机构和各地区、各部门分工负责等问题，会议根据当时大坝设计正常高水位 360 米高程（后大坝实际修筑高程为 353 米），决定暂按 335 米高程线确定移民任务。1958 年 2 月，黄河流域规划委员会再次召开三门峡库区移民工作会议，针对库区内居民的迁移安置，铁路、公路、电讯的改线和文物、渔业及一些建筑设施的清理等工作进行了分工，并责成有关部门成立相应的组织机构，具体负责。1959 年 10 月 13 日，周恩来总理在三门峡主持召开有关部门和河南、陕西、山西等省负责人参加的现场会议，再次研究三门峡水库 1960 年拦洪蓄水高程，最后报经中央批准三门峡水库 1960 年汛期前移民高程为 335 米，最高拦洪水位不超过 333 米高程。335 米高程线以下范围划为库区。库水位升至 335 米时，相应水库面积为 1030 平方公里，库容为 96.4 亿立方米。淹没区涉及河南省的灵宝、陕县和三门峡市 2 县 1 市；陕西省的潼关、华阴、华县、渭南和大荔 5 县；山西省的平陆、芮城和永济 3 县，总计当时淹没区包括 3 省 11 个县市。其中陕西省淹没面积最大,占库区总受淹面积的80%。要求移民工作务必于1960年汛期前完成。

移民安置基本上分为三种类型:一是远迁,即迁往甘肃省敦煌县和宁夏(原银川专区)回族自治区的贺兰、永宁等8个县,以集体安置开垦大片荒地为主;二是近移,即沿移民高程线以上尽可能分散后靠安置在本县或邻近县内,插队落户;三是投亲靠友,即库区居民向非移民区的亲朋好友处投靠安置。

从1959年2月开始,豫、陕、晋三省和迁安两地都分别成立了移民安置委员会,各地各级党政领导都十分重视,至1960年7月,各地基本上都按时完成了移民任务。共计河南省搬迁灵宝、陕县2座县城,阌乡、阌底和盘豆3个集镇,106个村庄,移民71826人(含远迁甘肃的7879人);淹没耕地122669亩,果园12326亩;国家计划安排移民经费3115.34万元,实际支出2456.59万元,人均342元。陕西省先后搬迁潼关、朝邑2座县城,平民、夫水和三河口3个集镇,292个村庄,实际移民287292人,淹没耕地956979亩,果园3476亩;国家实际支出移民经费1.2028亿元,人均419元。山西省先后搬迁平陆、永济2座县城,国家重点文物古迹1处,永乐、晓理2个集镇,213个村庄,移民50335人;淹没耕地131668亩,经济林地1577亩,淹没公路286公里,渡口15处,通讯线路107公里,机电站23处,水井3000多眼;国家计划安排移民经费2737.9万元,实际支出2275万元,人均452元。总计全三门峡库区先后共淹没居民点611个,移民409453人(陕西省后实际移民高程为338.5米,比原定的335米高出3.5米),拆迁房(窑)28.86万间,搬迁新建灵宝、陕县、潼关、平陆、永济5座县城(朝邑县因撤销县制,并入大荔县,故不再建新县城),淹没集镇8个,淹没耕地1211316亩,果园、竹林等经济林地1.7万多亩,国有林地2.5万多亩,陇海铁路及南同蒲铁路共迁移改线214公里,拆迁灵宝潼关、华阴等处火车站6个,三门峡至渭南、平陆至风陵渡等处的公路干线搬迁改线420公里,邮电通讯线路拆除改线679公里,搬迁国家重点文物保护单位1个(山西省芮城县永乐宫);国家历年共安排移民经费1.748亿元,实际支出1.676亿多元,占三门峡水库原建工程投资总额7.6亿元的22%。移民犹如黄河治理一样,是个比较复杂的问题,三门峡库区当时移民工作比较草率,急于求成,赔偿偏低,留下了很多遗留问题,造成了移民多次返迁,给移民本身生活、生产带来了很多困难,给迁安两地社会带来了一定的不安,且这些问题随着历年黄河水情的不断变化,不时还会有新的问题出现,有关地区和部门应认真加以研究,给以妥善解决。

(节选自《天宝鼎城开元来》一书)

水利部办公厅文件

办移民〔2020〕211号

水利部办公厅关于召开北方片区水库移民后期扶持工作座谈会的通知

山西省、内蒙古自治区、山东省、河南省、陕西省、甘肃省、青海省、宁夏回族自治区水利水电工程移民行政管理机构：

为进一步做好水库移民后期扶持工作，经研究，定于2020年10月下旬在河南省召开移民后期扶持工作座谈会。现将有关事项通知如下：

一、会议内容

现场考察河南省移民产业扶持和增收致富项目，交流各省产业扶持、“十四五”规划编制、加快资金支付进度等方面工作开展情况，研究讨论“十四五”期间水库移民后期扶持重点工作。

二、参会人员

山西、内蒙古、山东、河南、陕西、甘肃、青海、宁夏8省（自治区），每省(自治区)3人,其中:省级1人,重点县2人。山西、陕西等没有移民中心的省,可增派1人参加。

三、会议时间

2020年10月21日报道,22~23日开会,会期2天。

四、会议地点

河南省三门峡市灵宝市紫金宫大酒店(灵宝市长安路与函谷路交叉口)。

五、其他事项

(一)请参会单位填写会议回执,于10月14日前发送至联系人邮箱 ymjhfc@ mwr.gov.cn。

(二)本次会议统一安排食宿,不收取费用,往返交通费用由派出单位承担。

(三)水利部正在开展会议和培训成效督查,请参会人员严格遵守纪律,配合做好相关工作。

(四)会议严格执行水利部和地方新冠肺炎疫情防控有关规定,请河南省水利厅组织制定会议期间新冠肺炎疫情防控方案并严格执行。请参会人员会议期间严格遵守并做好个人防护。

(五)联系人:

水利部水库移民司:唐东炜

河南省水利厅:王敦建

灵宝市移民办:张高佳

三门峡灵宝市紫金宫大酒店:李包蕊

中华人民共和国水利部办公厅(公章)

2020年10月10日

水利部北方片区水库移民后期扶持座谈会在河南召开

（河南省人民政府门户网站 2020 年 10 月 28 日）

2020 年 10 月 22~23 日，水利部北方片区水库移民后期扶持座谈会在我省三门峡灵宝市召开。水利部移民司副司长赵晓明主持座谈会并讲话，省水利厅副厅长、省移民办主任吕国范参加座谈会，三门峡市副市长高永瑞到会致辞，灵宝市政府作典型发言，宁夏等 8 个省（自治区）及所辖 16 个重点县水库移民机构负责同志参加座谈会。

22 日全天，与会代表观摩了灵宝市避险解困试点项目朱阳镇移民新村、分散式移民产业扶持新模式五亩乡冷库、特色乡村游美好移民村大王镇后地村、黄河移民生态廊道等地，调研了产业发展、后期扶持等工作，并与基层村干部、群众代表召开了座谈会。

23 日全天，与会代表就产业扶持、“十四五”规划编制、加快支付进度等进行了广泛交流。交流围绕产业转型升级扶持重点开展了讨论，并对代表提出的问题进行了现场政策解答和思路指导。吕国范介绍了河南省情、水情、工情和我省移民基本情况。吕国范指出，后期扶持今后重点工作是产业扶持，做好产业扶持就要因地制宜，发扬民主，改革创新，激活内生动力，实现产业良性发展。

赵晓明强调，“十四五”后期扶持重点是产业扶持，难点也是产业扶持，各级移民部门要努力把产业扶持这篇文章做好、做实。产业扶持重点要紧紧围绕国家战略，紧扣乡村振兴和当地发展规划，依靠群众、依靠基层、依靠政府，以一二三产业融合发展为途径，整合力量，创新体制机制，不断壮大集体经济。赵晓明指出，编好“十四五”规划，要突出增收和稳定两大任务，切实抓好美丽家园建设、产业转型升级、就业创业能力建设三大任务，突出县级、乡级关键作用，以科学的规划，指导今后工作。赵晓明要求，要全面加快后扶项目支付进度，确保资金早日发挥效益。

因地制宜 突出特色
多策联动开启移民群众幸福生活

王 博

灵宝地处豫晋陕三省交界处，是河南省的西大门，总面积3011平方公里，人口75万，被誉为苹果之乡、黄金之城、道家之源、宜居之地。20世纪50年代以来，为支持国家和地方修建三门峡等水利枢纽工程，灵宝市先后有数万群众舍小家、为大家，举家搬迁、成为移民。止2020年，全市仍有移民54327人，涉及15个乡镇（管委会）351个行政村，占全市行政村总数的95.9%。近年来，灵宝市认真贯彻落实国家移民后期扶持各项政策，及时足额发放直补资金，加快实施移民产业发展、基础设施和移民避险解困项目，持续改善移民生产生活条件。2006年以来，累计投入移民资金10.3亿元，其中发放直补资金6.2亿元，投资4.1亿元实施移民后期扶持和避险解困项目1464个，让移民群众搬得出、稳得住、能致富，过上了幸福生活。

一、抢抓政策机遇，履行“安民”之责

三门峡水库建设时期，搬迁移民居住条件极差，长期住在窑洞，甚至果园看护房。针对移民群众居住不安全、生产生活条件极差的实际情况，灵宝历届市委、市政府领导高度重视移民后期扶持工作，深入研究解决各类困难和问题，特别是近年来，抢抓国家大中型水库移民避险解困试点工作政策机遇，大力改善移民群众的生产生活条件，帮助移民发展生产、务工就业。

一是抓住机遇谋划项目。2013 年 9 月,国家大中型水库移民避险解困试点工作政策出台后,灵宝市第一时间准确把握移民避险解困试点工作政策要求,同步开展调查摸底、征求群众意见,全力做好项目谋划申报工作。2014 年 8 月,大中型水库移民避险解困试点县项目获省批复,共争取中央和省级资金 9930 万元。

二是加快推进实施项目。灵宝市成立了市主要领导任组长的专项工作小组,坚持一线调研指导,协调解决疑难问题,在保证工程质量的前提下,加班加点、连续奋战,提出了"小雨当冒汗、中雨不停干、大雨搭棚干"的口号,用 13 个月时间建成了朱阳镇幸福家园 16 栋 552 套宽敞明亮房舍的现代化移民小区,2663 名移民群众喜迁新居。

三是完善配套设施。坚持配套设施和主体工程同步规划、同步建设、同步投用,完善移民小区基础设施、公共服务配套。朱阳镇幸福家园新修小区周边道路 1000 余米,硬化小区内道路 2 万平方米,安装路灯 60 多盏,还对小区进行了绿化,完善了水、电、互联网、安防等配套设施。及时成立了"幸福小区"居委会,加强日常管理,小区物业费、维修费等费用由门面房收入解决,移民不再缴纳。豫灵镇杨家村利用项目配套及整合资金 600 余万元,建成了灵宝市村级最大的幼儿园、卫生院,配备专职师资力量和医疗团队,有效提升了村级社会服务水平和移民的获得感、幸福感。

二、加大资金投入,拓宽"惠民"之基

始终把移民政策落实作为助力脱贫攻坚的民生工程、衔接乡村振兴的希望工程、建设美丽乡村的亮点工程,因地制宜、探索实践,推动农村增色、农业增效、农民增收。

一是按时足额发放直补资金。严格按照移民每人每年补助 600 元的政策标准,市财政部门和邮政储蓄银行通过"惠农补贴一卡通",精准、及时发放水库移民后期扶持直补资金 6.2 亿元,将党和政府的关怀送到广大移民手中。

二是持续改善生产生活条件。近年来,累计投资3.11亿元,实施基础设施、生产开发等移民后期扶持项目1463个,全市移民村共新修建道路474.584千米、新打机井147眼、铺设管道475千米、安装变压器49台区、创建文化大院50000余平方米、安装太阳能路灯2077盏等,惠及移民群众20余万人次,百分之八十的移民村基础设施、公共服务水平明显提升。西阎乡东古驿村共有531户1970口移民,累计投入资金500余万元,修建村内巷道以及生产道路5.6公里,实现交通道路全覆盖,彻底解决了群众的出行难、农产品销售难的问题;豫灵镇阌底村共有591户2690口移民,累计投入资金400余万元,先后修建了交通道路2.3千米、文化活动中心500余平方米、机井4眼,满足了移民群众的基本生活需求,丰富了移民群众的文化生活。

三、依托特色产业,破解"富民"之策

坚持因地制宜、突出特色,依托水果、蔬菜、养殖等产业发展优势和"三变"改革机遇,积极探索党支部领办合作社、"合作社+基地+农户"等新模式,大力发展"一村一品"、农村电商、乡村旅游等富民产业,拓宽移民增收渠道,实现由"输血"向"造血"的转变。全市移民村共成立合作社34个,发展农村电商23个,水果基地5个6600亩,蔬菜基地1个200亩,观光农业基地2个3600亩,乡村旅游试点1个,覆盖移民1万余人。

一是党支部领办合作社促进移民增收。故县镇盘西村将荒坡、荒沟和部分耕地流转盘活,投入移民资金500余万元,种植红星梨1000余亩,配套建设了机井9眼以及田间道路、冷库、喷灌等基础设施;在村党支部的引领下成立了"盘龙红梨合作社",采取统一规划、统一整地、统一栽植、统一管理、统一销售的"五统一"办法加强合作社管理。采取利润百分之十作为村集体发展资金,百分之五作为村民小组资金,百分之八十五给移民分红的办法，保证移民收益。2020 年，红梨销售收入 400 万元，实现利润 340 万元，移民群众人均分红 2000 余元。同时，移民的土地入股后，还可以在基地打工，每天务工收入 60～80 元，实现了移民在家门口就近就业。

二是创新管理模式促进移民增收。投入后期扶持项目资金 1200 万元，在豫灵镇杨家村建成高标准蔬菜大棚 68 座，采取“村委统筹组织管理、移民承包生产经营”的管理模式。2019 年，大棚实现经营收入 5 万余元，安排移民群众就近就业 200 余人，圣女果、白兰瓜、小乳瓜等产品畅销洛阳、西安、太原等地，移民人均收入 12000 元。

三是转型乡村旅游促进移民增收。抢抓国家实施乡村振兴战略和发展移民乡村旅游政策机遇，依托灵宝山水文化资源优势，完善基础设施，结合美丽乡村建设规划，打造特色小镇，大力发展乡村旅游，成功获批全省首批移民乡村旅游试点，累计投入资金 400 余万元，建成了寺河乡游客服务中心、精品民宿等，吸引游客研学旅游、休闲度假、观光采摘。移民以土地、果园入股参与经营开发，推动产业融合转型发展，提高了移民群众的收入。投资 500 万余元建成了故县镇冯家塬村千亩软籽石榴基地、千亩珍珠枣油桃基地、千亩优质苹果基地 3 个“千亩特色农业工程”，吸引周边游客前来采摘品尝、休闲度假，移民人均年增收 20000 元。

四是发展农村电商促进移民增收。故县镇城东村发展黄金冠桃 3000 余亩，2019 年，成品果产量达 750 万公斤，收入 3000 万元。采取电商平台线上销售和线下销售的办法，2020 年，销售商品果 190 万余公斤，收入 800 余万元，移民群众年均增收 1 万余元。

四、发展物业经济，常兴“便民”之举

灵宝市的水库移民，分布在全市 351 个行政村，其中移民人口在 50 人以下的村就有 135 个。为了解决移民后期扶持资金保值增值难、移民居住分散扶持难的问题,在对分散移民村深入调研基础上,灵宝市以移民分布最分散的五亩乡做试点,探索发展物业经济,创新分散移民扶持新途径,让每个移民都能享受到政策的红利。五亩乡有窄口水库移民 502 人,分布在该乡 27 个行政村,借鉴南方地区发展物业经济的成功经验,2019 年 7 月,投资 200 余万元在五亩乡建成占地面积 2700 平方米的移民冷库一座,年可储藏果蔬 1000 余吨,提供就业岗位 20 个。为保证移民冷库服务移民、造福移民,该乡成立了移民资产管理服务公司,实行企业化管理,工资收入与冷库经营效益挂钩,灵宝市移民办及五亩乡政府提供无偿服务,做好冷库运营管理的监管工作。冷库每年收入达 35 万元,实现利润 20 万元,该乡移民每人每年可分红 300 余元。

(本文系灵宝市黄河河务局党组书记、局长王博于 2020 年 10 月 23 日在水利部召开的北方片区水库移民后期扶持工作座谈会上的经验交流材料)

结 束 语

为了修建黄河第一坝而引发的三门峡库区大移民,已经过去六十五个年头了,那段让无数灵宝人离乡背井、抛家舍业的移民岁月正在被后来人逐渐淡忘与漠视,然而那最能彰显灵宝人民“爱党爱国、顾全大局、无私奉献、艰苦奋斗”伟大移民精神的一桩桩感人至深的往事、一幕幕催人泪下的场面,那个伟大时代和英雄人民所表现出来的牺牲精神、奉献精神、全局观念、奋斗精神,以及负重致远、百折不挠的创业历程,应当永远铭记在一代代后来人的心间,绝不能让他们埋没于历史长河的浮尘之中。

数十年来,灵宝黄河河务局和移民工作办公室的历届领导班子成员,带领一茬又一茬的治黄人,怀着感恩之心与崇敬之情,以移民精神为动力,想移民之所想,急移民之所急,因地制宜,突出特色,全力搞好治黄大业,发展移民产业,争当移民的贴心人,多策联动开启移民群众幸福生活;同时,他们还利用各种渠道与方式,传承与弘扬伟大的移民精神,真实记录灵宝移民感天动地的点点滴滴。

还有一批文化人,为了对历史负责,为了替未来着想,栉风沐雨,四处奔走,深入移民村舍,广交移民朋友,促膝谈心,调查访问,查找史料,撰写文稿,有的还远赴敦煌,踏寻移民足迹,挖掘历史遗痕,力求生动记述移民岁月的前前后后,满腔热忱地讲好移民故事,展现移民的动人风采。

正因为有这么多人的辛勤付出与执着努力,第一部真实记录灵宝移民故事的《移民岁月——为了黄河第一坝》终于编辑成册,得以付梓印刷。这是为灵宝移民编织的绮丽花环,也是为年轻一代提供的精神营养,更是为庆祝中国共产党成立一百周年而敬献的一份厚礼。

在调查走访、制订方案、编辑图文、研讨书稿的过程中,市委宣传部、水利局、史志办、档案局等单位,给予了大力支持与热情帮助,我们在此一并表示衷心地感谢。

由于事过境迁、物是人非、资料奇缺,再加上文稿的写作年代不同、统计方法存异等种种原因,本卷中的所述所记只能称作蠡酌管窥,挂一漏万,甚至出现一些数字、一些说法前后不一、相互矛盾的现象。诚请各位读者认真辨析,不吝赐教斧正,以帮助我们进一步把移民的故事讲好,把灵宝的故事讲好,把黄河的故事讲好。

谢谢大家!

编　者

2021 年 3 月